U0568598

普通高等教育"十一五"国家级规划教材

税法学原理

(第三版)

杨萍 魏敬淼 编著

中国政法大学出版社

2021·北京

声　　明　1. 版权所有，侵权必究。
2. 如有缺页、倒装问题，由出版社负责退换。

图书在版编目（CIP）数据

税法学原理/杨萍，魏敬淼编著. —3版. —北京：中国政法大学出版社，2021.10
ISBN 978-7-5764-0161-5

Ⅰ. ①税…　Ⅱ. ①杨…②魏…　Ⅲ. ①税法－法的理论－中国－教材　Ⅳ. ①D922.220.1

中国版本图书馆CIP数据核字(2021)第218271号

出 版 者　中国政法大学出版社
地　　址　北京市海淀区西土城路25号
邮寄地址　北京100088信箱8034分箱　邮编100088
网　　址　http://www.cuplpress.com (网络实名：中国政法大学出版社)
电　　话　010-58908435(第一编辑部) 58908334(邮购部)
承　　印　固安华明印业有限公司
开　　本　720mm×960mm　1/16
印　　张　21.25
字　　数　370千字
版　　次　2021年10月第3版
印　　次　2021年11月第1次印刷
印　　数　1～5000册
定　　价　59.00元

作者简介

杨　萍　中国政法大学民商经济法学院副教授。主要研究方向为：财政法、税法。主要作品有：《财税法新论》（合著）、《税法教程》等。在《税务研究》等杂志发表论文二十余篇。

魏敬淼　中国政法大学民商经济法学院教授、硕士生导师、中国财税法研究会理事、中国银行法研究会理事。主要研究方向为：金融法、税法、商法。主要作品有：《民间金融法律治理研究》（独著）、《金融法学》（独著）、《商法》（独著）、《公司法》（独著）、《税法原理》（合著）、《税法》（参编）、《金融法教程》（主编）、《金融法概论》（主编）等。在《财税法论丛》《行政与法》《月旦财经法》《保险研究》《金融法研究》《财政监督》《中国土资源经济》等期刊发表学术论文数十篇。

出版说明

中国政法大学出版社是教育部主管的，我国高校中唯一的专业法律出版机构。多年来，中国政法大学出版社始终把法学教材建设放在首位，出版了研究生、本科、专科、高职高专、中专等不同层次、多种系列的法学教材，曾多次荣获“新闻出版总署良好出版社”“国家教育部先进高校出版社”等荣誉称号。

自2007年起，我社有幸承担了教育部普通高等教育“十一五”国家级规划教材的出版任务，本套教材将陆续与读者见面。

本套普通高等教育“十一五”国家级规划教材的出版，凝结了我社二十年法学教材出版经验和众多知名学者的理论成果。在江平、张晋藩、陈光中、应松年等法学界泰斗级教授的鼎力支持下，在许多中青年法学家的积极参与下，我们相信，本套教材一定会给读者带来惊喜。我们的出版思路是，坚持教材内容必须与教学大纲紧密结合的原则，各学科以教育部规定的教学大纲为蓝本，紧贴课堂教学实际，力求达到以“基本概念、基本原理、基础知识”为主要内容，并体现最新的学术动向和研究成果。在形式的设置上，坚持形式服务于内容、教材服务于学生的理念。采取灵活多样的体例形式，根据不同学科的特点，通过学习目的与要求、思考题、资料链接、案例精选等多种形式阐释教材内容，争取使教材功能在最大程度上得到优化，便于在校生掌握理论知识。概括而言，本套教材是中国政法大学出版社多年来对法学教材深入研究与探索的集中体现。

中国政法大学出版社始终秉承锐意进取、勇于实践的精神，积极探索打造精品教材之路，相信倾注全社之力的普通高等教育“十一五”国家级规划教材定能以独具特色的品质满足广大师生的教材需求，成为当代中国法学教材品质保证的指向标。

中国政法大学出版社

2007年7月

第三版说明

此次修订主要基于以下理由：①自 2012 年以来我国对部分实体税法如增值税法、资源税法、个人所得税法等进行了改革，契税法、环境保护税法、耕地占用税法等共计 12 部实体税法实现了立法层面的税收法定，增值税法、消费税法、土地增值税法已向社会公开征求意见，由规升法有了实质性进展，为了让读者能够及时了解国家最新的立法成果及相关的科研成果，有必要对相应的内容进行修订。②在近几年的教学与科研过程中，对一些问题有了进一步的考察与思考，有必要与读者分享考察与思考的结果。③在使用过程中发现第二版在写作规范上存在讹误，为了对读者负责必须纠正。

在编写的过程中，我们越来越发现税法学庞杂而深奥，许多问题接踵而来，难以洞悉无漏，恳请读者斧正。

本书此次修订由魏敬淼负责完成。

作　者

2021 年 5 月

致教师

“普通教育的目的之一是让人们更多地了解世界，以便使他们成为好公民。经济学的学习和任何一门学科的学习一样是服务于这个目的的。因此，写一本经济学的教科书是一种极大的荣誉和职责。这也是经济学家促进政府更健全、未来更繁荣的一种方法。正如伟大的经济学家保罗·萨缪尔森所指出的：‘如果我能够写一国的经济学教科书，我就不管谁制定该国的法律，或者谁起草高深的条约。’”〔1〕

美国经济学家曼昆以自己丰厚的经济学知识和以写教科书作为自己荣誉和职责的态度，写出了通俗易懂的《经济学原理》，使那些从未接触过经济学或对经济学不感兴趣的读者，因他的著作而对经济学产生了浓厚的兴趣。中国政法大学张俊浩教授以自己多年积淀的民法学知识和对教科书编写所持的严谨态度，主编了一版再版的《民法学原理》，使那些觉得民法学博大精深、难以读懂的读者，因他主编的《民法学原理》而对民法产生了极大的兴趣。一个学生讲：“原来读张俊浩老师的书有点读不懂，但越读越觉得只有这本书才是最好的。”

从中我们已深深地领悟到好教科书的真正价值所在。它们会使读者产生读此书是其一生之幸事和不读此书是其一生之憾事之感。因为它们不仅仅给予读者知识和原理，更重要的是，它们在传授知识、原理的过程中给读者更深层次的东西，即如何创造性地思考，而且是以严谨、认真的方式去思考。正是这种认真、严谨，同时又有创造性的思考才是给读者的最重要的东西。换句话讲，好的教科书不是授之以鱼，而是授之以渔，使读者读后达到知识——方法——理念三大阶梯的升华。

〔1〕［美］曼昆：《经济学原理》，梁小民译，生活·读书·新知三联书店2001年版，第6页。

我深知我的功底远不如上述两“家”，但我从他们身上学到了做事的态度——虔诚、认真和严谨。

一、定位

与其他许多税法学教材相比，本书将较多的篇幅用于税法学原理，而将较少的篇幅用于相关理论的探讨。我们常说，资源是缺乏的，但我们几乎没有意识到学生的时间也是稀缺资源之一。为了尊重学生的时间，我们将本书定位在如书名《税法学原理》的“原理”二字。

为了提炼出税法学的精华，我们必须考虑大学本科生真正需要的是什么。据我们了解，大学本科生在入学之前，很少或几乎没有接触税法学知识。税法学是法学课程的组成部分，但由于其自身的专业性、相关教科书书写的内容和方式以及教师的教学方式，使学生在大量接触法学课程之后，仍然认为税法学枯燥、难懂。因此，我们的目标是使学生在学完税法学这门课后，不仅发现税法学是有趣的，而且学会从一个新的角度更有见解地思考问题和解决问题。

二、结构

为了给学生一本简单明了的教科书，本书共分为三编：税法基础理论、实体税法和程序税法。

第一编包括税法及其调整对象、税收法律关系、税法原则、税法的构成要素及其分类和税法在中国等内容。在这一领域，首先让学生领略税法的基础知识，它是学生认识税法的第一步，是进入实体税法和程序税法并通向税法最高境界的基石。

第二编包括商品及劳务税法、财产税法和行为及目的税法和所得税法等内容。学生以第一领域的知识作为基础，自然走进实体税法领域。在这一领域，学生将会领略世界各国、尤其是中国各种具体税种在法律制度上的产生、发展及其内容，从中感受到实体税法的趣味性和奇妙性。

第三编包括税收征收管理法和税收救济法。在这一领域，让学生了解如何使丰富、具体的实体税法得以实现，使学生明白如果没有程序税法，再好的实体税法也只是一纸空文。

三、特色

本书的目的是帮助学生学习税法学的基本原理，并向学生讲述如何将这些原理运用到他们的生活及将来的工作实践中。

●每编对象　每编都从列出该编所包含的各章内容开始，使学生对该编内容有一个宏观上的认识。

●每章对象　每章都从列出该章所包含的主要内容开始，使学生对该章的主要内容有所认识。

●思考与应用　每章结束时都给出该章的主要思考题和应用题。思考题与应用题是本书的一大特色，这些思考题与应用题不是对教科书主要问题的简单重复，而是经过深思熟虑设计出来的。其中，思考题的目的是让学生在学完该章内容后检验其对该章主要原理的掌握情况；应用题的目的是使学生运用其已学过的原理，学会对一些理论问题的继续研究和对一些实际问题的解决。通过应用题，提高学生搜集资料、检索资料、分析资料、最终得出自己观点的研究能力；让学生走入社会做社会调查，在调查中使学生学会与社会接触的能力。

杨　萍

2012 年 8 月

致学生

作为一名大学生，应该学习税法，理由如下：

一是税法学将有助于你了解你所处的生活世界与税收、税法的关系。可以说，你生活在税收的世界里，或者说，你每天的生活都被税收所包围，因为你每天的衣、食、住、行无不包含着税收。可惜的是，由于你不懂税法而对许多税收、税法问题竟熟视无睹。目前，在我国，越来越多的人知道了个人所得税，因为他们已经在缴纳个人所得税。尽管如此，许多学生不知道个人所得税以外的其他税种，甚至对税收、税法中一些最基本的问题都不清楚。诸如，税收是什么？国家凭借什么征税？国家征税用于何处？国家征税与本人有没有关系？有多大程度的关系？等等。这些知识在西方国家已经家喻户晓，在我们这里却依然陌生。关于这些问题，税法学可以使你知其然，并知其所以然。更重要的是，在知晓这些问题的基础上，你会自觉地思考：自己作为一个纳税人，在承担纳税义务的同时享有哪些权利。

二是税法学将教会你如何更好地参与经济生活。当你不懂税法学时，你对经济生活的参与在很大程度上是盲目的，但当你了解并掌握了税法学原理之后，你会自觉不自觉地考虑税收对你的经济生活的影响，并学会重新安排或设计自己的经济生活。假设你毕业以后，想拥有一个自己的公司，那么，你会考虑你的公司从事什么方面的经营活动？在哪里注册？以什么样的形式注册？在经营过程中如何在税法范围内设计税收成本？取得利润后如何安排才能更好节约你的税收成本？等等。可以说，自你的公司成立开始，每个环节你都要考虑税收这个重要因素给你带来的影响。通过税法学原理的学习并认真回答各章提出的思考题与应用题，你会逐步改变自己的观念和理念，以一个全新的角度去思考并解决你自己在经济生活中的税收问题。

三是税法学将教会你更好地理解税法的潜力与缺陷。作为一个纳税人和选民，你有权利和义务评价和协助完善税法的设计。当你指出国家税法的弊端或对国家税法提出具体建议时，你会发现自己像是一个税法学家，因为你所关心的问题恰恰是国家立法机构、税法专家所关心的。

总之，税法学原理可以运用到你现在及将来生活和工作的方方面面。将来，无论你是操持自己的日常生活，还是创办企业或公司，或是真的成为税法起草人，你都会为你所掌握的税法学原理而感到骄傲和自豪。

杨　萍

2012年8月

目 录

第一编 税法基础理论

第二编 实体税法

——各个税种单行税法构成的统一体

第三编 税收程序法

第一编

税法概述

在这一领域，我们将领略税法的基础知识，它是我们认识税法的第一步，是我们走向税法第二、第三领域和通向税法最高境界的基石。

在本编你将了解——

第一章　税法概述
第二章　税收法律关系
第三章　税法原则
第四章　税法的构成要素及分类
第五章　中华人民共和国的税法历程

第一章 税法概述

在本章你将——

- 了解并研究税收是什么
- 了解税法是什么
- 了解并研究税法的调整对象
- 了解税法渊源及效力

第一节　税法的概念及其调整对象

一、税收的概念

（一）主要学说介绍

关于税收的概念，主要有以下几种学说：

1. 国家分配说。国家分配说认为：“税收是国家为实现其职能，凭借政治权力，按照法律规定的标准和程序，无偿地、强制地取得财政收入的一种形式，它体现了以国家为主体的分配关系。”[1]该学说主要源于马克思列宁主义关于国家与税收的思想。关于国家，根据马克思主义学说，国家是一个阶级统治另一个阶级的工具。关于税收，马克思说过：“赋税是政府机器的经济基础，而不是其他任何东西。国家存在的经济体现就是捐税。”列宁也说过：“所谓赋税，就

〔1〕 胡乐亭主编：《财政学》，中国财政经济出版社 1996 年版，第 246 页。

是国家不付任何报酬而向居民取得东西。"[1]该学说在我国学术界和实务界一直占据着主导地位。

2. 交换说。"交换说"也称"利益说"或"代价说"。该学说源于国家契约论，即国家的产生是人民将自然权利让渡给主权者。在该理念之下，税收被表述为："所谓赋税就是为保护人民财产安全向政府缴纳的代价。"[2]"赋税是保护人民的生命财产的代价，所以人民应当自觉自愿地承担纳税义务。"[3]"人们应当根据他们在良好的公共秩序获得的收益和利润，也就是根据他们的资产或财富，对公共开支有所贡献。"[4]

3. 价格说。价格说起源于17世纪欧洲的"公需说"和"交换说"。"公需说"认为，税收存在的依据在于纳税人对公共需要和公共福利的要求，国家的职能是满足公共需要和增进公共福利，这一职能的实现需要税收来提供物质资源。林达尔在"公需说"和"交换说"的基础上，进一步系统地提出了税收价格论。他明确提出，"税收是私人经济部门为消费公共品而向公共经济部门支付的'价格'。"[5]

（二）学说评价

1. 关于国家分配论学说。笔者认为，国家分配说存在两大缺陷：①以税收的表象来定义。从表象上看，税收的确是"无偿"的，即国家向纳税人无偿地收取税款，不论收取多少，在该纳税人的一生当中都不再予以偿还。不像其他财政收入形式，如国债是以国家向人们偿还为前提而取得的。但从本质上看，任何国家的任何时期，税收都是"有偿"的，是以为纳税人提供公共产品和公共服务为前提的，不论纳税人向国家缴纳了多少税款，国家皆无分别地统一返还给人们共同所需的公共产品或公共服务，如国防、道路、教育等。任何国家的任何时期，如果只收取税收，而不返还公共产品和公共服务，国家统治则会受到威胁，这已被历史所证明。②从国家本位出发来定义，即国家为了"自己"的职能、凭借"自己"的权力和手段，无偿地、强制地取得税收。其实，国家职能就是向人们提供公共产品与公共服务，但上述表述没有反映人们在其中的

---

[1] 陈共编著：《财政学》，中国人民大学出版社 1998 年版，第 100 页。转引自：《马克思全集》，第 19 卷 32 页；第 4 卷，第 342 页。《列宁全集》，第 32 卷，第 275 页。

[2] [日] 坂入长太郎：《欧美财政思想史》，张淳译，中国财政经济出版社 1987 版，第 56 页。

[3] [日] 坂入长太郎：《欧美财政思想史》，张淳译，中国财政经济出版社 1987 版，第 76 页。

[4] [英] 威廉·配第：《赋税论》，邱霞、原磊译，华夏出版社 2006 年版，第 139 页。

[5] "税收价格论概述"，载 https：//wiki. mbalib. com/wiki/% E7% A8% 8E% E6% 94% B6% E4% BB% B7% E6% A0% BC% E8% AE% BA，最后访问日期：2020 年 8 月 17 日。

地位。在该理论的指导下，国家被视为权力主体，只享有征税权力，不负有任何义务；纳税人被视为义务主体，只负有纳税义务，不享有任何权利。总之，国家分配论对税收的定义，掩盖了税收的本质，扭曲了国家和纳税人在税收法律关系当中的法律地位，致使人们对税收产生了误解，甚至抵触。

2. 关于交换说。交换说有多种说法，但可归结为如下表述：税收是人们为了从国家那里获取公共产品和公共服务所付出的代价。这种学说，没有设置国家性质、时代、经济形态等条件。也就是说，不论什么国家、什么制度、什么时代、什么经济形态，税收自始至终可通称为：人们为了从国家那里获得公共产品和公共服务所付出的代价。与国家分配说相比，交换说揭示了税收的有偿性和国家与纳税人的平等性。与价格说相比，将税收表述为公共产品或者公共服务的“代价”，比“价格”更为准确。因为不论是单个纳税人，还是将所有的纳税人视作一个整体，这种表述都是成立的。我们不妨先站在单个纳税人的角度来看，如某个纳税人付出了 100 元的代价，另一个纳税人付出了 500 元的代价，他们付出的代价不同，却获得了相同的公共产品，如铁路、桥梁等；再站在将所有纳税人视为一个整体的角度来看，所有的纳税人共同付出了 1 亿元的代价，从国家那里共同获得了一项公共产品，一条铁路或一座桥梁。至于该说能否胜任“通说”，笔者认为是毋庸置疑的。税收是一种手段，作为一种手段是不带任何主观性的，它可以为任何国家在任何时期使用，并不因此而改变其本质、性能和作用。说到这一点，有人可能会以奴隶社会与封建社会的税收特征予以反驳。据史料记载，奴隶社会与封建社会的国王将大量税收用于个人宫殿等私人开支，将少部分税收用于兴修水利、赈灾救济和抵御外敌，有人因此而得出结论：奴隶社会与封建社会的税收带有剥削性。这种说法在许多人的意识里存留得太久、太深。稍作思考，我们会发现，这个已被人们认可的说法从一开始就错了。因为所谓奴隶社会和封建社会税收带有剥削性的特征，是奴隶社会与封建社会的国王在当时将税收做成如此，并非税收在当时应该如此。

3. 关于价格说。笔者认为，价格说的优点与交换说相同，这里不再赘述，但存在以下不足：①将税收表述为公共品的“价格”不够准确。如果将所有纳税人看成一个整体，这样表述是成立的，即所有纳税人用一个价格，共同向国家购买了一个公共品，如一条道路或一座桥梁。但具体到单个纳税人，这样表述就不成立了。如有的纳税人缴纳了 100 元的税收，有的缴纳了 500 元的税收。按价格说的解释，上述纳税人在享受同一个公共产品时，就只能享受其各自所缴纳税款数额的部分。以道路为例，缴纳了 100 元税款的纳税人，只能享有 100

元部分的道路，缴纳了500元的税款的纳税人，只能享有500元部分的道路。这显然是说不通的。②有些学者设定了价格说所适用的前提条件，即市场经济。[1]也就是说，在市场经济前提条件下，税收可以表述为公共产品或公共服务的价格。设定这样一个时段性条件，不足在于：一是不可能构成税收的通说；二是即使在这样一个时段，这样解释税收也是不成立的，原因如①所述。③将政府解释为公共经济部门是有欠缺的。政府的核心职能是代表国家行政，尽管参与经济，但归根结底都是为了行政，即向其国民提供公共产品与公共服务。

综上，可以看出，交换说对税收的解释符合税收的本然，即人们从国家那里获得公共产品和公共服务所付出的代价。它不会因国家性质、时代、社会制度的不同而不同，也不会因人们对其解释或操作的变化而变化。

二、税法的概念与性质

（一）税法的概念

关于税法概念，理论界尚无定论。笔者认为，税法有狭义与广义之分。从狭义上看，税法是指国家最高权力机关制定的，关于调整和确认在税务活动中征纳主体及相关主体之间形成的社会关系的法律规范的总称。从广义上看，税法是指国家立法机构制定的关于调整和确认在税务活动中征纳主体及相关主体之间形成的社会关系的法律规范的总称。这里的“法律规范”包括宪法中有关税法方面的条款、税收法律、行政法规、行政规章、地方性税收法规、自治条例、单行条例、税法解释、WTO 原则、国际税收协议或者协定等。可以说，税法是一个体系。本书中的“税法”是指广义上的税法。

（二）税法的性质

1. 观念上税法的性质。所谓观念上税法的性质，是指人们“认为”税法的性质是什么。大量文献将税法划归为公法的范畴，这主要源于人们对公法与私法之间的划分：“凡是规定国家机构之间、国家与公民之间的政治生活关系（即公权关系）的法为公法，凡是规定公民之间、国家与公民之间民事生活关系（私权关系）的法为私法。”[2]按照上述标准，人们通常将宪法、行政法、税法等归入公法，将民法、婚姻法等归入私法。但笔者认为，这属于人们观念上的划分，并非属于税法性质的本然。

---

〔1〕 张馨：“‘税收价格论’：理念更新与现实意义”，载《税务研究》2001 年第6 期。

〔2〕 孙国华、朱景文主编：《法理学》，中国人民大学出版社 1999 年版，第306 页。

2. 本然上税法的性质。

（1）公法与私法关系的本然。要探寻税法性质的本然，必须探寻公法与私法关系的本然。这里，需要引入宇宙全息统一论原理的概念。宇宙全息统一论原理，是指“一切事物的部分与整体之间存在着相互全息的关系；每一部分中都包含了其他部分，同时它又被包含在其他部分中”〔1〕。以宇宙全息统一论原理看万事万物的部分与整体之间的关系，可以说，部分即是整体；看部分与部分之间的关系，可以说，部分之间是你中有我、我中有你的关系。

这一原理早在人们对其认知之前，就已被用在医学、生物学等领域，并随着人们对宇宙全息统一论原理的广泛认知，越来越多的领域开始运用这一原理，如农学、哲学等。〔2〕毫不夸张地讲，如果宇宙全息统一论原理在某些领域依然没有被应用，不是因为在这个领域不该应用，而是因为这个领域的人们对其还尚未认知。

以宇宙全息统一论原理观察法学界，我们会看见这样的法世界：在法世界中，每个部门法与其他部门法之间，不仅是不可分割的，而且是你中有我、我中有你；每个部门法即是整个法世界。在法世界中，进一步观察公法与私法的关系，可以看到，公法与私法之间，自始至终都是你中有我、我中有你；它们之间不仅不可分割，而且同属于一个本体：法世界。这是公法与私法关系的本然，不以人的意志为转移。

（2）以公法与私法关系的本然考察法世界。在法世界，由于人们对宇宙全息统一论原理尚未认知，没有发现公法与私法关系的本然，导致法学研究与立法实践同时陷入了困境。

先看法学研究的困境。将法划分为公法与私法，并将这种划分作为整个法学体系的内在结构是罗马法的首创与贡献。〔3〕追溯这个问题，可以讲，将法划分为公法与私法属于事物发展的必然规律。公法与私法的划分为法理论研究打开了一扇窗，为立法实践提供了依据。但问题是，主观人被初始的划分困住了。人们以各种标准，“主体说”“利益说”“法律关系性质说”等〔4〕，试图将公法与私法彻底区别开来。岂不知，公法与私法本就同体。更糟糕的是，面对立法

〔1〕 王存臻、严春友：《宇宙全息统一论》，山东人民出版社 1988 年版，第 45～46 页。

〔2〕 王存臻、严春友：《宇宙全息统一论》，山东人民出版社 1988 年版，第 438 页；任振芳主编：《宇宙全息统一论与人体信息诊疗》，黄河出版社 1989 年版，第 15 页。

〔3〕 舒国滢主编：《法理学》，中国人民大学出版社 2008 年版，第 46 页。

〔4〕 ［日］美浓部达吉：《公法与私法》，黄冯明译，中国政法大学出版社 2003 年版。

实践出现的一些新现象，人们对公法与私法关系的认知再次深深地陷入误区，不知作何解释。所谓立法实践中的新现象，是指在人们所认为的公法领域出现了私法内容和人们所认为的私法领域出现了公法内容。如在人们看来属于公法的《中华人民共和国税收征收管理法》（以下简称《税收征管法》）第45条第1款规定："税务机关征收税款，税收优先于无担保债权，法律另有规定的除外；纳税人欠缴的税款发生在纳税人以其财产设定抵押、质押或者纳税人的财产被留置之前的，税收应当先于抵押权、质权、留置权执行。"在人们看来属于私法的《中华人民共和国票据法》第3条规定："票据活动应当遵守法律、行政法规，不得损害社会公共利益。"对此，人们按照自己所认为的公法与私法，将其解释为法的发展趋势："公法私法化""私法公法化""公法与私法的调整范围竞合""公法与私法的融合"。其实，观察各个部门法，我们会发现，不论主观上对其如何划分，它们都是公法与私法相兼容的，只是由于我们被禁锢在公法与私法的划分上，对这个事实熟视无睹罢了。如在人们意识中一直属于公法的刑法就有私法方面的规定。《中华人民共和国刑法》（以下简称《刑法》）第2条规定："中华人民共和国刑法的任务，是……保护公民私人所有的财产，保护公民的人身权利、民主权利和其他权利……"又如，在人们意识中一直属于私法的民法就有公法方面的规定，《中华人民共和国民法典》第9条规定："民事主体从事民事活动，应当有利于节约资源、保护生态环境。"

再看立法实践的困境。由于在法学研究方面存在着主观意识对事实本然的认识不清，并且主观意识又受到认识不清的继续影响，要么曲解新发生的社会现象，要么对新的社会问题不知该如何解决，使立法实践也陷入了困境。以《中华人民共和国政府采购法》（以下简称《政府采购法》）为例。《政府采购法》实际上是一个公私兼容度较大的部门法，但由于人们根据自己的意识偏好，将其划归为行政法或民法或经济法，各方至今争执不下。由于理论认识不清，导致我国的《政府采购法》出现了诸多不足。如在政府采购资金和采购主体方面存在着范围过窄的问题：《政府采购法》在资金方面严格限制于财政性资金，没有将私人性资金纳入其中；在采购人方面严格限制于国家机关、事业单位和团体组织，没有将企业和个人纳入其中。走进现实，我们会发现，参与政府采购活动的不仅包括财政性资金，也包括私人性资金；采购主体不仅包括政府机关、事业单位和团体组织，也包括企业甚至个人。如北京地铁的部分线路就有港资注入，在资金方面打破了财政性资金的限制，在主体方面打破了国家机关、事业单位和团体组织的限制。我们之所以没有将这些应该纳入采购资金与采购主体范畴的资金与主体纳入其中，主要源于我们认为《政府采购法》是公法。可以讲，是我们主观认识上的局限限制了我们立法的思路。

综上所述，我们自然找到了包括税法在内的各个部门法的性质的本然：包括税法在内的各个部门法原本就兼具公法与私法的属性。税法的本然，不取决于人们对其的发现与否、承认与否和应用与否。

三、税法的调整对象

税法的调整对象，是指在税务活动中征纳主体及相关主体之间形成的社会关系，简称税务关系。关于税务关系的范围，所搜文献大多认为包括三大关系：税收经济分配关系、税收程序关系和税收权限关系[1]。笔者认为，按照前文讲述的宇宙全息统一论原理，"税务关系的范围"应该包括法体系之下的所有部门法调整的社会关系。这样必然要回答一个问题，即税法调整对象与其他部门法的调整对象该如何区分？笔者认为，区分的标准在于：税法的调整对象与其他部门法的调整对象的核心不同。税法调整的社会关系，从主体上看，一方必须为国家或者代表国家的税务机关；从内容上看，核心为税务活动。其他部门法调整对象的核心并非在此，如财政管理体制调整的社会关系，从主体上看，为中央政府和地方政府之间以及地方政府之间的社会关系；从内容上看，为划分财政收支的多少和财政管理权限的大小。

■第二节　税法渊源及效力

一、税法渊源

税法渊源概括起来主要有以下几类：

（一）宪法

宪法是国家的根本法，是包括税法在内的所有部门法的基本渊源。如《中华人民共和国宪法》（以下简称《宪法》）所规定的"社会主义的公共财产神圣不可侵犯""公民的合法的私有财产不受侵犯"等内容都是税法制定的依据。

---

〔1〕严振生编著：《税法》，中国政法大学出版社2008年版，第7页。刘剑文主编：《税法学》，人民出版社2003年版，第36页。

（二）税收法律

税收法律是指由全国人民代表大会及其常务委员会制定的税收方面的规范性文件。税收法律即指前面所讲的狭义上的税法。根据立法机构的不同，税收法律可分成两类：基本税收法律和基本税收法律以外的税收法律。

1. 基本税收法律，是指由全国人民代表大会制定的税收方面的规范性文件。如《中华人民共和国个人所得税法》（以下简称《个人所得税法》）、《中华人民共和国企业所得税法》（以下简称《企业所得税法》）。

2. 基本税收法律以外的税收法律，是指由全国人民代表大会常务委员会制定的税收方面的规范性文件。如《中华人民共和国车船税法》（以下简称《车船税法》）和《税收征管法》。根据《中华人民共和国立法法》（以下简称《立法法》）第 8 条的规定，税种的设立、税率的确定和税收征收管理等税收基本制度必须由全国人民代表大会及其常务委员会制定，税收法律是税法最主要的法律渊源，我国大多实体税法停留在国务院制定的行政法规层面的状况已基本结束。

（三）税收行政法规

税收行政法规是指国务院（即中央人民政府）作为最高国家权力机关的执行机关和最高国家行政机关根据《宪法》和法律制定的税收方面的规范性文件。税收行政法规可分为以下两类：

1. 国务院作为最高权力机关的执行机构，为执行法律需要制定的税收行政法规（见《立法法》第65 条）。如《中华人民共和国企业所得税法实施条例》（以下简称《企业所得税法实施条例》），就属于依据《企业所得税法》规定的“国务院根据本法制定实施条例”所制定的税收行政法规。

2. 国务院作为最高国家行政机关，依据最高权力机关的授权而制定的税收行政法规。如《中华人民共和国增值税暂行条例》（以下简称《增值税暂行条例》）、《中华人民共和国消费税暂行条例》（以下简称《消费税暂行条例》）等都属于此类税收行政法规。根据《立法法》第 8 条、第 9 条、第 10 条的规定，税种的设立、税率的确定等税收基本制度只能制定法律，尚未制定法律的，全国人民代表大会及其常务委员会有权作出决定，授权国务院可以根据实际需要先制定行政法规，除授权决定另有规定外，授权的期限不得超过 5 年。由于国务院无权从事税种设立、税率的确定等事宜，此类依据授权由国务院制定的实体税收行政法规将全部上升为法律。

（四）税收规章

税收规章是指国务院所属的财政部、国家税务总局、海关总署以及其他行政部门，为执行税收法律和国务院的税收行政法规、决定、命令，在本部门的权限范围内制定的关于税收方面的规范性文件。如为贯彻落实《企业所得税法》及《企业所得税法实施条例》，国家税务总局制定了《特别纳税调整实施办法（试行）》。

（五）地方性税收法规、规章及自治条例和单行条例

1. 地方性税收法规，是指省、自治区、直辖市人民代表大会及其常务委员会根据本地区的具体情况和实际需要，在不同宪法、法律、行政法规相抵触的前提下，制定的适用于本地区的税收规范性文件。

2. 地方性税收自治条例和单行条例，是指民族自治地区的人民代表大会依照当地民族的政治、经济和文化的特点，制定的关于税收方面的自治条例和单行条例。

3. 地方性税收规章，是指省、自治区、直辖市和较大的市的人民政府制定的适用于本地区的税收规范性文件。

（六）税法解释

法的解释是指法定解释，即有法定解释权的国家机关，在法律所赋予的权限内对法所作的解释。法的解释可分为立法解释、执法解释和司法解释。

1. 税法立法解释。税法立法解释是由立法机关对税法所作的解释，在我国，主要指全国人民代表大会常务委员会对全国人民代表大会制定的税收法律所作出的解释。依据《宪法》第 67 条和《立法法》第 45 条的规定，税收法律有以下情况之一的，由全国人民代表大会常务委员会解释：税收法律的规定需要进一步明确具体含义的；税收法律制定后出现新的情况，需要明确适用法律依据的。

2. 税法行政解释。税法行政解释是指国务院及其所属部门，省、自治区、直辖市以及省、自治区人民政府所在地的市和经国务院批准的较大的市的人民政府为执行税收法规、规章和地方性税收法规所作出的解释。行政解释一般遵循“谁规定谁解释”的原则。

3. 税法司法解释。税法司法解释是指最高司法机关对如何具体办理税务刑事案件和税务行政诉讼案件所作的具体解释。税法司法解释包括最高人民法院作出的司法解释、最高人民检察院作出的检察解释和由最高人民法院与最高人民检察院联合作出的共同解释。

（七）WTO 原则和国际税收协议或者协定

1. WTO 原则。WTO 原则是 WTO 各成员国立法时应遵循的基本准则。WTO

原则对各成员国都具有法律上的约束力，换言之，WTO 原则构成 WTO 各成员国法的渊源。

2. 国际税收协议或者协定。国际税收协议或者协定，是指我国与相关主权国家签订的双边或多边关于税收方面的书面协议或协定。根据“条约必须遵守”的国际惯例，国际税收协议或者协定对各缔约国具有法律上的约束力，即国际税收协议或者协定构成各国国内税法的渊源。

（八）税法法理

法理是指形成国家全部法律规范或某一部门法律规范的基本精神和学理，在一定意义上也构成法的渊源。因为一个国家的法律规范无论如何详尽，也很难将错综复杂、千变万化的社会现象毫无遗漏或差错地加以规定。此时，法理可以用来弥补法律规范的缺陷或空白。所以有些国家把法理作为最后适用的法的渊源，即法律无规定的，依习惯；无习惯的，依法理。同理，税法法理自然也构成税法渊源。税法法理主要包括税法的基本精神、原则等。

二、税法效力

税法效力，是指税法的适用范围，即税法的约束力所能达到的范围。税法效力包括空间效力、时间效力和对人效力。

（一）税法的空间效力

税法的空间效力，是指税法生效的地域范围，包括域内效力和域外效力。税法的域内效力是基于国家主权而产生的，它意味着一国税法效力及于该国主权管辖的全部领域，而在该国主权管辖领域以外无效。因税法效力层次的不同，税法的域内效力分为全国性税法域内效力和地方性税法域内效力。如宪法、税收法律、税收行政法规和规章等，属于全国性税法，其效力范围遍及全国；地方税收法规、规章及自治条例和单行条例，属于地方性税法，其效力范围仅遍及某地方行政管辖区。

税法的域外效力，是指税法在其制定国管辖领域以外的效力。为了保护国家的经济主权，我国税法采用有条件的域外效力原则，如对一些发生于我国境外的经济活动，我国税法具有效力。

（二）税法的时间效力

税法的时间效力，是指税法的有效期间，包括税法生效、终止和有无溯及力的问题。

1. 税法的生效。税法的生效时间通常有两种情况：①自税法颁布之日起生效；②税法颁布后经过一段时间开始生效。我国税法生效的时间少部分属于第一种情况，大部分属于第二种情况，第二种情况为征纳税主体更好地熟悉、运用税法创造了条件。

2. 税法的终止。税法的终止形式分为：①客观终止，即税法规定适用的特定情况不复存在时而自动终止。②税法规定了有效期间，当有效期届满，立法机关未作出延长其效力决定时，该税法自动失效。③规定终止，即新税法明确规定，新税法生效之日即是旧税法终止之时；或是立法机关颁布专门文件宣布某一税法规范性文件终止生效。

3. 税法的溯及力。税法的溯及力，又称税法溯及既往的效力，是指新税法可否适用于其生效以前发生的事件或行为。如果可以适用，该税法有溯及力；如果不能适用，则没有溯及力。关于法的溯及力，各国通行“法律不溯及既往”和“有利溯及”的原则。

（1）法律不溯及既往原则，是指国家不能用现在制定的法律指导人们过去的行为，更不能由于人们过去从事了某种当时合法而现在违法的行为，而按照现在的法律追究其责任。

（2）有利溯及原则，是指法律原则上不溯及既往，但新法对人们有利的，则适用新法。该原则是“法律不溯及既往”原则的补充。

上述两个原则可归纳为“有条件地否定法律不溯及既往”原则。在税法的溯及力方面，可表述为：税法原则上不溯及既往，若要溯及，按照有利溯及，即凡是对纳税人有利的则适用新法。

（三）税法的对人效力

税法的对人效力，是指一国税法可以适用的主体范围。税法的对人效力实际上是一国的税收管辖权问题。税收管辖权是国家主权在税法方面的具体体现。在税收管辖权方面，各国一般遵循下列三种原则：属地原则、属人原则和折中原则。

1. 属地原则。税法属地原则，是指一国税法对处于其管辖领土范围内的一切人都具有约束力。依据该原则确定的税收管辖权，称作来源地管辖权。来源地管辖权，是指不论是本国人、外国人还是无国籍人，只要其收入来源于本国国土，该国就有权对其行使税收管辖权。

2. 属人原则。税法属人原则，是指一国税法对于本国居民具有约束力。依据该原则确定的税收管辖权，称作居民管辖权。居民管辖权，是指对本国居民，不论其收入来源于何处，该国都有权对其行使税收管辖权；而对非居民，该国仅就其来源于本国境内的收入行使税收管辖权。换句话讲，居民对国家负有无限的纳税义务，非居民则对国家负有有限的纳税义务。这里的“居民”分为自然人居民和非自然人居民（以下统称为“企业居民”）。

(1) 关于自然人居民身份的认定，各国立法实践中采用的标准主要有以下几种：

第一，住所标准，即以自然人在征税国境内是否拥有住所这一法律事实，决定其居民或非居民纳税人身份。“这一标准不仅为法国、瑞士、德国等欧洲国家所采用，而且在各国对外签订的双边税收协定中，也都明确规定住所为确定居民身份的标准之一。住所是自然人的永久住处，一般称为‘家’，即人们四处奔波、到处栖息，但终究要回归居住的地方。由于住所具有固定性和永久性，采用住所标准，就具有易于确定纳税人身份的优点。然而，住所作为一种法定的个人永久性居住场所，并不一定反映一个人的真实活动场所，个人脱离住所长期在外居住的现象已屡见不鲜。因此，单纯以住所作为确定纳税人居民身份的标准显然是有缺陷的。有些国家以一些辅助性规定弥补住所标准的不足，如美国纽约州税法规定，只要在本州境内拥有一永久性的住宅，在纳税年度内又曾在本州境内居住6个月以上，就应当视为本州居民。”[1]

第二，居所标准。“关于‘居所’的概念，在各国法律上含义不尽相同，但一般是指一个人经常居住的场所，并不具有永久性居住的性质。采用该标准的国家主要有英国、加拿大、澳大利亚等。在这些国家的税法中，判定个人的居民纳税人身份的标准之一，就是看其在境内是否拥有某种经常居住的场所。在各个国际税收协定中，居所也同样是确定自然人的居民身份的标准之一。与住所标准相比，以居所作为确定个人居民身份的标准，在较大程度上反映了个人与其主要经济活动地之间的联系。这是它比住所标准显得更合理的地方。但居所标准的缺陷在于，个人的经常居住的场所，往往由于缺乏某种客观统一的识别标志，在有关国家的税法上是个不甚明确统一的概念。因此，居所标准在实际适用中具有较大的弹性，容易引起纳税人与税务机关之间的纷争。”[2]

第三，居住时间标准，即以一个人在征税国境内居留是否超过一定的期限，作为划分其居民或非居民纳税人的标准，并不考虑个人在该国境内是否拥有财产或房屋等因素。由于居所标准的不确定性，越来越多的国家采用居住时间标

---

〔1〕 高尔森主编：《国际税法》，法律出版社1993年版，第43页。
〔2〕 高尔森主编：《国际税法》，法律出版社1993年版，第44～45页。

准。“不过各国税法对居住期限的规定不同，有些国家规定为半年，如英国、印度、印度尼西亚等；有些国家规定为1年，如巴西、新西兰、日本等。”〔1〕我国《税法》规定为183天。

（2）关于企业居民身份的认定，各国立法实践中采用的标准主要有以下几种：

第一，注册成立地标准，即以企业在何国依法注册成立来确定其居民身份。换句话讲，凡是在本国境内依法登记成立的企业，即为本国的居民纳税人。“采用该标准的主要有美国、瑞典、芬兰和墨西哥等。企业居民的注册成立地只能有一个，因此，这一标准的优点是纳税人法律地位明确，易于识别。但缺陷在于难以反映法人的真实活动，因为，在一个国家注册成立的企业，可能脱离该国而在其他国家从事经营活动。另外，纳税人也可能通过事先选择注册登记地的办法，达到规避国家税收管辖的目的，如在避税港设立的许多‘招牌’企业就是明显的例证。”〔2〕

第二，实际管理和控制中心所在地标准，即以企业居民的实际管理和控制中心地为标准来确定其居民身份。所谓企业居民的实际管理和控制中心地，是指作出和形成企业居民的经营管理重要决定和决策的地点，一般是指企业居民的董事会所在地或董事会有关经营决策会议的召集地。这一标准的优点是克服了企业通过登记注册避税的现象，但却存在着一些企业通过任意设立经营管理和控制中心以达到逃避税收目的的现象。“采用这一标准的主要有英国、新西兰、印度和新加坡等。”〔3〕

第三，总机构所在地标准，即以企业居民的总机构所在地为标准来确定其居民身份。总机构是指企业进行重大经营决策以及全部经营活动和统一核算盈亏的机构。如“日本采用总机构地标准”。〔4〕

3. 折中原则。税法折中原则，是指税法属地原则与税法属人原则相结合的原则。为了避免采用单一标准而导致避税，最大限度地维护国家税收利益，包括我国在内的多数国家在行使税收管辖权时采用折中原则。

---

〔1〕 高尔森主编：《国际税法》，法律出版社1993年版，第45页。

〔2〕 高尔森主编：《国际税法》，法律出版社1993年版，第47页。

〔3〕 高尔森主编：《国际税法》，法律出版社1993年版，第48页。

〔4〕 高尔森主编：《国际税法》，法律出版社1993年版，第49页。

【思考与应用】

1. 结合威廉·配第的《赋税论》谈谈税及税收范围的本质。
2. 讨论税法的调整对象。
3. 讨论上海和重庆等城市对个人房屋试点征收房产税的法律依据。
4. 从《企业所得税法》和《个人所得税法》中查找我国关于自然人居民与企业居民的认定标准。

第二章　税收法律关系

在本章你将——

- 探寻税收法律关系的性质与本质
- 掌握征纳主体的权力（利）与义务

■第一节　税收法律关系概述

一、税收法律关系的概念

税收法律关系，是指通过税法确认和调整的在税务关系中征纳主体及相关主体之间所形成的权利义务关系。

二、税收法律关系的性质与本质

（一）税收法律关系性质与本质的概念及探寻其本然的意义

1. 税收法律关系性质与本质的概念。“性质是指事物本身所具有的、区别于其他事物的特征。”〔1〕“本质是指事物的根本性质，事物固有的内部联系。”〔2〕据此推理，税收法律关系性质是指税收法律关系本身所具有的、区别于其他部门法律关系的特征。税收法律关系的本质是指税收法律关系固有的内部联系。税收法律关系主要是由国家与纳税人所形成的社会关系，因此，税收法律关系

〔1〕 参见商务印书馆辞书研究中心编：《新华词典》，商务印书馆2001年版，第1104页。
〔2〕 参见商务印书馆辞书研究中心编：《新华词典》，商务印书馆2001年版，第48页。

的内部联系主要是指国家与纳税人之间的关系。

税收法律关系性质与本质都是其自身所具有或固有的，自始至终不会发生改变的，主观人对其只能寻找，不能创造。

2. 探寻税收法律关系性质与本质本然的意义。人们往往受制于社会现象对事物的本来面目缺乏认知，并以此继续影响实践，在税收法律关系的性质与本质方面亦不例外。人们常以其所处时代的国家与纳税人关系的表象，主观上给予税收法律关系性质与本质的定义，并以此作为理念指导国家的立法、司法等法律实践，结果必然是法律实践也偏离了税收法律关系性质与本质的本然。基于此，有必要探寻税收法律关系的性质与本质的本然：理论方面可避免在税收法律关系性质与本质的研究上偏离其本然；法律实践方面有利于正确界定国家与纳税人在税收法律关系中的地位及其各自的权利（力）与义务。

（二）观念上税收法律关系性质与本质内涵的考察

观念上税收法律关系的性质与本质，是指人们主观上“认为”税收法律关系的性质与本质是什么。笔者从所搜文献看，观念上的税收法律关系的性质与本质一直存在着“权力关系说”和“债务关系说”两种学说。这里需要说明的是，大量文献将“权力关系说”与“债务关系说”称作税收法律关系性质的学说，但从文献对“权力关系说”与“债务关系说”内涵的解释看，其中也包含着税收法律关系的本质。

1. 权力关系说。“权力关系说的形成，与19世纪末、20世纪初德国特定的历史环境和与之相适应的国家观念有着密切联系。当时的德意志联邦，是普鲁士王国通过三次王朝战争建立起来的，作为欧洲的‘后进国’，不可避免地要面临向资本主义和立宪体制过渡的问题，但以经济赶超为目的的自上而下的改革又必须尽最大可能维护绝对君主制的权威，从而诞生了以1850年《普鲁士宪法》为代表的典型的外表性立宪主义宪法。这种宪法的前提是‘君主主权’，而非‘国民主权’，国王是统治权的所有者，尽管宪法没有明确授权，但只要宪法上没有明文禁止或限制的，国王及其政府都可为之。宪法在国王及其政府之间的关系，被认为不是授权规范，而是例外的禁止或限制规范。在‘君主主权’而非‘国民主权’的背景下，税收法律关系是权力关系，国家具有当然的优越性地位，而国民只负有单方面的纳税义务是自然的推论。”[1]

“权力关系说是德国行政学派的创始人奥特·梅耶（Otto Mayer）提出的。

---

〔1〕 参见樊丽明等：《税收法治研究》，经济科学出版社2004年版，第107页。

该学说认为，税收法律关系是依靠财政权力产生的关系，是以国家或地方公共团体作为优越权力主体与人民形成的关系，该法律关系具有人民服从此种优越权力的特征。按照权力关系说，税收的课征原则上可以通过所谓‘查定处分’这一行为而进行。查定处分是纳税义务创设行为，而不仅仅是纳税义务内容的确定行为。因此，查定处分与刑事判决具有相同的性质。在刑法中，当出现符合犯罪构成要素行为时，并不立即出现刑罚权的行使，而是通过判决处以刑罚。同样在税法中，当出现了满足法律确定的抽象要素（课税要素）时，也并不立即产生纳税义务，而是通过查定处分这一行为的行使产生纳税义务。这种理论，是德国行政法中的传统思想的表述，税法如同警察法一样，是特别行政法的一种。在警察领域中，警察权的行使以‘法律—行政处分—执行处分—警察罚则’的模式进行。与此如出一辙，在税收领域中，国家课税权的行使以‘税收法规—课税处分—滞纳处分—税务罚则’的模式进行。根据这种观点，税收法律关系是以税务行政当局的课税处分为中心所构成的权力服从关系。在这种关系中，国家及其代表税务行政机关是拥有优越性地位并兼有自力执行权的，纳税人只有服从行政机关查定处分的义务。此外，权力关系说还结论性地认为，应当将依据程序法上的自力执行特权所产生的优越性理论也纳入实体法关系中，即把整个税收法律关系看作是一种权力关系。”[1]该学说没有专门解释税收法律关系的本质，但在讲述税收法律关系性质的同时，也讲述了税收法律关系的本质：在税收法律关系中，国家及其代表税务行政机关是拥有优越性地位并兼有自力执行权的，纳税人只有服从行政机关查定处分的义务，即国家与纳税人的法律地位是不平等的。

2. 债务关系说。债务关系说的产生基于以下两个背景：一是1919年《魏玛宪法》的颁布。“第一次世界大战结束，德皇退位，德国成为共和国，1919年德意志共和国制定了成为现代市民宪法代表的《魏玛宪法》，为债务关系说取代以1850年《普鲁士宪法》为基础的权力关系说提供了法理基础。”[2]二是1919年《德国租税通则》的颁布。“《德国租税通则》以‘租税债务’为中心，对租税的实体法以及程序法的通则部分作了完备的规定。值得特别一提的是，该法第81条明确规定：‘租税债务在法律规定的租税要件充分时成立。为确保租税债务而须确定税额的情形不得阻碍该租税债务的成立。’因此，该法明确规定租

[1] 樊丽明等：《税收法治研究》，经济科学出版社2004年版，第105～106页。
[2] 樊丽明等：《税收法治研究》，经济科学出版社2004年版，第107页。

税债务不以行政权的介入为必要条件。"〔1〕基于上述背景，德国"税法学者阿尔拜特·海扎尔（Albert Hersel）在他的《税法》中提出了债务关系学说"。〔2〕该学说认为："税收法律关系是国家对纳税人请求履行税收债务关系，是一种'债权请求权'，国家和纳税人之间的关系是法律上债权人和债务人之间的对应关系。税收法律关系是一种公法上的债务关系。这一学说以《德国租税通则》中规定'纳税义务不依课税处分而成立，而以满足课税要素成立'为佐证，否定了'权力关系说'中的所谓'查定处分'行政行为创设纳税义务的观点。"〔3〕

债务学说产生以后，人们对其继续研究并产生了以下分支学说：二元论、一元论和分层面关系说。

(1) 二元论是日本的金子宏提出来的。金子宏认为，"权力关系说和债务关系说的着眼点其实是完全不同的。权力关系说主要就税收的征收程序来讨论问题，而债务关系说则主要就纳税人对国家的税收债务来讨论问题。他指出，税收法律关系最基本的内容是国家对纳税人请求所谓税收这一金钱给付的关系，所以把它作为基本的原理性债务关系来把握，其理由十分充分。他同时认为，由法技术的观点看税收实定法时，将税收法律关系单一地划分为权力关系和债务关系是很困难的，因为税收法律关系中包括各种类型的法律关系，只能理解为有些属于债务性关系，有些属于权力关系。由此可见，把税收法律关系归于单一性质是不妥的。但是，更正决定权和自力执行权之所以保留在税收债权人国家手中，其原因在于它是为确保税款的征收，以期公平分配税收负担的一种措施，这并不能否认在税收法律关系中，基本的和中心的关系仍为债务关系"。〔4〕总之，"金子宏是主张区分对待税收法律关系的性质的，即把税收法律关系的性质从二元关系的角度予以把握，在税收实定法上，要具体区分是权力关系，还是债务关系，同时认为在税收法律关系中，基本的和中心的关系仍为债务关系"。〔5〕按照金子宏对税收法律关系性质的解释，可以推理其在税收法律关系本质上的观点：在税收实体法律关系中，国家与纳税人的地位是平等的；在税收程序法律关系中，国家与纳税人的地位是不平等的。

---

〔1〕刘剑文主编：《财税法学》，高等教育出版社2004年版，第344页。

〔2〕刘剑文主编：《财税法学》，高等教育出版社2004年版，第344页。

〔3〕董险峰等：《税收法律关系简论》，广东高等教育出版社2007年版，第28页。

〔4〕刘剑文主编：《税法学》，人民出版社2003年版，第91～92页。转引自［日］金子宏：《日本税法原理》，刘多田等译，中国财政经济出版社1989年版，第19～20页。

〔5〕刘剑文主编：《税法学》，人民出版社2003年版，第91～92页。

（2）一元论是日本的北野弘久提出来的。北野弘久认为，“二元论采取割裂的方式是无法对整个税收法律关系做出令人折服的总结性结论的。税收法律关系是一种公法上的债务关系，进而以此作为税法学与传统行政法学诀别的基本理论；传统行政法学只注重税收法律关系的程序性并将其纳入行政法学范畴，因而，带有放弃税收实体法的迹象，而自己的债务关系则是试图从纯正的法学观点出发以租税实体法为中心的税法学”。[1]按照他的观点，“租税债务与行政行为毫无关系，只在税法上规定的租税要件具备时成立。作为课税处分的行政行为在性质上只是一种具体地确认租税债务的行为，它与申报纳税制度中的纳税申报行为性质相同，即纳税人实施的纳税申报行为也是一种具体地确认租税债务行为。租税债务的成立时间应依据税法的明文规定，而非并由行政权确定”。[2]以北野弘久对税收法律关系性质的解释推理，税收法律关系的本质是国家与纳税人的法律地位平等。

（3）分层面关系说是我国的刘剑文提出来的。刘剑文认为，“可以从两个层面对税收法律关系的性质予以界定。在抽象层面，将税收法律关系的性质整体界定为公法上的债务关系，在具体层面，也就是法技术的层面，将税收法律关系的性质分别界定为债务关系和权力关系。可以把这种学说归纳为‘分层面关系说’”。[3]关于税收法律关系的本质问题，刘剑文从以下四方面论证了国家与纳税人的地位是平等的[4]：一是税收的经济本质。在税收的经济本质方面，他赞同税收价格论，即税收本质是公共服务的“价格”的属性。税收这样的经济本质认识，反映在税法领域，就是税收法律关系的平等性。二是按照法的平等的价值目标，政府只能在征得人民的同意后才能征税，表明了税收宪法性法律关系的平等性。而在具体的税收征纳关系中，征税机关是政府的代表，税收宪法性法律关系的平等性延伸到税收征纳法律关系中，就是征税机关和纳税人关系的平等性。三是从税收历史发展史看，历史上的以“横征暴敛”为基调的不平等的税收关系，发展到以“等价交换”为基调的税收关系，相应地，税收法律关系的不平等性也就发展为税收法律关系的平等性。四是从税法发展史看，随着1919年《德国租税通则》的颁布，税法从行政法教科书中剥离，税法作为

〔1〕 刘剑文主编：《税法学》，人民出版社2003年版，第92页。转引自［日］北野弘久：《税法学原论》，陈刚等译，中国检察出版社2001年版，第164页。

〔2〕 刘剑文：《税法专题研究》，北京大学出版社2002年版，第15页。

〔3〕 刘剑文主编：《税法学》，人民出版社2003年版，第95页。

〔4〕 刘剑文主编：《税法学》，人民出版社2003年版，第96～103页。

行政法分支的观点被各国所摒弃。税法在公法中构成一个独立的法律体系。自从税法从行政法独立以来，人们认识到征税行为和行政处罚等行政行为在本质上是不同的，进而认为税收法律关系具有平等性。

（三）现实中税收法律关系的性质与本质的考察

所谓现实中税收法律关系的性质与本质，是指人们在现实中对税收法律关系性质与本质操作的客观结果。由于人们所处的时代不同，而不同时代的人们对税收本然、税法属性、国家职能本然、财政本然等影响税收法律关系性质与本质的核心因素的认知不同，导致不同时期税收法律关系的性质与本质在现实中操作的客观结果也不同。

我们不妨以下面历史阶段为例予以阐明。

1. 奴隶社会和封建社会时期。奴隶社会与封建社会，在“普天之下，莫非王土；率土之滨，莫非王臣”的背景之下，税收大量用于国王或君主私人开支，如修建国王的私人宫殿等，少量用于公共产品和公共服务，如兴修水利等。国王或君主为了满足自己私人开支的需要，不顾及国民之疾苦而“横征暴敛”。面对重不堪言的税负，人们不得不发出“苛政猛于虎也”的哀叹。

以上述税收法律关系性质与本质理论来衡量，可以说，这一时期的国王或君主将税收法律关系的性质与本质操作成了“权力关系说”所表达的内涵，即国王或君主及其团体在征税上拥有绝对的、优越的权力，民众仅有服从这种优越权力的义务；国王或君主代表的国家处于统治地位，纳税人则处于服从地位。

2. 中华人民共和国成立到改革开放初。这一时期，财政方面奉行“国家财政”的思想，即财政是国家为了满足其职能的需要，在参与国民经济的分配与再分配过程中所形成的社会关系；税收方面奉行“国家税收”的思想，即税收是国家为了实现其职能的需要，凭借其政治权力，依靠其法律手段，强制地、无偿地索取财政收入的过程中所形成的社会关系。在上述财政与税收的思想之下，人们一直过度地强调税收是为了满足“国家”的需要，税收具有“强制性”“无偿性”“固定性”特征，国家是权力主体、纳税人是义务主体。相应地，立法上只顾及国家利益、没有顾及纳税人的利益，如1986年颁布的《中华人民共和国税收征收管理暂行条例》（已失效，以下简称《税收征收管理暂行条例》）第1条规定：“为了保障国家税收法规、政策的贯彻实施，加强税收征收管理，确保国家财政收入，充分发挥税收调节经济的杠杆作用，促进经济体制改革和国民经济协调发展，特制定本条例。”从这一法规的宗旨性条款可以看出，只有相关国家利益的内容，没有相关纳税人利益的内容。

以上述税收法律关系性质与本质理论来衡量，可以说，这一时期的税收不像奴隶社会和封建社会那样，大都被用于国王或者君主私人开支，而是被用于国家建设，但由于人们过度强调国家的利益和地位，忽视了纳税人的利益和地位，在税收法律关系的性质与本质的实践上，依然属于“权力关系说”。

3. 经济转轨时期至今。在这一时期，我国在经济体制方面，经由社会主义计划经济到社会主义有计划的商品经济再到社会主义市场经济的转变；在财政和税收的理念方面，经由国家财政、国家税收到公共财政[1]和税收价格理论（关于税收价格理论的看法，我们在税收概念中已经谈过了）的转变；在税收法律关系的性质方面，引入并关注税收法律关系债务关系学说。在这样的背景下，立法实践由原来的只重视国家的地位和利益，逐步转变为国家与纳税人的地位和利益并重。如全国人大常委会于1992年9月4日通过，于1995年2月28日、2001年4月28日、2013年6月29日和2015年4月24日四次修正、修订的《税收征管法》在第1条规定：“为了……保障国家税收收入，保护纳税人的合法权益，促进经济和社会发展，制定本法。”这种既有国家利益又有纳税人利益的规定，打破了以前只有国家利益而没有纳税人利益规定的状况。

以上述税收法律关系性质与本质理论来衡量，可以说，这一时期的立法，已将税收法律关系由原来的权力关系逐渐转变为债务关系。

（四）本然上税收法律关系性质与本质的探寻

上述两个问题阐述了观念上税收法律关系的性质与本质和现实中税收法律

---

〔1〕大多文献将公共财政定义为，国家为了满足人们对公共产品和公共服务的需求而进行资金筹集与分配的活动。其实，财政的本然自产生开始，就是国家为了满足人们对公共产品与公共服务的需求所进行的资金的筹集与分配。它不分时代、不分国家、不分制度，即自始至终都不会发生改变。我们之所以将财政称作“公共财政”，主要源于对英语中财政“public finance”的翻译。稍作思考，会发现这样的翻译是错误的。“public”是“公共的”意思，人们对这个单词的翻译不会产生什么歧义；但“finance”有“财政”“金融”和“财务”的意思，究竟应该选择哪个意思便出现了分歧。许多文献将其翻译成“财政”，加上前面的“公共的”，即形成“公共财政”。如果是这样，社会上应该存在一个对应的称谓，即“私人财政”，这显然是不可能的。私人财政即私人以钱行政，如果允许私人以钱行政，不难想象社会将会发生什么。“金融”是融资的意思，如果将“finance”翻译为“融资”，“public finance”整体就应翻译为“公共融资”。的确，政府有融资的部分，如以政府为名义的贷款、举债等，但非融资的部分就无法解释了，如税收等。只剩下“财务”一词。这一词和“公共的”加在一起从字面上可翻译成“公共财务”。“公共财务”即指政府财务，政府财务相对应的是“私人财务”。社会中的财务可以划分为两大类，一个是政府财务，一个是私人财务。二者的区别在于：政府财务的目的是用于行政的，即满足人们公共产品与公共服务需求的；而私人财务则和行政没有关系，只是为了满足经营或生活需要。综上，应将“public finance”整体翻译为“财政”，而不是“公共财政”。

关系的性质与本质，但并非是税收法律关系的性质与本质的本然。我们的目标是探寻税收法律关系性质与本质的本然。

关于税收法律关系的性质与本质的本然，可从第一章所讲的税收本然中直接找到。税收本然是指人们从国家那里获得公共产品和公共服务所付出的代价。从税收本然可以看出，税收法律关系的性质主要是国家与纳税人之间的债权债务关系：一方面，国家作为债权人，有权力（利）向纳税人征税并收取税款；同时它就成为债务人，即有义务向纳税人归还公共产品或公共服务。另一方面，纳税人作为债权人，有权利从国家那里获取公共产品或公共服务；同时作为债务人，有义务向国家纳税。同时也可以看出，税收法律关系的本质是国家与纳税人之间是平等的：国家不会因为它是国家而有任何特殊，它的征税权及取得税收收入的权力（利）是建立在为纳税人提供公共产品与公共服务的基础之上的；纳税人也不会有任何卑微，因为他们所付出的税收是建立在国家向其返还公共产品与公共服务的前提之下的。

以税收法律关系性质与本质的本然为标准，检验前述观念上的税收法律关系的性质与本质，其中北野弘久与刘剑文的观点与标准相对接近，但对其解释的两点本书持保留意见：一是将税收法律关系解释为“公法上”的债务。关于这个问题笔者在导论部分讲述“税法性质”时已作过解释，这里不再赘述。二是对于程序税法领域所形成的关系是否属于债务关系的解释。关于这个问题，北野弘久认为，在与传统行政学作诀别的税法学中，应将税收法律关系的性质归结为债权债务关系。按照北野弘久的观点，税收法律关系是分时段的，在传统行政学之下属于权力关系，传统行政学之后属于债务关系。刘剑文认为，从法技术层面程序税法领域所形成的关系是一种权力关系。对此，按照前面对税收法律关系性质与本质本然的解释会得出下面结论：程序税法领域所形成的社会关系也是一种债权债务关系。因为，国家或代表国家的征税机关与纳税人之间所形成的所谓权力关系，只是一种表象。在这表象的背后，隐藏着国家或代表国家的征税机关与纳税人之间关系的真相：债权债务关系。税务机关作为行政机关，是服务型政府的构成部分，它对纳税人行使权力属于提供公共服务的范畴，即属于国家从纳税人那里取得税款后应归还给纳税人债务的范畴。

再以税收法律关系性质与本质的本然为标准，检验上述现实中税收法律关系的性质与本质，应该这样讲，本书前文中所列举的三个历史阶段，尽管都没有达到税收法律关系的性质与本质的本然，但相比之下，第三个阶段距离标准接近一些。

■第二节　税收法律关系的构成要素

一、税收法律关系的主体

税收法律关系的主体，是指在税收法律关系中依法享有权利（力）和承担义务的当事人，包括征税主体、纳税主体及相关主体。

（一）征税主体

关于征税主体，目前主要有以下几种解释：①是指国家的税务机关；②是指国家或代表国家的税务机关；③是包括国家各级权力机关和各级行政机关，及具体履行征管职能的财政机关、税务机关和海关；④国家是实质意义上的征税机关，征税机关及其工作人员是形式意义上的征税主体，其中又以税务机关为主；⑤是包括国家各级政权机关与具体履行税收征管职能的各级财政机关、税务机关和海关两个层次在内的统一体[1]。⑥“是指国家权力机关、行政管理机关和税务职能机关。”[2]⑦“征税主体是指参加税收法律关系，享有国家税收征管权力和履行国家税收征管职能，依法对纳税主体进行税收征收管理的国家机关。”[3]上述关于征税主体具体解释的不足在于：①征税主体到底是谁没有表达清楚；②只有征税主体的权力而没有其义务。

从前文的税收本然、税收法律关系性质与本质的本然，我们已经知道，对于任何一个国家来说，国家是根本的征税主体。但国家是一个抽象实体，它不能亲自履行自己的征税权，只能通过立法形式将其征税权授权给代表其履行征税职能的行政机关，即政府。政府作为代表国家的行政机构，其职责是统管整个国家的包括税务在内的行政工作，并不能亲自征税。因此，政府又将其征税职能授权给其所属的征税机关，即税务机关和海关。

综上，征税主体可以分作两个层面：根本层面与具体层面。根本层面的征税主体，是指在税收法律关系中享有征税权、取得税收收入并负有提供公共产品与公共服务义务的国家以及代表国家的政府；具体层面的征税主体是指在税收法律关系中代表政府具体履行征税权并负有法定义务的税务机关与海关。

（二）纳税主体

纳税主体亦称纳税人，大多文献对其解释如下：纳税主体是指税法规定的

---

〔1〕参见刘剑文主编：《财政税收法（教学参考书）》，法律出版社2000年版，第294页。

〔2〕严振生主编：《税法》，中国政法大学出版社1999年版，第19页。

〔3〕刘剑文主编：《税法学》，人民出版社2003年版，第107页。

直接负有纳税义务的单位和个人。笔者认为，这个定义存在以下不足：①没有将纳税人置于税收法律关系当中去定义。在税收法律关系中，纳税人不可能只有义务而没有权利。②没有将真正意义上的纳税人——负税人包括在内。这样定义的原因在于忽略了税收转嫁。税收转嫁是指纳税人将自己应缴纳的税款通过一些方法或手段转嫁给他人负担的行为。不考虑这个因素定义纳税人等于剥夺了负税人享受公共产品与公共服务的权利。③容易使人对税法造成误解。考察各国税法，纳税人既有义务也有权利，但我国对纳税人的定义却忽略了立法事实，致使纳税人误以为税法中只有纳税人的义务而没有其权利。

综上，纳税主体也可分作两个层面：根本层面与具体层面。根本层面的纳税主体，又称为真正负担税收的纳税主体，是指宪法或法律规定的享有从国家那里取得公共产品与公共服务的权利并负有承担税负义务的单位与个人；具体层面的纳税主体，即名义上的纳税主体，是指税法规定的享有权利并负有纳税义务的单位与个人。

（三）相关主体

相关主体是指在税收法律关系中除了征税主体、纳税主体之外的其他主体，主要包括扣缴税款人和银行、市场监管部门、司法部门等。这些主体不构成税收法律关系的核心主体，其存在的意义是为了帮助征纳主体完成征纳税活动。

二、税收法律关系的内容

税收法律关系的内容是指税收法律关系主体应享有的权力(利)[1]和应承担的义务。

---

〔1〕“权力有两层含义：①政治上的强制力量，如国家权力。②职责范围内的支配力量，如行使大会主席的权力。权利是指公民或法人依法在政治、经济、文化各方面所享有的权力和利益，与‘义务’相对。”（商务印书馆辞书研究中心修订：《新华词典》商务印书馆2001年版，第810页。）在“权力（利）”词语的使用上，一般国家或代表国家行政的行政机关多用“权力”，因为只有国家或代表国家行政的行政机关才涉及政治上的强制力量。如国家征税的权力、国家维护主权的权力等；财政部门编制预决算的权力等；征税机关在征税过程中的各种“权力”：实施保全措施的权力、强制执行措施的权力等。但国家也会用“权利”，这里的“权利”多表示“利益”的含义，如国家的经济利益、税收利益等。代表国家的行政机关，却很少用“权利”，因为它们是代表国家行政的，它们行政所取得的利益最终是归属于国家的。公民或法人一般用“权利”，这并不是说他们不可以用“权力”一词，只是因为：①他们所享用的“权力”已经包含在他们的“权利”当中了；②为了区分与国家“政治权力”和行政机关“行政权力”的不同。总之，在现实中，“权力”一般是偏向政治的。在本书中，谈到权力（利）时，国家既用“权力”又用“权利”，征税机关只用“权力”，纳税人只用“权利”。

这里有两个问题需要说明，一是前文已讲过，税收法律关系的主体既有征纳主体又有其他相关主体，但这里主要讲述税收法律关系中的核心主体，征纳主体的权力（利）与义务。二是既然税收法律关系包括税务关系中所有的法律关系，税收法律关系主体享有的权力（利）和应承担的义务就应该包括所有的法律关系之下的权力（利）与义务，但这里主要讲述宪法层面和税法层面的税收法律关系之下的权力（利）与义务。

（一）征税主体的权力（利）与义务

1. 根本层面征税主体的权力（利）与义务。关于这个问题，不少学者[1]认为我国的法律法规处于空白状态。笔者认为，这种观点主要源于单从自己所认为的税法领域看税法。站在整个法体系的角度俯瞰会发现，我国根本层面征税主体的权力（利）与义务的内容主要规定在现有的财政管理体制分税制之中。根据《国务院关于实行分税制财政管理体制的决定》（以下简称《分税制》）的规定，根本层面征税主体的权力（利）与义务具体如下：

（1）根本层面征税主体的权力与权利。根本层面征税主体的权力为征税权，包括立法权与征管权。税收立法权属于国家最高权力机构或国家授权立法的中央政府，即在我国，税种的设立、税率的确定等税收基本制度，一般只能由全国人民代表大会或由其授权的国务院来制定。税收征管权属于政府，由其所属的税务机关、海关具体行使权力。根本层面征税主体的基本权利为取得税收收入。中央政府与地方政府的税收收入范围具体划分如下：维护国家权益、实施宏观调控所必须的税种为中央税，主要包括：关税，海关代征消费税和增值税等；同经济发展直接相关的主要税种为中央与地方共享税，主要包括：增值税、资源税、企业所得税等；与地方社会、经济紧密关联的税种为地方税，主要包括：个人所得税、车辆购置税、车船税、城市维护建设税、契税等。

（2）根本层面征税主体的义务。根本层面征税主体的义务是为人们提供公共产品与公共服务，具体为：中央政府主要负责国家安全、外交和中央国家机关运转，调整国家经济结构、协调地区发展、实施宏观调控以及由中央直接管理的事业发展；地方政府主要负责本地区政权机关运转以及本地区经济、事业发展。

2. 具体层面征税主体的权力（利）与义务。具体层面的征税主体（即税务

［1］王鸿貌、向东：《税收基本法立法问题研究》，中国税务出版社2009年版；杜永奎："我国税收基本法立法问题探讨"，载《甘肃农业》2006年第11期；刘剑文：《税法专题研究》，北京大学出版社2002年版，第167页。

机关与海关）的权力与义务主要源于《税收征管法》与《中华人民共和国海关法》（以下简称《海关法》），分别在本书后文的关税法和税收征收管理法章节讲述，这里不作赘述。

（二）纳税主体的权利与义务

1. 根本层面纳税主体的权利与义务。根本层面纳税主体的权利是从国家获取公共产品或公共服务。根本层面纳税主体的基本义务是向国家负税。根本层面纳税主体的权利与义务，与根本层面征税主体权力（利）与义务内容是对应的，即根本层面征税主体的权力（利），对应的就是根本层面纳税主体的义务，相反根本层面征税主体的义务就是根本层面纳税主体的权利。

2. 具体层面纳税主体的具体权利与具体义务。具体层面纳税主体的权利与具体义务主要源自《税收征管法》和《海关法》，分别放在本书的关税法和税收征收管理法章节予以讲述，这里不作赘述。

三、税收法律关系的客体

税收法律关系客体，是指税收法律关系主体权利义务共同指向的对象。关于税收法律关系客体的概念，学者们没有分歧，但关于客体究竟指什么，分歧较大。有人认为，“税收法律关系的客体主要包括税收权力（权益）、物和行为。税收宪法性法律关系和税收权限划分法律关系的客体是税收权力；国际税收权益分配法律关系的客体是税收权益；税收征纳法律关系的客体是按照一定税率计算出来的税款；税收救济法律关系的客体是行为，即税务机关在税收征管活动中作出的相关行为”。[1]有人认为，税收法律关系的客体主要是货币和行为。其中，“货币是指征税机关要征收的和纳税人要缴纳的东西是以货币形式实现的。如对所得额征税、对财产额征税和对流转额征税，就是通过计算比例所得出来的应纳税款来征收的，这是法律关系最常见的客体。行为，是指在税法制定和执行过程中，发生于行政机关和权力机关之间、税务机关与行政机关之间拟订的税收指标行为和金库对库款核实报解等行为”。[2]有人认为：“税收法律关系的客体包括物和行为两大类。物是指税收法律规范所保护的物，即纳税主体向国家缴纳的货币和实物，通常称为税款；行为是税收法律关系的参加者做出的特定行为，如税收征收管理行为、应纳税的营业行为、纳税登记、纳税申

---

〔1〕 刘剑文主编：《税法学》，人民出版社 2003 年版，第 108 页。

〔2〕 严振生编著：《税法》，中国政法大学出版社 2007 年版，第 22 ~ 23 页。

报、缴纳税款等行为。”[1]

以税收法律关系客体是税收法律关系主体权力（利）义务共同指向的对象为标准，来衡量上述关于税收法律关系客体的解释，我们发现有的解释存在着偏差。这些偏差可以归纳为两个方面：①过度扩大税收法律关系核心范围，如税收权限划分法律关系的客体是税收权力，税收权限划分法律关系应主要属于财政管理体制法律关系的范畴。②过度夸大了作为税收法律关系客体的“行为”范畴，如发生于行政机关和权力机关之间、税务机关与行政机关之间的拟订税收指标行为和金库对库款核实报解等行为，应主要属于预算法律关系的客体。

笔者认为，税收法律关系的客体主要包括物和行为两大类。其中，物包括货币和实物。在实体税法中，有些税种，国家征税权力（利）和纳税人的纳税义务共同指向的对象是以货币表现的，如商品销售收入额、营业额、所得额等；有些税种，国家征税权力（利）和纳税人的纳税义务共同指向的对象是以实物的形式出现的，如房产、土地、车船等。行为包括应税行为和《税收征管法》中规定的行为。应税行为是指国家征税权力（利）和纳税人的纳税义务共同指向的行为，如签订合同、占用耕地等；《税收征管法》中规定的行为主要包括税务登记、纳税申报、税收保全措施、税收强制执行措施等。

■第三节　税收法律关系的产生、变更与终止

一、税收法律关系产生、变更和终止的条件

根据法理学关于法律关系产生、变更和终止条件的理论，税收法律关系的产生、变更和终止需要具备一定的条件，其中最主要的条件有两个：一是税收法律规范；二是税收法律事实。税收法律规范是税收法律关系产生、变更和终止的法律依据，没有一定的法律规范就不会有相应的法律关系；税收法律事实是税收法律规范与法律关系联系的中介。

二、税收法律事实的概念及其分类

（一）税收法律事实的概念

“所谓税收法律事实，就是具有法律关联性的、能够引起税收法律关系产

---

〔1〕朱大旗编著：《税法》，中国人民大学出版社2004年版，第23页。

生、变更和终止的客观情况或现象。也就是说，税收法律事实首先是一种客观存在的外在现象，而不是人们的一种心理现象或心理活动。纯粹的心理现象不能被看作是法律事实。其次，税收法律事实是由税法规定的、具有法律意义的事实，能够引起税收法律关系的产生、变更或消灭。”[1]

（二）税收法律事实的种类

根据税收法律事实是否以人们的意志为转移作标准，可以将税收法律事实大体上分为两类，即税收法律事件和税收法律行为。

1. 税收法律事件。“税收法律事件是具有法律相关联性的、不以人的意志为转移而引起税收法律关系形成、变更或消灭的客观事实。税收法律事件又分为社会事件和自然事件两种。前者如战争等，后者如人的生老病死、自然灾害等。这两种事件对于税收法律关系的主体而言，都是不可避免的，是不以其意志为转移的。但由于这些事件的出现，税收法律关系主体之间的权力（利）与义务关系就有可能产生，也有可能发生变更，甚至完全归于消灭。”[2]例如，荷兰曾因为战争开征了印花税，引发了税收法律关系的产生；我国四川省汶川的地震，引发了该地区税收法律关系的变更；一个人的死亡，引发了税收法律关系的消灭等。

2. 税收法律行为。“税收法律行为是指以权力（利）主体的意志为转移，能够引起税收法律关系的形成、变更和消灭的法律事实。因为人们的意志有善意与恶意、合法与违法之分，故其行为也可以分为善意行为、合法行为与恶意行为、违法行为。善意行为、合法行为能够引起法律关系的形成、变更和消灭。例如，纳税人捐赠公益机构或者教育机构等，会导致税收法律关系的变更。同样，恶意行为、违法行为也能够引起税收法律关系的形成、变更和消灭。”[3]例如，逃税犯罪行为会引起税收刑事法律关系的产生；违法经营行为会导致税收法律关系的消灭等。

【思考与应用】

1. 探寻并讨论税收法律关系性质与本质。
2. 举例说明税法上的债权债务关系与民法上的债权债务关系的主要区别。
3. 考察美国根本层面征税主体的权力（利）与义务制度。

---

〔1〕 舒国滢主编：《法理学》，中国人民大学出版社 2008 年版，第 97 页。
〔2〕 舒国滢主编：《法理学》，中国人民大学出版社 2008 年版，第 97 ~98 页。
〔3〕 舒国滢主编：《法理学》，中国人民大学出版社 2008 年版，第 97 ~98 页。

第三章　税法原则

在本章你将——

- 掌握税收法定原则
- 探讨税法公平与税法效益
- 了解税法的具体原则

■第一节　税法原则概述

一、税法原则的概念

税法原则是指国家在一定的政治、经济和社会条件下制定的指导税法活动的准则。税法原则包括税法基本原则和税法具体原则。税法基本原则，是指能够贯穿税法活动始终、融化为税法内在精髓的准则；税法具体原则，是指在某些税法活动中所遵循的准则。

二、税法原则的内容

关于税法基本原则和具体原则的内容，学者们看法不一。[1]笔者认为，税法基本原则包括税收法定原则、税法公平原则和税法效益原则；税法具体原则

---

〔1〕 徐孟洲主编：《税法学》，中国人民大学出版社 2005 年版，第 30 ~ 43 页；刘剑文主编：《税法学》人民出版社 2003 年版，第 115 ~ 147 页。翟继光：《税法学原理：税法理论的反思与重构》，立信会计出版社 2011 年版，第 16 ~ 44 页。

包括社会政策原则、税收中性原则、税法简化原则和实质课税原则。

■第二节 税法基本原则各论

一、税收法定原则

（一）税收法定原则的概念

税收法定原则，也称税收法定主义、租税法律主义等。税收法定原则，是指税收法律关系主体及其权利（力）和义务必须由法律加以确定，即没有法律依据，任何主体不得征税，国民也不得被要求缴纳税款。关于税收法定原则的内容，学界通说一般认为包括三个具体原则：税收要素法定原则、税收要素明确原则、征税合法原则[1]。税收立法、税收执法和税收司法都必须遵从税收法定原则。

税收法定原则是税法的最高原则，其实质是限制国家的权力，即要求国家征税权的行使必须得到全国人民通过其代表机构以制定法律的形式而表示同意，宗旨在于保障私人的财产权利及社会和经济的有序发展。税收法定原则是民主和法治原则在税法上的体现，对保障人权、维护国家利益和社会公益举足轻重。

（二）税收法定原则的产生与发展

1. 税收法定原则在他国。税收法定原则源于英国。“1215 年，英国约翰王为了筹集军费，横征暴敛，引起了英国各个阶层的不满，他们联合起来，迫使约翰王签署了限制国王权力的《大宪章》。《大宪章》规定，在征得‘全国一致同意’外，国王不得课征任何‘兵役免除税或捐助’。1628 年《权利请愿书》进一步规定：‘没有议会的一致同意，任何人不得被迫给予或出让礼品、贷款、捐助、税金或类似的负担。’1688 年英国‘光荣革命’胜利后，在《权利法案》中重申：‘国王不经国会同意而任意征税，即为非法。’至此，英国的税收法定原则正式地确立了下来。无独有偶，美国独立战争和法国大革命无不以征税为导火线。18 世纪后半叶，英国政府对北美殖民地在关税的基础上又加征印花税和糖税。北美殖民地民众以在英国议会无殖民地代表参加为由，宣称英国政府无权向殖民地人民征税，并因此开始了反对英国的独立战争。美国独立后，在 1776 年颁布的《独立宣言》中指责英政府：‘未经我们同意，任意向我们征税’；

---

〔1〕 刘剑文主编：《财税法学》，高等教育出版社 2004 年版，第 331 ~ 332 页。

之后根据1787年制定的《美国宪法》第1条的规定，一切征税议案应首先在众议院提出，但参议院得以处理其他议案的方式，表示赞同或提出修正案，国会有权赋课并征收税收，进口关税、国产税和包括关税与国产税在内的其他税收……1774年法国路易十六继位时，经济危机重重。为解决财政危机，路易十六开征新税，因此与国民议会发生冲突。以第三等级为主的巴黎各阶层市民为保存国民议会与国王展开斗争，并于1789年爆发了大革命。大革命胜利后，同年8月，法国颁布了《人权和公民权宣言》，其中第14条规定：'公民都有权亲身或由其代表来确定赋税的必要性，自由地加以认可，注意其用途，决定税额、税率、税基、征收方式和期限'。"[1]后来，《法兰西共和国宪法》第34条的规定"征税必须以法律规定。"[2]"西方其他国家也都或早或晚地将税收法定主义规定在其宪法之中。如日本，根据1889年《明治宪法》的规定，课征新税及变更税率须依法律之规定；后根据1947年的《日本国宪法》第84条的规定，课征新税或变更现行的税收，必须依法律或依法律确定的条件。还有意大利、埃及、科威特等国。"[3]

2. 税收法定原则在我国。我国历史上最早以法律形式确立税收法定原则的，是1913年的《天坛宪法草案》。《天坛宪法草案》第95条规定："新课租税及变更税率，以法律定之。"第96条规定："现行租税未经法律变更者，仍旧征收。"目前，我国的税收法定原则没有像他国和我国历史一样以宪法形式确立，而是确立在《立法法》之中。我国的《立法法》第7条第1款规定："全国人民代表大会和全国人民代表大会常务委员会行使国家立法权。"第8条规定："下列事项只能制定法律：……（六）税种的设立、税率的确定和税收征收管理等税收基本制度……"根据上述规定，我国涉税事宜必须通过法律。以此检验我国现有的税收法律制度，可以说，我国还没有完全实现税收法定原则，部分实体税法依然停留在国务院制定的行政法规层面。

二、税法公平原则

税法公平原则，是指税法活动自始至终应遵循社会公平。关于税法公平原

[1] 韦森："税收法定的必然"，载《中国新闻周刊》2007年第28期。

[2] 李刚："税法公平价值论"，载 http://www.tingko.com/Lunwen/80506.html，最后访问时间：2008年5月16日。

[3] 李刚："税法公平价值论"，载 http://www.tingko.com/Lunwen/80506.html，最后访问时间：2008年5月16日。

则，有学者称其为“税收公平原则”并赋予如下内涵：“税收公平包括横向公平和纵向公平。横向公平，是指经济能力或纳税能力相同的人应当缴纳数额相同的税收；纵向公平，是指经济能力或纳税能力不同的人应当缴纳不同的税收。”〔1〕暂且不论如此解释税收公平原则是否正确，但将这样的税收公平原则直接移植到税法之中作为税法基本原则是不科学的。因为不论从主体上还是从内容上，税收公平原则都无法涵盖税法公平原则的内涵。

（一）从主体上看

根据上述关于税收公平的阐释，横向公平与纵向公平，追求的是“纳税人”之间的公平。从税收法律关系角度看，纳税人只是参加税收法律关系的主体一方，单纯强调纳税人之间的公平是片面的和不客观的。作为税“法”的原则，从主体上讲公平，要讲纳税人之间的公平，更要讲征税主体与纳税主体（纳税人）之间的公平。关于这一点，在前文税收法律关系一章已作过讲述，这里不再赘述。

（二）从内容上看

税收公平原则追求的是纳税人之间“税负”的公平，纳税人之间的税负公平仅仅是经济层面的公平，它无法涵盖“法”公平的内涵。法的公平是指社会公平。这里的“社会”是指集政治、经济、狭义的社会等方面于一体的统一体。税法作为法的构成部分，同样应具有法的公平的内涵。如以个人所得税法和遗产与赠与税法为例，多数国家在这两种税的税率形式上选择了超额累进税率。之所以如此，其立法宗旨无非是为了解决贫富悬殊和社会收入分配不公的问题。因为贫富悬殊和社会收入分配不公，会引发一个国家社会的不安定、甚至是政治的不稳定。从这个意义上看，个人所得税法和遗产与赠与税法所追求的公平是集政治、经济、狭义的社会于一体的公平，即广义上的社会公平，而非简单地追求纳税人之间税负公平。

三、税法效益原则

税法效益原则，是指税法活动始终追求社会效益。关于税法效益原则，有学者将该原则称为税收效益原则并将其解释为：“税收效益（税收效率）原则包括纳税效益与征税效益，纳税效益是指纳税人在依法纳税时使其纳税成本达到

---

〔1〕徐孟洲主编：《税法学》，中国人民大学出版社 2005 年版，第 35 页；翟继光：《税法学原理：税法理论反思与重构》，立信会计出版社 2011 年版，第 26 页。

最小化；征税效益是指征税主体付出最小的征税成本获得最大的税收收入。”[1]姑且不论这样解释税收效益是否准确，但将赋予如此内涵的税收效益原则直接纳入税法领域，作为“税法”的基本原则是不可取的。因为法的效益是指法的集政治效益、经济效益、狭义的社会效益等各种效益于一体的综合效益，即广义上的社会效益。作为法的构成部分的税法，其效益也是指税法的集政治效益、经济效益、狭义的社会效益等于一体的综合效益，即广义上的社会效益，并非仅指经济效益方面的征税效益和纳税效益。

考察税收立法实践，无不在追求集政治效益、经济效益、社会效益等各种效益于一体的综合效益。如我国《个人所得税法》自 1980 年颁布实施至今，期间经历了 7 次修正，修订次数最多的是个人工资薪金的费用扣除标准。在生活必需品价格不断涨价的情况下，若不修改个人工资薪金的费用扣除标准，个人所得税的征收必然会影响人们最基本的生活与生存，甚至会影响社会的安定和政治的稳定。再如，在程序税法方面，我国自 1986 年建立税收征收管理制度以来，几经改革，其宗旨是规范税收征收和缴纳秩序，保障国家税收收入，保护纳税人的合法权益，促进经济和社会的和谐与可持续发展。因为，在征纳税的过程中，如不约束征税主体的行政行为，对其侵犯纳税主体合法权益的行为听之任之，势必会引起纳税人对国家的不满，进而影响社会安定和政治稳定。同样，如不约束纳税人的行为，对其逃避纳税、骗取出口退税等违法行为不管不顾，国家将无法收取应收税收，无法向社会提供公共产品与公共服务，最终也会影响社会安定和政治稳定。

■第三节　税法具体原则各论

一、社会政策原则

社会政策原则，是指国家在制定税法时应遵循环境保护、资源配置、财富分配、经济和社会管理等方面的政策目标。

社会政策原则是世界各国税法普遍遵循的原则之一。有些国家为了实现其社会政策，设置了适合本国的实体税法，如俄国为了限制人口的负增长，设有无子女税法和独身税法；英国为了解决道路拥堵，设立了拥挤税法等；我国同

[1] 徐孟洲主编：《税法学》，中国人民大学出版社 2005 年版，第 32 页。

他国一样，为了实现政治、经济、资源等社会政策目标，设置了相应的实体税法，如环境税法、资源税法等。

有学者在谈及社会政策原则时，将其归入税法基本原则，[1]这样归类是错误的。因为国家在设立税法时，即设立哪些实体税法，以及某一实体税法的内容、程序税法的内容的设置，皆必须依据国家在政治、经济、社会等方面的政策。可以说，制定税法的过程就是国家政策寓于税法的过程。但税法一旦成立，政策就不再、也不能起作用了。由此可见，社会政策原则并非贯穿于税法活动的始终，属于税法的具体原则。

二、税收中性原则

税收中性原则，是指国家在制定税法时应当遵循税收尽量不妨碍纳税人正常的生产与生活的准则。

税收中性原则，从理论上要求各国的税法应做到不影响纳税人正常的生产和生活。在现实中，各国税法不可能达到理论上的要求。因为，但凡有税法就必然会影响纳税人的生产与生活，所不同的是，税法不同影响的程度不同。因此，在实践中，一般各国对税收中性原则是如此应用的：在建立其税法体系和在设立某一具体实体税法时，将尽量不要影响纳税人正常的生产与生活作为制定税法的准则，以使税收对纳税人的影响尽量减少到最低限度。

三、税法简化原则

税法简化原则，是指国家在制定税法时应遵循简明易懂、征纳易行、避免影响纳税人正常的生产与生活和降低税收成本的原则。简化税法已成为世界各国税法改革趋势。

按照税法简化原则，国家在制定税法时，应该尽量做到以下几个方面：①在税种设置方面，尽量做到对同一征税对象不重复设置税种。②在个人所得税税率的设计方面，尽量减少个人所得税的税率档次。自20世纪80年代开始，世界多数国家将减少个人所得税的税率档次作为改革税法的重要内容之一。③避免过多的税收优惠。税收优惠是税法对特殊纳税人和特殊征税对象的照顾，体现了税法的灵活性，但过多的税收优惠不仅破坏了税法公平原则，也使税法复杂化，给纳税人避税带来较大空间，又增加了征税机关的征税成本。

---

〔1〕 徐孟洲主编：《税法学》，中国人民大学出版社2005年版，第32～33页。

四、实质课税原则

实质课税原则，是指税法上确立的应遵循依据纳税人经营活动的实质而非表面形式予以征税的准则。确立该原则的目的是约束各种避税行为。

“该原则来源于德国，经历了第一次世界大战后的德国经济萧条，百废待兴，一些不法商人借机发国难财，他们的不法行为在民法上被认定为无效行为，由于当时的税法被认为是民法的附随法，导致在税法上也无效，因而无需征税，这引起了广大纳税人的不满，同时也引发了德国财政上的危机。在这种背景下，为了应对各种形式的税收流失问题，解决财政危机，1919 年德国出台了《德国租税通则》，在第 4 条明确规定了税法的解释，应考虑其经济意义，同时在第 5 条中对税收规避作了明确规定，这些规定被称为‘经济观察法’，之后经历了几次法律的修正演变，虽然实质课税原则的条文没有被明确地保留，但是与‘经济观察法’有关的特殊规定最终由 1977 年德国《租税通则》所承袭，成为德国税法中没有明文规定但是却已被广泛接纳的税法原则，也被许多国家认可为现代税法上的重要原则之一。大陆法系中如德国、日本在有关的税收法律中对实质课税原则都有明确的规定。如根据德国 1977 年《租税通则》第 42 条的规定，税法不因滥用法律之形成可能性而得规避其适用。于有滥用之情事时，依据与经济事件相当之法律形式，成立租税请求权。日本《所得税法》第 12 条即以‘实质所得课税原则’为名，规定了因资产或事业所产生之收益，其法律上之归属者仅为名义人，但未享受其利益，而由第三人享受其利益时，该项收益应归属于享受此利益之人，并适用本法律之规定。日本《法人税法》第 11 条规定：‘由资产或事业所产生之收益，其法律上之归属者仅为名义人，并未享受该利益，而系由名义人以外之法人享受时，该收益应归属于享受此利益之法人，适用本法规定。’”〔1〕

在我国，税法中没有专门的实质课税原则条款，但不等于我国税法否认实质课税原则，而是将实质课税原则寓于诸多单行的税收法律之中。如《企业所得税法》第六章特别纳税调整方面的规定即体现了实质课税原则的精神。

---

〔1〕 李刚、王晋：“实质课税原则在税收规避治理中的运用”，载《时代法学》2006 年第 4 期。

【思考与应用】

1. 论证税法公平原则。
2. 从企业所得税税收优惠规定看税法效益原则。
3. 举例论证税法的各个具体原则。
4. 考察实质征税原则。

第四章

税法的构成要素及分类

在本章你将——

- 了解实体税法的构成要素
- 了解税法的分类

■第一节　税法的构成要素

一、税法构成要素的概念

从法理上讲，法的要素包括规则、原则和概念。税法作为法的部门，同样由规则、原则和概念三要素组成。但这里，税法的构成要素不是指法理意义上的构成要素，而是指实体税法的构成要素，即每个独立税种相应的单行法律共同涉及的内容。具体包括纳税人、征税对象、税目、计税依据、税率、纳税环节、纳税期限、纳税地点、减税、免税等。

需要说明的是，实体税法的构成要素也包括征税主体，因每个具体税种的法律规范所涉及的征税主体几乎是相同的，因此，为了避免重复，由程序税法对其进行了统一规定。

二、税法构成要素的内容

（一）纳税人

这里的纳税人是指实体税法规定的享有权利并承担义务的单位和个人。

第二章税收法律关系已讲过纳税人，但该章所讲的纳税人既包括名义上的纳税人，又包括实际负税人。这里的纳税人仅指名义上的纳税人。例如，根据《增值税暂行条例》的规定，增值税的纳税人，是指在中华人民共和国境内销售货物或者加工、修理修配劳务，销售服务、无形资产、不动产以及进口货物的单位和个人。这也就是说，凡是在中华人民共和国境内从事销售货物或提供加工、修理修配劳务、销售服务、无形资产、不动产和进口货物的，就构成增值税的名义纳税人。增值税一般能够转嫁出去，一旦增值税转嫁成功，就意味着其名义纳税人与实际负税人不是同一人。如一生产彩电企业，如果能够将其生产的彩电不赔卖掉，其应缴的增值税就转嫁给购买方了。但《增值税暂行条例》只规定名义上的纳税人，而不规定负税人。

需要说明的是，实体税法所规定的名义上的纳税人并不能构成一个完整的税收法律关系中的纳税人。实体税法所规定的名义上的纳税人的权利与义务，仅属于名义上的纳税人的权利与义务的部分。在此基础之上，再加上程序税法所规定的名义上的纳税人权利与义务，才是名义上纳税人权利与义务的全部。如谈及增值税名义上纳税人的权利，应该既包括《增值税暂行条例》所规定的出口退税权等，又包括《税收征管法》所规定的知情权与保密权等。明白这一点的意义在于：当名义上的纳税人与税务机关发生争议时，应依据实体税法与程序税法的规定来维护自身权益，而非仅依据实体税法的规定。

（二）征税对象

征税对象，也称为课税对象或者征税客体，是指实体税法规定的对纳税人的什么征税。各国一般会选择纳税人商品销售收入额、劳务经营额、财产价值额、特定的行为、经营所得额等作为课税对象。

征税对象是各个税种相互区分的标志，凡是以商品的销售收入额或服务的营业收入额为征税对象的各个税种统称为商品及劳务税类；凡是以特定财产为征税对象的各个税种统称为财产税类；凡是以特定的行为为征税对象的各个税种统称为行为及目的税类；凡是以纯所得为征税对象的各个税种就称为所得税类。

（三）税目

税目，也称课税品目，是指税法对征税对象进行分门别类后确定的具体项目。税目是对征税对象的具体化，代表着征税的广度。

确定税目的作用：①可以明确征税对象的具体范围，凡列入税目的则征税，未列入的则不征税；②可以针对不同的税目规定差别税率，体现国家政策和立法本意。

税目并非每一实体税法都须具备的内容，有些税种的征税对象简单、明确，无进一步划分税目的必要。当某一税种的征税对象范围较广、内容复杂或是立法目的上需要时，才将其划分为税目以明确界定。各国税法在税目设计方面一般有两种方法：列举法和概括法。列举法是指对应税项目进行一一列举的方法，适用于征收与否界线比较清楚的征税对象。概括法是指对应税项目只按照征税对象的行业或大类来确定税目的方法，适用于类别复杂、征收与否界线不易划分的征税对象。列举法与概括法各有优缺点，一般配合运用。我国现行实体税法中，少部分采用列举法，如《中华人民共和国车船税法》（以下简称《车船税法》）规定的税目有：乘用车、商用车、挂车、其他车辆、摩托车、帆船，其中除挂车、摩托车外，均有界限清晰的细目。大部分采用列举法与概括法相结合的办法，如《中华人民共和国资源税法》（以下简称《资源税法》）先用概括法规定了五个税目：能源矿产、金属矿产、非金属矿产、水气矿产、盐，五个税目均设有二级税目，其中能源矿产、水气矿产、盐三个税目采用列举法设置二级税目，金属矿产和非金属矿产税采用列举法与概括法相结合的办法设置二级税目，并进而采用列举法设置三类税目。

（四）计税依据

计税依据，也称为税基，是指计算应纳税额的基数。计税依据与征税对象紧密联系，后者回答对什么征税的问题，是质的规定；前者解决税款如何计量的问题，是量的规定。两者从不同角度反映征税客体，但只有确定了征税对象之后，才能据以确定其计税依据。

计税依据可分为两类：计税金额和计税数量。计税金额，是指以征税对象的货币金额作为计税依据；计税数量，是指以征税对象的自然实物量为计税依据，其具体计量标准根据征税对象的特点确定，或以吨、或以升、或以立方米等。在计税依据的选择上，多数国家偏向于以计税金额为计税依据，因计税金额作为计税依据的最大特点在于应纳税额与价格会发生联动，有利于保证国家财政收入；即便在通货膨胀的情况下，计税依据也会随价格的上涨而增加，使税收收入一般不受通货贬值的影响。计税数量作为计税依据的特点在于，应纳税额决定于征税对象实物量的大小，不受征税对象价格变化的影响。这对于纳税人来说，税负不会因其所生产或经营对象的价格上涨而增加；但不足在于，税收收入与国民收入不同步，税负水平与纳税能力相脱节。

我国大部分税种的计税依据偏向于以征税对象的计税金额来确定。如增值税、消费税、个人所得税和企业所得税等税种的全部或大部分税目的计税依据都采用的是计税金额：商品的销售收入额、劳务的经营额、个人或企业取得的纯所得额等。少部分税种偏向以征税对象的自然实物量来确定。如车船税中的各个税目，消费税中黄酒、啤酒和成品油是以其销售数量为计税依据的；耕地占用税和土地使用税是以纳税人占用耕地或城镇土地面积的大小为计税依据的等。

（五）税率

1. 税率的概念及地位。税率是指应纳税额与计税依据之间的比例。它是计算税额的尺度，代表着征税的深度。税率是税法构成要素的核心。在计税依据确定的情况下，纳税人的税负水平和国家通过税收取得财政收入的多少都取决于税率。换句话讲，税率的高低关系着纳税人是否能够正常地生产与生活；关系着国家能否正常地运行。从这个意义看，税率不单单是经济或法律问题，而且是一个国家的政治、社会问题。一个形象的比喻恰当地说明了税率高低的社会意义："征税艺术就像从鹅身上拔毛，既要多拔鹅毛，又要少让鹅叫。"或说"税收这种技术，就是拔最多的鹅毛，听最少的鹅叫"。[1]因此，许多国家对税率的确定或调整都十分谨慎，规定了严格的程序和权限。

2. 税率形式。世界各国一般的税率形式主要有：定额税率、比例税率、累进税率。

（1）定额税率，又称固定税额或单位税额，是指按照单位征税对象直接规定固定的税额。定额税率适用于从量计征的税种，它可以分为差别定额税率和幅度定额税率。

差别定额税率是把征税对象按照一定标志或地区划分为若干类别、等级，对各类、各级规定相应的固定税额，如消费税税目黄酒的税率为240元/吨，啤酒税目下的甲类啤酒的税率为250元/吨、乙类啤酒的税率为220元/吨等；环境保护税噪声税目下的工业噪声，超标1～3分贝的税率为每月350元，超标4～6分贝的税率为每月700元，超标7～9分贝的税率为每月1400元，超标10～12分贝的税率为每月2800元，超标13～15分贝的税率为每月5600元，超标16分贝以上的税率为每月11 200元。

幅度定额税率是指税法对征税对象的数量单位确定一个税额幅度，采用授

---

〔1〕关于这个比喻的说法来源，有的说是17世纪法国国王路易十四的财政部部长柯尔贝的名言（参见曹林："公众不患交通补贴征个税而患不均"，载《中国青年报》2009年9月17日，第2版）；有的说是英国经济学家的哥尔柏（Kolebe）的名言（参见刘斌："征税就像'拔鹅毛'当然会听到'鹅叫'"，载《新商报》2012年3月13日，第36版）。

权模式确定纳税人适用的具体税率。我国耕地占用税采用幅度定额税率。

应当指出，现行税制中采用的定额税率并非截然区分，征税对象的复杂性、区域差异性等因素，促使越来越多的税种采用差别定额税率与幅度定额税率相结合的定额税率形式，如车船税税目摩托车的税率为 36 元/每辆 ~ 180 元/每辆，商用车下的客车税率为 480 元/每辆 ~ 1440 元/每辆，车辆的具体适用税额由省级人民政府依照该税额幅度和国务院的规定确定。

（2）比例税率，是指对同一征税对象，不分数额大小，均规定相同的征收比例。比例税率适用于从价计征的税种，它可分为单一比例税率、差别比例税率和幅度比例税率。

单一比例税率是指一种税只设定一个比例税率，所有纳税人都适用该税率纳税。如《企业所得税法》规定的纳税人的生产经营所得的基本税率为 25%，意味着除了一些纳税人适用优惠税率外，一般地，纳税人无一例外地统一适用 25% 的基本税率。单一比例税率的特点是有利于鼓励平等竞争，体现横向公平；但不足在于：纳税人的纳税能力愈大，其税负水平相对愈低；反之，纳税人的纳税能力愈小，则其税负水平相对愈高，不符合合理负担原则。

差额比例税率是指对一个税种按税目、地区、行业等设置两个或两个以上的比例税率。如消费税是一个典型的主要采用差额比例税率的税种，同样被列入消费税征税范围的税目，同样规定的是比例税率，但却是不同税目不同比例：烟税目下的雪茄烟税率为 36%、烟丝税率为 30%，高档化妆品税率为 15% 等。差额比例税率的特点在于，法律可以根据国家对不同税目调控力度，设计不同的税率，以充分发挥税率的调节功能。

幅度比例税率是指税法对征税对象只规定一个具有上下限的幅度税率，具体税率授权地方根据本地实际情况在该幅度内予以确定。我国资源税大部分税目采用幅度比例税率，具体适用的税率由省级人民政府统筹考虑应税资源的品位、开采条件以及对生态环境的影响等情况，在资源税法规定的税率幅度内提出，报同级人民代表大会常务委员会决定，并报全国人民代表大会常务委员会和国务院备案。

上述比例税率的三种类型划分并非绝对，差别比例税率正是多个单一比例税率构成的，单一比例税率和差别比例税率可以同时又是幅度比例税率。

（3）累进税率，是指将征税对象按数额大小划分成若干等级，不同等级适用由低到高的不同税率。累进税率包括超额累进税率和超率累进税率。

超额累进税率，是将征税对象按其数额由小到大划分为若干等级，每个等级部分按相应税率分别计算税额，然后将各部分税额相加即为应纳税额。超额累进税率的特点在于，累进幅度缓和，税收负担比较合理，基本上体现了税负公平。不足在于计算复杂，但可以通过速算扣除法予以克服。目前，大部分国家对个人所得征税普遍采用这一税率形式。如我国个人所得税中的综合所得采用的是七级超额累进税率。

超率累进税率，是指将征税对象数额的相对率划分成若干个等级，每个等级规定相应的税率，一定数量的征税对象，可以同时适用几个等级部分的税率。如我国土地增值税采用的是四级超率累进税率。

（六）纳税环节

纳税环节，是指税法规定的应税对象在流转过程中应当纳税的环节。纳税环节的确定关系到税收由谁负担、税收管辖权的行使与税收能否足额及时入库等一系列问题，合理确定纳税环节，有利于应税对象的流通和资金周转，既方便纳税人纳税，又方便国家取得税收收入。如我国消费税相关法律规定，生产应税消费品的，于销售时纳税；金银首饰于零售时纳税。

商品从生产到消费要经历工业生产、商业销售甚至进出口等多个环节，按照确定纳税环节的多少，分为一次课征制、两次课征制和多次课征制。

（七）纳税义务发生的时间、纳税期限与申报期限

1. 纳税义务发生的时间、纳税期限与申报期限的概念。

（1）纳税义务发生的时间。纳税义务发生的时间，是指税法规定的纳税人应当承担纳税义务的起始时间。法律一般规定纳税义务发生的时间为纳税人取得收入或取得收入凭据的当天。

（2）纳税期限。纳税期限是指税收法律规定的或征税机关依据法律核定的纳税人计算应纳税款的时间界限。

（3）纳税申报期限。纳税申报期限，是指税收法律规定的或征税机关依据法律核定的纳税人、扣缴义务人履行纳税义务或解缴税款义务的时间界限。

2. 纳税义务发生的时间、纳税期限与申报期限的关系。纳税义务发生的时间、纳税期限与纳税申报期限之间的关系，可以用下面一个例子予以说明。如某增值税纳税人的纳税期限由税务机关依法核定为3日，意味着这个纳税人应以3天——每月的1日~3日、3日~6日、6日~9日……作为计算其应纳税额的时间界限。如果该纳税人在1月的第一个纳税期限为1日~3日期间，具体的经营状况为：1日销售一批价值200万元的货物并取得了索取销售款凭据，发生了纳税义务，2日没有发生任何销售业务，没有发生纳税义务，3日又销售一批

价值300万元的货物并取得索取销售款的凭据，发生了纳税义务。该纳税人在第一个纳税期限内的应纳税额，应以1日和3日销售额之和作为计税依据计算增值税。然后将计算出来的应纳增值税额，按照纳税申报期限，即“以1日、3日……为1个纳税期的，自期满（这里的“期”满的“期”指的是纳税期限）之日起5日内预缴税款”的规定，在4日～8日之内预缴增值税款。通常，在1个月份之内会发生多次预缴税款的情况，预缴必然会存在多缴或少缴的情形，因在现实中会常常发生退货、价格争议等，于是《增值税暂行条例》又有了“于次月1日起15日内申报纳税并结清上月应纳税款”的规定，按此规定，该纳税人需要于2月的1日～15日申报纳税并结清1月份的应纳税款。

（八）纳税地点

纳税地点，是指法律规定的纳税人申报缴纳税款的地点。确定纳税地点，要考虑是否便于纳税人缴纳和税务机关有效征收，还要特别考虑税收管辖权的行使。因为，纳税地点的确定涉及国家的税收利益和主权。一般纳税地点为纳税人的住所地或生产经营所在地、登记注册地、财产所在地，在特殊情况下，纳税地点可以是口岸地、营业行为地等。

（九）税收优惠

税收优惠，是指税法根据国家一定时期政治、经济和社会发展的需要，对某类纳税人或者某些征税对象给予的税收优惠。具体包括减税、免税、起征点、免征额、加速折旧、亏损结转等。

1. 减税与免税。减税是指减少部分应纳税款；免税，是指免征全部应纳税款。减税、免税可以分为三种：①法定减税，是指税法中直接规定具体的减税、免税项目。②特案减免，是指根据税法授权作出的减免，这种减免可以在税法授权范围内自由裁量。如我国现行《企业所得税法》第29条规定：“民族自治地方的自治机关对本民族自治地方的企业应缴纳的企业所得税中属于地方分享的部分，可以决定减征或者免征。自治州、自治县决定减征或者免征的，须报省、自治区、直辖市人民政府批准。”③临时减免，是指当突发事件或自然灾害等特殊情况出现时给予的税收减免。

2. 起征点。起征点是指税法规定的征税对象达到征税数额时开始征税的临界点。征税对象的数额未达到起征点的，不征税；达到或者超过起征点的，就全部征税对象征税。如增值税销售货物的起征点为，个人月销售收入5000～20000元。如果某地方政府据此将当地的起征点具体规定为5000元，这里的5000元起征点在现实生活中该如此理解与应用：假设王某销售衣服，在某个月份取得了4999元，则不纳税，因为他所取得的月销售收入额，没有达到当地政府所规定的起征点。如果他在某个月份取得了5000元，则应纳税，因为他所取得的月销售收入额达到了起征点。按照“达到起征点的，就全部征税对象征税”的规定，他纳税的基数应为5000元销售收入的全额。

3. 免征额。免征额是指税法规定的从征税对象中预先扣除免予征税的数额。免征额的部分不征税，仅就超过免征额的部分征税。如根据《个人所得税法》第6条和《中华人民共和国个人所得税法实施条例》（以下简称《个人所得税法实施条例》）第19条的规定，个人所得中捐赠教育事业和其他公益事业捐赠的部分，捐赠额未超过纳税人申报的应纳税所得额30%的部分，可以从其应纳税所得额中扣除。这里的“应纳税所得额30%的部分”就属于免征额部分。

4. 加速折旧。“加速折旧，是第二次世界大战后，一些西方国家采用的一种固定资产折旧方法。它主要采取缩短折旧年限，提高折旧率的办法，加快固定资产的折旧速度，减少所得税的税基。加速折旧的方法有‘余额递减法’‘年限总和折旧法’等。采用折旧方法，不仅可以加速投资的回收，而且还可以使固定资产无形损耗得以及时补偿，并且推迟部分所得税的缴纳和股利的分配，从而给纳税人带来更多的利益，以刺激资本的投资。”因此，它是一种特殊的税收优惠措施。

5. 亏损结转。亏损结转是指当年经营亏损在次年或其他年度经营盈利中抵补。按照国际惯例，为了鼓励投资者进行长期风险性投资，各国税法大多规定，给予投资企业将年度亏损结转抵一定期限内的年度盈余以后，就其差额计征所得税的优惠照顾。

税收优惠之所以能够成为税法的构成要素，是因为它可以体现国家政策，可以达到宣传鼓励或限制的目的，可以弥补税法的不足，把税法的严肃性、原则性与现实需要的特殊性、灵活性结合起来，更好地发挥税收的调节作用。

■第二节　税法的分类

税法的内容丰富而繁杂，为了更好地研究、运用税法，可以按照不同标准，或从不同角度，对税法进行分类。这里，主要介绍三种分类方法。

一、按照税法功能划分

按照税法功能划分，税法可以分为实体税法和程序税法。

1. 实体税法，是规定税收法律关系主体的实体权利、义务的法律规范的总称。实体税法的主要内容包括纳税人、征税对象、税目、计税依据、税率、减免税等。实体税法在结构上具有规范性和统一性的特点，主要表现在税种与实体税法的一一对应，一税一法。

2. 程序税法，是以国家税收活动中所发生的程序关系为调整对象，是规定国家征税权行使程序和纳税人纳税义务履行程序的法律规范的总称。税收程序法的内容主要包括税收确定程序、税收征收程序、税收检查程序、税务争议的解决程序等。税收程序法是征税机关代表国家行使征税权力（利）时所遵循的程序；是征纳主体实施征纳行为的运行程序。税收程序在运行时，其征纳行为的实质内容和表现形式是统一的。

实体税法与程序税法二者相互依存，缺一不可。实体税法是程序税法的基础与前提，没有实体税法，程序税法就没有存在的必要与意义；程序税法是实体税法的实现法，没有程序税法，实体税法就等于一纸空文。

二、按照征税对象的不同划分

按照征税对象划分，税法可以分为商品及劳务税法、财产税法、行为及目的税法和所得税法。

1. 商品及劳务税法，指国家制定的调整和确认在商品及劳务税的税务活动中征纳主体与相关主体之间形成的社会关系的法律规范的总称。商品及劳务税，是指以商品的销售收入额或提供劳务的营业额为征税对象的各种税收的统称。我国现行的商品与劳务税法主要包括 5 个：增值税法、消费税法、城市维护建设税法、烟叶税法和关税法。

2. 财产税法，是指国家制定的调整和确认在财产税税务活动中征纳主体与相关主体之间形成的社会关系的法律规范的总称。财产税，是指以特定财产为征税对象的各种税收的统称。我国现行财产税法是按照纳税人所拥有的三种财产——房、地、车或船的购买与使用环节来设立的。主要包括 5 个：契税法、房产税法、土地使用税法、车辆购置税法和车船税法。

3. 行为及目的税法，是指国家制定的调整和确认在行为及目的税税务活动中征纳主体与相关主体之间形成社会关系的法律规范的总称。行为税，是指以特定行为为征税对象的各种税收的统称；目的税是指国家为了特殊目的而设立的各种税收的统称。我国现行的行为及目的税法主要包括 6 个：印花税法、耕地占用税法、资源税法、土地增值税法、环境保护税法和船舶吨税法。

4. 所得税法，是指国家制定的调整和确认在所得税税务活动中征纳主体与相关主体之间形成的社会关系的法律规范的总称。所得税，是指以纳税人的纯收益额或所得额为征税对象的各种税收的统称。我国现行的所得税法包括：个人所得税法和企业所得税法。

综上，我国现行的5个商品及劳务税法、5个财产税法、6个行为及目的税法和2个所得税法，共计18个单行税法共同构成了我国的实体税法体系。

三、按照税收是否转嫁划分

按照税收是否转嫁划分，税法可以划分为间接税法和直接税法。

1. 间接税法，是指国家制定的调整和确认、在间接税税务活动中征纳主体与相关主体之间所形成的社会关系的法律规范的总称。间接税，是指纳税人一般可以通过一些方法或手段，将自己所缴纳的税款转嫁给他人负担的各种税收的统称。由于间接税的纳税人只是名义上的纳税人，而非真正的负税人，故此称名为间接税。一般凡是构成商品或劳务价格部分的税种都能转嫁出去，如增值税、消费税、城市维护建设税、资源税等。

2. 直接税法，是指国家制定的调整和确认在直接税税务活动中征纳税主体与相关主体之间所形成的社会关系的法律规范的总称。直接税，是指一般纳税人想尽办法也无法将自己所缴纳的税收转嫁给他人，只能由自己直接负担的各种税收的统称。由于直接税名义上的纳税人与负税人是一致的，即自己所缴纳的税收直接是由自己负担的，故此称名为直接税。一般所得税类和财产税类属于直接税，不能转嫁出去。

谈及这类划分方法，顺便谈一下与此相关的一个问题，即税收转嫁的法律处理方式。税收转嫁是一种正常的经济现象，凡是存在着商品或劳务交换和税法的国家，都会存在税收转嫁现象。不同的是，不同国家税收转嫁法律处理方式不同。有些国家采用显性税收转嫁制度，有些国家采用隐性税收转嫁制度。所谓显性税收转嫁制度，是指一个国家税法在处理商品或劳务的税收与价格关系方面，一般采用价税明列的方式，即在发票中不仅注明消费者所购货物或劳务的价格，还要注明其所购货物或劳务负担的税收。西方国家多采用这种方式。这种方式的特点在于：人们可以在日常的生活中亲自接触、感受税收，并在此基础上认识税收、接纳税收；更重要的是，在这一过程中人们自觉或不自觉地会产生一种观念——作为税收真正负担者的权利是否得以保障，即监督税收的观念。所谓隐性税收转嫁制度，是指一个国家税法在处理商品或劳务的税收与价格关系方面，采用价税合一的方式。1993 年，我国增值税法对一般纳税人中间周转环节实行价税明列制度，可惜在最终零售环节又实行价税合一制度。这种制度使人们负担税收却不知税收，正确认识自己在税法中的地位也就无从谈起。所以说，对税收转嫁不同的法律处理方式会形成人们对税收截然不同的观念。笔者建议在税收转嫁的法律处理方式方面，应将隐性转嫁制度改变为显性转嫁制度，使人们在日常的衣食住行当中，感受税收、认识税收，最终形成接纳税收并监督税收的意识。

【思考与应用】

1. 查找拉伐曲线原理的提出者、提出时间和内容。如果你是一个立法者，你是否会采用拉伐曲线原理来设计国家的宏观税率？请参阅美国经济学家曼昆所著的《经济学原理》（梁小民译，生活·读书·新知三联书店、北京大学出版社 2001 年版）第八章的内容，并重点谈谈你对其中关于里根总统曾以拉伐曲线原理设计其税收政策的看法。
2. 在 1990 年，美国国会对购买豪华汽车征收销售税。从税收中得到的收益等于税率乘以用于这类汽车的总支出。几年后当政府需要更多的收入时，它建议提高这种税率。这种税率提高一定能增加税收吗？并解释之。（请参阅［美］曼昆：《经济学原理》，梁小民译，生活·读书·新知三联书店、北京大学出版社 2001 年版，第 113 页）
3. 举例说明起征点和免征额。
4. 考察税收转嫁及其法律处理方式。

第五章

中华人民共和国的税法历程[1]

在本章你将——

- 了解税法在中华人民共和国的发展历程
- 了解中华人民共和国落实、实践税法法定的状况

■第一节　改革开放前的税法历程（1950 年～1978 年）

我国改革开放之前的税法可以分为以下四个大的阶段：1950 年税法建立；1953 年修正税法；1958 年简化税法和 1966 年后试行税法。

一、1950 年税法建立

中华人民共和国成立前后，我国处于新、老解放区实行不同税法的状态。新解放区属于有条件地沿用旧税法，因为在新解放区，来不及建立一套比较完整的新税法，为了避免税收工作的无序和停顿，中共中央指示，这些地区除了苛捐杂税和反动名目的税捐必须立即取消外，可以暂时沿用旧税法。老解放区实行的是各个革命根据地根据自身情况所建立的税法。随着中华人民共和国的成立，各个解放区税法各行其是已成为国家政治、经济等事业发展的障碍，建立全国统一税法就成为必然。

1949 年 9 月，中国人民政治协商会议第一届全体会议通过了临时宪法性质

〔1〕　本章论及我国税法发展历程，表述时难免涉及过往失效的法律法规，在此统一说明，提示读者注意，正文中不再特别指出。

的历史性文件：《中国人民政治协商会议共同纲领》（以下简称《共同纲领》）。《共同纲领》第 40 条第 2 款规定了“国家的税收政策，应以保障革命战争的供给、照顾生产的恢复和发展及国家建设的需要为原则，简化税制，实行合理负担”。根据《共同纲领》的精神，1950 年 1 月，政务院发布了《关于统一全国税政的决定》和《全国税政实施要则》（以下简称《要则》）。这两个文件明确规定了中华人民共和国的税收政策、税法和税务机构建立等原则性问题。其中《要则》规定，全国各地所实行的税收、税种、税目和税率不一致的情况，应迅速加以整理，最终达到全国税政统一；并规定全国统一征收 14 种税：货物税、工商业税（包括坐商、行商、摊贩的营业税和所得税）、盐税、关税、薪给报酬所得税（未开征）、存款利息所得税、印花税、遗产税（未开征）、交易税、屠宰税、房产税、地产税、特种消费行为税（筵席、娱乐、冷食、旅店）和车船使用牌照税。之后政务院陆续颁布了上述税种法规。除此之外，还颁布了农业税、牧业税、契税、船舶吨位税等法规。上述法规形成了中华人民共和国统一税法。

这一时期的税法，是比较丰富和全面的：既有商品及劳务税法、所得税法，又有遗产税法、印花税法等其他税法。可谓是一个以商品及劳务税法为主，其他税法为辅的多税种、多环节的复合税法体系。这样的税法体系适应了当时的政治、经济情况，为当时恢复、发展国民经济，扭转解放初期财政困难局面起了重要作用。但囿于经验和时间，存在以下问题：①带有旧税法向新税法过渡的痕迹。“正如财政部副部长吴波在 1953 年所解释的那样：‘第一次修改税制是在全国解放后不久，我们对工商业的情况未能深入了解，为了保证税收，只能在国民党旧税制的基础上加以若干改革。’”[1]②税法不公平。不论是从经济成分看，还是从产业看，这一时期的税法都不利于私营工商业者。如对国营商业部门之间的内部调拨不予征税，对供销合作社在税收上实行减免或优待；但对私营商业在批发环节和零售环节则实行多税种、多次征，商品流转一次就征一次营业税、营业附加及印花税。

二、1953 年修正税法

经过 3 年努力，我国国民经济得以恢复和发展。但由于上一时期税法对私营经济存在不公，加上 1952 年上半年的“三反”“五反”运动消极影响对私营经济的极大冲击，严重打击了私营企业的积极性。导致市场呆滞，大批私营企

---

〔1〕 参见武力：“1953 年‘修正税制’的前因后果”，载 http：//www.iccs.cn/detail_cg.aspx？sid=487，最后访问时间：2009 年 6 月 10 日。

业停歇，税源因此而大大减少。另外，由于经营方式、流通环节的减少，使批发环节的营业税减少，更加剧了税源不足。如何调动私营企业的积极性，尤其是如何增加税收，解决财政困难，已经迫在眉睫。此情此景之下，便匆匆地开始修订税法。

经过3个多月的酝酿与讨论，1952年12月，政务院发布了《政务院财政经济委员会关于税制若干修正及实行日期的通告》（以下简称《税制通告》）。"《税制通告》指出：'根据全国财政经济情况的发展与国家经济建设的需要，本委报经政务院第一百六十六次政务会议核准，在保证税收，简化纳税手续的原则下，将现行税制加以若干修正，决定自一九五三年一月一日起实行。'"[1]具体内容包括：①试行商品流通税，即将原来的货物税、工商营业税、工商营业税附加和印花税，合并为商品流通税，实行从生产到零售一次性征收；②简化货物税，即凡缴纳货物税的企业应缴纳的生产、批发两道营业税和印花税并入货物税征收；③修订工商业税，即将工商业应缴纳的营业税、印花税及营业税附加，并入营业税征收，并统一调整营业税税率；④对其他各税也作了修订，即对印花税、屠宰税、交易税、城市房地产税、特种消费行为税等进行合并、简化或取消。

这一时期的税法改革，对扭转"经济日益繁荣，税收却相对下降"的局面和调动私营企业的积极性的确起到了重要作用。但从税法本身看，却存在着严重不足：①操之过急、工作过粗。新税法从决定到完成仅仅用了3个多月的时间，客观上很难保证质量。②扰乱了税收与价格的关系。由于有些条文修改不适当，许多纳税人被合理批准免缴批发营业税，导致批发环节税收减少，工厂税负相应增加，个别商品也因实行新税法提了价，结果引起了社会秩序的混乱。③纳税环节过于简化。当时受到苏联"周转税一次征收制"的影响，在纳税环节上不区分货物性质，采用"就物征税"与"税不重征"的原则，将多环节一律简化为一个环节，违背了经济规律。

三、1958年简化税法

（一）工商税法和农业税法的简化

在经济上，1956年我国对生产资料私有制的社会主义改造已基本完成，多

---

〔1〕参见武力："1953年'修正税制'的前因后果"，载 http://www.iccs.cn/detail_cg.aspx?sid=487，最后访问时间：2009年6月10日。

种经济成分已逐步发展为单一的社会主义公有制经济。当时，社会主义经济所占的比重已高达90%以上。在观念上，受到了苏联“非税论”的影响。在如此特殊的经济背景和扭曲的税收、税法观念之下，税法被迫简化。

1958年9月11日，第一届全国人民代表大会常务委员会第101次会议审议并原则通过了《中华人民共和国工商统一税条例（草案）》（以下简称《工商统一税条例》），同月13日，国务院公布试行该条例；财政部公布试行该条例实施细则。上述法律法规核心内容可以概括为：①简化税种，即将原来的货物税、商品流通税、营业税和印花税正式合并简化为工商统一税。②简化纳税环节和征税办法，即对工农业产品，从生产到流通实行两次征税制。在工业销售环节征收一道税，商业零售环节再征收一道税，取消批发环节的税收，对农业产品批发也不再征税。③将工商业税中的所得税改为独立的工商所得税等。④调整了部分税率，即对少数产品利润过大或过小的，适当调整了税率，并对协作生产、新兴企业给予减免税的照顾。

但这一时期的农业税法改革是积极和稳妥的。1958年6月全国人民代表大会常务委员会通过了《中华人民共和国农业税条例》（以下简称《农业税条例》）。该法在坚持原来的稳定负担、增产不增税政策的基础上，废除了新解放区所实行的全额累进税制，在全国范围内实行分地区差别比例税率。这是中华人民共和国成立以来对农业税法所作的一次重大改革，为促进农村经济的发展发挥了显著作用。

（二）农村人民公社的“财政包干”和城市的“税利合一”

为了适应各地人民公社迅速发展的形势，1958年10月召开了全国财贸工作会议。会议提出：农村人民公社实行“财政包干”办法。所谓“财政包干”，是指将人民公社应当上缴的工商税收、农业税和下放到公社的工业、交通、商业、银行的利润等收入改为由公社统一包干上缴国家，不再征税。

对农村人民公社不再征税，实行财政包干，而对城市全民所有制企业继续征税，不仅给税收征收工作带来不便，而且从道理上讲不通。1958年12月，财政部召开全国财政厅（局）长会议，研究如何改变城市全民所有制企业征税办法。会后，财政部草拟了《关于国营企业工商税和利润合并交纳问题的报告（草稿）》，提出了“税利合一”的改革方案。“税利合一”的内容包括：①将国营企业的工商统一税、地方各税和工商税附加同利润合并，定名为“企业上交收入”；②“税利合一”的适用范围仅限于国营企业，税收法规并不因此而废止；③“税利合一”所引起的中央预算和地方预算之间分配的变化，应在不影响原分配格局之下作相应调整；④“税利合一”后，企业收入增加，但企业留成比例应在不影响国家财政收入和企业留成的前提下作相应调整；⑤“税利合一”后，原定税率仍作为企业产品定价因素之一，企业不得因停止征税而随意降低原来产品的价格，在核定新产品价格时，也不得降低应有的积累水平。

不论是农村的“财政包干”，还是城市的“税利合一”，实际上都是取消了税收，都是违背经济规律的，在实践中遇到问题就在所难免了。农村“财政包干”遇到的问题有：①财政包干数额很难确定，多了增加人民公社负担，少了减少国家财政收入，公社内部也因包干任务分配问题而产生矛盾。②农村不征税，城市征税，造成同一产品在城乡之间是否征税不好把控（这一问题出现在城市没有实行“税利合一”期间）。③包干上交将税利合一的做法，混淆了“税”与“利”之间的界限，掩盖了企业利润的虚假现象。④财政包干不征税严重地削弱甚至取消了税收的作用。城市“税利合一”遇到的问题有：①在物价方面，一是出现了企业随意降价或提价现象。因为“税利合一”后，税收对物价的约束没有了，企业自行调价空间便增大了。二是新产品定价成为难题。原来是按照成本、利润和税金三个因素进行定价的，但由于这一时期没有了税收，没有了税率，企业只能计算成本和一般利润，应加多少税款不清楚。②在经济核算方面，“税利合一”后，税收成为利润的组成部分，企业在经济核算时很难弄清楚真正的利润；甚至发生了企业在经济效益没有提高的情况下利润增加的虚假现象。③在国家财政收入方面，“税利合一”后，由于没有税收的硬约束，出现了企业交款少交、迟交现象。④“税利合一”严重动摇了部分税务干部的思想，有些税务干部认为可以不要税收了，产生了消极情绪，有些甚至等待转行。

正是人们意识到农村“财政包干”和城市“税利合一”的问题，在农村“财政包干”试行8个月和城市“税利合一”试行4个月之后，便紧急叫停了。1959年5月国务院发布《关于改进农村人民公社工商税征收办法的意见》，其中指出：国家对公社恢复工商税是必要的。于是，各地陆续对人民公社恢复了征税。同年同月，财政部召开全国税务局长会议，会议表示：对国营企业不再试行“税利合一”，正在试点的城市，应当恢复征税。

值得庆幸的是农村的“财政包干”和城市的“税利合一”违背经济规律的做法试行时间不长便停止了；但遗憾的是，这一时期的“非税论”“税收无用论”观念的影响却是普遍的、深入的和久远的。

四、1966 年后试行税法

（一）1969 年试行“综合税”

在简化税制的呼声下，一些地方开始进行简化税法。如“天津市提出的简化税制办法被称为‘综合税’，其具体做法是：将企业销售的各种产品按照不同税率缴纳的工商统一税及其附加、城市房地产税和车船使用牌照税合并为一种税，按照一个税率计算缴纳”。[1]1969 年 6 月，财政部在天津市召开了全国税制改革座谈会，会上肯定了“综合税”的做法。同年 7 月，财政部向中央报送的《国营企业税制改革座谈会情况简报》中指出：过去国营企业要同时缴纳 4 种税，还要按照不同产品分别使用不同的税率，税种多，税率繁。因此，税制必须改革，税种必须合并，税率必须简化。会后，各地根据财政部要求开始普遍试行“综合税”。

“综合税”办法的确简化、易懂。但一个企业一个税率，无法体现行业政策，行业之间无法进行比较。

（二）1970 年试行“行业税”

为了解决“综合税”存在的问题，一些企业提出“一个行业一个税率，按照行业征税”的建议。1969 年 4 月，天津市率先试行“行业税”。1970 年 6 月，财政部在天津市召开了“行业税”座谈会，会上肯定了“行业税”的办法。同年 7 月，在财政部召开的全国财政、银行工作座谈会上，又一次讨论了“行业税”办法。之后，“财政部在报送中央的《关于财政银行工作座谈会情况简报的报告》中指出：要积极改革国营企业工商税收制度。在简化国营企业税收办法的基础上，各地要参照天津市按照行业设计税率的经验，在 1970 年开展试点工作。一个行业一般按照一个税率征收”。[2]

“行业税”解决了同行业税率不同的问题，但又出现了同一产品在不同行业税负不公的问题。

（三）1973 年试行工商税

1971 年，财政部在总结“综合税”和“行业税”经验的基础上，草拟了《工商税条例（讨论稿）》；同年 8 月，财政部在天津市召开全国税制改革座谈会，专门研究了试行工商税问题；同年 11 月，财政部向各地发出了《关于工商

---

〔1〕 刘佐：《中国税制五十年（1949 年—1999 年）》，中国税务出版社 2000 年版，第 83 页。
〔2〕 刘佐：《中国税制五十年（1949 年—1999 年）》，中国税务出版社 2000 年版，第 86 页。

税扩大试点的通知》，附发了《中华人民共和国工商税条例（草案）》，并宣布从 1973 年 1 月起在全国试行工商税。核心内容包括：①合并税种，即把工商统一税及其附加，对企业征收的城市房地产税、车船使用牌照税、屠宰税以及盐税合并为工商税。合并后，对国营企业只征收一种工商税，对集体企业只征收工商税和工商所得税两种税。城市房地产税、车船使用牌照税和屠宰税只适用于个人、外侨和外国企业。②简化税目和税率，即将原工商统一税的税目从 108 个减为 44 个、税率由 141 个减为 82 个，多数企业简化到只用一个税率。③调整税率，即降低了农业机械、农药、化肥、水泥等少数行业的税率。

特别要讲的是，这一时期税务机构的精简问题。1968 年以后，在“精简机构，实行机关革命化”要求下，税务机关开始大合并，大部分省市将财政、税务、银行部门合在一起。合并之后机关的名称叫法不一：省级叫财政局、财税局、财金局、财政系统革命委员会；县级叫财税局、财金局、财金站等。与此同时，“有税无人收，有税不会收，有人不收税”现象屡见不鲜，税收收入连续下滑。对此，周恩来总理疾呼要“理直气壮地抓生产、抓业务”，并多次提出“政治挂帅要挂到业务上”。1972 年 3 月，财政部在向国务院报送的《关于扩大改革工商税制试点的报告》中提出：基层税收人员太少的要适当充实；国务院同意并转发了上述报告，各地纷纷采取措施，恢复了一些税务机构，补充了税务人员。同年 6 月，各地根据财政部《关于税务助征员列入国家编制的通知》中“为了适应形势发展的需要，加强税收工作，有必要把税务助征员适当稳定下来，将现有的税务助征员由各省、自治区、直辖市列入国家编制”的精神陆续恢复税务机构，增加人员。1975 年邓小平主持中共中央和国务院工作，税收工作得以恢复，财政部也恢复了被撤销 8 年之久的“财政部税务总局”的名称。

这一时期，我国税法遭到了干扰与破坏，始终徘徊在衰退与停滞之间。但同时引发了一场民族性的集体反思：我国究竟该何去何从？是继续徘徊在僵滞之中，还是在危机中崛起？是继续墨守成规，还是寻求新的道路？

■第二节　改革开放后的税法历程（1978 年至今）

经过思考、酝酿和考察，1978 年 12 月党的十一届三中全会给出了答案。会议作出了把工作重点转移到社会主义现代化建设上来和实行改革开放的决策，揭开了党和国家发展历史的新篇章。从此，我国进入了对内改革和对外开放的新时代。社会的巨大变革，一方面给我国税法提出了新的要求；另一方面，也促使人们税法观念的改变，重新认识税法，我国税法终于步入了改革的新轨道。

一、1978 年～1982 年我国税法的恢复与建立

在此期间，我国为了配合改革开放政策的实施，先行设立了涉外税法。1979 年第五届全国人民代表大会第二次会议通过了《中华人民共和国中外合资经营企业所得税法》（以下简称《中外合资经营企业所得税法》）和《个人所得税法》，1981 年第五届全国人民代表大会第四次会议通过了《中华人民共和国外国企业所得税法》（以下简称《外国企业所得税法》）。上述 3 部法律的出台，标志着我国初步形成了涉外所得税法体系。同时，国务院明确，在货物与劳务税法方面，对中外合资企业、外国企业继续适用《工商统一税条例》；地方税法方面继续适用《中华人民共和国城市房地产税暂行条例》（以下简称《城市房地产税暂行条例》）和《中华人民共和国车船使用牌照税暂行条例》（以下简称《车船使用牌照税暂行条例》）。至此，一套完整的涉外税法在我国已初步建立。

在建立涉外税法的同时，我国也开始了涉内税法的恢复与建立。1981 年国务院批转了财政部报送的《关于工商税制改革的设想》报告，根据该报告的精神，1982 年国务院先后发布了《关于征收烧油特别税的试行规定》（以下简称《烧油特别税规定》）和《中华人民共和国牲畜交易税暂行条例》（以下简称《牲畜交易税暂行条例》）；并开始试行财政部公布的增值税和利改税税收规章，为下一步税法改革寻求基础。

这一时期是我国改革开放后税法改革的酝酿、试行和起步的阶段；是税法观念发生重大转变和突破的阶段；是涉内税法与涉外税法并行的开始阶段。

二、1983 年～1992 年两步"利改税"与税法的全面改革

由于上一时期的充分酝酿与试行，这一时期的税法改革取得了世人瞩目的硕果：两步"利改税"和税法的全面改革。

（一）第一步利改税

"利改税"，顾名思义，是指将原来国营企业向国家财政上缴利润的分配形式，改为国家征税的分配形式。第一步利改税是根据 1983 年公布的《关于国营企业利改税试行办法》进行的，核心内容为：①对有盈利的大中型国营企业，

按照55%的比例税率征收所得税，税后利润以递增包干等方式上缴国家；②对有盈利的小型国营企业，按照8级超额累进税率进行缴纳所得税，税后利润归自己。第一步利改税改革完成了既定目标，但“税利并存”距离当时的改革目标——完全以税代利还有一段距离。

（二）第二步利改税及工商税法的全面改革

在第一步利改税的基础上，国务院于1984年批转了财政部的《国营企业第二步利改税的试行办法》，开始了国营企业的第二步利改税与工商税法的全面改革。旨在由第一步利改税的“税利并存”逐步过渡到完全的“以税代利”，税后利润归企业自己。具体内容包括：①建立了一些新税法。如国务院颁布了《中华人民共和国产品税条例（草案）》（以下简称《产品税条例（草案）》）、《中华人民共和国增值税条例（草案）》（以下简称1984年的《增值税条例（草案）》）、《中华人民共和国营业税条例（草案）》（以下简称1984年的《营业税条例（草案）》）和《中华人民共和国盐税条例（草案）》（以下简称《盐税条例（草案）》），取消了原工商税法；颁布了《中华人民共和国资源税条例（草案）》（以下简称1984年的《资源税条例（草案）》），对某些采掘企业开征了资源税；发布了《中华人民共和国国营企业所得税条例（草案）》（以下简称《国营企业所得税条例（草案）》），对盈利国营企业征收所得税；发布了《国营企业调节税征收办法》，对国营大中型企业缴纳所得税后的利润以此税种进行第二次调节。为了控制固定资产投资规模增长过快，1983年9月20日，国务院发布了《建筑税征收暂行办法》，规定于同年的10月1日起实施。为了控制企业或单位过度发放奖金，防止消费基金增长过快，国务院与1984年至1985年陆续颁布《国营企业奖金税暂行规定》、《集体企业奖金税暂行规定》和《事业单位奖金税暂行规定》。②恢复了一些税法。如发布了《中华人民共和国房产税暂行条例》（以下简称《房产税暂行条例》）、《中华人民共和国城镇土地使用税暂行条例》（以下简称《城镇土地使用税暂行条例》）、《中华人民共和国车船使用税暂行条例》（以下简称《车船使用税暂行条例》）和《中华人民共和国城市维护建设税暂行条例》（以下简称《城市维护建设税暂行条例》）。

（三）1985年～1992年税法的改革

在1985年～1992年期间，在上一阶段的基础上，对税法继续进行了建立、改革与完善。具体内容包括：①在所得税法方面，为适应国营企业实行“利改税”的情况和完善集体企业所得税法制度的需要，制定并颁布了《中华人民共和国集体企业所得税暂行条例》（以下简称《集体企业所得税暂行条例》）；随着私营经济的发展，如何在税法方面加强对其管理在当时也提上了议事日程，于是制定了《中华人民共和国私营企业所得税暂行条例》（以下简称为《私营企业所得税暂行条例》）；为了更好地调节中国公民的个人收入，对原个人所得税法进行修订的同时，专门制定了适用于中国公民的《中华人民共和国个人收入调节税暂行条例》（以下简称《个人收入调节税暂行条例》）和《中华人民共和国城乡个体工商业户所得税暂行条例》（以下简称《城乡个体工商户所得税暂行条例》）。另外，为了克服涉外企业之间的税负不公问题，更好地引进外资，第七届全国人民代表大会第四次会议于 1991 年 4 月 9 日通过了《中华人民共和国外商投资企业和外国企业所得税法》（以下简称《外商投资企业和外国企业所得税法》），于同年 7 月 1 日实施，同时废止了《中外合资经营企业所得税法》和《外国企业所得税法》，这意味着至此结束了涉外企业所得税法不统一的历史。为了进一步控制固定资产投资规模，1991 年 4 月国务院发布了《中华人民共和国固定资产投资方向调节税暂行条例》（以下简称《固定资产投资方向调节税暂行条例》），废止了原《建筑税暂行条例》。②恢复、颁布了其他税法。例如，为加强城市的维护建设，扩大和稳定城市维护建设资金的来源，国务院于 1985 年 2 月 8 日发布了《中华人民共和国城市维护建设税暂行条例》（以下简称《城市维护建设税暂行条例》）。国务院于 1988 年 8 月发布了《中华人民共和国印花税暂行条例》（以下简称《印花税暂行条例》），并规定于同年 10 月 1 日起实施。1987 年 4 月 1 日，国务院发布了《中华人民共和国耕地占用税暂行条例》（以下简称《耕地占用税暂行条例》）。1988 年 9 月 22 日，国务院发布了《中华人民共和国筵席税暂行条例》（以下简称《筵席税暂行条例》）。③在程序税法方面，1986 年 4 月 21 日国务院发布了《税收征收管理暂行条例》，并规定于同年 7 月 1 日起实施。这个法规的出台，标志着我国税收征收管理法史从零散、重复、复杂到简化、统一。但该法规实施几年后，一些不足凸显：内外税征管制度的不统一，导致内外纳税人地位不平等；税务机关的行政执法权弱化和对违反税收征收管理法规的行为处罚过轻，导致国家税源严重流失；在税务人员的执法制约方面和在纳税人的合法权益保护方面的力度不够，导致纳税人的权益得不到充分地保护；等等。为此，1992 年第七届全国人民代表大会常务委员会第二十七次会议通过了《中华人民共和国税收征收管理法》（以下简称《税收征收管理法》），并规定于 1993 年 1 月 1 日起实施，同时废止了《税收征收管理暂行条例》。

这一时期税法改革之后，在实体税法方面，完全形成了内外两套各自以商品及劳务税法、所得税法为主、其他税法为辅，多环节、多次征的复合税法体系[1]。在程序税法方面，形成了比较规范的、统一的税收征收管理法，适应了经济改革和对外开放的要求。但就整体来讲，这一时期的税法，由于形成于"有计划的社会主义商品经济"的背景之下，加之主观上对税收与税法认识仍然存在偏差，诸多问题因此显现：①实体税法不统一。在商品及劳务税法方面，对内适用的是1984年设立的产品税、增值税、营业税等税收法规规章；对外适用的是1958年设立的工商统一税法律法规。在所得税法方面，对内适用的是国营企业所得税、集体企业所得税、私营企业所得税税收法规规章；对外则适用外商投资企业和外国企业所得税法律法规。在个人所得税法方面，对内适用个人收入调节税和个体工商业户所得税法规规章；对外适用个人所得税法律法规。其他税法存在同样问题。这种按内外、经济成分不同设立不同税法的做法，在改革开放之初是必要的、适合的，但随着改革开放的不断深入和市场经济的不断成熟，这种做法导致了税法的复杂和税负的不公，阻碍了市场经济的形成与发展。②完全"以税代利"扭曲了国家与国营企业之间的分配关系。政府有两大权力：行政管理权和资产所有权。政府凭借行政管理权向包括国营企业在内的所有纳税人统一征收税收；凭借资产所有权从国营企业根据投资的多少取得利润。由于经济、历史、观念上的原因，在处理政府与国营企业之间的关系方面，我国一直混淆了政府的两大权力，扭曲了税与利的关系。③现实中陆续出现了资本市场、土地使用权转让市场等新的经济领域，但税法上无法可依。

三、1993年～2005年的税法改革

从国内看，1993年秋，党的十四届三中全会通过的《中共中央关于建立社会主义市场经济体制若干问题的决定》（以下简称《市场经济体制若干问题的决定》），标志着我国已进入了社会主义市场经济时期。随着市场经济的确立，我

---

[1] 这一时期我国有37个税种，即产品税、增值税、盐税、特别消费税、烧油特别税、营业税、工商统一税、关税、国营企业所得税、国营企业调节税、集体企业所得税、私营企业所得税、外商投资企业和外国企业所得税、个人所得税、城乡个体工商业户所得税、个人收入调节税、国营企业奖金税、集体企业奖金税、事业单位奖金税、国营企业工资调节税、房产税、城市房地产税、城镇土地使用税、耕地占用税、契税、资源税、车船使用税、车船使用牌照税、印花税、城市维护建设税、固定资产投资方向调节税、屠宰税、筵席税、牲畜交易税、集市交易税、农业税和牧业税。此外，船舶吨税自1986年起转为预算外收入项目。参见刘佐："今天的18个税种是怎么来的（下篇）"，《中国税务报》2019年8月28日，第5版。

国的财政管理体制、金融体制等相继进行了改革。从国际看，各国纷纷对其税法进行了改革。面对新的国内国际形势，上一阶段的税法已然不能胜任，建立一个同时适应国内国际的税法体系就成为必然。

《市场经济体制若干问题的决定》中提出的“统一税法、公平税负、简化税制和合理分权”，既是规范国家和企业、中央与地方之间分配关系原则，又是我国这一时期税法改革的基本原则。按照上述原则，1993 年我国税法开始了深层次、大面积的改革：①在商品与劳务税法方面，国务院发布了《增值税暂行条例》《消费税暂行条例》《营业税暂行条例》，废除了原《产品税暂行条例》《增值税暂行条例》和《营业税暂行条例》，统一了内外商品与劳务税法。②在所得税法方面，一是国务院发布了《中华人民共和国企业所得税暂行条例》（以下简称《企业所得税暂行条例》），废除了《国营企业所得税条例（草案）》《集体企业所得税暂行条例》《私营企业所得税暂行条例》，统一了涉内企业所得税法；二是 1993 年第八届全国人民代表大会常务委员会第四次会议通过了《全国人民代表大会常务委员会关于修改〈中华人民共和国个人所得税法〉的决定》，废止了《个人收入调节税暂行条例》和《城乡个体工商户所得税暂行条例》，统一了内外个人所得税法。③在其他税法方面：一是为了公平应税资源的税负，国务院发布了《中华人民共和国资源税暂行条例》（以下简称《资源税暂行条例》），废止了 1984 年的《资源税条例（草案）》和 1984 年的《盐税条例（草案）》，调整并统一了资源税法；二是为了调控房地产市场，国务院发布了《中华人民共和国土地增值税暂行条例》（以下简称《土地增值税暂行条例》）；三是废止了几个行为税法，如《国营企业奖金税暂行规定》《中华人民共和国集体企业奖金税暂行规定》《中华人民共和国事业单位奖金税暂行规定》《烧油特别税规定》《牲畜交易税暂行条例》等；四是下放了筵席税和屠宰税征管权。

此外，1993 年之后，对以下几个单行税法也进行了改革：①在实体税法方面，一是为了更好地配合房地产的管理，1997 年 7 月 7 日，国务院发布了《中华人民共和国契税暂行条例》（以下简称《契税暂行条例》），并于同年 10 月 1 日起开始实施；二是为了贯彻国务院提出的“费改税”政策，2000 年 10 月 22 日，国务院颁布了《中华人民共和国车辆购置税暂行条例》（以下简称《车辆购置税暂行条例》），从 2001 年 1 月 1 日起开始实施，同时，废止了 1996 年交通部颁发的《车辆购置附加费管理办法》。②在程序税法方面，为了适应省以下税务机关划分为国家税务局与地方税务局的状况，1995 年第八届全国人民代表大会常务委员会第十二次会议通过了《全国人民代表大会常委会关于修改〈税收征收管理法〉的决定》，对《税收征管法》进行了第一次修正，明确了发票印制的管理机关，对增值税专用发票的条款进行了修改，使程序税法与实体税法更加适应。1995 年的《税收征管法》在许多方面尽管借鉴了世界各国通行做法，但相对市场经济和税收活动中的许多新问题来讲，已显滞后。如许多纳税人不办理税务登记、在银行多头开户，税源难以控制；在企业重组、企业破产等方面仍处于无法可依的状态。因此，第九届全国人民代表大会常务委员会第二十一次会议于 2001 年 4 月 28 日修订并颁布了新的《税收征管法》，在法律条文上增加了 32 条，对原法的 64 条进行了 90 多处修订，加大了对纳税人权利的保护，设置专门条款明确了纳税人拥有的各项权利，使纳税人的法律主体地位得到确认。《税收征管法》此次修订后初步形成了税收法律—行政法规—行政规章—规范性文件相互配套、便于实际操作的税收征管法律体系。

通过市场经济初期大面积、深层次的改革，初步确定了市场经济体制下我国税法的基本格局，形成了我国比较规范的以商品与劳务税法、所得税法为主，其他税法为辅的复合税法体系[1]，实现了商品与劳务税法的统一、个人所得税法的统一和内资企业所得税法的统一。这一时期的税法适应了当时国内国际的发展，但囿于条件，改革并不完全和彻底。在实体税法方面，税法不统一的情况依然存在，如涉内涉外企业所得税法两套等。由此而导致的税法复杂、税负不公等问题仍很严重。一些该取消的税法没有取消，如屠宰税法、农业税法、筵席税法等。在程序税法方面，关于维护纳税人权利和征管手段的完善，相对于他国税法来讲，仍处于起步阶段。

四、2005 年～2016 年的税法改革

为了使税法更好地适应我国经济和社会发展，随着时机和条件的成熟，我国从 2005 年开始逐步地对上一时期的税法进行了改革与完善。具体包括：①在商品与劳务税法方面：一是为了应对全球经济危机，2008 年国务院修订并通过了《增值税暂行条例》《消费税暂行条例》《营业税暂行条例》（失效），改生产

〔1〕这一时期我国有 25 个税种，即增值税、消费税、营业税、关税、企业所得税、外商投资企业和外国企业所得税、个人所得税、土地增值税、房产税、城市房地产税、遗产税、城镇土地使用税、耕地占用税、契税、资源税、车船使用税、车船使用牌照税、印花税、证券交易税、城市维护建设税、固定资产投资方向调节税、屠宰税、筵席税、农业税和牧业税。参见刘佐："今天的 18 个税种是怎么来的（下篇）"，载《中国税务报》2019 年 8 月 28 日，第 5 版。对于证券交易印花税，学界通常不认可其独立税种地位，由于船舶吨税自 2001 年 1 月 1 日起纳入中央预算收入，实际上，这一时期的税种仍旧是 25 个。

型的增值税为消费型增值税以及对因此而引起的相关内容进行了改革。二是为了进一步增强消费税的调控功能，财政部、国家税务总局分别于2006年、2009年、2014年、2015年、2016年对消费税的税目、税率进行了调整。具体为：从2006年4月1日起，在课税税目中新增了成品油、木制一次性筷子、实木地板、游艇、高尔夫球及球具、高档手表，取消了护肤护发品税目，并对小汽车、摩托车、酒及酒精、汽车轮胎几个税目的税率进行了调整；从2009年5月1日起，将甲类卷烟的从价税税率调整为56%；乙类卷烟的从价税税率调整为36%；卷烟的从量定额税率不变，即0.003元/支；将雪茄烟生产环节的税率调整为36%；并在卷烟批发环节加征一道从价税，税率为5%；从2014年12月1日起取消汽车轮胎税目、取消酒精消费税；从2015年5月10日起，将卷烟批发环节从价税税率由5%提高至11%，并按0.005元/支加征从量税；从2015年2月1日起对电池和涂料征收消费税，税率为4%；从2016年10月1日起将化妆品消费税的征收对象调整为高档化妆品，税率从30%降至15%，普通化妆品不再征收消费税；从2016年12月1日起对销售价格在130万元以上的超豪华小汽车在零售环节加征10%的消费税。三是为了解决营业税的重复征税，统一商品、劳务税制，优化税制结构，推行营业税改征增值税（以下简称“营改增”）。具体为：从2012年1月1日起，在上海开始交通运输业、部分现代服务业“营改增”的试点；从2012年8月1日起，交通运输业、部分现代服务业的“营改增”试点扩大到北京、天津等十省市；从2013年8月1日起，上述“营改增”的试点推广到全国试行，并将广播影视服务业纳入试点范围；从2014年1月1日起，在全国范围内开展铁路运输和邮政业“营改增”的试点；从2014年6月1日起，电信业正式纳入“营改增”试点范围；2016年3月18日国务院召开常务会议，决定全面推行“营改增”，2016年3月23日财政部、国家税务总局颁布了《关于全面推开营业税改征增值税试点的通知》（部分失效），自2016年5月1日起，全面实行增值税，营业税自此退出历史舞台。四是前一阶段大面积改革后，产品税已不复存在，2011年1月8日修订了《城市维护建设税暂行条例》，将产品税修改为消费税，实现了征税实际状况与法律规定的一致。五是于2006年4月28日颁布了《中华人民共和国烟叶税暂行条例》（失效）（以下简称《烟叶税暂行条例》），解决了《农业税条例》废止后对烟叶征收农业特产税没有法律依据的问题。②在所得税法方面：一是2007年3月16日全国人民代表大会通过了《企业所得税法》，废止了原《企业所得税暂行条例》和《外商投资企业和外国企业所得税法》，统一了涉内涉外企业所得税法。二是全国人民代表大会常务委员会分别于2005年10月27日、2007年6月29日、2007年12月29日和2011年6月30日，修订《个人所得税法》。2004年之后，生活必需品价格不断上涨，为使个人所得税的征收不影响个人的基本生活水平，其中3次修订皆集中于个人工资薪金的月费用扣除标准。另外，为了更好地调节个人收入，2011年的修订对个人工资薪金所适用的税率也进行了调整，即将原来的9级超额累进税率调整为7级超额累进税率。三是为了贯彻“三农”政策，更好地发展农业，2005年第十届全国人民代表大会常务委员会废除了《农业税条例》，自2006年1月1日起全面取消农业税 。③在财产税法方面：一是2009年1月1日废止了《中华人民共和国城市房地产税暂行条例》（以下简称《城市房地产税暂行条例》），并规定外资企业和外籍个人依照《房产税暂行条例》缴纳房产税，统一了涉内涉外房产税法。二是国务院按照“调整相关税收政策加大对建设用地的税收调节力度，抑制建设用地的过度扩张”的战略指导思想，于2006年颁布了《国务院关于修改〈中华人民共和国城镇土地使用税暂行条例〉的决定》，提高了税额标准，将征税范围扩大到外商投资企业和外国企业，统一了涉内涉外土地使用税法。三是统一并规范了车船税法。2006年12月29日国务院通过了《车船税暂行条例》（失效），废止了1951年9月13日原政务院发布的《车船使用牌照税暂行条例》和1986年9月13日国务院发布的《中华人民共和国车船使用税暂行条例》，统一了涉内涉外车船税法。5年后，全国人民代表大会常务委员会于2011年2月25日通过了《车船税法》，使车船税法得到了进一步的规范。④在行为及目的税法方面：一是为了加强对耕地的保护，缓解我国耕地资源紧缺问题和土地供需矛盾，国务院于2007年12月1日修订并颁布了《中华人民共和国耕地占用税暂行条例》（失效），对涉内涉外企业统一征收。二是为了使应税资源能够价税联动，促进资源合理开采利用，由点及面推进资源税改革。具体为：从2010年6月1日起，在新疆进行资源税改革试点，将原油、天然气资源税由从量计征改为从价计征；2011年9月30日国务院修订《资源税暂行条例》（失效），从2011年11月1日起，在全国范围全面实施原油、天然气资源税的从价计征，与此同时，取消对中外合作油气田和海上自营油气田征收的矿区使用费，对涉内涉外、陆地与海上统一征收资源税；从2014年12月1日起，煤炭资源税全面实施从价计征；从2015年5月1日起，稀土、钨、钼三个品目的资源税从价计征改革；2016年5月9日，根据国务院部署，财政部、国家税务总局发布《关于全面推进资源税改革的通知》，从2016年7月1日起，资源税改革全面推进，包括全面推开从价计征方式[1]、全面清理收费基金、扩大征税范围等。三是为推动环境保护费改税，推进生态文明建设，促进经济社会可持续发展，在环境保护的紧迫需求下，2015 年 8 月 5 日制定《中华人民共和国环境保护税法》（以下简称《环境保护税法》）被补进第十二届全国人民代表大会常务委员会立法规划，2016 年 12 月 25 日第十二届全国人民代表大会常务委员会第二十五次会议审议通过了《环境保护税法》，我国有了专门体现“绿色税制”的税法。四是为了更好地维护港口建设及海上干线公用航标的建设，2011 年 12 月 5 日国务院通过了《中华人民共和国船舶吨税暂行条例》（失效）（以下简称《船舶吨税暂行条例》），并废止了 1952 年 9 月 29 日海关总署发布的《中华人民共和国海关船舶吨税暂行办法》（以下简称《海关船舶吨税暂行办法》）。五是为了更好地发展畜牧业，2006 年国务院废除了《屠宰税暂行条例》。六是为了适应各个地方已不征收筵席税的状况，2008 年国务院在公布的《国务院关于废止部分行政法规的决定》中，将《筵席税暂行条例》列入其中。七是固定资产投资方向调节税自 2000 年暂停征收以来无存在必要，2012 年 11 月 9 日国务院公布的《国务院关于修改和废止部分行政法规的决定》，废止了《固定资产投资方向调节税暂行条例》。⑤在程序税法方面，《税收征管法》与税收征管工作实际需要之间的矛盾日渐突出，2013 年 6 月 29 日第十二届全国人民代表大会常务委员会第三次会议对《税收征管法》进行了第二次修正，简化了纳税人办理税务登记的流程，税务机关应在当天向纳税人发放税务登记证件。在简政放权、深化行政审批制度改革的大背景下，2015 年 4 月 24 日第十二届全国人民代表大会常务委员会第十四次会议对《税收征管法》进行了第三次修正，简化了纳税人减税、免税申请，减税与免税不再需要税务机关审批。

这一时期的税法改革可以高度概括为：税法统一和税法“规范”。讲税法统一，是因为我国从实体税法到程序税法[2]，皆由过去的“内外有别”实现了“内外并轨”。在经济全球化条件下，这种统一为涉内涉外企业或个人公平地参与市场竞争，创造了比较优化的税法环境。讲税法“规范”，是因为在这一时期，诸多税法并不是单纯地将涉内与涉外融合在一起，而是按照税收法定的目标，具备条件的直接制定或上升为法律，如《企业所得税法》《环境保护税法》《车船税法》；尚不具备条件制定法律的，对其内容进行了进一步的规范，如增

---

〔1〕 对经营分散、多为现金交易且难以控管的粘土、砂石，按照便利征管原则，仍实行从量定额计征。

〔2〕《外商投资企业和外国企业所得税法》中既有实体税法的内容，又有程序税法的内容。

值税法，在其设立之初，由于受国民经济发展水平和财力的限制，对固定资产所含的增值税规定不允许抵扣，这种规定破坏了增值税本身所具有的不重复征税性质，2008 年改固定资产所含增值税不允许抵扣为允许抵扣，并不是一种制度上的创新，而是回归制度的本然。这一时期的税法改革，是对上一阶段全方位、根本性变革的继续推进与深化，取得了一系列重要进展，主要是：实现了税法的内外统一、城乡统一与海陆统一，完成了增值税转型，分阶段全面推行了营改增改革，开征了环境保护税，完成了里程碑式的资源税全面改革，终结了古老的农业税、营业税等税种，铺就了 18 个实体税种[1]的税法格局。经过这一时期的改革与完善，适应社会主义市场经济体制需要的税法体系基本建立。但是，在实体税法方面，尚有 14 个税种依然未达到《立法法》第 8 条第 6 项规定的立法层次，有待彻底落实税收法定原则；在程序税法方面，随着经济全球化、信息化与我国社会主义市场经济快速发展，以互联网、物联网、大数据、云计算、人工智能等为代表的新技术催生了新的经济业态，人们在数字经济时代的生活习惯、工作方式、商业模式等社会生活也发生了巨大变化，《税收征管法》已经明显不适应变化了的征管环境，不能保证实体税法的顺利实施，与《行政处罚法》《行政强制法》《刑法》等法律也不够协调，2008 年我国正式启动了《税收征管法》的再次修订，2013 年 6 月和 2015 年 1 月国务院法制办先后两次就修订草案向社会公开征求意见，由于涉及《税收征管法》立法场域是以保护国家税收安全为主还是以保护纳税人权益为主的转型问题，以及与其他法律的衔接问题，修法路艰。完善纳税人权利、增强纳税人合法权益保护、强化自然人的税收征管、提升税务机关涉税信息获取能力、确立纳税申报制度基础性地位、实现征管模式转型、完善税收争议处理机制等一系列问题，仍待借鉴国外经验，通过《税收征管法》的再次修订体系化解决。

第一编

五、2016 年至今的税收法治化建设

2015 年 3 月 15 日修订的《立法法》对税收法定原则进行了明确和细化，同年 3 月 25 日全国人民代表大会法律工作委员会牵头起草的《贯彻落实税收法定原则的实施意见》获得党中央审议通过，对税收条例修改上升为法律或者废止

---

〔1〕 截至 2013 年，中国的税制设有 18 个税种，即增值税、消费税、车辆购置税、营业税、关税、企业所得税、个人所得税、土地增值税、房产税、城镇土地使用税、耕地占用税、契税、资源税、车船税、船舶吨税、印花税、城市维护建设税和烟叶税。2016 年 5 月 1 日营业税退出历史舞台，2016 年 12 月 25 日《环境保护税法》获得通过，仍为 18 个税种。

的时间作出了安排，划出了2020年前完成税收法定的路线图。2016年3月，第十二届全国人民代表大会第四次会议批准的《中华人民共和国国民经济和社会发展第十三个五年规划纲要》提出了在2016年~2020年第十三个五年规划（以下简称“十三五”规划）期间依法治税、全面落实税收法定的图则。

立法是法治的先行关，随着《环境保护税法》被补入立法规划，落实税收法定的大幕按照积极、稳妥、有序、先易后难的原则徐徐拉开。这一时期的税法建设，一方面在对一些小税种稍作调整，采用税制平移的方式快速落实税收法定，提升立法机制；另一方面对涉及面广、情况复杂的税种，在继续深化改革，循序渐进推进税收法定。具体是：①在商品与劳务税法方面：一是随着2016年5月1日全面推行“营改增”试点，2017年10月30日国务院作出了关于废止《营业税暂行条例》的决定。二是2017年10月30日国务院作出了修改《增值税暂行条例》的决定，调整了增值税征收范围。此后，根据结构性减税的“营改增”政策及试点情况、2016年~2017年促进产业结构转型升级，以及2018年~2019年减税降费促发展、利企惠民的部署，多次调整了增值税的税率、征收率，主要是：从2018年5月1日起制造业等行业增值税税率从17%降至16%，将交通运输、建筑、基础电信服务等行业及农产品等货物的增值税税率从11%降至10%；自2019年4月1日起增值税一般纳税人发生增值税应税销售行为或者进口货物，原适用16%税率的降到13%，原适用10%税率的降到9%，“营改增”以后适用6%税率的保持不变，至此形成了三档税率的税负结构，逐步解决了“营改增”以后税率档次偏多、结构不合理，整体税率偏高，对增值税中性税负的破坏问题；与此同时，为支持中小微企业的发展，自2018年5月1日起实行统一的小规模纳税人标准，年应征增值税销售额500万元及以下的，按照3%的征收率计征增值税。在增值税深化改革的基础上，2019年11月28日，财政部、国家税务总局联合公布《中华人民共和国增值税法（征求意见稿)》，向社会公开征求意见，启动了增值税的立法。三是在前一阶段调整消费税征收范围、环节、税率，把高耗能、高污染产品及部分高档消费品纳入征收范围的改革基础上，2019年12月3日，财政部、国家税务总局联合公布《中华人民共和国消费税法（征求意见稿)》，向社会公开征求意见。四是2017年12月27日第十二届全国人民代表大会常务委员会第三十一次会议审议通过了《中华人民共和国烟叶税法》（以下简称《烟叶税法》），自2018年7月1日起施行，2006年4月28日国务院公布的《中华人民共和国烟叶税暂行条例》（以下简称《烟叶税暂行条例》）同时废止。五是2020年8月11日第十三届全国人民代表

第五章

大会常务委员会第二十一次会议通过了《中华人民共和国城市维护建设税法》（以下简称《城市维护建设税法》），2021 年 9 月 1 日起施行，1985 年 2 月 8 日国务院发布、2011 年 1 月 8 日修订的《城市维护建设税暂行条例》同时废止。六是进口关税的税率继续调整，逐渐降低，关税法被纳入 2018 年 9 月公布的第十三届全国人民代表大会常务委员会立法规划，由国务院提请审议与负责起草。②在所得税法方面：一是全国人民代表大会常务委员会分别于 2017 年 2 月 24 日、2018 年 12 月 29 日修正《企业所得税法》，使《企业所得税法》的公益捐赠规定与《慈善法》相衔接，非居民企业只要符合规定条件就可以自主选择汇总纳税，不再办理审批手续。二是 2018 年 8 月 31 日，第十三届全国人民代表大会常务委员会第五次会议通过了《关于修改〈中华人民共和国个人所得税法〉的决定》，对《个人所得税法》进行了第七次修正，建立综合与分类相结合个人所得税制取得实质性突破，此次修法，完善了纳税人的规定，引入了居民个人与非居民个人的概念，调整了非居民个人的认定标准；对部分劳动性所得实行综合征税，个人所得不再实行分类所得税制；将综合所得调整为按年计税，并优化调整了部分税率的级距，降低了中低收入劳动者的税负；提高了综合所得基本减除费用标准，将基本减除费用标准由 3500 元/月提高到 5000 元/月（6 万元/年）；设立专项附加扣除，将子女教育支出、继续教育支出、大病医疗支出、住房贷款利息和住房租金等与人民群众生活密切相关的支出，作为在基本养老保险、基本医疗保险、失业保险、住房公积金等专项扣除之外的附加专项另行扣除；增加了反避税条款，堵塞了税收漏洞；改变了征收模式，居民纳税人综合所得实行年度汇算清缴。修改后的《个人所得税法》自 2019 年 1 月 1 日起实施，5000 元/月的基本减除费用提前至 2018 年 10 月 1 日起实施。此次修法在个人所得税法的发展历程中具有里程碑的意义，使中国的个人所得税法在征收模式上与绝大多数国家大体一致，税负更加合理。③在财产税法方面：2018 年 12 月 29 日，第十三届全国人民代表大会常务委员会第七次会议通过了《中华人民共和国车辆购置税法》（以下简称《车辆购置税法》），自 2019 年 7 月 1 日起施行，2000 年 10 月 22 日国务院公布的《车辆购置税暂行条例》同时废止；2020 年 8 月 11 日，第十三届全国人民代表大会常务委员会第二十一次会议通过了《中华人民共和国契税法》（以下简称《契税法》），自 2021 年 9 月 1 日起施行，1997 年 7 月 7 日国务院发布的《契税暂行条例》同时废止。④在行为及目的税法方面：2017 年 12 月 27 日第十二届全国人民代表大会常务委员会第三十一次会议审议通过了《中华人民共和国船舶吨税法》（以下简称《船舶吨税法》），自2018年7月1日起施行，2011年12月5日国务院公布的《船舶吨税暂行条例》同时废止；2018年12月29日，第十三届全国人民代表大会常务委员会第七次会议通过了《中华人民共和国耕地占用税法》（以下简称《耕地占用税法》），自2019年9月1日起施行，2007年12月1日国务院公布的《耕地占用税暂行条例》同时废止；2019年8月26日，第十三届全国人民代表大会常务委员会第十二次会议通过了《中华人民共和国资源税法》（以下简称《资源税法》），自2020年9月1日起施行，1993年12月25日国务院发布的《资源税暂行条例》同时废止；2021年6月10日，第十三届全国人民代表大会常务委员会第二十九次会议通过了《中华人民共和国印花税法》（以下简称《印花税法》），自2022年7月1日起施行，1988年8月6日国务院发布的《印花税暂行条例》同时废止。2019年7月16日《中华人民共和国土地增值税法（征求意见稿）》（以下简称《土地增值税法》）向社会公开征求意见。⑤在程序税法方面，自2018年3月起改革国税、地税征管体制，将省级和省级以下国税、地税机构合并，实行以国家税务总局为主与省（区、市）人民政府双重领导管理体制。国税、地税机构合并以来，囿于《税收征管法》的现行法律名称与篇章结构均与现代治理语境下的国家职能定位不符，法律修订还要为我国由间接税为主转向直接税为主的税制格局改革铺平道路，面临着涉税信息机制、纳税评定机制、纳税人权利救济机制改革等一系列困局，按照全国人民代表大会的既定时间表，原本应当在2018年提交审议的《税收征管法》，一再延期。数字经济背景下，《税收征管法》的修订，又增添了适应数字经济商业模式的税收治理需求，多种因素叠加在一起，程序税法的修订窒碍难行。

这一时期的税治，在全面依法治国的重大战略布局下，由行政思维转向法治思维。在推进税制改革的同时，推行税收法治，实行改革与法治双轮驱动。税收法治的核心是限制与规范征税权力，使征税权得到监督。国家税务总局自我检视、自我纠弊，在规范征税权、稽查权、行政处罚裁量权行使上出台了一系列文件，主要是：在2015年发布《全国税收征管规范（1.0版）》基础上，汲取实践中行之有效的做法和经验，多次更新修订升级征管规范版本；2016年12月1日，发布《全国税收稽查规范（1.0版）》，通过制度机制，推进税务机关税款征收与税务稽查标准化建设，提升行为的规范性；2016年11月30日，发布《税务行政处罚裁量权行使规则》，统一了行政处罚裁量基准，使税务行政处罚有了具体的裁量权行使规则；2017年5月31日，国家税务总局发布《国家税务总局权力和责任清单（试行）》，按照税务管理、税费征收、税务检查、纳税服务4个领域编列了27个权责事项，在配置征税职权行使、规范审批权、促进规范执法方面实现突破，促进形成边界清晰、权责一致、依法保障的税务行政职能体系。2017年1月19日，国务院办公厅印发《推行行政执法公示制度执法全过程记录制度重大执法决定法制审核制度试点工作方案》通知，对包括税务部门在内的32个地方和部门开展执法公示制度、执法全过程记录制度、重大执法决定法制审核制度（以下简称“三项制度”），2017年开始，各级税务机关每年公告年度税收法治建设情况报告，通过“三项制度”客观呈现税务机关执法水平与治税现状，全面监督税务执法过程，防范税务执法风险，促进税务机关公正执法。税务执法的规范与监督制约并驾齐驱，促使税务系统长期存在的税政文化开始向税法文化转变，税务机关自上而下法治思维开始形成。

这一时期的税法改革可以概括为落实税收法定与推进税收法治。落实税收法定作为税法改革最基本的期待，就实体税法而言，已接近当初制定的目标，除涉及重大税制改革的税种，如增值税，以及与人民群众关系非常紧密的税种，如房产税、城镇土地使用税，其余共计12个税种实现了税收法定。实体税法离不开程序税法的保障，程序公平是实质公平的前提和基础，程序合法是税收法定的内在要求，也是依法治税的应有之义，但是，《税收征管法》的修订作为落实税收法定与税收法治建设的关键一环，未能与实体税法协同推进，纳税人权利保护体系未建立，征税权自我规范无法实现对征税权的有效控制，且存在重大疏漏，如税法的行政解释由税务总局自我规范与约束，欠缺对税法行政解释的主体、范围、制定和发布程序、备案制度、救济途径、违反的后果、法律责任等的系统、详细法律规定，对纳税人显失公平与公正；由这一时期的税务行政案件数量看，税收司法作为我国税收法治的突破口，尚不能保障税收法治的运转。即使原本受条例约束下的税制通过正当程序全部实现税收法定，也只不过是在形式层面表现为税收制度由行政法规上升为法律，税收法定既有形式法定的要求，更内嵌了实质法定的价值追求〔1〕，税收法定的整体实现，税收法治建设依然任重道远。

通过上述我国税法发展历史的回顾与总结，从中可以得到以下启迪：①税法永远不可能尽善尽美。因为政治、经济和社会永远是千变万化的，为此服务的税法，即使在制定时具有一定的前瞻性，也不可能与社会发展的真实状况丝

〔1〕刘剑文、郭维真：“准确理解税收法定进程中的‘税制平移’”，载《中国社会科学报》2019年5月15日，第5版。

毫不差。因此，不能也没有必要苛求税法做到完美无缺，只要大体适应就好。②有什么样的税法观念就有什么样的税法。如改革开放之前，如果没有统一税法的思想，就不会有新税法；如果没有增加财政收入的思想，就不会有1953年的税法改革；如果没有“非税论”和“税收无用论”等扭曲的观念，就不会有违背规律的极其简化的税法。又如改革开放之后，如果没有认识到社会主义中国需要税收、税法，税法就不可能重新恢复，更无从谈其发展与完善；如果没有引进外资的观念，就不会有涉外税法的建立与完善；如果没有以税法规范国家与国有企业之间关系的观念，就不可能出现两步“利改税”和税法的全面改革；如果没有统一税法、公平税负的观念，就不会有涉内涉外的统一税法；如果没有税收法定的观念，就不会有税收法定的立法落实；如果没有税收法治的思维，就不会有程序税法中程序正义的苛求。③政治、经济和社会发展水平是税法的基础和条件。没有政治、经济和社会作为基础和条件，税法观念只是一种理想或空谈。如改革开放之前，如果没有中华人民共和国的建立，就不会有中华人民共和国的新税法；如果没有国民经济的恢复和财政收入的减少，就不会有1953年的税法的修正。又如改革开放之后，如果没有将工作重心转移到经济建设上来，就不会有税法的恢复与建立；如果没有有计划的商品经济，就不会有“利改税”和工商税法的全面改革；如果没有社会主义市场经济和经济的全球化，就不会有涉内涉外统一税法；如果没有税收法定条件的成熟，就不会有税收法治化建设。④应将税法纳入社会环境之中去考察。一个国家或一个国家不同时期的税法都产生于与之相适应的政治、经济、历史、地理等因素共同构成整体的社会环境。考察和评价一个国家的税法，或一个国家不同时期的税法，不能将税法完全独立出来进行考察和评价，否则，所得出的结论必然是片面的、不客观的。

【思考与应用】

1. 考察我国在改革开放后，恢复、建立税法制度时，为什么首先涉及涉外方面？
2. 假设你是经济学家和立法者，请分析我国在1983年和1984年的两步“利改税”进步在哪里？失误在哪里？
3. 以拉伐曲线原理对我国历史上国有企业所得税税率曾经设计为55%的状况进行分析。
4. 从我国税法发展的历程中，你得到的启迪是什么？
5. 列举我国现行税法中存在的重点不足，并提出自己的设想（提示：可以在学完税法后再回过头来分析此问题，会得出相对更科学的结论）。

第二编

实体税法

——各个税种单行税法构成的统一体

在第一领域的基础上，我们将走进实体税法领域。在这一领域，你将会领略世界各国、尤其是我国各个具体税种在法律制度上的产生、发展及其内容，从中你会感受到税法的趣味性、奇妙性。

在本编你将了解——

第六章 商品及劳务税法

在本章你将——

- 了解增值税法
- 了解消费税法
- 了解城市维护建设税法
- 了解烟叶税法
- 了解关税法

第一节 增值税法

一、增值税法概述

（一）增值税的概念

增值税（value added tax，简称 VAT）是以商品和劳务的增值额为征税对象的一种税。增值额，是指纳税人在一定的生产经营过程中新创造的那一部分价值额。

从理论上讲，增值额相当于商品价值（C + V + M）中的（V + M）部分，即由企业劳动者创造的新价值；从内容上讲，增值额相当于净产值，因此就全社会来说，增值税是一种净产值税。就生产经营全过程而言，商品无论经过多少环节，应纳的增值税总额等于各环节应纳增值税之和，同种商品，售价相同，税负相同；就个别生产单位而言，增值额是该单位的商品销售额或者经营收入额扣除法定的非增值项目后的余额。非增值项目，是指转移到商品价值中的原材料、辅助材料、固定资产折旧等，但在现实生活中，基于财政状况及税收政策的考虑，各国增值税法规定允许扣除的非增值项目有所不同，这样增值额也就不一致，从这个角度讲，增值额即法定增值额。

增值税是被众多国家采用的一种影响广泛的税种，其经济学理论基础来源于美国经济学家，1917 年美国耶鲁大学经济学教授亚当斯（T. Adams）在国家税务学会《营业税》（The Taxation of Business）报告中首先提出了对增值额征税的概念，指出对营业毛利（销售额 - 进货额）课税比对利润课税的公司所得额好得多，此乃增值税的雏形，与增值税的具体实施仍有一定差异；1921 年德国学者西蒙士（C. F. V. Siemens）正式提出了“增值税”的名称。增值税制度于 1954 年始创于法国，其前身是营业税。当时的营业税的计税依据是商品的销售额，而且不论商品处于哪一个环节，都要就其销售全额征收营业税。这种营业税具有多环节、阶梯式计征的特点。因而，营业税使那些“全能式”企业的税收负担轻，却使得那些适应社会专业化分工协作的企业的税收负担重，严重妨碍了社会化大生产的发展。为了解决上述问题，法国对其当时的营业税进行了多次改革，改革的核心内容是将原来营业税的计税办法逐步改为以商品销售全额部分负担的税款扣除零部件、原材料及投资性支出（如固定资产投资）部分已负担的税款。此时，人们也意识到，这种税实际上是对商品的销售与购进之间的差额（增值额）征收，遂将其正式命名为增值税。

“增值税的兴起堪称历史上一绝。没有别的任何税种能像增值税那样在短短的 30 年左右的时间里从理论到实践横扫世界，使许多原先对其抱怀疑态度的学者们回心转意，令不少本来将其拒之门外的国家改弦更张。当今增值税已不仅在欧共体国家范围内应用，它的足迹已经踏入世界各洲，而且每年都有新的国家开始采用它。”〔1〕现今有 160 多个国家和地区推行了增值税制度。

我国于 1979 年引进增值税，经过 1983 年的改革，于 1984 年正式建立。但 1984 年的增值税可谓中国特色的增值税，与规范意义上的增值税相距甚远，直到 1994 年的工商税制改革才使其在一定程度上得以规范。而规范化的增值税主要针对商品货物，受多种因素影响，除个别劳务外，多数劳务未能征收增值税。自 2012 年开始，历经 3 年多的试点，终于自 2016 年 5 月 1 日起对所有商品及劳务开始了增值税的计征，增值税征收有望实现法律规范。

（二）增值税的特征

增值税由一般销售税演化而来，具有以下特征：

---

〔1〕［美］爱伦·A. 泰特：《增值税：国际实践和问题》，国家税务局税收科学研究所译，中国财政经济出版社 1992 年版，第 4 页。

1. 克服了重复征税的问题。增值税实行税款抵扣制，尽管多环节征税，但“前道征，后道抵”“税不重征”，符合税收的普遍和公平原则，有利于专业化的生产与协作。

2. 税负公平。由于增值税的税不重征，每个环节仅就本环节的增值部分纳税，不再负担原材料部分的税负，因此，不论对于纳税人还是对商品来讲，税负都是公平的。

3. 多环节课征。从课税环节看，增值税实行多环节征税，即商品在生产到消费的诸多环节中，只要在某一环节有增值，就要对其征收增值税。

4. 税率档次少。规范化增值税的课征范围应包括一切货物及一切劳务，并且对所有的应税货物和劳务平等地进行课税，这就要求增值税的税率档次越少越好，最好实行单一税率。但实践中，实行增值税的国家很难做到这一点。不过，为了追求理想化的增值税，实行增值税的国家一般采用较少的税率档次。

5. 税收转嫁性。从名义上看，增值税是由货物销售方、提供劳务方或进口方缴纳的，但一般情况下，增值税的负担者则是商品的购买者或劳务的接受者。在我国，增值税在商品及劳务周转的中间环节，其转嫁性是显性的，但在最终一个环节，即零售环节，其税收转嫁性则是隐性的。

6. 税收中性。增值税只对货物或劳务销售额中没有征过税的那部分增值额征税，而且增值税税率档次少，这不仅使得绝大部分货物或劳务的税负是一样的，而且同一货物在经历的所有生产和流通的各环节的整体税负也是一样的。这种情况使增值税对生产经营活动以及消费行为基本不发生影响，从而使增值税具有了中性税收的特征。

（三）增值税的类型

增值税的一个重要特点是以增值额为计税依据，但各国增值税法规定的增值额的计算方面不尽相同，从而形成了增值税的三种不同类型。

1. 生产型增值税。生产型增值税是在计算增值税额时，增值税法只允许从当期销项税额中扣除原材料等劳动对象的已纳税额，而不允许扣除固定资产所含税款的增值税。由于从整个社会来讲，负担税款的是固定资产和消费资料，即国民生产总值，故称之为“生产型增值税”。

2. 收入型的增值税。收入型的增值税是在计算增值税额时，增值税法只允许从当期销项税额中扣除原材料等劳动对象的已纳税额和固定资产折旧部分的所含税金，这样，从全社会来讲，实际上是以国民收入为计税依据，故称之为“收入型增值税”。

3. 消费型增值税。消费型增值税是在计算增值税额时，增值税法对纳税人已购固定资产的已纳税款，允许一次性从当期销项税额中全部扣除，从而使纳税人用于生产应税产品的全部外购生产资料都不负担税款。这样，从全社会来讲，实际上是对国民收入中的消费资料部分征税，故称之为“消费型增值税”。

以上三种类型中，生产型增值税不允许扣除外购固定资产所含的已征增值税，税基相当于国民生产总值，税基最大，但重复征税也最严重；收入型增值税允许扣除固定资产当期折旧所含的增值税，税基相当于国民收入，税基其次；消费型增值税允许一次性扣除外购固定资产所含的增值税，税基相当于最终消费，税基最小，但消除重复征税也最彻底。实行增值税的国家中，绝大多数国家实行的是消费型增值税。

（四）增值税法的概念及其发展历程

增值税法是国家制定的调整和确认增值税的税务活动中征税主体与纳税主体之间形成的社会关系的法律规范的总称。

我国增值税法始于1981年。增值税的改革与立法亦步亦趋，改革大体经历了试点、确立、转型、扩围四个阶段，立法相随，由暂行办法、条例（草案）到暂行条例，层级不断提升，正在接近实现税收法定，即将走上依法治税的征程。

1. 试点阶段的增值税法。1979年2月至3月间，财政部税务总局组织在江苏省无锡市进行税制改革的调查研究工作，其中包含对增值税问题进行调查测算。1979年7月，我国引进了增值税，首先在湖北省襄樊市进行增值税试点，1980年扩大到柳州、上海、长沙等地，试点限于重复征税矛盾较为突出的机器机械和农业机具两个行业。在试点的基础上，1981年7月11日，财政部按照国务院的指示发布《关于对工业公司试行增值税和改进工商税征税办法的通知》，该通知规定，对机器机械、农业机具、日用机械3个行业试行增值税，同时附发了《增值税暂行办法》，这是我国最早的增值税法律规范，其中规定，增值税的税率，农业机具及零部件为6%，机器机械、日用机械及零配件为10%。1982年4月19日，财政部发出《关于检发〈增值税暂行办法〉贯彻执行的通知》，自1982年7月1日起在全国选定缝纫机、自行车、电风扇3项产品按照《增值税暂行办法》试行增值税。1982年12月29日，财政部发布了酌加修订的《增值税暂行办法》，自1983年1月1日对生产机器机械、农业机具（以上包括零配件）、缝纫机、自行车、电风扇的企业试行增值税。1984年9月18日，在试点的基础上，结合第二步“利改税”，国务院颁布了《中华人民共和国增值税条例（草案）》（以下简称《条例（草案）》），自1984年10月1日起施行，《条例

（草案）》实际规定的增值税税目范围有限，涉及面不广，对增值税税目主要分甲、乙两大类产品，其中甲类产品按照“扣额法”[1]计算应纳税额；乙类产品按照“扣税法”[2]计算应纳税额；进口的应税产品，不论是甲类或乙类产品，均按组成计税价格，依率直接计算应纳税额，不扣除任何项目的金额或已纳税额。财政部于1984年9月28日颁发了《中华人民共和国增值税条例（草案）实施细则》，该细则与《条例（草案）》同步实施。至此，我国正式确定实行增值税制度。但是，增值税主要针对规定的部分货物的生产和进口，并形成产品税、营业税、增值税共存的格局。此后，至1993年底前，财政部颁布了几项规定，不断扩大征税范围，改进计税方法，统一扣除项目、简化税目税率，但是，由于实行产品税、增值税不交叉征收的税制结构，和国际上规范化的增值税相比，只是引进了增值税的概念及其计税形式，还存在着相当严重的重复征税。故此，这一阶段的增值税并不是真正的增值税，这就要求必须改革原有的增值税，建立新的规范化的增值税。

2. 确立阶段的增值税法。1993年底，随着市场经济制度的确立，我国对工商税制进行深层次、大面积的改革。1993年12月13日国务院颁布了新的《增值税暂行条例》，按照普遍、中性、简化、多环节多次征收的原则对增值税进行了全面、彻底的改革，新的《增值税暂行条例》自1994年1月1日起施行，同时废止了《中华人民共和国增值税条例（草案）》、《中华人民共和国产品税条例（草案）》。根据《增值税暂行条例》的授权，财政部于1993年12月25日印发了《增值税暂行条例实施细则》，与条例同步实施。自1994年1月1日起，因全面推行增值税，产品税退出历史舞台，特殊调节功能的消费税开征，呈现的是增值税、消费税与营业税共存的格局。经过这次改革，我国增值税开始进入国际通行的规范化的行列。但是，出于财政收入的考虑，同时为了抑制投资膨胀，1994年增值税法确立的增值税是生产型增值税，不允许企业抵扣购进固定资产的进项税额，依然存在重复征税问题，制约企业技术改进的积极性。

3. 转型阶段的增值税法。随着经济社会环境的发展变化，需要进一步消除增值税的重复征税因素，降低企业设备投资税收负担，鼓励企业技术进步和促

---

〔1〕扣额法是按商品流转额全额扣除法定扣除范围的各非增值项目金额后，求得增值额，并据以计税的一种方法。

〔2〕扣税法是先按应税产品的课税金额和适用税率计算出总体税额，然后减去应税产品耗用的外购法定扣除项目已缴纳的税额后，计算出其应纳税额的一种方法。其特点是在计税过程中不直接反映产品的增值额，而是通过税款抵扣的方法来间接地计算增值税应纳税额。

进产业结构调整，为此，经国务院批准，财政部、国家税务总局于2004年9月14日颁发了《东北地区扩大增值税抵扣范围若干问题的规定》（失效），自2004年7月1日起在东北进行增值税转型试点；于2007年5月11日颁发了《中部地区扩大增值税抵扣范围暂行办法》（失效），自2007年7月1日起在中部六省26城市进行增值税转型试点；于2008年8月1日颁发了《汶川地震受灾严重地区扩大增值税抵扣范围暂行办法》（失效），自2008年7月1日起施行。2008年11月10日国务院发布了修订后的《增值税暂行条例》，2008年12月18日财政部颁发了新修订的《增值税暂行条例实施细则》，自2009年1月1日起全面推行增值税转型改革，完成了由生产型增值税向消费型增值税转变的重大改革。同时，继续维持着增值税、消费税与营业税并存的格局，转型以后的增值税仍然具有鲜明的中国转轨特色，主要体现在：征税范围是有选择决定的，一些属于增值税范围的经营行业，如建筑业、房地产销售、交通运输业以及属于第三产业的劳务服务业，并没有纳入增值税征税范围；纳入增值税范围的，真正按增值税办法征税的，只限于大型或中大型企业，小规模纳税人都按销售额全值征税；扣税范围是有选择决定的，不动产重复征税因素并未消除；政策实施也是有选择决定的，特殊规定过多，如在出口环节选择按退税率退税，在进口环节和增值税中间环节采取许多特殊的税收优惠措施，等等，以上问题说明我国增值税改革不到位，距离现代型的增值税[1]仍有距离。

---

〔1〕 现代型增值税是由新西兰于1986年10月起开始实行的，是一种税制简化、机制严密、对经济扭曲程度最低、征纳成本最低、易于管理的增值税类型，是当今增值税的最佳模式，自1986年以来，该模式已被亚洲、北美、南美、非洲以及南太平洋一些国家所采用。现代型增值税具有以下几个特点：①除对极其特殊的行业（如金融、保险），免征增值税，另征其他税外，最大限度地把所有商品和劳务纳入增值税的征税范围。②按照增值税既征税又扣税这一特殊税收机制的要求，以税收法律规定国家增值税的征税权和纳税人的抵扣权受法律保护。除了税法规定的免税项目外，既不任意规定免税、减税，也不任意规定中止或降低抵扣标准，从而把生产环节、进口环节、经营环节、提供劳务服务环节，直至最终消费环节，有机地联系在一起。③按增值税属于最终消费者负担的消费行为税性质，不再区别何种商品、劳务，统一按单一税率征税，极大地减少了因税率划分而导致的复杂性。④严格按照国际公认的目的地征税原则和世贸组织规定的国民待遇原则，确立进口商品由进口国依法征税，出口商品由出口国按零税率全部退还该商品已缴纳税款的规则，使增值税进出口征退税机制，完全与国际税收规则接轨，促进了货物贸易在国际间通畅运转。⑤合理地确立了增值税纳税人的注册标准。将达到增值税注册标准的经营者，都纳入增值税纳税人范围，实行统一的、规范的增值税管理制度。同时，对达不到增值税纳税人注册标准的经营者，则采取免征增值税的方式，将他们置于增值税征税范围之外。这一划分方法既有利于统一对增值税纳税人的管理，又有利于实施国家对低收入者的扶贫政策，使为数众多的处于基本生活水平以下的低收入者，包括农业生产者、手工业者等置于增值税征税范围之外。参见韩绍初："中国第三次增值税制改革的设想"，载《经济研究参考》2009年第6期。

4. 扩围阶段的增值税法。2009年增值税转型改革以后，我国并行着增值税与营业税两大流转税种，增值税主要对货物征税，营业税主要对服务征税，这表明我国实行的是不完整型的增值税，[1]两税的并行，破坏了增值税的抵扣链条，限制了现代增值税制天然优势的充分发挥，影响了增值税的中性效应；将大部分第三产业排除在增值税的征税范围之外，对服务业发展造成了不利影响。现代市场经济中，商品和服务捆绑销售的行为越来越多，也造成了税收征管实践中的一些困境。新形势下，税制改革上又走入营业税改征增值税的道路。2011年11月16日，经国务院批准，财政部、国家税务总局发布了《营业税改征增值税试点方案》，2012年1月1日开始在上海启动"营改增"试点，试点行业为交通运输业、部分现代服务业等生产性服务业；2012年7月31日，经国务院批准，财政部、国家税务总局发布《关于在北京等8省市开展交通运输业和部分现代服务业营业税改征增值税试点的通知》（失效），将交通运输业和部分现代服务业"营改增"试点范围，由上海市分批扩大至北京等8个省（直辖市），具体是：2012年9月1日"营改增"在北京市实施；2012年10月1日"营改增"在江苏省、安徽省实施；2012年11月1日"营改增"在福建省、广东省实施；2012年12月1日"营改增"在天津市、浙江省、湖北省实施。2013年8月1日，国务院决定将交通运输业和部分现代服务业"营改增"试点在全国范围内推开，同时，广播影视作品的制作、播映、发行等也开始纳入试点。2013年12月4日国务院决定，自2014年1月1日起铁路运输和邮政服务业纳入"营改增"试点，2013年12月12日，财政部、国家税务总局发布《营业税改征增值税试点实施办法》，至此，交通运输业已全部纳入"营改增"范围。2016年3月23日，经国务院批准，财政部、国家税务总局向社会公布了《营业税改征增值税试点实施办法》《营业税改征增值税试点有关事项的规定》《营业税改征增值税试点过渡政策的规定》和《跨境应税行为适用增值税零税率和免税政策的规定》，自2016年5月1日起在全国范围内全面推开"营改增"试点，建筑业、房地产业、金融业、生活服务业等全部营业税纳税人纳入试点范围，由缴纳营业税改为缴纳增值税。2017年11月19日，国务院公布了《国务院关于废止〈中华人民共和国营业税暂行条例〉和修改〈中华人民共和国增值税暂行条例〉的决定》，至此，古老的营业税退出了历史舞台，完成了产品税、营业

---

〔1〕不完整型增值税具有初期增值税多选择性的特征，或征税范围不到位，或税率结构复杂，或特殊规定过多。参见韩绍初："中国增值税应进行第三次重大改革"，载《税务研究》2008年第10期。

税、增值税的三税并存到增值税的大一统，实现了“三税归增”。2012 年 1 月 1 日至 2016 年 5 月 1 日期间，“营改增”沿着先选择行业和地区试点，再扩大试点地区，再扩大行业范围，从而一步步推进的改革路线，最终实现了增值税对货物、服务的全覆盖。2017 年 11 月 19 日，国务院通过对《增值税暂行条例》进行修订，解决了货物生产经营和应税劳务适用 2009 年修订的《增值税暂行条例》，而“营改增”项目适用 2016 年的《营业税改征增值税试点实施办法》的税法不统一问题，并调整完善了相关内容。

随着“营改增”的推行，增值税最终实现了征收行业和抵扣范围的全覆盖。但是，2012 年启动“营改增”以来，为了平稳推进“营改增”而设计的多档税率和各种税收优惠，使得整体税制还是显得冗杂，影响增值税的中性税收功能发挥。大多数开征增值税的国家，实行两档或单一增值税率，为此，税率（此处的税率包含征收率）减并档成为深化改革的方向，经国务院批准，财政部、国家税务总局发布通知，先后于 2014 年起 7 月 1 日、2017 年 7 月 1 进行了两次税率并档，第一次是将 6%、4% 和 3% 的征收率统一调整为 3%，第二次是取消 13% 的税率，将四档税率（17%、13%、11%、6%）简并至三档。税率减并档之后，依然没有摆脱按照行业来划分税率的传统，解决不了企业集团跨越不同行业，出现行业交叉时的税率适用困境问题。从档数来看，2017 年 162 个增值税的征收国家中，实行一档、两档增值税税率的国家占比分别为 46.6%、31.1%，二者相加达到 77.7%，其中东亚区域普遍为一档税率，[1] 由此可见，单一税率的现代增值税制度，或标准税率加一档优惠税率是国际主流，我国增值税改革还需要继续减并档，目标应当是三档并两档。税率减并档的同时，2014 年起 7 月 1 日起，将征收率统一下调为 3%，2017 年 7 月 1 日至 2019 年 4 月 1 日期间，对增值税税率进行了 3 次适当调整，具体是：2017 年 7 月 1 日起，将农产品、天然气等增值税税率从 13% 下调至 11%；2018 年 5 月 1 日起，将增值税 17% 税率与 11% 税率下调 1 个百分比；2019 年 4 月 1 日起，将增值税 16% 税率降至 13%、10% 税率降至 9%。经过不断降税负的调整，现行增值税在 3% 征收率之外，还存在 13%、9%、6% 三档税率，理想的增值税制只设定一档税率，增值税税率减并档及税负依然是未来增值税立法的中心问题。

除税率问题外，建立一套适用于所有增值税纳税人的更为公正、简明、高

---

〔1〕“增值税并档有望加速，降税空间最高达万亿”，载 https：//www.tfcaijing.com/，最后访问日期：2018 年 10 月 31 日。

效的增值税制，还存在计税方法、抵扣链条等一系列有待解决的问题。现行增值税有一般计税和简易计税两种方法，一般计税是按照销项税额抵扣进项税额后的余额计算应纳税额，实行的是严格意义上的现代增值税制度；简易计税是按照应税交易销售额和征收率计算应纳税额，不得抵扣进项税额，执行的是名为增值税实为产品税的制度，现行增值税实际是两套不同的制度在运行，可以说，现代增值税制度只是初步建立。作为现代增值税制生命力所在的抵扣链条也存在不完整性问题，增值税小规模纳税人游离在抵扣链条之外，致使抵扣链条在增值税一般纳税人和小规模纳税人之间以及小规模纳税人中间发生中断；享受增值税免税的纳税人不能开具增值税专用发票，造成抵扣链条在免税纳税人与其他纳税人之间断裂，如何确保增值税抵扣链条的完整有效，也需要对现行增值税制作一些大的改革。〔1〕

5. 增值税立法进程。增值税两套税制、抵扣链条不完整、税率减并档遇到的困难不能阻挡立法的步伐，增值税不仅在我国现阶段是最大的税种，也是一个比较复杂的税种，立法和深化改革应当相融共进，一方面，立法不能脱离增值税改革这一现实基础，应当将业已基本定型的增值税制以法律的形式稳固下来；另一方面，立法要为改革预留空间，以立法促改革。

增值税立法是税收法律体系建设的重大事件，早在2008年，制定增值税法就被列入了第十一届全国人大常委会的立法规划，按照立法规划，由国务院负责起草，最迟2012年提交人大审议。但是，由于增值税立法具有操作上的复杂性，并没能按计划进行。2011年增值税立法被调整到“抓紧研究、待条件成熟时提出”的立法项目。2013年10月30日，第十二届全国人大常委会立法规划公布，制定增值税法被列入第十二届人大立法计划的第一类项目，由于这一时期增值税正处于扩围与深化改革过程中，增值税法也迟迟没能提请审议，立法进程再次延后。2018年9月7日公布的第十三届全国人大常委会立法规划再次将制定增值税法列入立法计划的第一类项目，2019年11月27日，财政部、税务总局联合起草的《中华人民共和国增值税法（征求意见稿）》公开向社会征求意见，增值税立法迈出实质性步伐，进入了加速期。增值税立法是对我国最大的税种立法，涉及面极广，需要协调多方利益和多种关系，立法的提升，将有利于加强整个税收法制的建设，一定程度上讲，增值税立法告成之日将是我国税收法律体系基本完成之时。

〔1〕 朱江涛：“增值税立法应重视的四个方面”，载《中国税务报》2019年12月25日，第7版。

二、增值税法的基本内容

（一）纳税人

各国增值税法一般都概括性地规定纳税人，而不采取列举的方法规定，只要发生增值税的应税交易，不论纳税人属于什么类型或组织形式，都必须依法纳税。我国《增值税暂行条例》采取列举方法规定纳税人，即规定在中国境内销售货物或提供加工、修理修配劳务、销售服务、无形资产、不动产以及进口货物的单位和个人。2016 年 5 月 1 日起“营改增”全面推行，所有货物、劳务的销售单位和个人都是增值税纳税人，自此开始，我国事实上结束了增值税纳税人列举式规定的历史。

从管理的需要出发，各国增值税法大多针对纳税人的不同特点，规定其纳税的具体办法，特别是对小型生产经营者。我国增值税的纳税人分为一般纳税人和小规模纳税人。一般纳税人和小规模纳税人区分的基本标准是年应税销售额的大小。小规模纳税人是指年销售额在规定标准以下，并且会计核算不健全，不能按规定报送有关税务资料的增值税纳税人；小规模纳税人以外的纳税人为一般纳税人。现行增值税制规定的小规模纳税人的标准为年应征增值税销售额 500 万元及以下。会计核算是否健全也是可以用来界分纳税人的一个重要标准。没有达到年应税销售额标准，但会计核算健全[1]，能够提供准确税务资料的，可以向主管税务机关申请登记为一般纳税人，不再作为小规模纳税人。这样，关于上述纳税人的分类就会出现以下情况：年应税销售额达到或超过标准，但会计核算不健全的纳税人，税务机关在征税时对其适用一般纳税人的税率[2]，但不抵扣其进项税金。值得提出的是，关于增值税纳税人的分类标准是否科学、合理，需要我们从实践到理论再作论证。

一般纳税人实行登记制，登记为一般纳税人后，不得转为小规模纳税人。一般纳税人与小规模纳税人在法律地位上不同，一般纳税人有资格使用增值税专用发票，采用税款抵扣制计算应纳税额；小规模纳税人一般不使用增值税专用发票，采用简易方法计算应纳税额。基于增值税征管中一般纳税人与小规模纳税人之间客观存在的经济往来的实际情况，小规模纳税人需要开具增值税专用发票的，可以到税务机关申请代开，也可以自愿使用增值税发票管理系统自

---

〔1〕会计核算健全是指能够按照国家统一的会计制度规定设置账簿，根据合法、有效凭证核算。

〔2〕年应税销售额超过小规模纳税人标准的其他个人按小规模纳税人纳税。年应税销售额超过规定标准但不经常发生应税行为的单位和个体工商户可选择按照小规模纳税人纳税。

行开具，但销售其取得的不动产，需要开具增值税专用发票的，应当按规定向税务机关申请代开。

我国增值税法针对境外单位或者个人在境内提供劳务而在境内未设有经营机构的情况，规定了扣缴义务人。在境内有代理人的，以境内代理人为扣缴义务人；在境内没有代理人的，以购买方为扣缴义务人。

（二）征税范围

从征税范围角度看，各国的增值税可以分为两类：全面型增值税和非全面型增值税。全面型增值税，是指增值税的征税范围包括所有的商品和劳务。如法国的增值税法规定的征税范围，就涉及经济与社会生活的各个领域，包括农业生产、工业制造、商业销售、劳务服务业和自由职业者。但由于法国的增值税法有免税方面的规定，因此，严格讲，它不属于纯粹的全面型增值税。只有新西兰堪称全面型增值税的典型国家，其课税对象几乎无所不包，给顾客留下的选择余地只有不买征税的货物与劳务及消费那些不被征税的劳务，如闲暇与自我服务。[1]因此，新西兰的增值税可谓目前世界上最优、最理想的增值税。非全面型增值税，是指增值税的征税范围仅限于部分商品和部分劳务，或全部商品和部分劳务。

任何税种发挥其理论上的优势，总要满足一定的条件，出于公平、技术、成本等原因，各国增值税法规定的征税范围不尽相同。理论上，征税范围越宽，覆盖面越广，涉及地域越完整，就越能保证增值税运行机制的职能发挥，最大限度地发挥增值税的职能作用，即所谓的“全链条、全覆盖”所具有的作用。[2]任何税种的理想模式几乎都不可能在现实中完全实现，各国增值税的征税范围几乎都是随着经济的发展而不断地扩大和完善的，最终实现由非全面型增值税向全面型增值税的过渡。目前，除少数国家实行全面型增值税外，大多数国家实行的是非全面型增值税。

我国现行增值税基本上属于全面型增值税，但因为有免税项目规定，有起征点的免税门槛，尚不能划入纯粹的全面型增值税范畴。我国增值税的征税范围具体包括在境内销售货物、销售服务、销售无形资产、销售不动产以及进口货物。

1. 销售货物。销售货物是指有偿转让货物的所有权。在境内销售货物是指

---

〔1〕［美］爱伦·A. 泰特：《增值税：国际实践和问题》，国家税务局税收科学研究所译，中国财政经济出版社1992年版，第231页。

〔2〕姜明耀：“增值税征收范围与免税范围探讨”，载《税务与经济》2011年第5期。

货物的起运地或者所在地在境内。有些行为虽然不属于有偿转让货物的所有权，但为了防止避税、保障税收收入，将其视同销售货物。视同销售主要包括：将货物交付他人代销；销售代销货物；设有两个以上机构并实行统一核算的纳税人，将货物从一个机构移送其他机构用于销售，但相关机构在同一县、市的除外；单位或个体工商户将自产或委托加工的货物用于集体福利或个人消费；将自产或委托加工或购买的货物作为投资，分配给股东和投资者，无偿赠送他人。单位和个体工商户无偿赠送货物视同销售，但用于公益事业的除外。

2. 销售服务。销售服务是指有偿提供服务。这里的服务包括加工、修理修配、交通运输、邮政、电信、建筑、金融、生活以及围绕制造业、文化产业、现代物流产业等提供的技术性、知识性现代服务。在境内销售服务是指销售服务的销售方为境内单位或个人，或者服务在境内消费。但是，在境内有偿提供服务，属于下列非经营活动的情形除外：其一，行政单位收取的同时满足以下条件的政府性基金或者行政事业性收费：①由国务院或者财政部批准设立的政府性基金，由国务院或者省级人民政府及其财政、价格主管部门批准设立的行政事业性收费；②收取时开具省级以上财政部门监（印）制的财政票据；③所收款项全额上缴财政。其二，单位或者个体工商户聘用的员工为本单位或者雇主提供取得工资的服务。其三，单位或者个体工商户为聘用的员工提供服务。其四，财政部和国家税务总局规定的其他情形。单位或者个体工商户向其他单位或者个人无偿提供服务视同销售服务，但用于公益事业的除外。

3. 销售无形资产。销售无形资产是指有偿转让无形资产的所有权或者使用权。无形资产是指不具有实物形态，但能带来经济利益的资产，包括专利技术、非专利技术、商标、著作权、商誉、自然资源使用权和其他权益性无形资产，其中自然资源使用权包括土地使用权、海域使用权、探矿权、采矿权、取水权及其他自然资源使用权；其他权益性无形资产包括基础设施资产经营权、公共事业特许权、配额、经营权（包括特许经营权、连锁经营权、其他经营权）、经销权、分销权、代理权、会员权、席位权、网络游戏虚拟道具、域名、名称权、肖像权、冠名权、转会费等。在境内转让无形资产是指销售无形资产（自然资源使用权除外）的销售方为境内单位或个人，或者无形资产在境内消费；在境内转让自然资源使用权是指自然资源所在地在境内。单位和个人无偿赠送无形资产视同销售无形资产，但用于公益事业的除外。

4. 销售不动产。销售不动产是指有偿转让不动产的所有权。不动产是指不能移动或者移动后会引起性质、形态改变的财产，包括建筑物、构筑物，其中建筑物包括住宅、商业营业用房、办公楼等可供居住、工作或进行其他活动的建造物；构筑物包括铁路、桥梁、隧道、水坝等建造物。在境内销售不动产是指不动产所在地在境内。单位或个人无偿赠送不动产视同销售不动产，但用于公益事业的除外。

如果一项销售既涉及货物又涉及服务，为混合销售，从事货物生产、批发或者零售的单位和个体工商户的混合销售，按照销售货物征收增值税；其他单位和个体工商户的混合销售，按照销售服务征收增值税。以上销售中所讲的有偿，是指从购买方取得货币、货物或者其他经济利益。

5. 进口货物。进口货物是指货物的起运地在境外，目的地在境内。

（三）计税依据

从理论上讲，增值税的计税依据是增值额。但在实践中很难准确地计算出增值额，因而，实行增值税的国家在计算增值税时，一般都不采用直接计算法，即先计算出纳税人的增值额，然后再依据增值额和规定的税率计算增值税的办法，而是采用间接计算法，即先依据纳税人的销售额计算出销售部分的增值税额，然后再扣除其中所包含的进项部分的增值税额的办法。因此，从计算方法上看，增值税的计税依据并不是增值额，而是商品或服务的销售额。

（四）税率

理想的增值税应当实行单一的税率。因为只有税率单一，最终产品的累积税额才会相等；只有税率单一，销项税额扣除进项税额才便于计算。但由于实行增值税的国家的财政状况、税收负担政策，以及许多国家出于对民生日用品的照顾和对有碍社会公益的商品的限制等原因，在实行增值税的国家中，真正实行单一税率的国家很少，如加拿大、新西兰、韩国、丹麦和以色列等；[1]大部分国家采用的是多档次税率，如匈牙利、荷兰、比利时、法国、意大利等。[2]综观实行增值税的国家，就税率来讲，大体分为4个档次：重税率、基本税率、低税率和零税率。

1. 重税率。重税率是国家为限制某些有碍社会公益或影响政府政策目标的商品的生产和消费而设计的。重税率起着特殊、个别的调节作用。因此，重税率适用的范围在增值税的课征范围中所占的比重不大，土耳其、意大利、希腊、

〔1〕参见华税学院："哪些国家实行单一增值税税率?"，载搜狐网，https：//www.sohu.com/a/407274434_120106984，最后访问时间：2021年4月24日。

〔2〕参见王传纶、王平武主编：《中国新税制业务全书》，中国金融出版社1994年版，第223页。

西班牙、葡萄牙等国家曾经设有重税率。例如，土耳其曾经的标准税率为15%，[1]而23%的税率则适用于销售鱼子酱、化妆品、毛皮、珠宝，载人小汽车、游艇、有线电视、CALL机特殊信息服务，出租直升机和飞机，为赌博和抽奖提供服务，稀有宝石、电冰箱、洗衣机、电视机、录像制品；40%的税率适用于销售超过2000毫升容量的汽车。[2]有些国家虽然在形式上没有设计重税率，但对那些需要限制生产和消费的商品在课征增值税的基础上课征一次消费税。这样，一方面消费税实际上起到了重税率的特殊调节作用，另一方面还可以使增值税的税率简单化。

2. 基本税率。又称标准税率，是增值税税率的核心。因为增值税对生产、流通、服务等诸环节实行普遍征收，这种普遍征收就需要规定统一的基本税率。实行增值税制度的国家大都规定基本税率，但基本税率的高低差异较大。以经合组织成员国为例，高者达27%，如匈牙利；低者为5%，如加拿大。[3]造成这种差异的原因在于国家经济与社会发展状况不同，财政需求与纳税人负担水平不同，当然也与一国的税制结构设计有关。

3. 低税率。又称轻税率，是国家为了照顾居民的基本生活而对一些民生日用品设计、适用的税率。低税率也是参差不齐。以经合组织成员国为例，荷兰为9%；挪威为12%；拉脱为亚为5%；匈牙利为5%。[4]国际上通行的做法是，对关系民生的基本必需品，如食品、电力、燃料、自来水等适用低税率，使消费者的税负得以减轻。但能否真正使政策设计所针对的消费者从低税率中受益？是否会因低税率的实行导致增值税计算的复杂化以及增加偷税的可能性？采取财政补贴的办法效果是否会更好？对这些问题都需要加以认真分析和研究。有学者建议，像加拿大、爱尔兰、葡萄牙和英国一样，[5]对这类具有特殊意义的商品和劳务实行零税率更干脆、更彻底。

4. 零税率。零税率是指出口货物实行彻底退税。所谓彻底退税，是指将出口货物以前环节所纳的全部增值税退还给纳税人，使出口货物以不含税价格进入国际市场。目前，几乎所有实行增值税的国家，都对出口商品实行零税率。

---

〔1〕土耳其现行标准税率为18%，参见罗秦："趋向现代型的增值税最新发展：以OECD成员国为例"，载《国际税收》2017年第12期。

〔2〕杨萍等：《财政法新论》，法律出版社2000年版，第127页。

〔3〕罗秦："OECD成员国增值税最新发展及启示"，载《国际税收》2017年第3期。

〔4〕周华伟："OECD国家增值税改革的新趋势"，载《中国税务报》2018年12月5日，第7版。

〔5〕杨萍等：《财政法新论》，法律出版社2000年版，第128页。

世界上第一个实行零税率的国家是荷兰。实行零税率的目的在于使出口商品以不含税价格进入国际市场，参与国际竞争。从实行增值税制度国家的情况看，零税率的适用范围有扩大的趋势，不仅对出口商品和劳务，而且对那些政府认为能够体现政策意图的最基本的国内必需物品和劳务也实行零税率，如加拿大、爱尔兰、葡萄牙和英国等。但这种扩大范围的做法，引起了理论界的质疑。欧盟罗列了许多理由反对零税率的扩大适用，其中值得注意的观点是，这样虽然使最终消费者直接受益，但容易造成经济上的扭曲，侵蚀税基，增加其他商品和劳务的税负，加大退税管理费用。〔1〕

理论上比较普遍、一致的看法是，当税率档次增多时，税务机关和纳税人的涉税费用都会相应增加，而税收却不会因之而增加；由于设置不同的税率档次，就必须对商品和劳务进行严格、明确的划分和归类，投入更多的人力就不可避免；国家对一部分生活必需物品和劳务，如食品、电力、燃料、自来水、公共交通等适用低税率征税，远不如实行财政补贴的效果好；规定税收减免优惠容易产生攀比并可能造成资源配置扭曲，有可能引发偷税。由此可以推论：适用单一税率，尽量减少免税项目是增值税法在税率上的最佳选择；如果必须采用多档税率，也以尽可能少的档次为宜。在税法实践中，包括欧盟成员国在内的许多国家都认为，设置一个基本税率和一个低档税率，是增值税法得以实际有效推行的正确选择。实行单一税率只是一种理想，距离能够实际推行还有很长的路要走。

我国《增值税暂行条例》没有设置重税率，重税率的功能是通过消费税的征收来实现的。根据我国的《增值税暂行条例》的规定，增值税税率分为基本税率、低税率和零税率。随着“营改增”的全面推行，又增设了6%税率。现行增值税税率分为13%、9%、6%和0，其中，13%税率适用于纳税人销售货物，提供加工、修理修配劳务、有形动产租赁服务和进口货物。9%税率适用于销售交通运输、邮政、基础电信、建筑、不动产租赁服务，销售不动产，转让土地使用权以及销售和进口以下3类货物：①人民生活必需品，包括粮食、食用植物油、自来水、暖气、冷气、热水、煤气、石油液化气、天然气、二甲醚、沼气、居民用煤炭制品；②农业生产资料，包括饲料、化肥、农药、农机、农膜；③新闻出版和印刷业产品，包括图书、报纸、杂志、音像制品、电子出版物。6%税率适用于生活服务、现代服务、金融服务和销售无形资产。零税率适用于

〔1〕 杨萍等：《财政法新论》，法律出版社2000年版，第129页。

出口货物，国务院另有规定的除外。境内单位和个人跨境销售国务院规定范围内的服务、无形资产，税率为零。小规模纳税人实行简易计税，征收率为3%。

纳税人兼营不同税率或者征收率的项目，应当分别核算不同税率或者征收率项目的销售额；未分别核算销售额的，从高适用税率。

（五）计税原理

1. 一般计税方法应纳税额的计算。一般纳税人适用一般计税方法计税。关于一般纳税人应纳税额的计算，几乎所有实行增值税的国家均采用税额扣除法。税额扣除法，或称之为发票抵扣法，是计算应纳税额时先计算当期销项税额和当期进项税额，然后以当期销项税额减去当期进项税额。其计算公式为：

应纳税额＝当期销项税额－当期进项税额

当期销项税额小于当期进项税额不足抵扣时，其不足部分可结转下期继续抵扣。

（1）销项税额的计算。当期销项税额是当期实现的销售额与规定税率的乘积。其计算公式为：

当期销项税额＝当期销售额×税率

销售额的确定是影响当期销项税额，并进而影响应纳税额的关键因素。销售额是指纳税人发生应税交易取得的与之相关的对价，包括全部货币或者非货币形式的经济利益。销售额以人民币计算，纳税人以人民币以外的货币结算销售额的，应当折合成人民币计算。这里的销售额为不含税销售额，如果销售额中包含了销项税额，则应将含税销售额换算成不含税销售额。不含税销售额的计算公式为：

不含税销售额＝含税销售额÷（1＋增值税税率）。

视同销售一般不以资金的形式反映出来，因而会出现无销售额的情况。在此情况下，视同发生应税交易以及销售额为非货币形式的，主管税务机关有权按照市场公允价格确定销售额。

纳税人发生适用不同税率或者征收率的应税交易，应当分别核算适用不同税率或者征收率的销售额；未分别核算的，从高适用税率。纳税人兼营免税、减税项目的，应当单独核算免税、减税项目的销售额；未单独核算的，不得免税、减税。纳税人开具增值税专用发票后，发生开票有误或者销售折让、中止、退回等情形的，应当按照国家税务总局的规定开具红字增值税专用发票；未按照规定开具红字增值税专用发票的，不得扣减销项税额或者销售额。纳税人将价款和折扣额在同一张发票上分别注明的，以折扣后的价款为销售额；未在同一张发票上分别注明的，以价款为销售额，不得扣减折扣额。

国务院规定可以差额计算销售额的，从其规定。纳税人销售额明显偏低或者偏高且不具有合理商业目的的，税务机关有权按照合理的方法核定其销售额。不具有合理商业目的是指以谋取税收利益为主要目的，通过人为安排，减少、免除、推迟缴纳增值税税款，或者增加退还增值税税款，或者有销售行为而无销售额。主管税务机关应当按照以下顺序核定其销售额：

①按纳税人最近时期同类交易的平均销售价格确定。

②按其他纳税人最近时期同类交易的平均销售价格确定。

③按组成计税价格确定，其计算公式为：

组成计税价格＝成本×（1＋成本利润率）

若所销售的货物是应征消费税的货物，则组成计税价格应包括消费税在内。其计算公式为：

组成计税价格＝成本×（1＋成本利润率）÷（1－消费税税率）

或：　组成计税价格＝成本×（1＋成本利润率）＋消费税税额

上述公式中的成本为实际生产成本或实际采购成本；成本利润率由国家税务总局确定。

（2）进项税额的计算。当期进项税额，是指购进货物或接受服务所支付或负担的增值税额。依据增值税法规定，进项税额有些可以抵扣，有些不能抵扣。

依据我国增值税法的规定，可以抵扣的进项税额包括：①从销售方取得的增值税专用发票上注明的增值税额；②从海关取得的海关进口增值税专用缴款书上注明的增值税额；③购进农产品，除取得增值税专用发票或者海关进口增值税专用缴款书外，按照农产品收购发票或者销售发票上注明的农产品买价和9%的扣除率计算的进项税额；④自境外单位或个人购进服务、无形资产或者境内的不动产，从税务机关或扣缴义务人取得的代扣代缴税款的完税凭证上注明的增值税额。

关于固定资产的进项税额，各国增值税法处理不同，形成了增值税的三种类型：生产型增值税、收入型增值税和消费型增值税。在生产型增值税[1]下，在计算当期应纳增值税额时，购进固定资产所含的增值税税款不得作为进项扣

〔1〕实行生产型增值税，在计算增值税时，是以纳税人的全部销售收入扣除属于非固定资产的那部分生产资料的价款后的余额为计税依据的，即税基由固定资产的折旧、工资薪金、利息、租金、直接税和利润等项之和构成。这些项目之和实际上相当于国民生产总值（C＋V＋M）。

第六章

除；在收入型增值税[1]下，在计算当期应纳增值税额时，购进的固定资产可按当期折旧所含增值税税款做进项扣除；在消费型增值税[2]下，在计算当期应纳增值税额时，购进固定资产所含的增值税税款在购进当期一次性做进项扣除。上述增值税哪一种类型更合理、更科学呢？根据产品的总价值构成原理，产品的价值包含两大部分：一部分是补偿在生产中已经消耗掉的生产资料价值，另一部分是劳动者在生产过程中新创造的价值。折旧反映了固定资产类的生产资料的消耗，应该在新增加的价值中得到补偿，如果不从应税商品的销项税金中扣除固定资产折旧部分的进项税金，实际上等于固定资产在销售时又重复课征了一次增值税，由此引起产品成本的虚增。既限制了生产者投资的积极性，又不利于国际竞争。对固定资产的价值一次性全部扣除也是不合理的，这等于使未消耗的生产资料提前得到了补偿。按照上述原理，生产型增值税与消费型增值税是不够科学、不够规范的，收入型增值税是最合理的。实行增值税的国家，一般是根据本国的经济发展、财政和税制等因素来选择增值税的类型的。发达国家为了鼓励生产者投资，多采用收入型或消费型增值税，如经合组织国家均采用消费型增值税，发展中国家多采用生产型增值税。

2008 年 12 月 31 日之前，我国增值税法将固定资产的进项税额列在不允许抵扣的范畴，选择的是生产型增值税。2009 年 1 月 1 日起，增值税法将固定资产进项税额从不允许抵扣范畴中去掉，由过去的生产型增值税改为了消费型增值税。

依据增值税法，不得抵扣的进项税额包括：①用于简易计税方法计税项目、免征增值税项目、集体福利或者个人消费的购进货物、服务、无形资产和不动产对应的进项税额，其中涉及的固定资产、无形资产和不动产，仅指专用于上述项目的固定资产、无形资产和不动产；②非正常损失的购进货物，以及相关的劳务和交通运输服务对应的进项税额；③非正常损失的在产品、产成品所耗用的购进货物（不包括固定资产）、劳务和交通运输服务对应的进项税额；④国务院规定的其他进项税额。上述非正常损失是指因管理不善造成货物被盗、丢失、霉烂变质，以及因违反法律法规造成货物或者不动产被依法没收、销毁、

---

〔1〕 实行收入型的增值税，在计算增值税时，是以纳税人的全部销售收入扣除当期的固定资产折旧和非固定资产的那部分生产资料价款后的余额为计税依据的，即税基由工资薪金、利息、租金、直接税和利润等项之和构成。这些项目之和实际上相当于国民收入（V + M）。

〔2〕 实行消费型增值税，在计算增值税时，是以纳税人的全部销售收入一次性全部扣除固定资产的价值后的余额为计税依据的。这样计算的增值额实际上只包括消费资料的价值，而不包括固定资产的价值。

拆除的情形。

进项税额应当凭合法有效凭证抵扣。纳税人取得的增值税扣税凭证[1]资料不全的，其进项税额不得从销项税额中抵扣。不符合法律、行政法规或者国家税务总局有关规定的，其进项税额不得从销项税额中抵扣。

适用一般计税方法的纳税人，兼营简易计税方法计税项目、免征增值税项目而无法划分不得抵扣的进项税额的，按照下列公式计算不得抵扣的进项税额：

不得抵扣的进项税额＝当期无法划分的全部进项税额×（当期简易计税方法计税项目销售额＋免征增值税项目销售额）÷当期全部销售额

主管税务机关可以按照上述公式依据年度数据对不得抵扣的进项税额进行清算。

对于已抵扣进项税额后又发生了不得抵扣进项税额的情形的，区分不同情况作如下处理：①购进货物（不含固定资产、无形资产、不动产）、服务的，应当将该进项税额从当期进项税额中扣减；无法确定该进项税额的，按照当期实际成本计算应扣减的进项税额；②已抵扣进项税额的固定资产、无形资产，按照固定资产净值、无形资产净值[2]与适用税率的乘积计算不得抵扣的进项税额。③已抵扣进项税额的不动产，按照不动产净值率与已抵扣进项税额的乘积计算不得抵扣的进项税额。不动产净值率等于不动产净值与不动产原值之比。④对于因销售折让、中止或者退回而退还给购买方的增值税额，应当从当期的销项税额中扣减；因销售折让、中止或者退回而收回的增值税额，应当从当期的进项税额中扣减。⑤对于一般纳税人会计核算不健全，或者不能够提供准确税务资料的；应当办理一般纳税人资格登记而未办理的，应当按照销售额和增值税税率计算应纳税额，不得抵扣进项税额，也不得使用增值税专用发票。

2. 简易计税方法应纳税额的计算。小规模纳税人实行简易办法计税。其应纳税额按照销售额和规定的3%的征收率直接计算，不得抵扣进项税额。其计算公式为：

应纳税额＝销售额×征收率

纳税人因销售折让、中止或者退回而退还给购买方的销售额，应当从当期

〔1〕增值税扣税凭证是指增值税专用发票、海关进口增值税专用缴款书、农产品收购发票、农产品销售发票和完税凭证。纳税人凭完税凭证抵扣进项税额的，应当具备书面合同、付款证明和境外单位的对账单或者发票。

〔2〕固定资产、无形资产净值是指纳税人根据财务会计制度计提折旧或摊销后的余额。

销售额中扣减。扣减当期销售额后仍有余额造成多缴的税款，可以从以后的应纳税额中扣减。

一般纳税人发生国务院财政、税务主管部门规定的特定应税行为，也可以选择适用简易计税方法计税。纳税人按照国务院规定可以选择简易计税方法的，计税方法一经选择，36 个月内不得变更。

3. 进口货物应纳税额的计算。纳税人进口货物，按组成计税价格和规定的税率计算应纳税额，不得抵扣任何税额。其计算公式为：

应纳税额 = 组成计税价格 × 税率

如果进口的货物只缴纳增值税，则组成计税价格的公式为：

组成计税价格 = 关税完税价格 + 关税

如果进口的货物既缴纳增值税，又缴纳消费税，则组成计税价格的公式为：

组成计税价格 = 关税完税价格 + 关税 + 消费税

4. 扣缴计税方法应纳税额的计算。境外单位或者个人在境内发生应税行为，在境内未设有经营机构的，扣缴义务人按照下列公式计算应扣缴税额：

应扣缴税额 = 购买方支付的价款 ÷ （1 + 税率） × 税率

（六）免税

按照国际上的通行做法，增值税法一般不规定免税项目。如果属于必需的免税项目，也应考虑增值税的链条，规定在最终环节。对于中间环节的免税项目，实行先征后退。根据增值税原理，免税意味着纳税人对其经营的本环节的增值税不用缴纳，但对以前环节支付的增值税税款却不能抵扣。这样，在获得免税的环节不是最终消费环节的情况下，免税享有者的产品投入物中所负担的税金将会成为其产品的价格的组成部分，并且成为购进产品用以制造新产品的纳税人的成本。假设以该免税产品制造的产品也在增值税的征收范围，但由于其购进的物品是免税的，发票上也不会注明增值税税金，因而也不能要求扣税。这说明有一部分增值额存在重复征税问题。这一点与增值税原理格格不入。所以，增值税法要求免税范围尽量地小，项目也应尽可能地少，如欧盟规定的免税项目很少，主要是出口、邮政服务、教育卫生、慈善、金融服务。世界各国规定的免税项目基本上集中在医疗服务、教育事业、租用房屋和金融服务业 4 个类别上。[1]

第二编

---

〔1〕 杨萍等：《财政法新论》，法律出版社 2000 年版，第 130 ~ 131 页。

我国增值税法中免税[1]项目主要包括：农业生产者销售的自产农业产品；避孕药品和用具；古旧图书；直接用于科学研究、科学实验和教学的进口仪器、设备；外国政府、国际组织无偿援助的进口物资和设备；由残疾人组织直接进口供残疾人专用的物品；自然人销售自己使用过的物品（不包括游艇、摩托车、汽车）；托儿所、幼儿园、养老院、残疾人福利机构提供的育养服务，婚姻介绍，殡葬服务；残疾人员个人提供的服务；医院、诊所和其他医疗机构提供的医疗服务；学校和其他教育机构提供的教育服务，学生勤工俭学提供的服务；农业机耕、排灌、病虫害防治、植物保护、农牧保险以及相关技术培训业务，家禽、牲畜、水生动物的配种和疾病防治；纪念馆、博物馆、文化馆、文物保护单位管理机构、美术馆、展览馆、书画院、图书馆举办文化活动的门票收入，宗教场所举办文化、宗教活动的门票收入；境内保险机构为出口货物提供的保险产品。

为了照顾销售额低的纳税人，增值税法规定了起征点[2]。纳税人未达到起征点的，免征增值税。

（七）纳税义务发生的时间、纳税期限及纳税申报期限

增值税纳税义务发生的时间，从整体上看，可以概括为两种情况：一是销售货物或提供服务；二是进口货物。销售货物或提供服务的，通常情况下其纳税义务发生时间为收讫销售款或者取得索取销售款凭据的当天。[3]先开具发票的，为开具发票的当天；提供建筑服务、租赁服务采取预收款方式的，为收到预收款的当天；从事金融商品转让的，为金融商品所有权转移的当天；发生服务、无形资产、不动产视同销售情形的，为服务、无形资产转让完成的当天或者不动产权属变更的当天。增值税扣缴义务发生时间为纳税人增值税纳税义务发生的当天。进口货物的纳税义务发生时间，为报关进口的当天。

---

〔1〕营业税改征增值税的纳税人发生应税行为适用免税规定的，可以放弃免税，依照增值税法的规定缴纳增值税。放弃免税后，36个月内不得再申请免税。并且，纳税人发生应税行为同时适用免税和零税率规定的，纳税人可以选择适用免税或者零税率。

〔2〕《增值税法（征求意见稿）》规定的起征点为季销售额30万元。

〔3〕增值税纳税义务发生时间根据销售结算方式的不同确定，具体为：①采取直接收款方式销售货物的，不论货物是否发出，均为收到销售额或取得索取销售额的凭据的当天。②采取托收承付和委托银行收款方式销售货物的，为发出货物并办妥托收手续的当天。③采取赊销和分期付款销售货物的，为按合同约定的收款日期的当天。④采取预收货款方式销售货物的，为货物发出的当天。⑤委托其他纳税人代销货物的，为收到代销单位销售的代销清单的当天或者收到全部或部分货款的当天。⑥销售服务的，为销售服务同时收讫销售额或取得索取销售额凭据的当天。⑦纳税人发生按税法规定视同销售货物行为的，为货物移送的当天。

增值税的纳税期限，由税务机关根据纳税人应纳税额的大小，分别核定为10日、15日、1个月、1个季度或者半年。纳税人不能按固定期限纳税的，可以按照每次取得的销售收入计算纳税。

纳税人以1个月、1个季度或者半年为一期缴纳增值税的，应当从期满之日起15日内申报纳税；以10日或者15日为一期纳税的，应当从期满之日起5日内预缴税款，于次月1日起15日以内申报纳税，并结清上月应纳税额。扣缴义务人解缴税款期限，按上述规定执行。

纳税人进口货物，应当从海关填发海关进口增值税专用缴税书之日起15日内缴纳税款。

（八）纳税地点

增值税纳税地点具体规定如下：

1. 固定业户的纳税地点。固定业户应当向其机构所在地的主管税务机关申报缴纳增值税。

总机构和分支机构不在同一县（市）的，应当分别向各自所在地主管税务机关申报纳税；经国务院财政、税务部门或者其授权的财政、税务机关批准，可以由总机构汇总向总机构所在地主管税务机关申报纳税。固定业户到外县（市）销售货物或提供劳务的，应当向其机构所在地的税务机关报告外出经营事项，并向其机构所在地的税务机关申报纳税。未报告的，应当向销售地或劳务发生地的税务机关申报纳税；未向销售地或者劳务发生地的税务机关申报纳税的，由其机构所在地的税务机关补征税款。

2. 非固定业户的纳税地点。非固定业户应当向销售地或劳务发生地的主管税务机关申报纳税。未向销售地或劳务发生地的主管税务机关申报纳税的，则由其机构所在地或者居住地主管税务机关补征税款。

3. 自然人提供建筑服务，销售或者租赁不动产，转让自然资源使用权，应向建筑服务发生地、不动产所在地、自然资源所在地主管税务机关申报纳税。

4. 进口货物的纳税地点。进口货物应当向报关地海关申报缴纳增值税。

扣缴义务人应当向其机构所在地或者居住地的主管税务机关申报缴纳扣缴的税款。

（九）出口退税

纳税人出口适用税率为零的货物，向海关办理出口手续后，可以凭出口报关单等有关凭证，在规定的出口退税申报期内按月向税务机关申报办理该项出口货物的退税。出口货物办理退税后发生退货或者退关的，纳税人应当依法补缴已退的税款。

出口退税的方法主要有两种：①“免、抵、退”。“免、抵、退”主要适用于自营或者委托出口自产货物的生产企业。其中，“免”是指对生产企业自营出口或委托外贸企业代理出口的自产货物，免征本企业生产销售环节增值税；“抵”是指生产企业自营出口或委托外贸企业代理出口的自产货物所耗用的原材料、零部件、燃料、动力等所含的应予退还的进项税额，抵顶内销货物的应纳税额；“退”是指生产企业自营出口或委托外贸企业代理出口的自产货物在当月内未抵扣完的进项税额部分，经过主管税务机关批准，可以予以退还。②“先征后退”。“先征后退”主要适用于收购货物出口的外（工）贸企业。出口企业将出口货物单独设账核算的，就可以依据出口企业购进出口货物的收购成本和出口退税率计算其应退税额。这种方法是对购进的出口货物先缴税，然后再纳入国家出口退税计划审批退税，故称为“先征后退”。

第二节 消费税法

一、消费税法概述

（一）消费税的概念

消费税是以消费品或消费行为的销售收入额或经营额为征税对象的一种税。

消费税源远流长，在许多国家的税收史上都曾占据重要地位。消费税源于货物税，对于消费税，长期存在不同理解，理论界一般将消费税区分为一般消费税与特别消费税，一般消费税是对所有消费品征税，其中以消费者实际消费支出额为计税依据的是直接消费税，以消费品的流转额为计税依据的是间接消费税，一般消费税是各国普遍开征的税种，只是在称谓（如增值税、周转税、销售税、消费税等）上不同而已；特别消费税是对特定的、限制性消费品征税，范围较窄。我国开征的冠以“消费税”称谓的税属于特别消费税，本节所介绍的仅限于特别消费税。

早在古罗马时期，由于农业、手工业的发展，城市的兴起和商业的繁荣，相继开征了盐税、酒税等产品税，这是消费税的原型。随着商品货币经济的发展，消费税的征税范围不断扩大，到资本主义初期，达到了鼎盛阶段，成为政府财政收入的支柱。20 世纪初，消费税的支柱地位被所得税取代，但依然是一个重要的税种，根据 20 世纪末荷兰克劳森教授搜集的 129 个国家的税收资料，没有开征消费税的国家不到10个。[1]在我国，消费税是一个既古老又崭新的税种。说其古老，是因为在春秋战国时期就开征过“关市之赋”“山泽之赋”，随后又征收过盐税、茶税、酒税等；说其崭新，是因为直到1994年税制改革，我国才首次正式使用“消费税”这一名称，并持续性征收，在此之前，1950年1月开征的特种消费行为税，征税范围仅限于电影戏剧及娱乐、舞厅、筵席、冷食、旅馆等消费行为，1953年修订税制时，又将其取消；1989年2月1日开征的特别消费税，征税范围为彩色电视机和小轿车，意在解决生产、流通领域彩色电视机、小轿车的供求矛盾，倒买倒卖牟取暴利问题，随着彩电市场供求状况的改善，1992年4月取消了彩色电视机特别消费税。消费税自1994年开征以来，主要着眼于其调控功能，经历了几次重大的制度调整，包括2006年消费税制度改革，2008年成品油税费改革，2014年以来进行的征税范围、税率、征税环节数次[2]调整的新一轮消费税改革。消费税将向着扩大征税范围、调节税率结构、调整征收环节三大方向继续深化改革，其中，扩大征税范围，包括扩大对“高耗能、高污染、资源性产品”的征收范围（如塑料袋、农药和破坏臭氧层的电子产品等资源型产品），以及扩大对高档消费品和消费行为的征收范围；调节税率结构，趋向是减免日用化妆品消费税，上调高档消费品税率，对政府进行税率调整的有限授权；调整征收环节，意在将消费税的征税由主要在生产环节后移至批发或零售环节，并稳步下划地方，平衡其原始的财政功能与变迁后的调控功能，消费税的改革与立法将是同步稳妥推进的。

（二）消费税的特征

消费税是世界各国广泛征收的税种，具有以下特征：

1. 选择性征收。从征收范围上讲，世界各国的消费税可以分为两类：选择性征收和非选择性征收。目前，绝大部分国家实行选择性征收，即在众多的消费品或消费行为中只选择部分消费品或消费行为征税。只有少数国家在法律上规定对所有的消费品或消费行为征税，但同时又对若干消费品或消费行为规定了免税，实质上仍然属于选择性征收。选择部分消费品征税，可以起到限制某

---

〔1〕 参见杨萍等：《财政法新论》，法律出版社2000年版，第134～135页。

〔2〕 2014年以来，消费税共计进行了6次改革，具体是：2014年11月29日起成品油单位税额数次调整；2014年12月1起取消汽车轮胎、酒精等税目的消费税；2015年5月10日起，将卷烟批发环节从价税税率由5%提高至11%，并按0.005元/支加征从量税；2015年2月1日起对电池和涂料征收消费税，税率为4%；2016年10月1日起将化妆品消费税的征收对象调整为高档化妆品，税率从30%降至15%，普通化妆品不再征收消费税；2016年12月1日起对销售价格在130万元以上的超豪华小汽车在零售环节加征10%的消费税。

些消费品的生产与消费并缓解这些消费品的供需矛盾的作用，从这个特征上讲，消费税具有“寓禁于征”的功能。

2. 单环节课征。单环节课征是指消费税是在消费品从生产到最终消费整个过程中的某一个环节征收。这与增值税的多环节征税形成了鲜明的对比，多环节征税体现了增值税普遍调节的特征；单环节征税体现了消费税个别调节的特征。我国现行消费税除个别消费品（如卷烟、超豪华小汽车）外，都是单环节课税。

3. 税率、税额的差别性。由于消费税所选择的应税项目的种类、档次、结构、功能，以及市场供求状况、价格、消费水平等都不同，因而，不同消费品适用高低不等的税率或税额，以体现消费税个别调节的特性。

4. 税负转嫁性。不论消费税是在哪一个环节征收，消费品中所含的消费税最终都可通过消费品的交易转嫁到消费者身上。关于消费税的转嫁形式，不同国家的规定不同。如美国、日本等国家规定价、税明列，这样，消费者在购买应税消费品时，可以清楚地意识到是否由自己负担和负担了多少消费税；而包括我国在内的有些国家采用的是隐蔽形式，即在发票上不要求注明消费税，消费者购买应税消费品，在支付价格的同时，不知不觉地也支付了“看不见的消费税”。

（三）消费税法的概念及其发展历程

消费税法是国家制定的调整和确认在消费税的税务活动中征税主体与纳税主体之间形成的社会关系的法律规范的总称。

我国消费税法始于1950年。1950年1月30日，政务院决定统一全国税政，并颁发了《全国税政实施要则》，全国暂定统一征收14种税，其中就有特种消费行为税（筵席、娱乐、冷食、旅店）。1951年1月16日，政务院公布实施《特种消费行为税暂行条例》，确定特种消费行为税的征税范围包括电影戏剧及娱乐、舞厅、筵席、冷食、旅馆等5个税目，这是新中国最早的消费税法规。1953年工商税制修正，特种消费行为税的征税项目部分并入营业税，部分改征文化娱乐税后，《特种消费行为税暂行条例》停止适用。此后很长一段时间内，由于商品税在总体上日益萎缩，消费税未能以独立税种形式存在，自然也不会有相应消费税的法律规范。

1988年，中国生产、流通领域出现了彩色电视机、小轿车等商品供不应求，市场秩序混乱，非法牟利现象，为调节消费，1989年1月25日国务院发布《关于对彩色电视机实行专营管理的紧急通知》（以下简称《紧急通知》，此文件已于2011年9月8日宣布失效），规定从2月1日起征收彩色电视机特别消费税，国家税务局根据《紧急通知》颁布了《关于对彩色电视机征收特别消费税的若干具体问题的规定》；1989年4月1日国家税务局又根据国务院《关于加强小轿车销售管理和征收特别消费税的决定》，经财政部审查同意，并报经国务院批准，发布了《关于对小轿车征收特别消费税有关问题的规定》，自1989年2月1日起对小轿车征收特别消费税。1992年4月对彩电征收的特别消费税取消后，小轿车的特别消费税继续征收。随着经济的迅速发展以及消费水平的提高，如何发挥消费税的筹集财政收入、调节经济运行和引导社会消费等作用的问题，日渐受到重视，在这样一种需求和背景下，国务院于1993年12月13日颁布了《消费税暂行条例》，财政部于1993年12月25日发布了《消费税暂行条例实施细则》，自1994年1月1日起，对11种需要限制或调节的消费品开征了消费税，并授权国务院对消费税的税目、税率进行调整，《关于对小轿车征收特别消费税有关问题的规定》同时废止。2006年3月21日，财政部、国家税务总局按照中央关于"完善消费税，适当扩大税基"的要求，经国务院批准，联合发布了《关于调整和完善消费税政策的通知》，从当年4月1日起，对消费税的税目、税率等进行调整，新增了高尔夫球及球具、高档手表、游艇、木制一次性筷子、实木地板税目，取消汽油、柴油税目、增列成品油税目，取消护肤护发品税目，调整了白酒、小汽车、摩托车、汽车轮胎等税目的税负水平。为配合增值税转型改革，将1994年以来消费税的调整内容更新到新修订的《消费税暂行条例》中，2008年11月10日国务院对《消费税暂行条例》进行修订后重新发布，2008年12月15日，财政部、国家税务总局联合发布新的《消费税暂行条例实施细则》，自2009年1月1日起施行。

新条例实施以来，对消费税制度又进行了数次调整，具体是：①经国务院批准，财政部、国家税务总局于2009年5月26日发布《关于调整烟产品消费税政策的通知》，自2009年5月1日起对卷烟增加批发环节消费税，并提高生产环节卷烟的比例税率。②经国务院批准，财政部、国家税务总局于2014年11月28日发布《关于提高成品油消费税的通知》，调高成品油单位税额，自2014年11月29日起执行；此后不久，财政部、国家税务总局于2014年12月12日发布《关于进一步提高成品油消费税的通知》，自2014年12月13日起再次调高成品油单位税额；2015年1月12日，财政部、国家税务总局发布《关于继续提高成品油消费税的通知》，自2015年1月13日起又一次调高成品油单位税额。短短45天先后三次提高成品油消费税单位税额，除第一次外，后两次并未经国务院批准。③经国务院批准，财政部、国家税务总局于2014年11月25日发布《关于调整消费税政策的通知》，自2014年12月1起，取消气缸容量250毫升（不含）以下的小排量摩托车消费税、取消汽车轮胎税目、取消酒精消费税、取消车用含铅汽油消费税。④经国务院批准，财政部、国家税务总局于2015年1月26日发布《关于对电池、涂料征收消费税的通知》，自2015年2月1日起对电池、涂料征收消费税。⑤经国务院批准，财政部、国家税务总局于2015年5月7日发布《关于调整卷烟消费税的通知》，自2015年5月10日起，将卷烟批发环节从价税税率由5%提高至11%，并按0.005元/支加征从量税；⑥经国务院批准，财政部、国家税务总局于2016年9月30日发布《关于调整化妆品消费税政策的通知》《关于调整化妆品进口环节消费税的通知》，自2016年10月1日起将化妆品消费税的征收对象调整为高档化妆品，税率从30%降至15%，普通化妆品不再征收消费税。⑦经国务院批准，财政部、国家税务总局于2016年11月30日发布《关于对超豪华小汽车加征消费税有关事项的通知》，自2016年12月1日起对销售价格在130万元以上的超豪华小汽车在零售环节加征10%的消费税。消费税在持续改革的同时，立法相伴而行，也在稳步推进，2018年9月7日公布的第十三届全国人大常委会立法规划，制定《消费税法》被列入第一类项目，由国务院牵头起草。2019年12月3日，财政部、国家税务总局公布《中华人民共和国消费税法（征求意见稿）》，向社会公开征求意见。消费税立法与其他税收立法一样要求具有稳定性，同时，消费税是调节税种，对生产和消费行为具有重要调节职能，需要根据经济形势和产业政策适时调整，还应当具有一定的灵活性。为此，消费税法需要设置授权性条款，授权国务院根据调控需要相机调整；需要设置衔接性条款，授权国务院组织开展相关的试点。是故，消费税立法需要平衡法律的确定性与立法的灵活性，衔接好改革与立法的关系。消费税实现由规升法之日，将是未来消费税依法改革的开始，而不是结束。

二、消费税法的基本内容

（一）纳税人

消费税的纳税人为在中国境内销售、委托加工和进口消费税法规定的应税消费品的单位和个人。这里的销售应税消费品包括在生产、批发或者零售环节销售应税消费品。纳税人自用未对外销售的应税消费品，也应当依法缴纳消费税。

（二）征税范围

从课征范围角度看，世界各国的消费税可以概括为三种类型：有限型消费税、中间型消费税和延伸型消费税。

有限型消费税的课征范围主要限于一些传统消费品，如烟草制品，包括未加工的烟叶、雪茄烟、香烟、烟丝和鼻烟等；酒精饮料，包括啤酒、果酒、烈酒和甜酒等；石油制品，包括原油、煤油、润滑油、燃料油和酒精制剂等；机动车辆，包括机动车牌照、登记、转让、车辆、轮船和通行费等；各种形式的娱乐活动，包括娱乐场入场费、夜总会、酒吧间、剧场、体育比赛、俱乐部收费、养狗许可证、赌博、跑马赛和彩票等；食物制品，包括糖类、饮料以及其他食品饮料。概括起来，有限型消费税的课征范围不会超过 10～15 种类别。需要说明的是，实行有限型消费税国家的消费税的课征范围并非完全相同，如中国消费税法规定，消费税的课征范围主要包括烟、酒、高档化妆品、贵重首饰及珠宝玉石、鞭炮烟火、成品油、摩托车和小汽车等 15 类产品。实行消费税制度的国家中，采用有限型消费税的国家是最多的，如美国、英国、新西兰、卢森堡、瑞士、奥地利以及南美许多国家，约占实行消费税国家的数量的 50% 以上。

中间型消费税的课征范围介于有限型消费税与延伸型消费税之间，一般在 15～30 种类别之间。它除了有限型消费税所涉及的课征范围以外，还包括更多的食物制品，如牛奶和谷物制品等；更为广泛的消费品，包括纺织品、鞋类、火柴、肥皂、清洁剂、刀叉餐具、玻璃制品、家具、药品等；奢侈品，包括化妆品、香水、珠宝和皮毛等；另外还有一些劳务，包括保险、金融、运输、公共设施等。在实行消费税的国家中，采用中间型消费税的国家的数量仅次于采用有限型消费税的国家的数量，采用中间型消费税的国家主要有法国、德国、瑞典、西班牙、丹麦等，约占实行消费税国家的数量的 30% 左右。

延伸型消费税的课征范围最为广泛，一般超过 30 种类别。它在中间型消费税征收范围的基础上，还包括更多的奢侈品，如收音机、空调器、电视机、冰箱、音响、摄影器材、电器设备等；也包括一些非生产性消费资料，如铝制品、塑料、树脂、橡胶制品、木料、电缆、电池等。“在实行消费税的国家中，采用延伸型消费税的最少，主要有意大利、日本、韩国、以色列等，约占实行消费税国家的数量的 20% 左右。”〔1〕

---

〔1〕 王传纶、王平武主编：《中国新税制业务全书》，中国金融出版社 1994 年版，第 257～258 页。

我国属于有限型消费税，具体包括4大类：①过度消费会对人类健康、社会秩序、生态环境等方面造成危害的消费品，包括烟、酒、鞭炮烟火、实木地板、木制一次性筷子、电池、涂料；②奢侈品和非生活必需品，包括贵重首饰及珠宝玉石、高档化妆品、游艇、高尔夫球及球具、高档手表；③高能耗及高档消费品，包括小汽车、摩托车；④不能再生和不可替代的石油类消费品，包括成品油。消费税扩围已达成共识，高耗能、高污染和部分高档消费品及服务将纳入消费税征税范围，同时一些不适合继续征收消费税的产品也将从征税产品中剔除，届时，我国消费税有望由有限型消费税过渡到中间型消费税。

（三）税率

实行消费税的国家，一般采用比率税率和定额税率两种形式，有些国家采用比率税率、定额税率和比例税率兼定额税率的复合税率三种形式。我国1994年开征消费税时采用比例税率和定额税率，2001年改用比例税率、定额税率和比例税率兼定额税率的复合税率三种形式。

我国消费税法共设置了15个税目，21个子目，对于价格差异不大、计量单位规范的消费品，选择计税方便的定额税率，如黄酒、啤酒、成品油；对于价格差异较大、计量单位不规范的消费品，选择价税联动的比例税率，如高档化妆品、贵重首饰、小汽车、摩托车；对于价格差异较大又可以进行标准计量的消费品，采用比例税率兼定额税率的复合税率，如白酒和甲类、乙类卷烟。

纳税人兼营不同税率的应税消费品的，应当分别核算不同税率应税消费品的销售额、销售量。未分别核算销售额、销售量的，或者将不同税率的应税消费品组成成套消费品销售的，从高适用税率。

与其他税种比较而言，消费税的税率档次更多，差异更大，也更为复杂。由于消费税法授权国务院根据宏观调控需要，调整消费税的税率，报全国人民代表大会常务委员会备案。故而，本节不对消费税税率具体加以介绍。

（四）计税原理

消费税应纳税额的计算方法可以分为三种：从价计税、从量计税、从价和从量复合计税（以下简称复合计税）。

1. 生产、销售应税消费品应纳税额的计算。

（1）从价计税。从价计征是按照应税消费品或服务的价格和规定的税率计算应纳消费税额。其计算公式为：

$$应纳税额 = 销售额 \times 比例税率$$

（2）从量计税。从量计税是以应税消费品销售数量和规定的定额税率计算应纳消费税额。其计算公式为：

应纳税额 = 销售数量 × 定额税率

（3）复合计税。复合计税是指从价计税与从量计税同时使用。其计算公式为：

应纳税额 = 销售额 × 比例税率 + 销售数量 × 定额税率

上述销售额是指纳税人销售应税消费品取得的与之相关的对价，包括全部货币或者非货币形式的经济利益。纳税人销售的应税消费品，以人民币计算销售额；纳税人以人民币以外的货币结算销售额的，应当折合成人民币计算。

2. 自用应税消费品应纳税额的计算。

纳税人自用的应税消费品，按照纳税人的同类消费品的销售价格计算纳税；没有同类消费品销售价格的，按照组成计税价格计算纳税。

实行从价计税办法计算纳税的组成计税价格与应纳税额计算公式为：

组成计税价格 =（成本 + 利润）÷（1 – 比例税率）

应纳税额 = 组成计税价格 × 比例税率

实行复合计税办法计算纳税的组成计税价格与应纳税额计算公式为：

组成计税价格 =（成本 + 利润 + 自用数量 × 定额税率）÷（1 – 比例税率）

应纳税额 = 组成计税价格 × 比例税率 + 自用数量 × 定额税率

上述成本为应税消费品的产品生产成本；利润为应税消费品的全国平均成本利润率计算的利润，应税消费品的全国平均成本利润率由国家税务总局确定；自用数量为应税消费品的移送使用数量。

3. 委托加工应税消费品应纳税额的计算。纳税人委托加工的应税消费品，按照受托方的同类消费品的销售价格计算纳税；没有同类消费品销售价格的，按照组成计税价格计算纳税。

实行从价计税办法计算纳税的组成计税价格与应纳税额计算公式为：

组成计税价格 =（材料成本 + 加工费）÷（1 – 比例税率）

应纳税额 = 组成计税价格 × 比例税率

实行复合计税办法计算纳税的组成计税价格与应纳税额计算公式为：

组成计税价格 =（材料成本 + 加工费 + 委托加工数量 × 定额税率）÷（1 – 比例税率）

应纳税额 = 组成计税价格 × 比例税率 + 委托加工数量 × 定额税率

上述材料成本为委托方所提供加工材料的实际成本，委托加工应税消费品的纳税人必须在委托加工合同上如实注明材料成本，凡未提供材料成本的，受托方税务机关有权核定其材料成本；加工费为受托加工应税消费品向委托方所收取的全部费用（包括代垫辅助材料的实际成本），不包括增值税税额；委托加工数量为纳税人收回的应税消费品数量。

4. 进口应税消费品应纳税额的计算。纳税人进口的应税消费品，按照组成计税价格计算纳税。

实行从价计税办法计算纳税的组成计税价格与应纳税额计算公式为：

组成计税价格 =（关税完税价格 + 关税）÷（1 - 消费税比例税率）

应纳税额 = 组成计税价格 × 比例税率

实行复合计税办法计算纳税的组成计税价格与应纳税额计算公式为：

组成计税价格 =（关税完税价格 + 关税 + 进口数量 × 消费税定额税率）÷（1 - 消费税比例税率）

应纳税额 = 组成计税价格 × 比例税率 + 进口数量 × 定额税率

上述关税完税价格为海关核定的关税计税价格，进口数量为海关核定的应税消费品进口征税数量。

消费税计税时纳税人申报的应税消费品的计税价格和数量明显偏低且不具有合理商业目的的，税务机关、海关有权核定其计税价格和数量。

（五）已纳消费税的抵扣

1. 委托加工收回的应税消费品已纳税款的抵扣。委托加工收回的应税消费品，委托方用于连续生产应税消费品的，所纳消费税税款准予按规定抵扣。准予抵扣已纳消费税的计算公式为：

当期准予抵扣的委托加工应税消费品已纳税款 = 期初库存的委托加工应税消费品已纳税款 + 当期收回的委托加工应税消费品已纳税款 - 期末库存的委托加工应税消费品已纳税款

2. 外购应税消费品已纳税款的抵扣。外购的应税消费品用于连续生产应税消费品的，符合下列情形的所纳消费税税款准予按规定抵扣：①烟丝生产卷烟的；②鞭炮、焰火生产鞭炮、焰火的；③杆头、杆身和握把生产高尔夫球杆的；④木制一次性筷子生产木制一次性筷子的；⑤实木地板生产实木地板的；⑥石脑油、燃料油生产成品油的；⑦汽油、柴油、润滑油分别生产汽油、柴油、润滑油的；⑧集团内部企业间用啤酒液生产啤酒的；⑨葡萄酒生产葡萄酒的；⑩高档化妆品生产高档化妆品的。

除第⑥、⑦、⑧项外，上述准予抵扣的情形仅限于进口或从同税目纳税人购进的应税消费品。准予抵扣外购应税消费品已纳消费税的计算公式为：

当期准予抵扣的外购应税消费品已纳税款=当期准予扣除的外购应税消费品买价×外购应税消费品适用税率

当期准予扣除的外购应税消费品买价=期初库存的外购应税消费品的买价+当期购进的应税消费品的买价－期末库存的外购应税消费品的买价

外购已税消费品的买价为购货发票上注明的销售额（不包括增值税税款）。纳税人应凭合法有效凭证抵扣消费税。

（六）免税

为了鼓励出口，实行消费税的国家一般对出口应税消费品都实行免税，但是，国家限制出口的产品除外。免税的办法可以实行先征后退或在征税环节免征。

依据我国消费税法，除出口消费品免税外，纳税人自用的应税消费品，用于连续生产应税消费品的，不纳税。此外，消费税法规定：国务院可以根据国民经济和社会发展需要规定免征或减征消费税，但须报全国人民代表大会常务委员会备案。

（七）纳税义务发生的时间、纳税期限及纳税申报期限

1. 纳税义务发生的时间。消费税纳税义务发生时间，依据销售、自用、委托加工、进口行为发生时间分别确定，分别是：

（1）纳税人销售应税消费品的，纳税义务发生时间为收讫销售款项或者取得索取销售款项凭据的当天；先开具发票的，为开具发票的当天。

（2）纳税人委托加工应税消费品的，除受托方为个人外，由受托方在向委托方交货时代收代缴税款，纳税义务发生时间为受托方向委托方交货的当天。

（3）纳税人未对外销售，自用应税消费品的，纳税义务发生时间为移送货物的当天。

（4）纳税人进口应税消费品，纳税义务发生时间为进入关境的当天。

2. 纳税期限及纳税申报期限。消费税的纳税期间分别为10日、15日、1个月、1个季度或者半年。纳税人的具体纳税期间，由主管税务机关根据纳税人应纳税额的大小分别核定；不能按照固定纳税期间纳税的，可以按次纳税。

纳税人以1个月、1个季度或者半年为一个纳税期间的，自期满之日起15日内申报纳税；以10日或者15日为一个纳税期间的，自期满之日起5日内预缴税款，于次月1日起15日内申报纳税并结清上月应纳税款。

扣缴义务人解缴税款的计税期间和申报期限，依照上述规定执行。

纳税人进口应税消费品，应当自海关填发海关进口消费税专用缴款书之日

起15日内缴纳税款。

(八) 纳税地点

纳税人销售以及自用应税消费品的，除国务院财政、税务主管部门另有规定外，均应在纳税人机构所在地或者居住地主管税务机关缴纳消费税税款；委托加工应税消费品的，除受托方为个人外，由受托方向机构所在地主管税务机关解缴消费税税款；进口应税消费品的，由进口人或其代理人向报关地海关缴纳消费税税款。

纳税人的总机构与分支机构不在同一县（市）的，应当在各自机构所在地缴纳消费税税款。经过财政部、国家税务总局或者其授权的财政、税务机关批准，纳税人分支机构应纳的消费税税款也可以由总机构汇总向总机构所在地的税务机关缴纳。纳税人委托个体经营者加工的应税消费品，一律由委托方向其机构所在地或者居住地主管税务机关申报缴纳消费税税款。

(九) 纳税环节

实行消费税的国家，大多将消费税纳税环节确定在生产环节或进口环节，有些国家将某些应税消费品的纳税环节确定在零售环节。我国现行消费税法的纳税环节具体为：纳税人生产应税消费品，于出厂销售环节纳税；金银首饰在零售环节纳税；自用的应税消费品用于非生产方面的，于移送使用环节纳税；委托加工的应税消费品，由受托方在委托方交货环节代收代缴；进口应税消费品，于进口报关环节纳税。另外，甲类卷烟、乙类卷烟在批发环节加征一道消费税；超豪华小汽车在零售环节加征一道消费税。

■第三节　城市维护建设税法

一、城市维护建设税法概述

(一) 城市维护建设税的概念

城市维护建设税是以纳税人实际缴纳的增值税、消费税税额为计税依据所征收的一种税。

1979年以前，我国用于城市维护和建设需要的资金由当时的工商税附加、城市公用事业附加、国拨城市维护费组成，称为“三项费用”。由于历史原因，我国城市维护建设方面资金欠账太多，致使城市维护建设落后于经济发展。1979年国家开始在部分大中城市试行从上年工商利润中提取5%用于城市维护建设的办法，但未能从根本上解决问题。1981 年国务院批转财政部关于改革工商税制的设想时提出：“根据城市建设的需要，开征城市建设税，作为县以上城市和工矿区市政建设的专项资金。这项税收开征后，大中城市不再从工商利润中提取 5% 的城市维护建设费，国家财政也不再拨给城市维护费。” 1985 年城市维护建设税开始征收，城市维护建设税具有受益税性质，征收的税款专款专用，用来保证城市的公共事业和公共设施的维护和建设。随着预算管理制度改革深化，自 2016 年起，城市维护建设税收入已由预算统筹安排，不再指定专项用途。[1]

城市维护建设税的开征，在一定程度上缓解了城市维护建设方面的资金紧张状况，但随着经济的发展和税法的逐渐完善，城市维护建设税的弊端日渐明显，税负不公平尤为突出。这表现在：①城市维护建设税以附加形式先是根据 1984 年税制改革后形成的产品税、增值税、营业税的税额计算征收，后又在 1994 年税制改革后，改为根据增值税、消费税和营业税的税额计算征收，随着全面推行营业税改征增值税，2016 年 5 月 1 日起，城市维护建设税又改为根据增值税、消费税的税额计算征收。这些税的税率差别大，由此造成产业结构不同的城市，城市维护建设税负担相差甚远，同时，由于增值税、消费税的间接税性质，也造成城市维护建设税的负担者与受益者相脱节。②城市维护建设税开征时确定以产品税、增值税、营业税的税额计算征收，涉外纳税人当时由于缴纳工商统一税，因此无法对其征收城市维护建设税。③城市维护建设税中也有来源于乡、镇的，同时，这些收入也用于乡、镇的维护建设，显然，“城市维护建设税”在一定程度上名不副实，我们认为，城市维护建设税应当实至名归，改为“城乡维护建设税”。由于落实税收法定，城市维护建设税属于税制平移的税种，立法名称上未作改变，本书遵从立法，使用立法名称。

（二）城市维护建设税的特征

城市维护建设税具有下特征：

1. 属于附加税。城市维护建设税没有独立的征税对象，以增值税、消费税税额为计税依据，与增值税、消费税同时征收。

2. 征收范围较广。城市维护建设税依附于增值税、消费税，只要缴纳增值税、消费税就要缴纳城市维护建设税。除了减免税等特殊情况以外，从事生产

---

〔1〕 参见刘昆：“关于《中华人民共和国城市维护建设税法（草案）》的说明”，载 http//：www. npc. gov. cn，最后访问时间：2020 年 10 月 29 日。

经营活动的单位和个人都要缴纳城市维护建设税。

3. 实行分区域的差别税率。城市维护建设税根据城市维护建设资金的不同层次需要，按纳税人所在城市、县城或镇等不同的行政区域，分别规定不同的比例税率。

（三）城市维护建设税法的概念及其发展历程

城市维护建设税法是国家制定的调整和确认在城市维护建设税的税务活动中征纳主体与相关主体之间形成的社会关系的法律规范的总称。

国家为扩大和稳定城市维护建设资金的来源，加强城市维护建设，1985 年 2 月 8 日，国务院发布《中华人民共和国城市维护建设税暂行条例》（以下简称《城市维护建设税暂行条例》），对单位和个人以其缴纳的产品税、增值税、营业税税款为依据，征收城市维护建设税。1994 年税制改革后，产品税已不复存在，2011 年 1 月 8 日修订了《中华人民共和国城市维护建设税暂行条例》（以下简称《城市维护建设税法》），将产品税修改为消费税，实现了征税实际状况与法律规定的一致。2020 年 8 月 11 日第十三届全国人民代表大会常务委员会第二十一次会议通过了《中华人民共和国城市维护建设税法》以下简称《城市维护建设税法》，城市维护建设税实现了税收法定。《城市维护建设税法》自 2021 年 9 月 1 日起施行，1985 年 2 月 8 日国务院发布的《城市维护建设税暂行条例》同时废止。

二、城市维护建设税法的基本内容

（一）纳税人

城市维护建设税的纳税人为在中国境内缴纳增值税、消费税的单位和个人。

城市维护建设税的扣缴义务人为负有增值税、消费税扣缴义务的单位和个人，扣缴义务人在扣缴增值税、消费税的同时扣缴城市维护建设税。

（二）计税依据

城市维护建设税的计税依据为纳税人依法实际缴纳的增值税、消费税税额。城市维护建设税的计税依据应当按照规定扣除期末留抵退税退还的增值税税额。

城市维护建设税计税依据的具体确定办法，由国务院依据《城市维护建设税法》和有关税收法律、行政法规规定，报全国人民代表大会常务委员会备案。

（三）税率

城市维护建设税实行差别比例税率。按照纳税人所在地区的不同，设置了 3 档比例税率：①纳税人所在地在市区的，税率为 7%；②纳税人所在地在县城、镇的，税率为 5%；③纳税人所在地不在市区、县城或者镇的，税率为 1%。

纳税人所在地是指纳税人住所地或者与纳税人生产经营活动相关的其他地点，具体地点由省、自治区、直辖市确定。

（四）计税原理

城市维护建设税的应纳税额按照计税依据乘以具体适用税率计算。其计算公式为：

应纳税额＝实际缴纳的增值税、消费税税额×适用税率

对实行增值税期末留抵退税的纳税人，允许其从城市维护建设税的计税依据中扣除退还的增值税额。

（五）税收优惠

城市维护建设税属于增值税、消费税的一种附加税，原则上不单独规定税收减免条款。如果增值税法、消费税法规定减免增值税、消费税，也就相应地减免了城市维护建设税。

城市维护建设税法的减免规定有：

1. 对进口货物或者境外单位和个人向境内销售劳务、服务、无形资产缴纳的增值税、消费税税额，不征收城市维护建设税。

2. 根据国民经济和社会发展的需要，国务院对重大公共基础设施建设、特殊产业和群体以及重大突发事件应对等情形可以规定减征或者免征城市维护建设税，报全国人民代表大会常务委员会备案。

（六）纳税义务发生时间

城市维护建设税的纳税义务发生时间与增值税、消费税的纳税义务发生时间一致，分别与增值税、消费税同时缴纳。

■第四节　烟叶税法

一、烟叶税法概述

（一）烟叶税的概念

烟叶税是对中国境内收购烟叶的单位以其收购金额为计税依据征收的一种税。

烟草业是我国的一个传统产业，烟叶作为一种特殊产品，对烟农、烟草生产企业、烟草生产地政府均具有较高的经济价值。1958 年 6 月 3 日第一届全国人民代表大会常务委员会颁布《中华人民共和国农业税条例》（以下简称《农业

税条例》)〔1〕，1983 年 11 月 12 日国务院以《农业税条例》为依据，颁布《关于对农林特产收入征收农业税的若干规定》，选择特定农业产品征收农林特产农业税。当时农林特产农业税征收范围不包括烟叶，对烟叶另外征收产品税和工商统一税。1994 年我国进行了财政体制和税制改革，取消了产品税和工商统一税，将原农林特产农业税与原产品税和工商统一税中的农林牧水产品税目合并，改为统一征收农业特产农业税。1994 年 1 月 30 日国务院发布了《关于对农业特产收入征收农业税的规定》，将烟叶收入（包括晾晒烟、烤烟收入）列入征税范围。2004 年 6 月 30 日，根据中共中央、国务院《关于促进农民增加收入若干政策的意见》，财政部、国家税务总局下发《关于取消除烟叶外的农业特产农业税有关问题的通知》，规定自 2004 年起，除对烟叶保留征收农业特产农业税外，取消对其他农业特产品征收的农业特产农业税。2005 年 12 月 29 日第十届全国人大常委会第十九次会议决定自 2006 年 1 月 1 日起废止《农业税条例》，2006 年 2 月 17 日国务院废止了《关于对农业特产收入征收农业税的规定》。至此，对烟叶征收农业特产农业税失去了法律依据。2006 年 4 月 28 日，国务院颁布了《烟叶税暂行条例》，公布之日实施，这样，征收烟叶税取代原烟叶特产农业税。烟叶税独立征收后，其性质由农业税变为商品税。

烟叶税的诞生既是税制改革的结果，也是国家对烟草实行“寓禁于征”政策的延续。对引导烟叶种植和烟草行业发展，缓解农业税费改革后烟叶生产地区地方政府财政收入的压力，保证地方政府的财政收入稳定，具有一定的功能与作用。

（二）烟叶税法的概念及其发展历程

烟叶税法，是指国家制定的调整和确认在烟叶税税务活动中征纳主体与相关主体之间形成的社会关系的法律规范的总称。

随着 2006 年 4 月 28 日国务院颁布《烟叶税暂行条例》，2006 年 5 月 18 日财政部、国家税务总局印发《关于烟叶税若干具体问题的规定》，烟叶税法作为商品税法体系的独立税种，制度内容基本形成。2017 年 12 月 27 日第十二届全国人民代表大会常务委员会第三十一次会议通过了《中华人民共和国烟叶税法》，自 2018 年 7 月 1 日起施行，《烟叶税暂行条例》同时废止。将《烟叶税暂行条例》上升为法律，属于税制平移，保持了税制框架和税负水平的基本不变。

---

〔1〕 中华人民共和国成立初期，我国法律规范的名称不尽规范，《农业税条例》是由全国人民代表大会常务委员会颁布的法律，不同于现今国务院颁布的条例所具有的行政法规的性质。

二、烟叶税法的基本内容

（一）纳税人

烟叶税的纳税人为在中国境内收购烟叶的单位。我国实行烟草专卖制度，烟叶税的纳税人具有特定性，仅限于《中华人民共和国烟草专卖法》规定的有权收购烟叶的烟草公司和受其委托收购烟叶的单位。

（二）征税范围

烟叶税的征税范围包括晾晒烟叶和烤烟叶。其中晾晒烟叶包括列入名晾晒烟名录的晾晒烟叶和未列入名晾晒烟名录的其他晾晒烟叶。

（三）税率

烟叶税实行比例税率，税率为20%。

（四）计税依据

烟叶税的计税依据为纳税人收购烟叶实际支付的价款总额，包括纳税人支付给烟叶销售者的烟叶收购价款和价外补贴。按照简化手续、方便征收的原则，价外补贴统一按收购价款的10%计算，价款总额的计算公式如下：

价款总额＝收购价款×（1＋10%）

（五）计税原理

烟叶税的应纳税额按照纳税人收购烟叶实际支付的价款总额乘以税率计算。其计算公式为：

应纳税额＝价款总额×税率＝收购价款×（1＋10%）×税率

（六）纳税义务发生时间、申报期限

烟叶税的纳税义务发生时间为纳税人收购烟叶的当日。

烟叶税按月计征，纳税人应当于纳税义务发生月终了之日起15日内申报并缴纳税款。

（七）纳税地点

纳税人应当向烟叶收购地的主管税务机关申报缴纳烟叶税。

■第五节　关税法

一、关税法概述

（一）关税的概念

关税是海关依法对进出本国国境或关境的货物或物品课征的一种税。关税

是国际通行的税种。

国境是一个主权国家领土范围的边境，关境是一个国家的关税法令完全实施的领域边境，二者为不同的概念。有时二者范围是一致的，即当一个主权国内没有设立免征关税的自由港或自由贸易区时，货物进出国境就是进出关境。有时二者是不一致的，即当几个国家缔结为关税联盟，对外执行统一的关税税则，对货物征收一次关税后，货物即可在全国境内或整个关境内流通时，关境大于国境；相反，当一个国家内部设有免征关税的自由港或自由贸易区时，关境小于国境。

关税具有悠久的历史。中国春秋战国时期的"关市之赋"和欧洲古希腊、古罗马时代的"入市税"，可谓原始关税。一般意义上的关税起源于中世纪的欧洲。那时，各国的封建主以市场、道路、桥梁等公共设施的使用费为名，向过往商人和农民征收捐税。这种捐税在英国被称为Customs，亦称内陆关税。关税的另一个英文名字习惯用语是Tariff，相传来源于地中海西部的一个由海盗盘踞的港口，名叫"塔利法"（Tariff）。当时，地中海一带有许多海盗在海上设置关卡，强迫过路船只缴纳"买路钱"。出入地中海的商船，为了免遭抢劫，都不得不向总部设在港口城市"塔利法"的海盗缴纳一笔税捐。美国人最早与这些海盗进行斗争，他们提出"宁可花几百万元来保护自己，也不用一分钱来供养海盗"。因这一段历史，人们久而久之就用"Tariff"这个地名来称呼那种受敲诈勒索支付的款项，同时，也用它来表示一般意义上的关税。[1]

关税产生以后，经历了一个漫长时期才走向成熟和完善。尽管在封建社会就有了关税，但由于当时经济不发达，关税很不完善，这表现在关税以实物和货币并存的形式课征，且国家的境内往往设有很多内陆关卡，货物每经过一个关卡，就要征收一次关税，这种重复征收关税的做法，严重阻碍了商品的流通与发展。到了近代，封建制度走向衰亡，资本主义开始成长，现代民族国家正式形成，这时才有了现代意义上的统一的关税。当今，关税不仅是各个国家筹集财政收入的一种手段，而且是其调节国内经济、发展对外贸易等方面的重要手段。

（二）关税的分类

关税，从不同的角度，根据不同目的、不同标准，可以有不同的分类方法，从而产生了各种关税类别和类税名词、术语。

1. 按照课税的目的，关税可以分为财政关税和保护关税。财政关税，又称收入关税，是指国家为了获取更多的财政收入而征收的关税。关税发展的早期

〔1〕杨萍等：《财政法新论》，法律出版社2000年版，第146页。

主要是财政关税，随着国际贸易的发展，各国征收关税的目的已经由获取财政收入逐渐转变为保护本国经济的发展。保护关税，是指国家为了保护民族经济的发展而征收的关税。现代国家大都采用保护关税。发达国家用保护关税来保护国内市场，维持自己产品的垄断地位；发展中国家和经济落后国家用保护关税来保护本国的幼稚工业和民族工业。但保护关税是构成关税壁垒（通常是指用征收高额进口关税和各种附加关税的办法来构建屏障，以阻止或限制外国商品输入本国的一种税收措施，在各种附加的关税中较为常见的是反倾销税和反补贴税）的重要组成部分，它严重阻碍了国际贸易的正常发展。近年来由于自由贸易的呼声四起，关税减让日益推进，保护关税的作用也逐渐弱化。

2. 按照进出口货物或进出境物品的流向，关税可以分为进口关税、出口关税和过境关税。这是关税最为基本的分类。进口关税，是指对进入国境或关境的外国货物或物品，在报关进口时征收的一种关税。出口关税，是指对运出国境或关境的货物或物品，在报关出口时征收的一种关税。过境关税，是指对通过本国关境运往其他国家或地区的货物征收的一种关税。

3. 按照适用对象，关税可以分为优惠关税和差别关税。优惠关税有广义与狭义之分，广义上的优惠关税是指在广义差别关税中使用低于一般税率征收的关税，主要包括互惠关税、特惠关税、最惠国待遇和普遍优惠制等；狭义上优惠关税是指一国对来自与之有特殊关系的国家或地区所进口的商品给予减免关税的特别待遇。

差别关税有广义与狭义之分，广义上的差别关税是指对同一进口商品规定多种税率，并视不同情况或对来自不同国家的进口商品采取不同税率征收的关税；狭义上的差别关税是指特别关税，比较典型的特别关税有反倾销税、反补贴税和报复性关税。

(1) 反倾销税，是指对构成倾销的外国商品除征收一般进口税外再附加课征的一种关税，是一种反倾销措施。倾销是指正常贸易过程中进口产品以低于正常价值的价格进入某国市场。对于对外经济贸易主管部门初裁决定倾销成立，并由此给国内产业造成损害的，可以征收临时反倾销税。临时反倾销税的税额应当不超过初裁决定确定的倾销幅度。临时反倾销税的征收期限不超过4个月，在特殊情况下可以延长到9个月。对于终裁决定确定倾销成立，并由此给国内产业造成损害的，可以征收反倾销税。反倾销税的纳税人为倾销进口产品的进口经营者。反倾销税税额根据不同出口经营者的倾销幅度分别确定，且不超过终裁决定确定的倾销幅度。反倾销税适用于仲裁决定公告之日以后进口的产品，另有规定的除外。反倾销税的征收期限不超过 5 年，但是经复审确定终止征收反倾销税有可能导致倾销和损害的继续或者再度发生的，反倾销税的征收期限可以适当延长。

征收临时反倾销税、反倾销税，由对外经济贸易主管部门提出建议、国务院关税税则委员会作出决定，由对外经济贸易主管部门发布公告，海关自公告之日起征收临时反倾销税、反倾销税。

（2）反补贴税，是指对接受补贴的外国产品在进口时附加课征的一种关税，是一种反补贴措施。补贴是指出口国（或者地区）政府或者其他任何公共机构提供的为接受者带来利益的财政资助，以及任何形式的收入或者价格支持。对于对外经济贸易主管部门初裁决定确定补贴成立，并由此给国内产业造成损害的，可以征收临时反补贴税。临时反补贴税的征收期限不得超过 4 个月。对于对外经济贸易主管部门终裁决定确定补贴成立，并由此给国内产业造成损害的，可以征收反补贴税。反补贴税的纳税人为补贴进口产品的进口经营者。反补贴税额根据不同出口经营者的补贴金额分别确定，且不得超过终裁决定确定的补贴金额。反补贴税适用于终裁决定公告之日后进口的产品，另有规定的除外。反补贴税的征收期限不得超过 5 年，但是经复审确定终止征收反补贴税有可能导致补贴和损害的继续或者再度发生的，反补贴税的征收期限可以适当延长。

征收临时反补贴税、反补贴税，由对外经济贸易主管部门提出建议、国务院关税税则委员会作出决定，由对外经济贸易主管部门发布公告，海关自公告发布之日起征收临时反补贴税、反补贴税。

（3）报复性关税，是指在他国对本国出口的货物以不利于本国出口的关税税率课征关税时，为了对抗他国对本国在贸易方面的歧视，维护本国的利益，抑制他国的课征，对他国输入本国的货物也同样课征相同的关税。任何国家或者地区违反与中国签订或者共同参加的贸易协定及相关协定，对中国在贸易方面采取禁止、限制、加征关税或者其他影响正常贸易的措施的，对原产于该国家或者地区的进口货物可以征收报复性关税，适用报复性关税税率。征收报复性关税的货物、适用国别、税率、期限和征收办法，由国务院关税税则委员会决定并公布。

4. 按照课税标准，关税分为从价关税、从量关税、混合关税、选择关税和机动关税。从价关税是以货物的价格为计征标准而征收的关税；从量关税是以货物的计量单位，即重量、长度、数量等为计征标准而征收的关税；混合关税是对同一货物同时采用从价和从量两种标准合并课征的一种关税；选择关税是对同一货物同时规定从量和从价两种税率，在征收时选择其中一种进行征收的关税；机动关税是对某些货物规定其价额的上、下限，按照国内的物价涨跌情况分别采用几种高低不同税率的关税，当进口货物的价格高于上限时降低税率，低于下限时提高税率，在幅度以内的按照原定的税率征收，这种方法是为了保护国内生产不受国外物价波动的影响，保持国内市场的价格稳定。

5. 按照征税时限，关税分为正常关税和暂定关税。正常关税，是长期执行的关税。暂定关税，是国家对部分进出口货物实行的一种临时性进出口关税。暂定关税一般每年修订一次，国家根据当年国民经济发展的实际需要和进出口关税的总体情况，进行调整。

（三）关税法的概念及其发展历程

关税法是国家制定的调整和确认在关税税务活动中征税主体与纳税主体之间形成的社会关系的法律规范的总称。

中华人民共和国的关税法始于1951年。随着1949年10月25日海关总署在北京成立，我国立即取缔了西方列强在中国的关税特权。1951年5月1日中央人民政府政务院公布实施了《中华人民共和国暂行海关法》（以下简称《暂行海关法》），该法第2条规定："中华人民共和国海关依据本法和中央人民政府对外贸易管制的法令和决定，对进出国境的货物、货币、金银、邮递物品、旅客行李、运输工具及其服务人员所带物品，执行实际的监管；稽征关税和其他法定由海关征收的税捐规费……"1951年5月15日海关总署公布实施了《中华人民共和国海关进出口税则》（以下简称《进出口税则》[1]）及《中华人民共和国海关进出口税则暂行实施条例》，这个税则及其实施条例是新中国第一部独立的专门的关税法，它统一了全国的关税制度，这一制度实施了30多年。为了适应国家经济体制全面改革形势的需要，贯彻对外开放政策，促进对外经济贸易和国民经济的发展，1985年3月7日国务院颁发了《中华人民共和国进出口关税条例》（以下简称《进出口关税条例》）及相应的《进出口税则》。随着1987年1月22日第六届全国人民代表大会常务委员会第十九次会议通过并公布的《中华人民共和国海关法》（以下简称《海关法》）于同年7月1日起施行，《暂行海关法》同时废止。由于《海关法》设专章对关税进行了规定，1987年9月12日，国务院据此重新修订发布了《进出口关税条例》，条例明确规定《进出口税则》是它的组成部分。为更好地适应改革开放的形势，同时为恢复我国在《关税及贸易总协定》缔约国的地位创造条件，1992年3月18日，国务院对《进出

[1] 进出口税则，即关税税则，是根据国家的关税政策，通过一定的立法程序，对进出口应税商品、免税商品加以系统分类并规定适用不同关税税率的一览表。

口关税条例》进行第二次重大修订后重新发布。2001年中国加入世界贸易组织后，适应加入世贸组织带来的情况变化，2003年11月23日，国务院制定发布了新的《进出口关税条例》，同时废止了1992年的《进出口关税条例》。新的《进出口关税条例》分别于2011年1月8日、2013年12月7日、2016年2月6日进行了三次修订。1987年1月22日制定、2021年4月29日第六次修订的《海关法》的关税专章以及2003年11月23日制定、2016年2月6日第三次修订的《进出口关税条例》构成了我国现行关税制度的基本框架。2015年8月制定《关税法》被补充进第十二届全国人大常委会立法规划，由于涉及税率调整、外部形势等敏感、复杂问题，备受市场关注的关税立法进程推迟，2018年9月7日《关税法》再次被纳入第十三届全国人大常委会立法规划的第一类项目。根据财政部2021年3月26日通过其官网对2020年立法工作情况的介绍，2020年《关税法（送审稿）》已上报国务院审议，关税立法面临的问题与一般工商税种不尽相同，首先需要协调处理该法与《海关法》的关系，其次，作为调控属性极强的税种，立法的推进还会受到国内国际政治经济形势的深度影响。

二、关税法的内容

（一）纳税人

关税的纳税人为进口货物的收货人、出口货物的发货人、进境物品的所有人[1]。

（二）征税对象

根据关税法的规定，关税的征税对象是指进出国境或关境的货物或物品。这里的货物包括进口的原产于中华人民共和国境内的货物；物品包括自用物品和赠送他人的物品。

各国征收关税主要针对货物，并以进口货物为主，出口货物一般只对限制出口的货物征收关税。对于物品，有些国家不征收关税，我国对物品征税仅限于进境物品，出境物品一般不征税，但对于一些物品的出境有限量规定。

（三）税率

1. 关税税率的种类。关税的税率分为进出口货物的关税税率和进境物品的关税税率。进出口货物的关税税率又分为进口税率和出口税率。

〔1〕 进境物品的所有人是指携带物品进境的入境人员、进境邮递物品的收件人以及以其他方式进口物品的收件人。

（1）进口税率。综合世界各国的关税法律制度，货物的进口税率多采用复式税率。所谓复式税率，是指国家为了实施关税保护政策，对从不同国家进口的同类货物规定高低不同的税率。根据我国关税法的规定，进口关税设最惠国税率、协定税率、特惠税率、普通税率和关税配额税率。

最惠国税率适用于原产于共同适用最惠国待遇条款的世界贸易组织成员的进口货物、原产于与中国签订含有相互给予最惠国待遇条款的双边贸易协定的国家或者地区的进口货物，以及原产于中国的进口货物；协定税率适用于原产于与中国签订含有关税优惠条款的区域性贸易协定的国家或者地区的进口货物；特惠税率适用于原产于与中国签订含有特殊关税优惠条款的贸易协定的国家或者地区的进口货物；普通税率适用于原产于上述所列国家或者地区以外的进口货物，以及原产地不明的进口货物；关税配额税率适用于按照国家规定实行关税配额管理的关税配额内的进口货物。对进口货物在一定期限内可以实行暂定税率，适用最惠国税率的进口货物有暂定税率的，应当适用暂定税率；适用协定税率、特惠税率的进口货物有暂定税率的，应当从低适用税率；适用普通税率的进口货物，不适用暂定税率。

（2）出口税率。对于出口货物一般免征关税，我国只对少数利润较高或需要限制大量出口的商品征收一定数量的关税。出口关税的税率分设若干档次。对出口货物在一定期限内可以实行暂定税率，适用出口税率的出口货物有暂定税率的，应当适用暂定税率。

2. 关税税率的具体适用。根据我国关税法的规定，对进出口货物，应当适用海关接受该货物申报进口或者出口之日实施的税率；进口货物到达前，经海关核准先行申报的，应当适用装载该批货物的运输工具申报进境之日实施的税率；进出口货物关税的补税和退税，应当按照该批货物原申报进口或者出口之日实施的税率办理，但因纳税人违反规定需要追征的税款，应当适用该行为发生之日实施的税率，行为发生之日不能确定的，适用海关发现该行为之日实施的税率。转关运输货物税率的适用日期，由海关总署另行规定。保税货物经批准不复运出境的；减免税货物经批准转让或者移作他用的；暂时进境货物经批准不复运出境，以及暂时出境货物经批准不复运进境的；租赁进口货物，分期缴纳税款的，应当适用海关接受申报办理纳税手续之日实施的税率。进境物品适用海关填发税款缴款书之日实施的税率。

（四）计税原理

1. 进口关税的计算。进口关税以进口货物的价格或者数量为计税依据，按照规定的适用税率或者税额标准计算应纳税额。具体如下：

（1）从价计税的应纳税额的计算公式为：

应纳税额＝应税进口货物完税价格×税率

（2）从量计税的应纳税额的计算公式为：

应纳税额＝应税进口货物数量×单位税额

（3）采用复合计税方法的应纳税额的计算公式为：

应纳税额＝应税进口货物完税价格×税率＋应税进口货物数量×单位税额

进口货物以海关审定的以成交价格为基础的到岸价格（CIF）作为完税价格。完税价格包括：货物的货价、货物运抵我国境内输入地点起卸以前的运输及其相关费用及保险费。[1]在成交价格不能确定的时候，完税价格由海关依法估定。

海关在估定完税价格时，经了解有关情况，并与纳税人进行价格磋商后，依次采用下列价格：①与该货物同时或者大体同时向我国境内销售的相同货物的成交价格；②与该货物同时或者大体同时向我国境内销售的类似货物的成交价格；③与该货物进口的同时或者大体同时，将该进口货物、相同或者类似进口货物在第一级销售环节销售给无特殊关系买方最大销售总量的单位价格；④按照下列各项综合计算的价格：生产该项货物所使用的材料成本和加工费用，向中国境内销售同级或者同种类货物通常的利润和一般费用，该货物运抵境内输入地点起卸前的运输费、保险费及其相关费用；⑤以合理方法估定的价格。

几种特殊进口货物的完税价格：①以租赁方式进口的货物，以海关审查确定的该货物的租金作为完税价格；[2]②运往境外加工的货物，出境时已向海关报明并在海关规定的期限内复运进境的，以境外加工费和料件费，以及复运进境的运输费、保险费及其相关费用审查确定完税价格；③运往境外修理的机械器具、运输工具或者其他货物，出境时已向海关报明并在海关规定的期限内复

〔1〕进口货物的下列费用应当计入完税价格：①由买方负担的购货佣金以外的佣金和经纪费；②由买方负担的在审查确定完税价格时与该货物视为一体的容器的费用；③由买方负担的包装材料费用和包装劳务费用；④与该货物的生产和向中国境内销售有关的，由买方以免费或者以低于成本的方式提供并可以按适当比例分摊的料件、工具、模具、消耗材料及类似货物的价款，以及在境外开发、设计等相关服务的费用；⑤作为该货物向中华人民共和国境内销售的条件，买方必须支付的、与该货物有关的特许权使用费；⑥卖方直接或者间接从买方获得的该货物进口后转售、处置或者使用的收益。进口时在货物的价款中列明的下列税收、费用，不计入该货物的完税价格：①厂房、机械、设备等货物进口后进行建设、安装、装配、维修和技术服务的费用；②进口货物运抵境内输入地点起卸后的运输及其相关费用、保险费；③进口关税及国内税收。

〔2〕要求一次性缴纳税款的，纳税义务人可以选择由海关估定完税价格，或者按照海关审查确定的租金总额作为完税价格。

运进境的，以境外修理费和料件费审查确定完税价额。

2. 出口关税的计算。出口关税税额是根据出口商品关税完税价格与规定的税率计算的。计算公式为：

应纳税额＝完税价格×税率

出口货物以海关审定的货物售予境外的离岸价格（FOB），扣除出口关税后作为完税价格。完税价格包括货物的货价、货物运至中国境内输出地点转载以前的运输费、保险费及其相关费用，但其中不包含出口关税。出口货物的完税价格不能审定时，由海关估定。

海关在估定完税价格时，经了解有关情况，并与纳税人进行价格磋商后，依次采用下列价格：①与该货物同时或者大体同时向同一国家或者地区出口的相同货物的成交价格；②与该货物同时或者大体同时向同一国家或者地区出口的类似货物的成交价格；③按照下列各项综合计算的价格：境内生产相同或者类似货物的材料成本、加工费用，通常的利润和一般费用，境内发生的运输费、保险费及其相关费用；④以合理方法估定的价格。

3. 进境物品关税的计算。进境物品的关税采用从价计征的计税方法。计算公式为：

应纳税额＝完税价格×税率

完税价格由海关依法确定。

（五）减免税

关税的减免有法定减免、特定减免、临时减免和暂时免税四种情况。依据我国关税法，税额在50元以下的一票货物；无商业价值的广告品和货样；外国政府、国际组织无偿赠送的物资；在海关放行前损失的货物；进出境运输工具装载的途中必需的燃料、物料和饮食用品等进出口货物，免征关税。在海关放行前遭受损坏的货物，根据其受损程度减征关税。

对于特定地区、特定企业及有特定用途的进出口货物的免征或减征关税，以及临时减征或免征关税，按照国务院的有关规定执行。享受特定减征、免征关税优惠的进口货物，在监管年限内由海关核准出售、转让或者移作他用时，应按照其使用时间折旧估价，补缴进口关税。

暂时进口或者暂时出口的货物，以及特准进口的保税货物，在货物收发货人向海关缴纳相当于税款的保证金或者提供担保后，准予暂时免纳关税。

海关总署规定数额以内的个人自用进境物品，免征进口税。

（六）纳税申报期限和缴纳期限

进口货物的纳税人应当自运输工具申报进境之日起 14 日内，出口货物的纳税人除海关特准的外，应在货物运抵海关监管区后、装货的 24 小时以前，向货物的进出境地海关申报纳税。进口货物到达以前，纳税人经海关核准可以先行申报。

纳税人应当自海关填发税款缴纳书之日起 15 日内向指定银行缴纳税款。纳税人未按期缴纳税款的，从滞纳之日起，按日加收滞纳税款 0.05% 的滞纳金。纳税人因不可抗力或者在国家税收政策调整的情形下，不能按期缴纳税款的，经依法提供税款担保后，可以延期缴纳税款，但是最长不得超过 6 个月。

进出境物品的纳税人，应当在物品放行前缴纳税款。

海关征收关税、滞纳金等，应当按人民币计征。货物的成交价格以及有关费用以外币计价的，以中国人民银行公布的基准汇率折合为人民币计算完税价格；以基准汇率币种以外的外币计价的，按照国家有关规定套算为人民币计算完税价格。适用汇率的日期由海关总署规定。

（七）征收管理

由于关税和其他实体税种在征收管理方面的规定不同，因此，有必要在本节就关税的征收管理进行专门阐释。

1. 税收保全措施。当进出口货物的纳税人在规定的纳税期限内有明显的转移、隐匿其应税货物以及其他财产的迹象的，海关可以责令纳税人提供担保；纳税人不能提供担保的，经直属海关关长或者其授权的隶属海关关长批准，可以采取下列保全措施：书面通知纳税人开户银行或者其他金融机构暂停支付纳税人相当于应纳税款的存款；扣留纳税人的价值相当于应纳税款的货物或者其他财产。

纳税人在规定的纳税期限内缴纳税款的，海关必须立即解除税收保全措施。期限届满仍未缴纳税款的，经直属海关关长或者其授权的隶属海关关长批准，海关可以书面通知纳税人开户银行或者其他金融机构从其暂停支付的存款中扣缴税款，或者依法变卖所扣留的货物或者其他财产，以变卖所得抵缴税款。

采取税收保全措施不当，或者纳税人在规定期限内已缴纳税款，海关未立即解除税收保全措施，致使纳税人的合法权益受到损失的，海关应当依法承担赔偿责任。

2. 税收强制措施。进出口货物的纳税人、担保人自缴纳税款期限届满之日起超过 3 个月仍未缴纳税款的，经直属海关关长或者其授权的隶属海关关长批准，海关可以采取下列强制措施：书面通知开户银行或者其他金融机构从其存款中扣缴税款；将应税货物依法变卖，以变卖所得抵缴税款；扣留并依法变卖其价值相当于应纳税款的货物或者其他财产，以变卖所得抵缴税款。海关采取强制措施时，对纳税人、担保人未缴纳的滞纳金同时强制执行。

3. 因报关企业导致关税少征、漏征的措施。报关企业接受纳税人的委托，以纳税人的名义办理报关手续，因报关企业违反规定而造成税款少征、漏征的，报关企业对少征、漏征的税款、滞纳金与纳税人承担连带责任。报关企业接受纳税人的委托，以报关企业的名义办理纳税手续的，报关企业与纳税人承担纳税的连带责任。

4. 欠税纳税人变更、终止时的措施。欠税的纳税人，有合并、分立情形的，在合并、分立前应报告海关，依法缴清税款。纳税人合并时未缴清税款的，由合并后的法人或者其他组织继续履行未履行的纳税义务；纳税人分立时未缴清税款的，分立后的法人或者其他经济组织对未履行的纳税义务承担连带责任。纳税人欠税或者在减免税货物、保税货物监管期间有终止情形的，应在清算前向海关报告，海关应依法对纳税人的应缴税款予以清缴。

5. 关税的退还、补征和追征。

（1）关税的退还。已征进口关税的货物因品质或者规格原因，原状货物复运出境的；已征出口关税的货物因品质或者规格原因，原状退货复运进境，并已重新缴纳因出口而退还的国内环节有关税收的；已征出口关税的货物因故未装运出口，申请退关的，纳税人自缴纳税款之日起 1 年内可以申请退还关税，并应以书面形式向海关说明理由，提供原缴款凭证及相关资料。

海关发现多征税款的，应当立即通知纳税人办理退还手续。纳税人自缴纳税款之日起 1 年内发现多缴税款的，可以以书面形式要求海关退还多缴的税款并加算银行同期活期存款利息。海关应自受理退税申请之日起 30 日内审查并通知纳税人办理退还手续。纳税人应在收到通知之日起 3 个月内办理退税手续。

（2）关税的补征。进出口货物、进出境物品放行后，海关发现少征或者漏征税款的，应当自缴纳税款或者货物、物品放行之日起 1 年内向纳税人补征税款。

需由海关监管使用的减免税进口货物，在监管年限内转让或者移作他用需要补税的，海关应当根据该货物进口时间折旧估价，补征进口关税。

（3）关税的追征。因纳税人违反规定造成少征或者漏征的，海关可以自缴纳税款或者货物、物品放行之日起 3 年内追征税款，并从缴纳税款或者货物放行之日起按日加收少征或漏征税款0.05%的滞纳金。

海关发现海关监管货物因纳税人违反规定造成少征或者漏征税款的，应当自纳税义务人应缴纳税款之日起3年内追征税款，并从应缴纳税款之日起按日加收少征或者漏征税款0.05%的滞纳金。

6. 税务争议的解决。纳税人、担保人对海关确定纳税人，确定完税价格、商品归类，确定原产地、适用税率或者汇率、减征或者免征税款、补税、退税、征收滞纳金，确定计征方式，以及确定纳税地点有异议的，应当缴纳税款，并可以依法向上一级海关申请复议；对复议决定仍不服的，可以依法向人民法院提起诉讼。

（八）保税制度

保税制度，是海关对保税货物加以监管的一种制度。这种制度可以简化手续，便利通关，有利于对外贸易的发展。保税货物是指经海关批准暂时不征税但保留征税权，使它在境内储存、加工、装配，然后复运出境的货物。保税货物没有经过海关批准并补交税款，不得擅自出售；没有经过海关许可也不得擅自开拆、提取、交付、发运、调换、改装、抵押或者更换标记。我国的保税制度包括保税仓库、保税工厂和保税区三项内容。

1. 保税仓库。保税仓库是专门存放经海关批准的保税货物的仓库。保税仓库主要有三种类型：转口贸易保税仓库、加工贸易备料保税仓库、寄售维修保税仓库。在保税仓库内储存保税货物一般以1年为限。如果有特殊情况，经海关核准，可以适当延长。

2. 保税工厂。保税工厂是经海关批准，并在海关监管之下专门设立的，用以制造免税货物的进口原材料、零部件、原器件等的加工、生产、制造或者存放外销产品的专门工厂。进口的原材料、原器件、零部件必须在规定的期限内加工为成品复出口。如果有特殊情况，可以向海关申请延长其经营加工的期限。如果产品转为内销或者因故不能在规定的期限内出口，应当补办纳税手续。

3. 保税区。保税区是指境内辟出的一块易于管理，以与外界隔离的全封闭的方式，在海关监控管理下进行存放和加工保税货物的特定区域。保税区与国际上的自由贸易区和自由港类似，设在区域内的企业可以享受规定的进出口税收优惠。

【思考与应用】

1. 举例说明增值税与消费税之间的关系。
2. 分别举例说明增值税、消费税与城市维护建设税之间的关系。
3. 分别举例说明关税与增值税、消费税之间的关系。
4. 考察城市维护建设税法存在的问题。
5. 营业税改征增值税的意义是什么?
6. 考察营业税改征增值税的试点历程，深刻理解为什么要将征收营业税的行业改征增值税。
7. 了解金融业增值税征收现状，对金融业征收增值税进行域外考察，并对我国金融业征收增值税如何完善提出自己的建议。

第七章

财产税法

在本章你将——

- 了解契税法
- 了解房产税法
- 了解土地使用税法
- 了解车辆购置税法
- 了解车船税法

■第一节 契税法

一、契税法概述

(一) 契税的概念

契税是在土地、房屋权属发生转移时，向产权承受人征收的一种税。

契税是一个古老的税种，至今已有1600多年的历史。“它起源于东晋的‘估税’，‘估税’规定凡买卖田宅、奴婢、牛马，立有契券者，课以‘输估’；对不立契券者，课以‘散估’。到宋代逐步趋于完备。北宋开宝二年（公元969年）开征‘印契钱’，规定：凡民间买卖田宅，要在两个月内向官输钱，请求验印。元、明、清也都征收契税。如清末买契按财产价格征9%的税。由于契税是以保证产权名义征收的，长期以来大都是纳税人自动申报纳税，请求验印或发给契证。因此，契税在社会中影响较深，素有‘地凭文契，官凭印’的谚语流传。”[1]民国初期曾沿用清末旧制，后对税率两次调整降低，将征税范围扩大为土地房屋买卖、典当、赠与和交换。中华人民共和国成立初期，沿袭民国做法，对土地、房屋的买卖、典当、赠与和交换征收契税。1954 年对公有制单位承受土地、房屋权属转移免征契税，1956 年因土地禁止买卖和转让，土地契税的征收自然停止，契税征收范围大大缩小，在此后长达 30 年的时间里契税处于名存实亡的状态[2]。改革开放后，房地产转让情况逐渐增多，契税随之增加，1990 年全面恢复契税征收。现今，契税既是房地产税收体系中的重要税种，又是地方政府财政收入的固定来源税种。

（二）契税法的概念及其发展历程

契税法是国家制定的调整和确认在契税税务活动中征纳主体及相关主体之间形成的社会关系的法律规范的总称。

1949 年中华人民共和国成立前后，全国统一的新税制建立之前，在解放区和新解放的城市，曾经沿用民国的旧税制征收契税[3]。1950 年 4 月 3 日政务院发布了《契税暂行条例》，于发布之日施行，该条例规定房地产交易由买方按照 6% 的税率缴纳契税。1954 年经政务院批准，财政部对《契税暂行条例》的个别条款进行了修改，对公有制单位承受土地、房屋权属免征契税。1956 年随着社会主义改造的完成，土地禁止买卖和转让，土地契税便停征了。改革开放后，契税恢复征收，法律依据继续沿用 1950 年的《契税暂行条例》。进入 20 世纪 90 年代之后，随着市场经济的确立和房地产市场的发展，1950 年的《契税暂行条例》已不能胜任。1997 年 7 月 7 日，国务院发布了新的《契税暂行条例》，并于同年 10 月 1 日起开始实施，1950 年的《契税暂行条例》同时废止。2019 年 3 月 2 日，国务院对《契税暂行条例》进行了修订，征税机关统一确定为税务机关。2019 年 5 月契税法被列入《国务院 2019 年立法工作计划》，由财政部、税务总局负责起草契税法草案。2020 年 8 月 11 日，第十三届全国人民代表大会常务委员会第二十一次会议表决通过了《中华人民共和国契税法》（以下简称《契税法》），自 2021 年 9 月 1 日起施行。按照税制平移的思路，《契税暂行条例》上升为了法律，保持了税制框架和税负水平总体不变，同时，根据实际情况，对部分内容作了必要调整，将有关文件规定的税收优惠政策上升为了法律。

---

[1] 王传纶、王平武主编：《中国新税制业务全书》，中国金融出版社 1994 年版，第 440 页。

[2] 刘佐：“契税立法回顾与改革展望”，载《21 世纪经济报道》，2020 年 8 月 15 日，第 1 版。

[3] 刘佐：“契税立法回顾与改革展望”，载《21 世纪经济报道》，2020 年 8 月 15 日，第 1 版。

二、契税法的基本内容

（一）纳税人

契税的纳税人为在中国境内转移土地、房屋权属时，承受权属的单位和个人。这里的单位是指企业单位、事业单位、国家机关、军事单位和社会团体以及其他组织；个人是指个体经营者及其他个人。

（二）征税范围

我国契税的征税范围包括：

1. 土地使用权出让、土地使用权转让（包括出售、赠与和互换）、房屋买卖、房屋赠与和房屋互换。这里的土地使用权转让，不包括土地承包经营权和土地经营权的转移。

2. 视同土地使用权转让、房屋买卖或房屋赠与。具体包括：以作价投资（入股）、偿还债务、划转、奖励等方式转移土地、房屋权属。

（三）计税依据

按照土地、房屋权属转移的形式、定价方法的不同，契税的计税依据确定如下：

1. 土地使用权出让、出售，房屋买卖，为土地、房屋权属转移合同确定的成交价格，包括应交付的货币以及实物、其他经济利益对应的价款。

2. 土地使用权互换、房屋互换，为所互换的土地使用权、房屋价格的差额。

3. 土地使用权赠与、房屋赠与以及其他没有价格的转移土地、房屋权属行为，为税务机关参照土地使用权出售、房屋买卖的市场价格依法核定的价格。

纳税人申报的成交价格、互换价格差额明显偏低且无正当理由的，由税务机关依照《税收征收管理法》的规定核定。

（四）税率

契税采用比例税率。契税的税率为3%～5%的幅度税率。

契税的具体适用税率，由省、自治区、直辖市人民政府在法定的税率幅度内提出，报同级人民代表大会常务委员会决定，并报全国人民代表大会常务委员会和国务院备案。省、自治区、直辖市可以依照上述规定的程序对不同主体、不同地区、不同类型的住房的权属转移确定差别税率。

（五）计税原理

契税的应纳税额按照计税依据乘以具体适用税率计算。其计算公式为：

应纳税额＝计税依据×税率

（六）减免税

有下列情形之一的，免征契税：①国家机关、事业单位、社会团体、军事单位承受土地、房屋权属用于办公、教学、医疗、科研、军事设施；②非营利性的学校、医疗机构、社会福利机构承受土地、房屋权属用于办公、教学、医疗、科研、养老、救助；③承受荒山、荒地、荒滩土地使用权用于农、林、牧、渔业生产；④婚姻关系存续期间夫妻之间变更土地、房屋权属；⑤法定继承人通过继承承受土地、房屋权属；⑥依照法律规定应当予以免税的外国驻华使馆、领事馆和国际组织驻华代表机构承受土地、房屋权属。

根据国民经济和社会发展的需要，国务院对居民住房需求保障、企业改制重组、灾后重建等情形可以规定免征或者减征契税，报全国人民代表大会常务委员会备案。

省、自治区、直辖市可以决定对下列情形免征或者减征契税：①因土地、房屋被县级以上人民政府征收、征用，重新承受土地、房屋权属；②因不可抗力灭失住房，重新承受住房权属。

省、自治区、直辖市规定的免征或者减征契税的具体办法，由省、自治区、直辖市人民政府提出，报同级人民代表大会常务委员会决定，并报全国人民代表大会常务委员会和国务院备案。

纳税人改变有关土地、房屋的用途，或者有其他不再属于规定的免征、减征契税情形的，应当缴纳已经免征、减征的税款。

（七）纳税义务发生的时间、纳税申报期限和纳税地点

契税的纳税义务发生时间，为纳税人签订土地、房屋权属转移合同的当日，或者纳税人取得其他具有土地、房屋权属转移合同性质凭证的当日。

纳税的纳税人应当在依法办理土地、房屋权属登记手续前申报缴纳契税。纳税人办理纳税事宜后，税务机关应当开具契税完税凭证。纳税人办理土地、房屋权属登记，不动产登记机构应当查验契税完税、减免税凭证或者有关信息。未按照规定缴纳契税的，不动产登记机构不予办理土地、房屋权属登记。在依法办理土地、房屋权属登记前，权属转移合同、权属转移合同性质凭证不生效、无效、被撤销或者被解除的，纳税人可以向税务机关申请退还已缴纳的税款，税务机关应当依法办理。

契税实行属地征收管理，纳税人应当向土地、房屋所在地的税务机关申报缴纳契税。

■第二节　房产税法

一、房产税法概述

（一）房产税的概念

房产税是以房产为课税对象的一种税。

房产税是一个历史悠久的税种。早在古希腊时期，就开始了对房屋征税，以后各国都对房屋开征了名称各异的财产税[1]。“早期的房产税，计征方法比较简单，一般是按照房屋的外部标志从量计征，如英国先是按照炉灶的多少征税，后是按照窗户的多少征税。这些比较原始的计征方法，不仅不公平，也容易给纳税人提供避税的机会。到了19世纪，改为按照房屋的价值征税，自此，各国普遍采用了这种计征方法。”[2]在我国，周期的“廛布”，唐朝的间架税，清初的“市廛输钞”“计檩输钞”，清末和民国时期的“房捐”等，都是对房屋征税。[3]新中国成立后，先是规定房产税为全国统一征收的税种，不久，又将房产税与地产税合并为城市房地产税，限定在城市征收。1973年税制简化时，将对企业征收的城市房地产税并入工商税，只对有房产的个人、外国侨民和房地产管理部门继续征收城市房地产税。1984年10月实行第二步利改税和工商税制改革时，房产税又重新被确立为独立税种，但是，对外国侨民和涉外企业继续征收城市房地产税。这种涉内涉外征收不同税种的情况持续了25年之久，直到2009年1月1日《城市房地产税暂行条例》废止，将涉外企业及外籍个人纳入房产税纳税人范围，在房产税领域内外征税有别的状况才宣告结束。

在世界范围内，对房产征税虽然具有普遍性，但是，房地存在房依地存、地为房载的密切关系，从世界范围来看，与土地税的立法处理模式并不相同，有单独课征与合并课征之分。此外，对房屋征税还存在立法标准的不同、目标定位的不同，由此，导致对房屋征税在名称与具体制度架构上存有较大差异。就课税标准而言，存在财产房屋税、收益房屋税、所得房屋税和消费房屋税4种类型；就目标定位来讲，有财政型与调控型之别。我国在2009年解决了房产税领域内外征收不同税种的问题之后，开始着手房产税改革，2011年1月启动

---

〔1〕刘剑文主编：《财政税收法》，法律出版社2001年，第433页。

〔2〕杨萍等：《财政法新论》，法律出版社2000年版，第228页。

〔3〕王传纶、王平武主编：《中国新税制业务全书》，中国金融出版社1994年版，第413页。

了上海和重庆两地的房产税试点，然而，沪渝的改革试点不如预期，致使我国的房产税试点推广工作陷入停滞，造成了整个房产税改革的推迟。2013 年 11 月召开的中央十八届三中全会将房产税改革上升为房地产税〔1〕体系建设，这样，改革的思路发生了变化，从单一税种改革调整到体系之变，调整的范围增大，涉及与房地产相关的多个税种，面临的问题更多，也更为复杂。2015 年 6 月，房地产税法被正式纳入第十二届全国人大常委会立法规划，以税收法定引领税制改革，结束了长期以来对房地产税究竟是先改革还是先立法的争论。2017 年 10 月的十九大报告提出“深化税收制度改革，健全地方税体系”的要求，进一步为房地产税改革作出了部署。由于从之前的局部调整，演变成整个房地产税收体系的变革，立法程序的介入，使备受关注并影响广泛、深远的房地产税体系化建设在难度上陡升。房地产税无论是立法还是体系化改革，面临的难点颇多，诸如：如何处理不同纳税人之间的关系、中央和地方的关系、立法机关和行政机关的关系等。多数国家是在土地私有制前提下开征房产税，我国土地实行公有制，居民购房价格中已包含了最长达 70 年的土地使用权价格支出，故而，房地产税体系化建设的首要问题是要厘清与土地相关的税、费、金的关系，如果将前端的房屋建设、交易环节税费负担向后端居民住房保有环节转移，将涉及社会公众的重大利益调整，关系民众的私有财产，财政的承受能力也是必然要考虑的问题，真可谓关系国计民生、影响千家万户。迄今为止，还没有哪个税种像房地产税这般牵动社会的神经，在房地产税体系化建设尚存较大争议的情况下，房地产税立法和实施选择了稳妥推进。

（二）房产税法的概念及其发展历程

房产税法，是指国家制定的调整和确认在房产税税务活动中征纳主体及相关主体之间形成的社会关系的法律规范的总称。

中华人民共和国的房产税法始于 1950 年。1950 年 1 月 30 日政务院公布《全国税政实施要则》，规定房产税为全国统一征收的税种，同年 6 月第二届全国税务会议决定将房产税与地产税合并为房地产税，后来政务院又限定在城市征收，所以定名为城市房地产税。1951 年 8 月 8 日，政务院公布《城市房地产税暂行条例》，即日起施行。1972 年 3 月 30 日国务院批准财政部报送的《关于扩大改革工商税制试点的报告》和《中华人民共和国工商税条例（草案）》，从 1973 年 1 月 1 日起试行。该条例把对国营企业和集体企业征收的工商统一税及

〔1〕 房地产税不同于房产税，是一个综合税收体系概念，涉及开发、保有和交易各个阶段的多个税种。

其附加、城市房地产税、车船使用牌照税、盐税和屠宰税合并为工商税，保留下来的城市房地产税只限于对不缴纳工商税的城市房地产管理部门、有房产的个人及改革开放后出现的外商投资企业和外国企业征收。1984 年 10 月，实行第二步“利改税”和全国改革工商税制时，确定对企业恢复征收城市房地产税，但考虑到城市土地属于国家所有，使用者没有土地所有权的实际情况，决定将城市房地产税分为房产税和土地使用税。1986 年 9 月 15 日，国务院发布《房产税暂行条例》，自当年 10 月 1 日起施行，但对在我国有房产的外商投资企业、外国企业和外籍人员仍继续适用《城市房地产税暂行条例》。2008 年 12 月 31 日，国务院发布第 546 号令，宣布自 2009 年 1 月 1 日起废止 1951 年政务院公布的《城市房地产税暂行条例》，并宣布，外商投资企业、外国企业以及外籍人员依照《房产税暂行条例》缴纳房产税。2015 年《立法法》修订后，房产税的征收须遵循税收法定原则，房产税面临由规升法问题。由于 2013 年 11 月召开的党中央十八届三中全会提出了房地产税体系化改革的思路，2015 年 6 月 1 日，制定房地产税法被正式纳入第十二届全国人大常委会立法规划，由全国人大常委会预算工作委员会和财政部牵头组织起草。目前，正在加快进行起草完善法律草案、重要问题的论证、内部征求意见等方面的工作，房地产税立法的难度远非一般税种可比，迄今为止，主要是明确并公开了房地产税立法与实施的总体思路：按照“立法先行、充分授权、分步推进”的原则，稳妥推进立法与实施。按照通常的立法程序，房地产税体系化建设的立法仅仅是走完了立法议案的提出、立法议案的审查与列入立法议程这两个阶段，接下来，还需要经过立法议案的讨论（包括公开征求意见）、立法议案的修改、立法议案的通过三个阶段。由此来看，房地产税法完成体系性建设、立法，并最终全面付诸实施，还有一段路程，尚需一定时日。我国现行房产税的法律规范仍旧是 1986 年 9 月 15 日国务院颁布，2011 年 1 月 8 日修订的《房产税暂行条例》及 1986 年 9 月 25 日财政部、国家税务总局印发的《关于房产税若干具体问题的解释和暂行规定》（部分失效）。

二、房产税法的基本内容

（一）纳税人

房产税由产权所有人缴纳。产权属于全民所有的，由经营管理的单位缴纳。产权出典的，由承典人缴纳。产权所有人、承典人不在房产所在地的，或者产权未确定及租典纠纷未解决的，由房产代管人或者使用人缴纳。

（二）征税范围

房产税在城市、县城、建制镇和工矿区征收。这里的“城市”指国务院批准设立的市。城市的征税范围包括市区、郊区和市辖县的县城。“县城”指未设立建制镇的县人民政府所在地。“建制镇”指省人民政府批准的建制镇。建制镇的征税范围为镇人民政府所在地。上述征税范围均不包括所辖农村和行政村。“工矿区”是指工商业比较发达，人口比较集中，符合国务院规定的建镇标准，但未设立建制镇的大中型工矿企业所在地。

（三）计税依据

根据房产的出租与否，房产税的计税依据有所不同：非出租房产按照房产余值计税，出租房产按照房产租金计税。

1. 房产余值，即从房产原值中一次减除10%～30%后的余值。具体减除幅度，由省、自治区、直辖市人民政府规定。没有房产原值的，由房产所在地税务机关参考同类房产核定。

2. 房产租金，即房产出租取得的租金收入。

（四）税率

房产税税率，根据计税依据不同而有所不同：

1. 依照房产余值计算缴纳的，税率为1.2%。

2. 依照房产租金收入计算缴纳的，税率为12%。

（五）计税原理

房产税从价或者从租计征。

从价计征是按房产的原值减除一定比例后余值计征，其计算公式为：

应纳税额＝应税房产原值×（1－扣除比例）×1.2%

从租计征是按房产的租金收入计征，其计算公式为：

应纳税额＝租金收入×12%

（六）减免税

房产税的减免具体包括以下内容：①国家机关、人民团体、军队自用的房产；②由国家财政部门拨付事业经费的单位自用的房产；③宗教寺庙、公园、名胜古迹自用的房产；④个人所有非营业用的房产；⑤经财政部批准免税的其他房产；

除了上述五种情形外，纳税人纳税确有困难的，可由省、自治区、直辖市人民政府确定，定期减征或者免征房产税。

（七）纳税期限、纳税地点

房产税按年征收，分期缴纳。纳税期限由省、自治区、直辖市人民政府规定。

房产税由纳税人向房产所在地的主管税务机关缴纳。

■第三节 土地使用税法

一、土地使用税法概述

（一）土地使用税的概念

土地使用税是城镇土地使用税的简称，是为了促进合理使用土地，适当调节城镇土地级差收入，对在中华人民共和国境内使用土地的单位和个人征收的一种税。

土地乃万物之母，自古及今，中外各国均十分重视对土地征税，从而使土地税的历史十分悠久。土地在自然属性上，具有资源与财产双重属性，历史上的土地税，早期基本上是基于其财产属性，以土地为课征对象，向土地的所有者按照土地的数量或价值计征，其中，按照土地数量征收的为田赋，按照土地价值征收的为地价税，而后发展产生了以土地为征税对象，向土地所有者、租用者、使用者以土地收益额或所得额为计税依据的土地收益税和土地所得税，以及对转让者以土地增值额为计税依据的土地增值税，由此，导致土地税的性质已不再是单一的财产税属性。现今各国的土地税不仅名称不同（如农地税、土地登记税、土地发展税、土地税、土地转让税、土地增值税、地价税等），而且课征方法、课征标准等方面也存在明显差异，既有属于财产税性质的土地税种，也有属于所得税性质的土地税种。在西方国家，学者一般把土地税归为不动产税或个别财产税之中。[1] 我国现行城镇土地使用税实际上是对占用城镇土地资源或行为的课税，并非严格意义上的财产税，但是，考虑到我国将对房地产税体系化变革，以及土地使用权为用益物权的财产权属性，以及现行土地使用税的准财产税性质，本书将该税种置于财产税法部分予以介绍。

我国土地税自古就有，“古代最早汇编的《尚书·禹贡》中就记载，夏禹治税之后，将天下分为九州，并按距离帝都远近，交通条件、产品价值以及经济

---

〔1〕 刘剑文主编：《财政税收法》，法律出版社 2002 年版，第 437 页。

发展情况等将九州的田地及其贡赋划分为三等九级，这说明我国最早的税收形式贡赋就含有对土地征税的成分。对土地征税，以后各代都有，如春秋时期鲁国的'初税亩'、唐代的'两税法'、明代的'一条鞭法'、清代的'摊丁入亩'、民国时期的'田赋'等。我国近代的土地征税制度始于1889年在德国租借的胶州湾青岛开征的地价税和土地增值税，当时主要是从财政角度考虑。之后，孙中山将征收土地税作为实行民生主义的重要手段，这就赋予土地税以重要的社会政策和经济政策的意义。孙中山认为，实行民生主义的主要办法一是平均地权，二是节制资本，实现平均地权就要实现按地价征税与土地涨价归公的租税制度，其基本内容是：由地主自行申报土地价格，政府按其申报价格征收重税；为防止地主报价不实，政府有权按其自报价格收购其土地；对由于经济发展等原因而上涨的那部分地价，应收归国家。1928年广州开征了临时地价税；1930年国民政府制定土地法，依据该法在部分城市和地区开征了临时地价税和土地增值税"。[1]新中国成立之初，原政务院规定在全国范围内统一征收地产税；1951年8月地产税与房产税合并为房地产税，由于只在城市征收，因而实际为城市房地产税。1973年工商税制改革时，将对国营企业和集体企业征收的城市房地产税并入工商税之中，对城市的房产管理部门、个人和外侨则继续征收城市房地产税。1982年公布的《宪法》第10条规定："城市的土地属于国家所有。农村和城市郊区的土地，除由法律规定属于国家所有的以外，属于集体所有；宅基地和自留地、自留山，也属于集体所有……"这样，单位和个人对于土地只有使用权而无所有权，城市房地产税已名不副实。为此，1984年第二步"利改税"和工商税制全面改革时，将城市房地产税分立为房产税和城镇土地使用税。1988年9月27日国务院正式发布了《中华人民共和国城镇土地使用税暂行条例》（以下简称《城镇土地使用税暂行条例》），对城镇、县城、建制镇、工矿区范围的非农业用地单位和个人征税，而对涉外的企业与个人则征收土地使用费或称场地占用费，直到2006年12月31日修订《城镇土地使用税暂行条例》，2007年1月1日外商投资企业、外国企业纳入城镇土地使用税纳税人范围，才结束了土地使用方面涉内涉外税费不统一的历史。但是，对在农村占用农用地的，则一次性征收具有资源税性质、行为税特征的耕地占用税，不征收准财产税性质的城镇土地使用税，这种做法一直延续至今，随着经济发展，城乡界限已很难划分，占用农村土地只缴纳耕地占用税已不合时宜。在房地产

〔1〕 王传纶、王平武主编：《中国新税制业务全书》，中国金融出版社1994年版，第406页。

体系化改革的背景下，一方面应当厘清土地与房产的税、费、金（或租）的关系，另一方面应当兼顾土地的资源属性与财产属性，促进土地的合法开发与利用、保护土地资源，加强城乡土地使用的控制与管理。

（二）土地使用税法的概念及其发展历程

土地使用税法是国家制定的调整和确认在土地使用税税务活动中征纳主体及相关主体之间形成的社会关系的法律规范的总称。

我国土地使用税法始于1950年。1950年1月政务院公布的《全国税政实施要则》关于建设新税制的规定中确定全国税收为14种，其中就包含地产税。之后不久，随着经济政策的变化，原地产税演变为城市房地产税。随着1982年《宪法》的颁布，土地公有制确立，继续对地产征税已经不符合实际情况。1984年5月15日，国务院向第六届全国人民代表大会第二次会议提交的《政府工作报告》中提出，从当年第四季度开始实行“利改税”的第二步改革，会议批准了上述报告；同年9月7日，国务院向全国人民代表大会常务委员会提交《关于提请授权国务院改革工商税制和发布试行有关税收条例（草案）的议案》，9月18日，第六届全国人民代表大会常务委员会第七次会议通过《全国人民代表大会常务委员会关于授权国务院改革工商税制发布有关税收条例（草案）试行的决定》，授权国务院在实施国营企业“利改税”和改革工商税制的过程中，拟定有关税收条例，以草案形式发布试行。当年10月第二步利改税实行时，原城市房地产税分立为房产税与土地使用税。1988年9月27日国务院发布了《城镇土地使用税暂行条例》，规定自同年11月1日起在全国范围内对内资企业和个人征收城镇土地使用税。随着房地产市场快速发展、土地需求逐渐增加，土地价格不断攀升，1988年《城镇土地使用税暂行条例》所规定的税额标准明显偏低。此外，对涉内纳税人使用城镇土地征收税款，对涉外企业和个人收取场地使用费的做法，不符合税负公平、鼓励竞争原则。为了使土地保有环节的唯一税种起到应有的调节作用，国务院按照“调整相关税收政策加大对建设用地的税收调节力度，抑制建设用地的过度扩张”的战略指导思想，于2006年12月31日颁布了《关于修改〈中华人民共和国城镇土地使用税暂行条例〉的决定》，该次修订不仅使土地使用税法更加符合土地市场的发展状况，而且结束了土地使用方面涉内涉外税法不统一的历史。此后，为了适应变化了的经济社会情况，又分别于2011年1月8日、2013年12月7日、2019年3月2日对《城镇土地使用税暂行条例》的个别条款进行了3次修订。土地使用税是房地产税收体系中的一个具体税种，从土地使用税法的发展历程来看，落实税收法定，实现由规升法，有待体系化解决，依然任重道远。

二、土地使用税法的基本内容

（一）纳税人

土地使用税的纳税人，是指在城市、县城、建制镇、工矿区范围内使用土地的单位和个人。这里的单位包括国有企业、集体企业、私营企业、股份制企业、外商投资企业、外国企业及其他企业和事业单位、社会团体、国家机关、军队以及其他单位；这里的个人，包括个体工商户以及其他个人。

（二）征税范围

土地使用税的征税范围是中华人民共和国境内的土地，但不包括农业用地。

（三）计税依据

土地使用税的计税依据是纳税人实际占用的土地面积。土地占用面积的组织测量工作，由省、自治区、直辖市人民政府根据实际情况确定。

（四）税率

土地使用税采用的是定额幅度税率。每平方米的税额具体为：大城市 1.5 元～30 元；中等城市 1.2 元～24 元；小城市 0.9 元～18 元；县城、建制镇、工矿区 0.6 元～12 元。

省、自治区、直辖市人民政府，应当在上述规定的税额幅度内，根据市政建设状况、经济繁荣程度等条件，确定所辖地区的适用税额幅度。

市、县人民政府应当根据实际情况，将本地区土地划分为若干等级，在省、自治区、直辖市人民政府确定的税额幅度内，制定相应的适用税额标准，报省、自治区、直辖市人民政府批准执行。

经省、自治区、直辖市人民政府批准，经济落后地区土地使用税的适用税额标准可以适当降低，但降低额不得超过《城镇土地使用税暂行条例》第 4 条规定最低税额的 30%。经济发达地区土地使用税的适用税额标准可以适当提高，但须报经财政部批准。

（五）计税原理

城镇土地使用税按年计征，以纳税人实际占用的土地面积按照规定的适用税额计算征收。其计算公式为：

应纳税额 = 实际占用应税土地面积（平方米）× 适用税额

（六）减免税

土地使用税的免税范围主要包括：国家机关、人民团体、军队自用的土地；

由国家财政部门拨付事业经费的单位自用的土地；宗教寺庙、公园、名胜古迹自用的土地；市政街道、广场、绿化地带等公共用地；直接用于农、林、牧、渔业的生产用地；经批准开山填海整治的土地和改造的废弃土地，从使用的月份起免缴土地使用税5～10年；由财政部另行规定免税的能源、交通、水利设施用地和其他用地。

除上述规定外，纳税人缴纳土地使用税确有困难需要定期减免的，由县以上税务机关批准。

（七）纳税期限与纳税申报期限

土地使用税按年计算，分期缴纳。具体缴纳期限由各省、自治区、直辖市人民政府确定。

新征收的土地，依照下列规定缴纳土地使用税：征收的耕地，自批准征收之日起满1年时开始缴纳土地使用税；征收的非耕地，自批准征收次月起缴纳土地使用税。

（八）纳税地点

土地使用税向土地所在地的主管税务机关缴纳。土地管理机关应当向土地所在地的税务机关提供土地使用权属资料。

■第四节　车辆购置税法

一、车辆购置税法概述

（一）车辆购置税的概念

车辆购置税是对在中国境内购置应税车辆的单位和个人征收的一种税。

车辆购置税是在购车环节征收的税种，发达国家在购车环节通常的做法是轻税负，将车辆征税的重头置于车辆使用阶段。我国涉及车辆的税制架构有所不同，在车辆购置环节以购置车辆为对象向购置单位和个人一次性征收统一比例税率的税款。我国的车辆购置税由车辆购置附加费演变而来，税负稳定、不发生转嫁。改革开放初期，为了加快公路建设，扭转交通运输紧张状况，使公路建设有长期稳定的资金来源，1985年4月2日国务院发布《车辆购置附加费征收办法》，向所有购车单位和个人在购车时收取一定比例的资金，专项用于公路建设。车辆购置附加费由车辆落籍地交通主管部门负责征收，收取资金由交通部进行管理，属于预算外资金。20世纪90年代中后期，我国出现了乱收费、费多税少，预算外资金超过预算内资金的现象，在清费立税的背景下，由交通管理部门征收了15年的车辆购置附加费被2001年1月1日开征的车辆购置税所取代，在经历了4年由交通部门代征的历程后，2005年1月1日起车辆购置税移交税务部门征收管理，自此开始，车辆购置税正式成为税务机关全面征收管理的税种。

（二）车辆购置税法的概念及其发展历程

车辆购置税法，是指国家制定的调整和确认在车辆购置税的税务活动中征纳主体及相关主体之间形成的社会关系的法律规范的总称。

车辆购置税法的前身是《车辆购置附加费征收办法》。2000年10月22日国务院发布了《车辆购置税暂行条例》，2001年1月1日起开征车辆购置税，《车辆购置附加费征收办法》同时废止。2017年12月14日第十二届全国人民代表大会常务委员会公布《全国人大常委会2018年立法工作计划》，制定车辆购置税法被列入2018年立法计划。2018年12月29日，第十三届全国人民代表大会常务委员会第七次会议通过了《中华人民共和国车辆购置税法》（以下简称《车辆购置税法》），自2019年7月1日起施行。2000年10月22日国务院公布的《车辆购置税暂行条例》同时废止。

二、车辆购置税法的基本内容

（一）纳税人

车辆购置税的纳税人为在中国境内购置汽车、有轨电车、汽车挂车、排气量超过150毫升摩托车（以下简称应税车辆）的单位和个人。这里的购置是指以购买、进口、自产、受赠、获奖或者其他方式取得并自用应税车辆的行为。

（二）征收范围

车辆购置税的征税范围包括汽车、有轨电车、汽车挂车、排气量超过150毫升的摩托车。

（三）计税依据

车辆购置税的计税依据为应税车辆的计税价格。计税价格根据情况不同，分别为：

1. 纳税人购买自用应税车辆的计税价格，为纳税人实际支付给销售者的全部价款，不包括增值税税款。

2. 纳税人进口自用应税车辆的计税价格，为关税完税价格加上关税和消费税。

3. 纳税人自产自用应税车辆的计税价格，按照纳税人生产的同类应税车辆的销售价格确定，不包括增值税税款；

4. 纳税人以受赠、获奖或者其他方式取得自用应税车辆的计税价格，按照购置应税车辆时相关凭证载明的价格确定，不包括增值税税款。

（四）税率

车辆购置税的税率为10%。

（五）计税原理

车辆购置税实行从价定率的方法计算应纳税额。其计算公式为：

$$应纳税额 = 计税价格 \times 税率$$

纳税人申报的应税车辆计税价格明显偏低，又无正当理由的，由税务机关依照《税收征收管理法》的规定核定其应纳税额。

纳税人以外汇结算应税车辆价款的，按照申报纳税之日的人民币汇率中间价折合成人民币计算缴纳税款。

（七）减免税

下列车辆免征车辆购置税：

1. 依照法律规定应当予以免税的外国驻华使馆、领事馆和国际组织驻华机构及其有关人员自用的车辆；

2. 中国人民解放军和中国人民武装警察部队列入装备订货计划的车辆；

3. 悬挂应急救援专用号牌的国家综合性消防救援车辆；

4. 设有固定装置的非运输专用作业车辆；

5. 城市公交企业购置的公共汽电车辆。

根据国民经济和社会发展的需要，国务院可以规定减征或者其他免征车辆购置税的情形，报全国人民代表大会常务委员会备案。

（八）纳税环节

纳税人应当在向公安机关车辆管理机构办理车辆登记注册前，缴纳车辆购置税。

公安机关交通管理部门办理车辆注册登记，应当根据税务机关提供的应税车辆完税或者免税电子信息对纳税人申请登记的车辆信息进行核对，核对无误后依法办理车辆注册登记。

免税、减税车辆因转让、改变用途等原因不再属于免税、减税范围的，纳税人应当在办理车辆转移登记或者变更登记前缴纳车辆购置税。计税价格以免税、减税车辆初次办理纳税申报时确定的计税价格为基准，每满一年扣减10%。

纳税人将已征车辆购置税的车辆退回车辆生产企业或者销售企业的，可以向主管税务机关申请退还车辆购置税。退税额以已缴税款为基准，自缴纳税款之日至申请退税之日，每满一年扣减10%。

（九）纳税申报

车辆购置税的纳税义务发生时间为纳税人购置应税车辆的当日。纳税人应当自纳税义务发生之日起60日内申报缴纳车辆购置税。

车辆购置税实行一次性征收。购置已征车辆购置税的车辆，不再征收车辆购置税。

（十）纳税地点

1. 购置应税车辆的，应当向车辆登记注册地的主管税务机关申报纳税；

2. 购置不需要办理车辆登记注册手续的应税车辆的，应当向纳税人所在地的主管税务机关申报纳税。

■第五节　车船税法

一、车船税法概述

（一）车船税的概念

车船税是对在中国境内拥有车船的单位和个人征收的一种税。

车船税，在我国始于西汉。汉武帝元狩四年（公元119年）颁布缗钱令，就是征收车船税的税法。明、清时期曾对内河征收船料，亦称船钞。中华人民共和国成立前，不少城市曾对车船征收牌照税，有的革命根据地曾试验征收车照税。中华人民共和国成立后，1950年设立使用牌照税，1951年为了明确征收对象仅限于车辆和船舶，在原税名前特意加上“车船”二字。1973年简化税制时，将实行工商税企业缴纳的车船使用牌照税并入了工商税，车船使用牌照税仅对个人、外国企业及外侨征收。1984年第二步“利改税”和工商税制全面改革时，决定恢复对国内企业征税，考虑到原税名易被误认为是对牌照征税，删去了“牌照”二字，1986年10月1日开始对内资企业和中国人的车辆、船舶征收车船使用税，对外资企业和外国人的车辆、船舶继续征收车船使用牌照税。涉内、涉外纳税人适用不同车船税法，导致税负不公，原有税制已不能适应发展社会主义市场经济的需要，2007年1月1日车船使用税和车船使用牌照税合并为车船税，中外企业、个人统一适用。

（二）车船税法的概念及其发展历程

车船税法是国家制定的调整和确认在车船税税务活动中征纳税主体及相关主体之间形成的社会关系的法律规范的总称。

新中国的车船税法始于1950年。1950年1月30日政务院发布《全国税政实施要则》，确定使用牌照税作为全国统一征收的税种，1951年9月13日政务院发布《车船使用牌照税暂行条例》，对行驶的车辆、船舶征收车船使用牌照税，原来缴纳吨税（船钞）的本国船舶一律改为征收车船使用牌照税。1966～1976年期间，税制建设受到严重影响，1972年国务院同意财政部《关于扩大改革工商税制试点的报告》，对国营企业、集体企业征收的车船使用牌照税并入工商税，车船使用牌照税仅对个人、外侨等征收。1984年8月10日，财政部向国务院报送了《关于在国营企业推行利改税第二步改革的报告》和《国营企业第二部利改税试行办法》，报告中指出：车船使用税作为地方税、保留税种，以后开征。[1]涉外企业仍按照原来的税收法规执行，不作改变。1986年9月国务院发布《车船使用税暂行条例》，从当年10月1日起实施；对涉外企业和外籍人仍继续沿用《车船使用牌照税暂行条例》。至此，开始了涉内、涉外纳税人适用不同车船税法的历史。内外两套税法导致税法复杂，并且相对于经济发展已明显滞后。2006年12月27日国务院常务会议通过了《中华人民共和国车船税暂行条例》（以下简称《车船税暂行条例》），该条例的公布，意味着涉内、涉外车船税法的统一。但按照全国人大授权决定和《立法法》的有关规定，国务院制定的税收单行条例在条件成熟时应当上升为法律，2010年制定车船税法被列入全国人民代表大会常务委员会立法计划。2011年2月25日，第十一届全国人民代表大会常务委员会第十九次会议审议通过了《车船税法》，这是我国第一部由条例上升为的法律。2011年12月5日，国务院根据《车船税法》制定发布了《中华人民共和国车船税法实施条例》（以下简称《车船税法实施条例》），《车船税法》及其实施条例自2012年1月1日起施行。2019年4月23日，第十三届全国人民代表大会常务委员会第十次会议对《车船税法》进行了第一次修正，将应急救援消防车船纳入了免税范围。

二、车船税法的基本内容

（一）纳税人

车船税的纳税人为在中国境内应税车辆、船舶的所有人或管理人。

---

〔1〕 刘佐：“新中国车船税制度的发展”，载《地方财政研究》2007年第6期。

从事机动车第三者责任强制保险业务的保险机构为机动车车船税的扣缴义务人，应当在收取保险费时依法代收车船税。

（二）征税范围

车船税的征税范围主要包括以下车辆、船舶：①依法应当在车船登记管理部门登记的机动车辆和船舶；②依法不需要在车船登记管理部门登记的在单位内部场所行驶或者作业的机动车辆和船舶。

这里的“车辆”主要包括乘用车、商用车、半挂牵引车、三轮汽车、低速载货汽车、挂车、专用作业车、轮式专用机械车和摩托车。“乘用车”是指在设计和技术特性上主要用于载运乘客及随身行李，核定载客人数包括驾驶员在内不超过9人的汽车。“商用车”是指除乘用车外，在设计和技术特性上用于载运乘客、货物的汽车，包括客车和货车。“半挂牵引车”是指装备有特殊装置用于牵引半挂车的商用车。“三轮汽车”是指最高设计车速不超过每小时50公里，具有3个车轮的货车。“低速载货汽车”是指以柴油机为动力，最高设计车速不超过每小时70公里，具有4个车轮的货车。“挂车”是指就其设计和技术特性而言，需由汽车或者拖拉机牵引，才能正常使用的一种无动力的道路车辆。“专用作业车”是指在其设计和技术特性上用于特殊工作的车辆。“轮式专用机械车”是指有特殊结构和专门功能，装有橡胶车轮，可以自行行驶，最高设计车速大于每小时20公里的轮式工程机械车。“摩托车”是指无论采用何种驱动方式，最高设计车速大于每小时50公里，或者使用内燃机，其排量大于50毫升的两轮或者三轮车辆。

这里的“船舶”是指各类机动、非机动船舶以及其他水上移动装置，但是船舶上装备的救生艇筏和长度小于5米的艇筏除外。其中，机动船舶是指用机器推进的船舶；拖船是指专门用于拖（推）动运输船舶的专业作业船舶；非机动驳船，是指在船舶登记管理部门登记为驳船的非机动船舶；游艇是指具备内置机械推进动力装置，长度在90米以下，主要用于游览观光、休闲娱乐、水上体育运动等活动，并具有船舶检验证书和适航证书的船舶。

（三）计税依据

车船税作为财产税，计税依据理论上应是车船的评估价值。但车船的数量庞大，又分散于千家万户，价值评估难以操作。对于乘用车，选择与车辆价值有正相关关系的发动机排气量作为计税依据可基本体现车船税的财产税性质[1]；对于乘用车以外的车船，以计税单位数量为计税依据，按照车船的种类和性能，分别确定为每辆、整备质量每吨、净吨位每吨和艇身长度每米为计税单位。具体如下：

1. 乘用车，按排气量大小分档计征，以量数为计税单位。

2. 商务客车和摩托车，以量数为计税依据。

3. 商用货车、挂车、专用作业车和轮式专用机械车，以整备质量吨位数为计税依据。

4. 机动船舶，以净吨位数为计税依据。

5. 游艇以艇身长度为计税依据。

（四）税率

1. 一般规定。车船税采用幅度定额税率，具体如下：

（1）核定载客人数9人（含）以下的乘用车，按发动机汽缸容量（排气量）分别设档：①1.0升（含）以下的，年基准税额为60元~360元；②1.0升以上~1.6升（含）的，年基准税额为300元~540元；③1.6升以上~2.0升（含）的，年基准税额为360元~660元；④2.0升以上~2.5升（含）的，年基准税额为660元~1200元；⑤2.5升以上~3.0升（含）的，年基准税额为1200元~2400元；⑥3.0升以上~4.0升（含）的，年基准税额为2400元~3600元；⑦4.0升以上的，年基准税额为3600元~5400元。

（2）核定载客人数9人以上的商用客车（包括电车），年基准税额为每辆480元~1440元；商用货车（包括半挂牵引车、三轮汽车和低速载货汽车等），年基准税额为整备质量每吨16元~120元。

（3）挂车年基准税额为：整备质量每吨按照货车税额的50%计算。

（4）其他车辆专用作业车和轮式专用机械车（但不包括拖拉机）的年基准税额为：整备质量每吨16元~120元。

（5）摩托车每辆36元~180元。

（6）船舶中的机动船舶的年基准税额为：净吨位每吨3~6元，拖船、非机动驳船分别按照机动船舶税额的50%计算；船舶中的游艇，年基准税额为艇身长度每米600元~2000元。

---

[1] “关于《中华人民共和国车船税法（草案）》的说明”，载中国人大网，www.npc.gov.cn，最后访问时间：2020年11月24日。

2. 具体适用税额的确定。具体适用税额为：

（1）车辆的具体适用税额，由省、自治区、直辖市人民政府依照车船税法规定的税额幅度和国务院的规定确定。但省、自治区、直辖市人民政府根据车船税法规定的税额确定车辆的具体适用税额时，应当遵循以下原则：①乘用车依排气量从小到大递增税额；②客车按照核定载客人数20人以下和20人（含）以上两档划分，递增税额。省、自治区、直辖市人民政府确定的车辆具体适用税额，应当报国务院备案。

（2）机动船舶具体适用税额为：①净吨位不超过200吨的，每吨3元；②净吨位超过200吨但不超过2000吨的，每吨4元；②净吨位超过2000吨但不超过10 000吨的，每吨5元；④净吨位超过10 000吨的，每吨6元。拖船按照发动机功率每1千瓦折合净吨位0.67吨计算征收车船税。

（3）游艇具体适用税额为：①艇身长度不超过10米的，每米600元；②艇身长度超过10米但不超过18米的，每米900元；③艇身长度超过18米但不超过30米的，每米1300元；④艇身长度超过30米的，每米2000元；⑤辅助动力帆艇，每米600元。

上述税率当中所涉及的排气量、整备质量、核定载客人数、净吨位、千瓦、艇身长度，以车船登记管理部门核发的车船登记证书或者行驶证所载数据为准。

依法不需要办理登记的车船和依法应当登记而未办理登记或者不能提供车船登记证书、行驶证的车船，以车船出厂合格证明或者进口凭证标注的技术参数、数据为准；不能提供车船出厂合格证明或者进口凭证的，由主管税务机关参照国家相关标准核定，没有国家相关标准的参照同类车船核定。

第二编

（五）计税原理

车船税实行从量方法计算应纳税额。其计算公式为：

乘用车、商用客车和摩托车的应纳税额＝量数×适用年基准税额

商用货车、专用作业车和轮式专用机械车的应纳税额＝整备质量吨位数×适用年基准税额

挂车的应纳税额＝整备质量吨位数×商用货车适用年基准税额×50%

机动船舶的应纳税额＝净吨位数×适用年基准税额

拖船、非机动驳船的应纳税额＝净吨位数×机动船舶适用年基准税额×50%

游艇的应纳税额＝艇身长度×适用年基准税额

购置新车船，购置当年的应纳税额自纳税义务发生的当月按月计算，计算公式为：

$$应纳税额=适用年基准税额\div 12\times 应纳税月份数$$

（六）减免税

减免项目具体规定如下：

1. 捕捞、养殖渔船，即在渔业船舶登记管理部门登记为捕捞船或者养殖船的船舶。

2. 军队、武装警察部队专用的车船，即按照规定在军队、武装警察部队车船登记管理部门登记，并领取军队、武警牌照的车船。

3. 警用车船，即公安机关、国家安全机关、监狱、劳动教养管理机关和人民法院、人民检察院领取警用牌照的车辆和执行警务的专用船舶。

4. 悬挂应急救援专用号牌的国家综合性消防救援车辆和国家综合性消防救援专用船舶。

5. 依照法律规定应当予以免税的外国驻华使领馆、国际组织驻华代表机构及其有关人员的车船。

6. 对节约能源、使用新能源的车船可以减征或者免征车船税；对因受严重自然灾害影响纳税困难以及有其他特殊原因确需减税、免税的，可以减征或者免征车船税。具体办法由国务院规定，并报全国人民代表大会常务委员会备案。

节约能源、使用新能源免征或者减半征收车船税的范围，由国务院财政、税务主管部门商国务院有关部门制订，报国务院批准；严重自然灾害、其他特殊原因确需减免税的车船，可以在一定期限内减征或者免征车船税，具体减免期限和数额由省、自治区、直辖市人民政府确定，报国务院备案。

7. 省、自治区、直辖市人民政府根据当地实际情况，可以对公共交通车船，农村居民拥有并主要在农村地区使用的摩托车、三轮汽车和低速载货汽车定期减征或者免征车船税。

8. 对于临时入境的外国车船和香港特别行政区、澳门特别行政区、台湾地区的车船，不征收车船税。

9. 按照规定缴纳船舶吨税的机动船舶，自《车船税法》实施之日起 5 年内免征车船税。依法不需要在车船登记管理部门登记的机场、港口、铁路站场内部行驶或者作业的车船，自《车船税法》实施之日起 5 年内免征车船税。

（七）纳税义务发生时间、纳税申报期限

车船税纳税义务发生时间为取得车船所有权或者管理权的当月。

车船税按年申报，分月计算，一次性缴纳。具体申报纳税期限由省、自治区、直辖市人民政府规定。

（八）纳税地点

车船税的纳税地点为车船的登记地或者车船税扣缴义务人所在地。依法不需要办理登记的车船，车船税的纳税地点为车船的所有人或者管理人所在地。

【思考与应用】

1. 举例说明房产税与企业所得税之间的关系。
2. 调查房产税法的实施情况。
3. 纳税人以房产作价入股是否应缴纳契税？
4. 分别考察契税与土地增值税和印花税的关系。
5. 房产出租应由谁承担房产税？
6. 在对汽车征收增值税、消费税、车船税的情况下，应否取消车辆购置税？
7. 我国涉及汽车的税费较多，你对汽车征税在税种架构上持何种观点，说明理由。
8. 车船税法对乘用车按照排气量征税，有人认为实质是行为税，你持何种观点？
9. 车船税法未将救护、环保等用于社会公共服务的车辆纳入减免税范围，你对车船税法的税收优惠有何建议？
10. 车船税法作为财产税法应否承担节能减排、调节财产和消费等经济、社会功能？

第八章　行为及目的税法

在本章你将——

- 了解印花税法
- 了解资源税法
- 了解耕地占用税法
- 了解土地增值税法
- 了解环境保护税法
- 了解船舶吨税法

■第一节　印花税法

一、印花税法概述

（一）印花税的概念

印花税是对经济活动中书立应税凭证的行为所征收的一种税。[1]

“印花税最初由纳税人将完税凭证送到‘签验局’，用刻花滚筒在凭证上推出完税标记，以示完税，‘印花’一词由此而来。以后改为在应税凭证上贴印花税票，作为完税凭证，故称印花税，印花税于1624年创始于荷兰，此后欧洲各国相继效仿。目前世界上多数国家开征此税。许多国家将印花税作为开辟财源的新领域，普遍认为在商品经济发展的过程中，印花税是一种‘温和’的聚财

〔1〕本部分不涉及证券交易印花税，该税在学界存有较大争议。

手段，‘取微用宏’，简便易行。对纳税人来讲，征税后的凭证受到政府的保护，且税负轻微，易于接受。政府可以通过对经济凭证以税收手段进行监督和管理，且利于维护市场经济秩序。我国清朝末年曾拟议开征印花税，但因遭到反对而未能实施。辛亥革命后，北洋政府于1912年公布《印花税法》，自1913年起施行。1927年国民政府重新发布《印花税暂行条例》，并将其列为中央税，1934年正式制定《印花税法》。"[1]

中华人民共和国成立后，当时的政务院于1950年12月颁布了《印花税暂行条例》，正式开征印花税，但到1958年税制改革时，又将印花税并入工商统一税，不再单独征收。随着改革开放，商品经济快速发展，经济活动和经济交往中书立、领受各种凭证已成为普遍现象，1988年8月国务院发布《印花税暂行条例》，印花税才又作为一个独立税种于同年10月1日开征。

印花税具有税源广、税负轻、征管方便等特点，印花税的征收有助于增加地方财政收入，有利于增强对其他税收的征收管理，能在一定程度上加强对经济活动的约束，并提高纳税人的自觉纳税的法制观念。

（二）印花税法的概念及其发展历程

印花税法是指国家制定的调整与确认印花税税务活动中征纳主体及相关主体之间所形成的社会关系的法律规范的总称。

我国印花税法始于共和国成立之初。1950年12月19日政务院颁发了《印花税暂行条例》，规定在全国范围内征收印花税，次年1月财政部公布了《印花税暂行条例实施细则》，至此，可以说新中国的印花税法形成。但1958年税制改革时，又将印花税与工商业税、商品流转税等一同并入了工商统一税，原《印花税暂行条例》停止执行。直到1988年8月6日国务院发布《印花税暂行条例》，规定自同年10月1日起实施，印花税法才步入正轨。自1988年至今已有30多年了，《印花税暂行条例》规定的内容，有些已经过时，有些与其他法律已不协调。2013年11月15日正式公布的《中共中央关于全面深化改革若干重大问题的决定》提出“落实税收法定原则”，制定《印花税法》是重要任务之一。2015年修订的《立法法》将税收作为最高立法机关的专属立法权单列，税收法定的大框架得到了很好的明确。2017年12月14日第十二届全国人大常委会第105次委员长会议原则通过、2018年4月17日第十三届全国人大常委会第二次委员长会议修改的《全国人大常委会2018年立法工作计划》，将《印花

---

〔1〕 王传纶、王平武主编：《中国新税制业务全书》，中国金融出版社1994年版，第404页。

税法》作为预备审议项目予以列入。2018 年 11 月 1 日，财政部、国家税务总局公布《印花税法（草案）》，向社会公开征求意见。2020 年 7 月 8 日，国务院办公厅发布关于印发《国务院 2020 年立法工作计划》，《印花税法（草案）》列入其中；2021 年 1 月 4 日召开的国务院常务会议通过《中华人民共和国印花税法（草案）》，决定将草案提请全国人大常委会审议。2020 年 12 月 21 日，第十三届全国人大常委会第七十八次委员长会议原则通过《2021 年度立法工作计划》，制定《印花税法》被安排为重点立法工作，2021 年 2 月 27 日《印花税法（草案）》首次提请第十三届全国人大常委会第二十六次会议审议，2021 年 6 月 10 日，第十三届全国人大常委会第二十九次会议审议通过《印花税法》，自 2022 年 7 月 1 日起施行，印花税实现了由规升法。

二、印花税法的基本内容

（一）纳税人

印花税的纳税人为在中国境内书立应税凭证的单位和个人。包括立合同人、立账簿人、立据人。同一应税凭证是由两方或两方以上的当事人书立的，各方当事人均为印花税的纳税人。

在中国境外书立应税凭证在境内使用的单位和个人，应当依法缴纳印花税。

（二）征税范围

我国经济活动中发生的经济凭证种类繁多，数量巨大，《印花税法》只对《印花税税目税率表》列明的合同、产权转移书据和营业账簿征税，没有列举的凭证不征税。印花税的征税范围具体包括：

1. 合同。这里的合同指书面合同，包括借款合同、融资租赁合同、买卖合同、承揽合同、建设工程合同、运输合同、技术合同、租赁合同、保管合同、仓储合同、财产保险合同。征收印花税的借款合同是指银行业金融机构和借款人（不包括同业拆借）的借款合同；买卖合同仅指动产买卖合同（不包括个人书立的动产买卖合同）；运输合同是指货运合同和多式联运合同（不包括管道运输合同）；技术合同不包括专利权、专有技术使用权转让书据；财产保险合同不包括再保险合同。

2. 产权转移书据。产权转移书据是指土地使用权出让书据，土地使用权（土地承包经营权和土地经营权除外）、房屋等建筑物和构筑物所有权、股权（应缴纳证 券交易印花税的除外）、商标专用权、著作权、专利权、专有技术使用权转让书据。这里的转让包括买卖（出售）、继承、赠与、互换和分割。

3. 营业账簿。营业账簿是指单位或者个人记载生产经营活动的财务会计核算账簿。

（三）计税依据

印花税的计税依据按照下列方法确定：

1. 应税合同的计税依据。应税合同的计税依据为合同所列的金额，不包括列明的增值税税款。

2. 应税产权转移书据的计税依据。应税产权转移书据的计税依据为产权转移书据所列的金额，不包括列明的增值税税款。

3. 应税营业账簿的计税依据。应税营业账簿的计税依据为账簿记载的实收资本（股本）、资本公积合计金额。

应税合同、产权转移书据未列明金额的，印花税的计税依据按照实际结算的金额确定。计税依据不能按照规定确定的，按照书立合同、产权转移书据时的市场价格确定；依法应当执行政府定价或者政府指导价的，按照国家有关规定确定。

（四）税率

印花税采用比例税率。具体为：

1. 借款合同为借款金额的0.005%。

2. 融资租赁合同为租金的0.005%。

3. 买卖合同为价款的0.03%。

4. 承揽合同为报酬的0.03%。

5. 建设工程合同为价款的0.03%。

6. 运输合同为运输费用的0.03%。

7. 技术合同为价款、报酬或者使用费的0.03%。

8. 租赁合同为租金的0.1%。

9. 保管合同为保管费的0.1%。

10. 仓储合为仓储费的0.1%。

11. 财产保险合同为保险费的0.1%。

12. 产权转移书据为价款的0.05%。

13. 营业账簿为实收资本（股本）、资本公积合计金额的0.025%。

（五）计税原理

印花税的应纳税额，按照计税依据乘以适用税率计算。其计算公式为：

应税合同的应纳税额＝价款或者报酬×适用税率

应税产权转移书据的应纳税额＝价款×适用税率

应税营业账簿的应纳税额＝实收资本（股本）、资本公积金合计金额×适用税率

同一应税凭证载有两个以上经济事项并分别列明金额的，按照各自适用的税目税率分别计算应纳税额；未分别列明金额的，从高适用税率。

同一应税凭证由两方以上当事人书立的，按照各自涉及的金额分别计算应纳税额。

已缴纳印花税的营业账簿，以后年度记载的实收资本（股本）、资本公积合计金额比已缴纳印花税的实收资本（股本）、资本公积合计金额增加的，按照增加部分计算应纳税额。

（六）免税

印花税的免税范围主要包括：

1. 应税凭证的副本或者抄本。

2. 依照法律规定应当予以免税的外国驻华使馆、领事馆和国际组织驻华代表机构为获得馆舍书立的应税凭证。

3. 中国人民解放军、中国人民武装警察部队书立的应税凭证。

4. 农民、家庭农场、农民专业合作社、农村集体经济组织、村民委员会购买农业生产资料或者销售农产品书立的买卖合同和农业保险合同。

5. 无息或者贴息借款合同、国际金融组织向中国提供优惠贷款书立的借款合同。

6. 财产所有权人将财产赠与政府、学校、社会福利机构、慈善组织书立的产权转移书据。

7. 非营利性医疗卫生机构采购药品或者卫生材料书立的买卖合同。

8. 个人与电子商务经营者订立的电子订单。

根据国民经济和社会发展的需要，国务院可以规定减征或者免征印花税的情形，须报全国人民代表大会常务委员会备案。

（七）纳税义务发生时间与纳税地点

印花税的纳税义务发生时间为纳税人书立应税凭证的当日。

纳税人为单位的，应当向其机构所在地的主管税务机关申报缴纳印花税；纳税人为个人的，应当向应税凭证书立地或者居住地的主管税务机关申报缴纳印花税。

不动产产权发生转移的，纳税人应当向不动产所在地的主管税务机关申报缴纳印花税。

纳税人为境外单位或者个人，在境内有代理人的，以其境内代理人为扣缴义务人；在境内没有代理人的，由纳税人自行申报缴纳印花税，具体办法由国务院税务主管部门规定。

（八）纳税方法

印花税按季、按年或者按次计征。实行按季、按年计征的，纳税人应当自季度、年度终了之日起15日内申报缴纳税款；实行按次计征的，纳税人应当自纳税义务发生之日起15日内申报缴纳税款。

印花税可以采用粘贴印花税票或者由税务机关依法开具其他完税凭证的方式缴纳。印花税票粘贴在应税凭证上的，由纳税人在每枚税票的骑缝处盖戳注销或者画销。印花税票由国务院税务主管部门监制。

■第二节　资源税法

一、资源税法概述

（一）资源税的概念

资源税有广义和狭义之分。广义的资源税是指以自然资源为征税对象的各种税收的统称；狭义的资源税仅指冠以“资源税”称谓的税。资源税在各国的征收情况差异极大，名称各不相同，存在矿产资源税、开采税、矿产开采税、能源资源税、油气产品税、采水税、水量税、地下水税、林木税、砍伐税〔1〕等多个名称，缺乏可比性，但是，相对于其他自然资源，对矿产资源征税的国家较多。由于各国矿产资源禀赋差异很大，矿产资源的征收范围差异也很大，名称也不相同。〔2〕

在我国，资源税是对在中国领域和管辖的其他海域开发能源矿产、金属矿产、非金属矿产、水气矿产、盐等应税资源的单位和个人征收的一种税。由于现行资源税制是对应税资源的开发征税，体现了自然资源有偿使用的理念，故而，资源税在本质上是一种租税，具有财产税的性质；同时，现行资源税制又呈现出鲜明的促进资源节约集约利用、加强生态环境保护的立法目的及制度功能，属于绿色税制的组成部分，故而，资源税又具有行为目的税的特质。

第二编

〔1〕 龚辉文：“世界资源税发展现状与特点”，载《国际税收》2016年第7期。

〔2〕 龚辉文：“世界资源税发展现状与特点”，载《国际税收》2016年第7期。

我国开征资源税的历史悠久，“早在周朝就有‘山泽之赋’，对山上伐木、采矿、狩猎、水上捕鱼、煮盐等，都要征税。战国时期秦国对盐的生产、运销所课征的‘盐课’，也属于资源税。明朝的‘坑冶之课’实际上就是矿税，其征收对象包括金、银、铜、铝、朱砂等矿产品。”[1]“中华民国时期，北洋政府和国民政府继续开征矿税，并将其分为矿区税、矿产税和矿统税”[2]，其中的矿区税是对矿业权人征收的、根据采矿面积和矿藏的贫富差异情况来设计税率的税，矿产税是对矿业权人开采出矿产物时征收的、按产地该矿产物平均市价征收的固定税率的税，矿统税是对矿务公司在矿产物运销时征收的、按照矿产物的每吨市价征收的固定税率的税。历史上的资源税，征税涉及的资源种类较多，多数朝代将矿产资源纳入征税资源范围[3]。

新中国成立后，在颁布的《全国税政实施要则》中将盐税单独列为一个税种，明确规定对盐的生产、运销征收盐税。可以说，这是新中国最早的资源税，但1973年盐税被并入了工商税，从此，专门的资源税消失了。正式以资源税命名，并在全国范围内征收，始于1984年10月1日。1984年第二步利改税和工商税制全面改革时，为调整矿产资源开采中的级差收益，消除因矿产资源自然禀赋、地质条件差异而形成的超额利润，体现市场条件的公平竞争，设置了资源税。这一时期，将同属于资源税的矿产品和盐分设了两个税种，称之为资源税和盐税。1984年开征的资源税属于级差资源税，只对开采煤炭、石油、天然气的单位和个人的级差收入课税。1986年颁布的《中华人民共和国矿产资源法》（以下简称《矿产资源法》）规定：“国家对矿产资源实行有偿开采，开采矿产资源，必须按照国家有关规定缴纳资源税和资源补偿费。”资源税以法律形式确立下来后，为贯彻《矿产资源法》，1992年1月1日起对铁矿石开采开始征收资源税。由于1984年开征以来的资源税存在征税资源范围过窄、税额偏低等问题，不能保障国家对资源的所有者权益在经济上得到充分体现，也不能充分体现国有资源有偿开采的原则，在1994的税法改革中，扩大了资源税的征税范围，并将盐税并入了资源税中。自此开始，资源税征收范围由过去的煤炭、石油，天然气、铁矿石少数几种资源扩大到原油、天然气、煤炭、其他非金属矿原矿、黑色金属矿原矿、有色金属矿原矿和盐等7种。1994年的资源税相对于1984年的资源税，发生了一些改变，对矿产资源实行的是“普遍征收、级差调

〔1〕刘剑文主编：《财政税收法》，法律出版社2002年版，第423～424页。

〔2〕刘剑文主编：《财政税收法》，法律出版社2000年版，第489页。

〔3〕王雪绒、朱松盈：《税收溯源》，陕西人民出版社2007年版，第22～36页。

节”原则。此时的资源税实际具有了“租”或是“金”的性质，但是仍然不属于对绝对矿租课征的一般资源税，因为在资源税之外还存在着基于矿产资源国家所有权征收的名不副实的资源补偿费，二者的关系并不清晰。不仅如此，1994年的资源税采用从量课征的计税方法，不能使资源税随着资源产品价格和资源企业收益的增长而增加，不能实现价税联动，导致国家所有者权益、税收利益受到严重损害。2010年6月1日起，率先在新疆进行石油、天然气资源税试点改革，由过去的从量定额征收改为从价定率征收，由此拉开了资源税全面、深刻改革的大幕。2010年12月1日起，石油、天然气资源税改革推广到西部地区的12个省（区、市），改革的核心内容是将征税方式从过去的从量定额征收改为从价定率征收。2011年11月1日起，在全国范围内实行石油、天然气资源税的从价计征。2015年5月1日起，稀土、钨、钼三种资源的资源税由从量定额征收改为从价定率征收；2015年8月1日起，煤炭资源税由从量定额征收改为从价定率征收。上述改革推进的同时，对涉及煤炭、原油、天然气、稀土、钨、钼的相关收费、基金进行清理。2016年7月1日起，全面推进资源税改革，主要内容是：①扩大资源税征税资源范围，在河北省率先开展水资源税试点，逐步将其他自然资源纳入征收范围。②实施矿产资源税从价计征改革，对《资源税税目税率幅度表》中列举名称的21种资源品目〔1〕和未列举名称的其他金属矿实行从价计征；对《资源税税目税率幅度表》中未列举名称的其他非金属矿产品，按照从价计征为主、从量计征为辅的原则，由省级人民政府确定计征方式。③全面清理涉及矿产资源的收费基金，在实施资源税从价计征改革的同时，将全部资源品目矿产资源补偿费费率降为零，停止征收价格调节基金，取缔地方针对矿产资源违规设立的各种收费基金项目。④合理确定资源税税率水平，对《资源税税目税率幅度表》中列举名称的资源品目，由省级人民政府在规定的税率幅度内提出具体适用税率建议，报财政部、国家税务总局确定核准；对未列举名称的其他金属和非金属矿产品，由省级人民政府根据实际情况确定具体税目和适用税率，报财政部、国家税务总局备案。⑤加强矿产资源税收优惠政策管理，提高资源综合利用效率，对符合条件的采用充填开采方式采出的矿产资源，以及符合条件的衰竭期矿山开采的矿产资源，减征资源税；对鼓励利用的低品位矿、废石、尾矿、废渣、废水、废气等提取的矿产品，由省级人

〔1〕列举名称的21种资源品目包括：铁矿、金矿、铜矿、铝土矿、铅锌矿、镍矿、锡矿、石墨、硅藻土、高岭土、萤石、石灰石、硫铁矿、磷矿、氯化钾、硫酸钾、井矿盐、湖盐、提取地下卤水晒制的盐、煤层（成）气、海盐。

民政府根据实际情况确定是否减税或免税，并制定具体办法。在河北省试点水资源税改革1年半后，2017年12月1日起，北京、天津、山西等9省（区、市）纳入水资源税试点范围。2011～2019年是资源税改革的关键阶段，这一阶段，从指导思想到征收范围、征收方式都发生了重大变化：从指导思想上看，一方面以提高资源的利用效率、生态环境保护为目的，适当提高了资源税率；另一方面，对于页岩气、充填开采方式采出的矿产资源以及利用低品位矿、废石、尾矿、废渣、废水、废气等提取的矿产品，为了鼓励页岩气的开发利用和提高资源的综合利用水平，采取减征甚至免征资源税的优惠政策，使得资源税朝着绿色方向发展，成为资源环境税种；从征收范围上看，逐渐探索扩大征税范围，使资源税的名称与征税实际日趋一致；从征收方式上看，建立了“从价计征为主、从量计征为辅”的格局。此外，确立了清费立税的原则，基本上解决了税费重叠、功能交叉问题。资源税自1984年开征以来，经过渐进式、深层次的改革，一个集财产税、目的税于一身，具有参与分利、限制开采、保护生态与环境等多功能的资源税基本成型。但是，自然资源种类多、涉及利益格局复杂，资源税仍然有待进一步完善。

（二）资源税法的概念及其发展历程

资源税法是国家制定的调整与确认资源税税务活动中征纳主体及相关主体之间所形成的社会关系的法律规范的总称。

新中国的资源税法经历了从无到有、法律位阶逐步提升的过程。[1]最早涉及资源税的法律规范是1950年1月由政务院公布的《全国税政实施要则》，其中规定对盐的生产、运销征收盐税。在1973年盐税并入工商税后，专门的资源税法在整体税法中消失了。直到1984年第二步利改税和工商税制全面改革时，才将资源税法专门从整体税法体系中独立出来，但却将同属于资源范围的矿产品和盐设立了两个单行税法，分别是：1984年9月18日国务院颁布的《盐税条例（草案）》和《资源税暂行条例（草案）》，两个条例（草案）均于同年10月1日起试行。两部资源税法的同时存在，导致了资源税法的不统一；而且1984年的资源税法存在征税范围过于狭窄等问题。随着1986年颁布的《矿产资源法》将资源税以法律形式确立下来，解决仅仅针对少数矿产品的级差收入征税的资源税法问题更显迫切。1993年12月25日国务院重新颁布了《资源税暂行

[1] 周泰研究院、周泰全球能源矿冶法律服务团队：“资源税法的前世今生”，载《中国矿业报》2020年8月31日，第2版。

条例》，自1994年1月1日起施行。1994年的税法改革，扩大了资源税的征税范围，适度调高了单位税额，将盐税并入了资源税，实现了资源税法的统一。但由于1994年实施的资源税法存在以下问题：一是对所有应税资源实行从量计征，使国家无法从应税资源的价格上涨中获得相应的税收利益；二是有些应税资源税目不够细化；三是有些应税资源税率已与现实不相适应，等等，2011年9月30日国务院公布了《关于修改<资源税暂行条例>的决定》，调整了原油、天然气资源税的计征办法和税率，将开采海洋或陆上油气资源的中外合作油气田缴纳的矿区使用费并入了资源税，自2011年11月1日起施行。修订后的《资源税暂行条例》解决了油气资源税问题，但是依然存在征税范围过窄、油气资源以外资源的计征方法不合理、税费关系不清晰等等一系列深层次问题，经过2011～2019年渐进式改革，在征收范围逐步拓展、计征方法不断改进、基本解决税费重叠与功能交叉问题的基础上，与改革同步、与未来同路[1]的《资源税法》于2019年8月26日由第十三届全国人民代表大会常务委员会第十二次会议通过，自2020年9月1日起施行，资源税实现了由规升法。

二、资源税法的基本内容

（一）纳税人

资源税的纳税人，为在中华人民共和国领域及其管辖的其他海域开发应税资源的单位和个人。这里的“单位”是指企业、行政单位、事业单位、军事单位、社会团体及其他单位；“个人”是指个体工商户和其他个人。

中外合作开采陆上、海上石油资源的企业依法缴纳资源税。但是，2011年11月1日前已依法订立中外合作开采陆上、海上石油资源合同的，在该合同有效期内，继续依照国家有关规定缴纳矿区使用费，不缴纳资源税；合同期满后，依法缴纳资源税。

（二）征税范围

第二编

资源税的征税范围由资源税法所附《资源税税目税率表》（以下简称《税目税率表》）确定，包括能源矿产、金属矿产、非金属矿产、水气矿产和盐，各税目的征税对象包括原矿或选矿。具体包括：

1. 能源矿产。包括原油，天然气、页岩气、天然气水合物，煤，煤成

[1] “资源税法通过：与改革同步与未来同路”，载中国人大网，http：www.npc.gov.cn，最后访问时间：2021年1月25日。

（层）气，铀、钍，油页岩、油砂、天然沥青、石煤，地热。

2. 金属矿产。包括黑色金属和有色金属。黑色金属包括铁、锰、铬、钒、钛。有色金属包括铜、铅、锌、锡、镍、锑、镁、钴、铋、汞，铝土矿，钨，钼，金、银，铂、钯、钌、锇、铱、铑，轻稀土，中重稀土，铍、锂、锆、锶、铷、铯、铌、钽、锗、镓、铟、铊、铪、铼、镉、硒、碲。

3. 非金属矿产。包括矿物类、岩石类、宝玉石类。矿物类包括高岭土，石灰岩，磷，石墨，萤石、硫铁矿、自然硫，天然石英砂、脉石英、粉石英、水晶、工业用金刚石、冰洲石、蓝晶石、硅线石（矽线石）、长石、滑石、刚玉、菱镁矿、颜料矿物、天然碱、芒硝、钠硝石、明矾石、砷、硼、碘、溴、膨润土、硅藻土、陶瓷土、耐火粘土、铁矾土、凹凸棒石粘土、海泡石粘土、伊利石粘土、累托石粘土，叶蜡石、硅灰石、透辉石、珍珠岩、云母、沸石、重晶石、毒重石、方解石、蛭石、透闪石、工业用电气石、白垩、石棉、蓝石棉、红柱石、石榴子石、石膏，其他粘土。岩石类包括大理岩、花岗岩、白云岩、石英岩、砂岩、辉绿岩、安山岩、闪长岩、板岩、玄武岩、片麻岩、角闪岩、页岩、浮石、凝灰岩、黑曜岩、霞石正长岩、蛇纹岩、麦饭石、泥灰岩、含钾岩石、含钾砂页石、天然油石、橄榄岩、松脂岩、粗面岩、辉长岩、辉石岩、正长岩、火山灰、火山渣、泥炭，砂石。宝玉石类包括宝石、玉石、宝石级金刚石、玛瑙、黄玉、碧玺。

4. 水气矿产。包括二氧化碳气、硫化氢气、氦气、氡气，矿泉水。

5. 盐。包括钠盐、钾盐、镁盐、锂盐，天然卤水，海盐。

纳税人开采或者生产应税产品自用的，视同销售，应当按规定缴纳资源税；但是，自用于连续生产应税产品的，不缴纳资源税。纳税人自用应税产品应当缴纳资源税的情形，包括纳税人以应税产品用于非货币性资产交换、捐赠、偿债、赞助、集资、投资、广告、样品、职工福利、利润分配或者连续生产非应税产品等。

国务院根据国民经济和社会发展需要，依照资源税法的原则，对取用地表水或者地下水的单位和个人试点征收水资源税。征收水资源税的，停止征收水资源费。水资源税试点实施办法由国务院规定，报全国人民代表大会常务委员会备案。

（三）计税依据

资源税以纳税人开发应税资源产品（以下简称应税产品）的销售额或者销售数量为计税依据。应税产品为矿产品的，包括原矿和选矿产品。

1. 应税产品的销售额。应税产品销售额是指纳税人销售应税产品向购买方收取的全部价款，但不包括收取的增值税税款。计入销售额中的相关运杂费用，凡取得增值税发票或者其他合法有效凭据的，准予从销售额中扣除。相关运杂费用是指应税产品从坑口或者洗选（加工）地到车站、码头或者购买方指定地点的运输费用、建设基金以及随运销产生的装卸、仓储、港杂费用。

纳税人申报的应税产品销售额明显偏低且无正当理由的，或者有自用应税产品行为而无销售额的，主管税务机关可以按下列方法和顺序确定其应税产品销售额：

（1）按纳税人最近时期同类产品的平均销售价格确定。

（2）按其他纳税人最近时期同类产品的平均销售价格确定。

（3）按后续加工非应税产品销售价格，减去后续加工环节的成本利润后确定。

（4）按应税产品组成计税价格确定。其计算公式为：

组成计税价格＝成本×（1＋成本利润率）÷（1－资源税税率）

上述公式中的“成本”是指应税产品的实际生产成本，“成本利润率”由省、自治区、直辖市税务机关确定。

（5）按其他合理方法确定。

2. 应税产品的销售数量。应税产品的销售数量，包括纳税人开采或者生产应税产品的实际销售数量和自用于应当缴纳资源税情形的应税产品数量。

3. 计税依据的特殊规定。

（1）纳税人外购应税产品与自采应税产品混合销售或者混合加工为应税产品销售的，在计算应税产品销售额或者销售数量时，准予扣减外购应税产品的购进金额或者购进数量；当期不足扣减的，可结转下期扣减。纳税人应当准确核算外购应税产品的购进金额或者购进数量，未准确核算的，一并计算缴纳资源税。

纳税人核算并扣减当期外购应税产品购进金额、购进数量，应当依据外购应税产品的增值税发票、海关进口增值税专用缴款书或者其他合法有效凭据。

（2）纳税人以外购原矿与自采原矿混合为原矿销售，或者以外购选矿产品与自产选矿产品混合为选矿产品销售的，在计算应税产品销售额或者销售数量时，直接扣减外购原矿或者外购选矿产品的购进金额或者购进数量。

纳税人以外购原矿与自采原矿混合洗选加工为选矿产品销售的，在计算应税产品销售额或者销售数量时，按照下列方法进行扣减：

准予扣减的外购应税产品购进金额（数量）＝外购原矿购进金额（数量）

×（本地区原矿适用税率÷本地区选矿产品适用税率）

不能按照上述方法计算扣减的，按照主管税务机关确定的其他合理方法进行扣减。

（3）纳税人开采或者生产同一税目下适用不同税率应税产品的，应当分别核算不同税率应税产品的销售额或者销售数量；未分别核算或者不能准确提供不同税率应税产品的销售额或者销售数量的，从高适用税率。

（4）纳税人以自采原矿（经过采矿过程采出后未进行选矿或者加工的矿石）直接销售，或者自用于应当缴纳资源税情形的，按照原矿计征资源税。

纳税人以自采原矿洗选加工为选矿产品（通过破碎、切割、洗选、筛分、磨矿、分级、提纯、脱水、干燥等过程形成的产品，包括富集的精矿和研磨成粉、粒级成型、切割成型的原矿加工品）销售，或者将选矿产品自用于应当缴纳资源税情形的，按照选矿产品计征资源税，在原矿移送环节不缴纳资源税。对于无法区分原生岩石矿种的粒级成型砂石颗粒，按照砂石税目征收资源税。

（5）纳税人开采或者生产同一应税产品，其中既有享受减免税政策的，又有不享受减免税政策的，按照免税、减税项目的产量占比等方法分别核算确定免税、减税项目的销售额或者销售数量。

纳税人开采或者生产不同税目应税产品的，应当分别核算不同税目应税产品的销售额或者销售数量；未分别核算或者不能准确提供不同税目应税产品的销售额或者销售数量的，从高适用税率。

（四）税率

资源税采用比例税率和定额税率两种形式。税目、税率，依照《税目税率表》执行。其中对地热、石灰岩、其他粘土、砂石、矿泉水和天然卤水 6 种应税资源采用比例税率或定额税率，其他应税资源均采用比例税率。

《税目税率表》中规定实行幅度税率的，其具体适用税率由省、自治区、直辖市人民政府统筹考虑该应税资源的品位、开采条件以及对生态环境的影响等情况，在《税目税率表》规定的税率幅度内提出，报同级人民代表大会常务委员会决定，并报全国人民代表大会常务委员会和国务院备案。《税目税率表》中规定征税对象为原矿或者选矿的，应当分别确定具体适用税率。水资源税根据当地水资源状况、取用水类型和经济发展等情况实行差别税率。

资源税法分级分类确定税率的权限划分方式，对原油，天然气、页岩气、天然气水合物，铀、钍，中重稀土，钨，钼六类战略资源实行税法直接确定的固定税率，其他应税资源实行幅度税率，由税法确定幅度，并授权省级人民政府提出本地区的具体适用税率，报同级人大常委会决定。这种方式既可以保障国家对战略资源的宏观调控需要，又对地方充分授权，有利于调动地方加强管理的积极性。

（五）计税原理

资源税按照《税目税率表》实行从价计税或者从量计税。《税目税率表》中规定可以选择实行从价计征或者从量计征的，具体计征方式由省、自治区、直辖市人民政府提出，报同级人民代表大会常务委员会决定，并报全国人民代表大会常务委员会和国务院备案。

1. 从价计税。资源税税目采用从价计税的，应纳税额以应税产品的销售额乘以纳税人具体适用的比例税率计算。其计算公式为：

$$应纳税额 = 销售额 \times 比例税率$$

2. 从量计税。资源税税目采用从量计税的，应纳税额以应税产品的销售数量乘以纳税人具体适用的定额税率计算。其计算公式为：

$$应纳税额 = 销售量 \times 定额税率$$

（六）减免税

1. 免税。有下列情形之一的，免征资源税：

（1）开采原油以及在油田范围内运输原油过程中用于加热的原油、天然气；

（2）煤炭开采企业因安全生产需要抽采的煤成（层）气。

2. 减税。有下列情形之一的，减征资源税：

（1）从低丰度油气田开采的原油、天然气，减征20%资源税；

（2）高含硫天然气、三次采油和从深水油气田开采的原油、天然气，减征30%资源税；

（3）稠油、高凝油减征40%资源税；

（4）从衰竭期矿山开采的矿产品，减征30%资源税。

上述低丰度油气田，包括陆上低丰度油田、陆上低丰度气田、海上低丰度油田、海上低丰度气田。陆上低丰度油田是指每平方公里原油可开采储量丰度低于25万立方米的油田；陆上低丰度气田是指每平方公里天然气可开采储量丰度低于2.5亿立方米的气田；海上低丰度油田是指每平方公里原油可开采储量丰度低于60万立方米的油田；海上低丰度气田是指每平方公里天然气可开采储量丰度低于6亿立方米的气田。高含硫天然气，是指硫化氢含量在每立方米30克以上的天然气。三次采油，是指二次采油后继续以聚合物驱、复合驱、泡沫驱、气水交替驱、二氧化碳驱、微生物驱等方式进行采油。稠油，是指地层原油粘度大于或等于50毫帕每秒或原油密度大于或等于0.92克原油每立方厘米。高凝油，是指凝固点高于40摄氏度的原油。衰竭期矿山，是指设计开采年限超过15年，且剩余可开采储量下降到原设计可开采储量的20%以下或者剩余开采年限不超过5年的矿山，衰竭期矿山以开采企业下属的单个矿山为单位确定。

3. 特定情形下的减免税。

（1）根据国民经济和社会发展需要，国务院对有利于促进资源节约集约利用、保护环境等情形可以规定免征或者减征资源税，报全国人民代表大会常务委员会备案。

（2）有下列情形之一的，省、自治区、直辖市可以决定免征或者减征资源税：①纳税人开采或者生产应税产品过程中，因意外事故或者自然灾害等原因遭受重大损失；②纳税人开采共伴生矿、低品位矿、尾矿。

上述免征或者减征资源税的具体办法，由省、自治区、直辖市人民政府提出，报同级人民代表大会常务委员会决定，并报全国人民代表大会常务委员会和国务院备案。

纳税人开采或者生产同一应税产品同时符合两项或者两项以上减征资源税优惠政策的，除另有规定外，只能选择其中一项执行。

纳税人的免税、减税项目，应当单独核算销售额或者销售数量；未单独核算或者不能准确提供销售额或者销售数量的，不予免税或者减税。

（七）纳税义务发生的时间

资源税纳税义务发生时间是：

1. 纳税人销售应税产品的，其纳税义务发生时间为收讫销售款或者取得索取销售款凭据的当日。

2. 纳税人自用应税产品的，其纳税义务发生时间为移送应税产品的当日。

（八）纳税地点

纳税人应当向应税产品开采地或者生产地的税务机关申报缴纳资源税。

（九）纳税期限与纳税申报期限

纳税人按月或者按季申报缴纳资源税；不能按固定期限计算缴纳的，可以按次申报缴纳。

纳税人按月或者按季申报缴纳资源税的，应当自月度或者季度终了之日起15日内，向税务机关办理纳税申报并缴纳税款；按次申报缴纳的，应当自纳税义务发生之日起15日内，向税务机关办理纳税申报并缴纳税款。

■第三节 耕地占用税法

一、耕地占用税法概述

（一）耕地占用税的概念

耕地占用税是对在中国境内占用耕地建设建筑物、构筑物或者从事非农业建设的单位和个人征收的一种税。

耕地占用税开征于1987年4月1日，征税主要目的在于限制非农业建设占用耕地。该税的开征，"曾对保护耕地、促进土地资源合理利用起到了积极的作用。据有关数据显示，1982年~1986年的5年间，全国耕地每年减少600万亩。开征耕地占用税后，各项非农业建设占用耕地呈现逐年减少的趋势，有效控制了耕地占用的规模和速度。由于当时国家还没有开征土地出让金，耕地占用税在用地成本中的比例一般在20%左右，调节作用十分显著。"[1]但随着此后我国经济近20年的高速发展，根据当时背景确定的税率已明显偏低，耕地占用税保护耕地的作用弱化，调节职能的发挥也受到了制约。"据有关方面统计，1997年我国的耕地总量为19.51亿亩，到2006年则下降到18.27亿亩，10年间我国耕地面积减少了1.24亿亩。"[2]2006年3月国务院总理温家宝在向第十届全国人民代表大会第五次会议所作的政府工作报告中郑重强调："要守住18亿亩耕地这条红线！"面对严峻形势，作为加强耕地保护，缓解我国耕地资源紧缺问题和土地供需矛盾的政策"组合拳"的一部分，2008年1月1日起通过提高耕地占用税的税额标准，将外资企业纳入征税范围，从严控制减免税，规范征收管理，加大了对耕地的保护。耕地占用税具有鲜明的行为税性质，实行一次性征收，属于利用经济手段限制乱占滥用耕地的目的性税种。

（二）耕地占用税法的概念及其发展历程

耕地占用税法是指国家制定的调整和确认耕地占用税税务活动中征纳主体

第二编

[1] "财政部、国家税务总局有关负责人解读新耕地占用税条例相关规定——耕地保护形势严峻催生耕地占用税新条例出台"，载中华第一财税网，http：//www.tax.org.cn，最后访问时间：2021年2月21日。

[2] "财政部、国家税务总局有关负责人解读新耕地占用税条例相关规定——耕地保护形势严峻催生耕地占用税新条例出台"，载中华第一财税网，http：//www.tax.org.cn，最后访问时间：2021年2月21日。

及相关主体之间形成的社会关系的法律规范的总称。

我国的耕地占用税法开始于1987年。1987年4月1日，国务院发布了《耕地占用税暂行条例》，对占用耕地建房或者从事非农业建设的单位和个人征收耕地占用税。随着经济高速发展，1987年耕地占用税法存在征收范围偏窄、税负偏轻、税负不公等诸多问题，耕地占用税保护耕地的作用弱化。2007年12月1日，国务院修订了《耕地占用税暂行条例》，自2008年1月1日起施行。修订后的条例大幅度提高了税额标准，统一了内外资企业税负水平，严格了减免税，加强了征收管理，对促进合理利用土地资源、加大耕地保护发挥了重要作用。2013年11月15日中共中央正式公布的《中共中央关于全面深化改革若干重大问题的决定》提出"落实税收法定原则"，制定耕地占用税法是重要任务之一，被列入了《全国人大常委会2018年立法工作计划》和《国务院2018年立法工作计划》。2018年12月29日第十三届全国人民代表大会常务委员会第七次会议通过了《耕地占用税法》，自2019年9月1日起施行。为落实《耕地占用税法》，财政部、税务总局、自然资源部、农业农村部、生态环境部制定了《耕地占用税法实施办法》，与《耕地占用税法》同步实施。将《耕地占用税暂行条例》上升为法律，总体上属于税制平移，同时，也根据实际情况，对个别征税事项作了相应调整。

二、耕地占用税法的基本内容

（一）纳税人

耕地占用税的纳税人为在中国境内占用耕地建设建筑物、构筑物或者从事其他非农业建设的单位和个人。

经批准占用耕地的，纳税人为农用地转用审批文件中标明的建设用地人；农用地转用审批文件中未标明建设用地人的，纳税人为用地申请人，其中用地申请人为各级人民政府的，由同级土地储备中心、自然资源主管部门或政府委托的其他部门、单位履行耕地占用税申报纳税义务。未经批准占用耕地的，纳税人为实际用地人。

（二）征税范围

1. 占用耕地。纳税人为建设建筑物、构筑物或者从事其他非农业建设而占用的国家所有和集体所有的耕地，应当缴纳耕地占用税。但占用耕地建设农田水利设施的，不缴纳耕地占用税。这里的"耕地"，是指用于种植农作物的土地。

2. 临时占用耕地。纳税人因建设项目施工或者地质勘查临时占用耕地，应缴纳耕地占用税。但纳税人在批准临时占用耕地期满之日起 1 年内恢复种植条件的，全额退还已缴纳的税款。临时占用耕地是指经自然资源主管部门批准，在一般不超过 2 年内临时使用耕地并且没有修建永久性建筑物的行为。

因挖损、采矿塌陷、压占、污染等损毁耕地属于税法所称的非农业建设，应缴纳耕地占用税；自自然资源、农业农村等相关部门认定损毁耕地之日起 3 年内依法复垦或修复，恢复种植条件的，比照临时占用耕地退税规定办理退税。依法复垦应由自然资源主管部门会同有关行业管理部门认定并出具验收合格确认书。

3. 占用园地、林地、草地、农田水利用地、养殖水面、渔业水域滩涂以及其他农用地。占用园地、林地、草地、农田水利用地、养殖水面、渔业水域滩涂以及其他农用地建设建筑物、构筑物或者从事非农业建设的，应依法缴纳耕地占用税。其中：

园地，包括果园、茶园、橡胶园以及种植桑树、可可、咖啡、油棕、胡椒、药材等其他多年生作物的园地。

林地，包括乔木林地、竹林地、红树林地、森林沼泽、灌木林地、灌丛沼泽以及疏林地、未成林地、迹地、苗圃等林地，不包括城镇村庄范围内的绿化林木用地，铁路、公路征地范围内的林木用地，以及河流、沟渠的护堤林用地。

草地，包括天然牧草地、沼泽草地、人工牧草地，以及用于农业生产并已由相关行政主管部门发放使用权证的草地。

农田水利用地，包括农田排灌沟渠及相应附属设施用地。

养殖水面，包括人工开挖或者天然形成的用于水产养殖的河流水面、湖泊水面、水库水面、坑塘水面及相应附属设施用地。

渔业水域滩涂，包括专门用于种植或者养殖水生动植物的海水潮浸地带和滩地，以及用于种植芦苇并定期进行人工养护管理的苇田。

占用上述农用地建设直接为农业生产服务的生产设施的，不缴纳耕地占用税。直接为农业生产服务的生产设施，是指直接为农业生产服务而建设的建筑物和构筑物。具体包括：储存农用机具和种子、苗木、木材等农业产品的仓储设施；培育、生产种子、种苗的设施；畜禽养殖设施；木材集材道、运材道；农业科研、试验、示范基地；野生动植物保护、护林、森林病虫害防治、森林防火、木材检疫的设施；专为农业生产服务的灌溉排水、供水、供电、供热、供气、通讯基础设施；农业生产者从事农业生产必需的食宿和管理设施；其他直接为农业生产服务的生产设施。

（三）计税依据

耕地占用税的计税依据为纳税人实际占用的耕地面积。实际占用的耕地面积包括经批准占用的耕地面积和未经批准占用的耕地面积。

（四）税率

耕地占用税采用定额税率。具体如下：

1. 人均耕地不超过1亩的地区（以县级行政区域为单位，下同），每平方米为10元～50元。

2. 人均耕地超过1亩但不超过2亩的地区，每平方米为8元～40元。

3. 人均耕地超过2亩但不超过3亩的地区，每平方米为6元～30元。

4. 人均耕地超过3亩的地区，每平方米为5元～25元。

各地区耕地占用税的适用税额，由省、自治区、直辖市人民政府根据人均耕地面积和经济发展等情况，在上述规定的税额幅度内提出，报同级人民代表大会常务委员会决定，并报全国人民代表大会常务委员会和国务院备案。

耕地占用税法一方面规定了各地区每平方米耕地的差别化税额，另一方面，为适当平衡各地税负，根据人均耕地面积和经济发展等情况，还确定了各省、自治区、直辖市耕地占用税的平均税额。各省、自治区、直辖市耕地占用税适用税额的平均水平，不得低于《各省、自治区、直辖市耕地占用税平均税额表》规定的平均税额。依据《各省、自治区、直辖市耕地占用税平均税额表》，各省、自治区、直辖市耕地占用税的平均税额每平方米分别为：上海45元；北京40元；天津35元；江苏、浙江、福建、广东30元；辽宁、湖北、湖南25元；河北、安徽、江西、山东、河南、重庆、四川22.5元；广西、海南，贵州、云南、陕西20元；山西、吉林、黑龙江17.5元；内蒙古、西藏、甘肃、青海、宁夏、新疆12.5元。

在人均耕地低于0.5亩的地区，省、自治区、直辖市可以根据当地经济发展情况，适当提高耕地占用税的适用税额，但提高的部分不得超过确定的适用税额的50%。

占用基本农田的，应当按照当地适用税额，加按150%征收。基本农田是指依据《基本农田保护条例》划定的基本农田保护区范围内的耕地。

占用园地、林地、草地、农田水利用地、养殖水面、渔业水域滩涂以及其他农用地建设建筑物、构筑物或者从事非农业建设的，适用税额可以适当低于本地区确定的适用税额，但降低的部分不得超过50%。具体适用税额由省、自治区、直辖市人民政府提出，报同级人民代表大会常务委员会决定，并报全国人民代表大会常务委员会和国务院备案。

（五）计税原理

耕地占用税应纳税额为纳税人实际占用的耕地面积（平方米）乘以适用税额。计算公式为：

应纳税额＝实际占用的耕地面积（平方米）×适用税额

（六）减免税

下列情形免征或减征耕地占用税：

1. 军事设施、学校、幼儿园、社会福利机构、医疗机构占用耕地，免征耕地占用税。

（1）免税的军事设施，具体范围为《中华人民共和国军事设施保护法》规定的军事设施。

（2）免税的学校，具体范围包括县级以上人民政府教育行政部门批准成立的大学、中学、小学，学历性职业教育学校和特殊教育学校，以及经省级人民政府或其人力资源社会保障行政部门批准成立的技工院校。学校内经营性场所和教职工住房占用耕地的，按照当地适用税额缴纳耕地占用税。

（3）免税的幼儿园，具体范围限于县级以上人民政府教育行政部门批准成立的幼儿园内专门用于幼儿保育、教育的场所。

（4）免税的社会福利机构，具体范围限于依法登记的养老服务机构、残疾人服务机构、儿童福利机构、救助管理机构、未成年人救助保护机构内，专门为老年人、残疾人、未成年人、生活无着的流浪乞讨人员提供养护、康复、托管等服务的场所。

（5）免税的医疗机构，具体范围限于县级以上人民政府卫生健康行政部门批准设立的医疗机构内专门从事疾病诊断、治疗活动的场所及其配套设施。医疗机构内职工住房占用耕地的，按照当地适用税额缴纳耕地占用税。

2. 铁路线路、公路线路、飞机场跑道、停机坪、港口、航道、水利工程占用耕地，减按每平方米2元的税额征收耕地占用税。

（1）减税的铁路线，具体范围限于铁路路基、桥梁、涵洞、隧道及其按照规定两侧留地、防火隔离带。专用铁路和铁路专用线占用耕地的，按照当地适用税额缴纳耕地占用税。

（2）减税的公路线路，具体范围限于经批准建设的国道、省道、县道、乡道和属于农村公路的村道的主体工程以及两侧边沟或者截水沟。专用公路和城区内机动车道占用耕地的，按照当地适用税额缴纳耕地占用税。

(3) 减税的飞机场跑道、停机坪，具体范围限于经批准建设的民用机场专门用于民用航空器起降、滑行、停放的场所。

(4) 减税的港口，具体范围限于经批准建设的港口内供船舶进出、停靠以及旅客上下、货物装卸的场所。

(5) 减税的航道，具体范围限于在江、河、湖泊、港湾等水域内供船舶安全航行的通道。

(6) 减税的水利工程，具体范围限于经县级以上人民政府水行政主管部门批准建设的防洪、排涝、灌溉、引（供）水、滩涂治理、水土保持、水资源保护等各类工程及其配套和附属工程的建筑物、构筑物占压地和经批准的管理范围用地。

3. 农村居民在规定用地标准以内占用耕地新建自用住宅，按照当地适用税额减半征收耕地占用税；其中农村居民经批准搬迁，新建自用住宅占用耕地不超过原宅基地面积的部分，免征耕地占用税。

4. 农村烈士遗属、因公牺牲军人遗属、残疾军人以及符合农村最低生活保障条件的农村居民，在规定用地标准以内新建自用住宅，免征耕地占用税。

根据国民经济和社会发展的需要，国务院可以规定免征或者减征耕地占用税的其他情形，报全国人民代表大会常务委员会备案。

依照规定免征或者减征耕地占用税后，纳税人改变原占地用途，不再属于免征或者减征耕地占用税情形的，应当按照当地适用税额补缴耕地占用税。

（七）纳税义务发生时间与申报缴纳期限

耕地占用税的纳税义务发生时间为纳税人收到自然资源主管部门办理占用耕地手续的书面通知的当日。未经批准占用耕地的，耕地占用税纳税义务发生时间为自然资源主管部门认定的纳税人实际占用耕地的当日。因挖损、采矿塌陷、压占、污染等损毁耕地的，纳税义务发生时间为自然资源、农业农村等相关部门认定损毁耕地的当日。

纳税人应当自纳税义务发生之日起30日内申报缴纳耕地占用税。

自然资源主管部门凭耕地占用税完税凭证或者免税凭证和其他有关文件发放建设用地批准书。

（八）纳税地点

纳税人占用耕地，应当在耕地所在地税务机关申报纳税。税务机关按照规定的适用税额一次性征收。

（九）其他部门协税义务

县级以上地方人民政府自然资源、农业农村、水利等相关部门应当定期向税务机关提供农用地转用、临时占地等信息，协助税务机关加强耕地占用税征收管理。纳税人占地类型、占地面积和占地时间等纳税申报数据材料以自然资源等相关部门提供的相关材料为准；未提供相关材料或者材料信息不完整的，经主管税务机关提出申请，由自然资源等相关部门自收到申请之日起30日内出具认定意见。

税务机关发现纳税人的纳税申报数据资料异常或者纳税人未按照规定期限申报纳税的，可以提请相关部门进行复核，相关部门应当自收到税务机关复核申请之日起30日内向税务机关出具复核意见。

■第四节　土地增值税法

一、土地增值税法概述

（一）土地增值税的概念

土地增值税是对在中国境内转让房地产并取得收入的单位和个人征收的一种税。

土地增值税从其名称看，貌似增值税，但它与对一般商品与劳务征收的增值税有着明显的不同，因为其征税对象是土地这种典型的不动产。此外，土地增值税的计税依据是土地的收益增值额，因而又具有一定的所得税性质。有的国家实际上是把转让土地的所得作为资本利得，与营业所得一并征收所得税。当然，也有一部分国家单独对土地及其他不动产收益单独课税，从而形成独立于一般商品税、所得税之外的土地增值税。[1]对土地增值单独课税的国家，其理论依据是18世纪中期法国重农主义经济学家魁奈首创的土地租税学说，“该学说的基本思想是：①土地的自然增值是一种不劳而获的所得，应通过课税而归社会全体所有，不能为土地所有者独占；②就土地增值部分课税，可以达到限制地价居奇抬高和投机的目的；③随着现代社会地价的日益增长，课征土地增值税可以为财政提供一个稳定可靠的收入来源”。[2]

---

〔1〕张守文：《税法原理》，北京大学出版社1999年版，第284页。

〔2〕王传纶、王平武主编：《中国新税制业务全书》，中国金融出版社1994年版，第376页。

“土地增值税起源于19世纪的欧洲。1820年德国对土地转移收益征税，此为土地增值税的雏形。1898年，德国在中国租借地青岛，为了弥补筑路开发费用，颁布命令开征了土地增值税。1904年，由于德国土地税制不合理，加上当时的地价激增，德国遂正式实施土地增值税制度。由于各国在与土地增值税的课征有关的土地估价登记资料、人员配备及制定切实可行的原则、方法方面，遇到诸多困难，因此，课征土地增值税的国家并不多。”〔1〕

德国人在青岛征收土地增值税的实践，对于孙中山关于土地的思想产生了重大影响，1930年国民政府颁布《土地法》，其中规定土地增值税于土地所有权转移或者15年届满土地所有权无转移时征收，以土地增值额为计税依据，实行五级超额累进税率（20%至100%）。〔2〕中华人民共和国成立后，土地不能私自买卖，因此，建国初期并未设置土地增值税。改革开放前，土地管理实行行政划拨、无偿无限期使用、不允许买卖，因而，不存在土地增值税开征的基础。1986年6月25日第六届全国人民代表大会常务委员会第十六次会议通过《中华人民共和国土地管理法》，1987年对土地使用制度进行改革，实行国有土地有偿出让和转让后，促进了房地产业发展和房地产市场的建立，对提高土地使用效益、增加国家财政收入等产生了积极作用。但是，由于土地管理的各项制度滞后与行政管理上的偏差，出现了一些问题，特别是1992年、1993年上半年部分地区出现了房地产高温，炒买炒卖地皮的情况，房地产开发企业从中牟取暴利，造成了国家土地增值收益的流失。为了适应市场经济发展的新形势，增强国家对房地产开发和房地产交易市场调控的需要；抑制炒买炒卖土地获取暴利的行为，保护正当房地产开发的发展；规范国家参与土地增值收益的分配方式，增加国家财政收入，土地增值税于1993年诞生。

我国土地增值税别称为“反房地产暴利税”，开征的直接目的是为了抑制通过炒买炒卖土地来投机获取暴利行为，加强对房地产开发和房地产市场的规范和管理，参与土地增值收益的分配、增加财政收入。因而，我国的土地增值税应当归属于目的性税种。但是，从计税方法来看，土地增值税实际上是一种所得税。土地增值税自1994年开征以来，理论界对于该税种的争论未曾中断过，是否需要保留或者深度改革，多年来一直存在明显的不同意见。有学者认为：土地是稀缺的资源，土地总是供不应求的，土地的级差收入会不断提高，从而

---

〔1〕杨萍等：《财政法新论》，法律出版社2000年版，第226页。

〔2〕叶剑平、杨乔木、施昱年、赵燕军：“中国土地增值税征收问题研究”，载《北京社会科学》2014年第5期。

使土地不断增值，而这种增值并非是由于土地经营者的投资经营而产生的，国家在这种增值中起了相当的作用，尤其是国家作为土地所有者的情况下，便更有权参与这种增值收益的分享，开征土地增值税是合理的;〔1〕也有学者认为：土地增值税具有所得税的性质，与现行的企业所得税与个人所得税交叉，有重复征税之嫌，其他国家也很罕见，〔2〕在完善房地产税收制度时，应该认真考虑相关税种的衔接问题，该整合的整合，该简并的简并。〔3〕在我国的税制体系中，这个税种究竟如何处理，是存还是废，还有待进一步深入研究与论证。

（二）土地增值税法的概念及其发展历程

土地增值税法是国家制定的调整和确认土地增值税税务活动中征税主体与纳税主体之间形成的社会关系的法律规范的总称。

我国土地增值税法始于1994年。随着1986年6月25日第六届全国人民代表大会常务委员会第十六次会议通过《中华人民共和国土地管理法》（以下简称《土地管理法》），1988年4月12日第七届全国人民代表大会第一次会议通过《中华人民共和国宪法修正案（1988年）》，土地使用权可以依照法律规定转让。1990年5月19国务院发布《中华人民共和国城镇国有土地使用权出让和转让暂行条例》，对国有土地使用权的出让和转让作了界定，为土地使用权作为生产要素进入市场提供了法律保障，由此促进了房地产业的迅速发展。但同时也出现了一些问题，如土地供给计划不强，成片出租的量过大，价格过低，造成国有土地收益大量流失；盲目设立开发区、占用耕地过多、开发利用率低；房地产市场机制机制不规范，炒作过剩。为调节房地产交易中的过高利润，规范土地、房地产市场交易秩序，1993年12月13日，国务院颁布《土地增值税暂行条例》，自1994年1月1日起对转让国有土地使用权、地上建筑物及附着物的单位和个人征收土地增值税。根据该条例的授权，财政部于1995年1月27日印发了《土地增值税暂行条例实施细则》，从而确立了我国土地增值税制度的基本架构。

由于房地产的增值与其房地产所处地理位置、周边环境改善及社会经济发展推动土地价格上涨等非房地产所有人投资因素密切相关，故许多国家对房地产转让取得的增值额、所得额或是流转额征税。我国以增值额为计税依据，由

〔1〕张守文：《税法原理》，北京大学出版社1999年版，第284页。

〔2〕刘佐："南财快评：从财政部立法工作安排看2021年税收立法"，载《21世纪经济报道》2021年3月29日。

〔3〕梁倩等："土地增值税成地方调节收入工具"，载《经济参考报》2014年1月9日，第2版。

于采用超率累进税率，制度设计比较复杂，施行20余年来，在征管上面临着一些困难和压力，预征与清算不仅带来了税收征管难度，并且容易产生执法风险。现今中国的社会经济环境相比1993年《土地增值税暂行条例》出台时已有很大不同，房地产行业的利润空间逐渐收窄，新型的房地产产品推陈出新，《土地管理法》的重大修订尚未完成，土地增值税即使保留，也应配合国家的土地制度改革，故而，由规升法的时机并不成熟，第十三届全国人大常委会立法规划和2021年3月11日第十三届全国人大第四次会议批准的《中华人民共和国国民经济和社会发展第十四个五年规划和2035年远景目标纲要》并未提及该税种，国务院立法工作计划中也未提及该税种。但是，财政部和国家税务总局在2019年7月16日公开了《中华人民共和国土地增值税法（征求意见稿）》，此举显示政府还是想保留这一税种。全国人大的立法规划只是规划，并没有法律约束力，存在根据需要而变动的可能性，土地增值税法虽然不在全国人大立法规划范围内，政府仍然有法律提案权，是否采纳，决定权在全国人大。我们认为，土地增值税的立法应当放在整体税收结构的布局规划上来考虑，更多地考虑和房地产税立法的协调，并防止与所得税的重复，不可操之过急，前行之路还有很多荆棘有待排除。

二、土地增值税法的基本内容

（一）纳税人

土地增值税的纳税人，为在中国境内以出售或者其他方式有偿转让国有土地使用权、地上建筑物及其附着物并取得收入的单位和个人。这里的地上建筑物是指建于土地上的一切建筑物，包括地上地下的各种附属设施；附着物是指附着于土地上的不能移动，一经移动即遭损坏的物品；收入包括转让房地产的全部价款及有关的经济收益；单位是指各类企业单位、事业单位、国家机关和社会团体及其他组织；个人包括个体经营者和其他个人。

（二）计税依据

土地增值税的计税依据为纳税人转让房地产所取得的增值额。增值额是指纳税人转让房地产取得的收入减除规定扣除项目金额之后的余额。纳税人取得的收入包括转让房地产而取得的货币形态、实物形态及其他形态的全部价款及有关的经济收益。按规定可以扣除的项目包括：

1. 取得土地使用权所支付的金额。该金额是指纳税人为取得土地使用权所支付的地价款和按国家统一规定交纳的有关费用。

2. 房地产开发的成本、费用。房地产开发成本主要包括土地征用及拆迁补偿费、前期工程费、建筑安装工程费、基础设施费、公共配套设施费、开发间接费用等。房地产开发费用是指与房地产开发项目有关的销售费用、管理费用和财务费用。

3. 经过当地主管税务机关确认的旧房和建筑物的评估价格。

4. 与转让房地产有关的税金。它包括纳税人在转让房地产时缴纳的增值税、城市维护建设税和印花税。转让时缴纳的教育费附加可以视同税金扣除。

5. 财政部规定的其他扣除项目。

（三）税率

土地增值税实行四级超率累进税率：

1. 增值额未超过扣除项目金额50%的部分，税率为30%。

2. 增值额超过扣除项目金额50%未超过100%的部分，税率为40%。

3. 增值额超过扣除项目金额100%未超过200%的部分，税率为50%。

4. 增值额超过扣除项目金额200%的部分，税率为60%。

（四）计税原理

土地增值税应纳税额的计算，可以采用下列两种方法：

1. 先计算出增值额所属规定级别税率的不同部分，对不同部分适用相应税率，依次计算各部分增值额的应纳税额，各部分应纳税额之和为纳税人的全部应纳税额。其计算公式为：

应纳税额 = ∑（每级距的增值额 × 税率）

2. 先计算出增值额与扣除项目金额之间的比率，以确定适用的税率；然后用增值额乘以适用税率减去扣除项目金额乘以速算扣除系数。其计算公式为：

应纳税额 = 增值额 × 税率 − 扣除项目金额 × 速算扣除系数

速算扣除系数分别为0、5%、15%和35%。

由于采用上述第一种方法计算比较繁琐，一般采用第二种方法计算土地增值税税额，具体公式为：

（1）增值额未超过扣除项目金额50%的：

应纳税额 = 增值额 × 30%

（2）增值额超过扣除项目金额50%，未超过100%的：

应纳税额 = 增值额 × 40% − 扣除项目金额 × 5%

（3）增值额超过扣除项目金额100%，未超过200%的：

应纳税额 = 增值额 × 50% − 扣除项目金额 × 15%

（4）增值额超过扣除项目金额200%的：

$$应纳税额=增值额\times60\%-扣除项目金额\times35\%$$

这种先计算增值额，再计算增值率，进而确定适用税率，最后计算出应纳税额的计税机理，导致纳税人在项目全部竣工结算前转让房地产取得的收入，由于涉及成本确定或其他原因，而无法据以计算并准确计征土地增值税，为此，土地增值税采用预征的方法，待项目全部竣工、办理结算后再进行清算，多退少补。

（五）免税、减税

土地增值税的免税情形范围包括：建造普通标准住宅出售，增值额未超过各项规定扣除项目金额20%的；由于城市实施规划、国家建设需要依法被征收、收回的房地产；由于城市实施规划、国家建设需要而搬迁，由纳税人自行转让的房地产等。

符合上述免税规定的单位和个人，须向房地产所在地税务机关提出免税申请，经税务机关审核后，免予征收土地增值税。

个人因工作调动或改善居住条件而转让原自用住房，经向税务机关申报核准，凡居住满5年或5年以上的，免予征收土地增值税；居住满3年未满5年的，减半征收土地增值税。居住未满3年的，按规定计征土地增值税。

（六）纳税申报期限和纳税地点

纳税人应当自转让房地产合同签订之日起7日内向房地产所在地主管税务机关办理纳税申报，并提交房屋及建筑物产权、土地使用权证书，土地转让、房产买卖合同，房产评估报告和其他有关资料。之后，在税务机关核定的期限内缴纳土地增值税。

土地增值税由税务机关负责征收。土地管理部门、房产管理部门应当向税务机关提供有关资料，并协助税务机关依法征收土地增值税。

如果纳税人没有按照规定缴纳土地增值税，土地管理部门和房产管理部门不得办理有关的权属变更登记手续。

■第五节　环境保护税法

一、环境保护税法概述

（一）环境保护税的概念

环境保护税是对在中国领域和中国管辖的其他海域直接向环境排放应税污

染物的企业事业单位和其他生产经营者征收的一种税。

环境保护税可溯源到由英国福利经济学家庇古所提出的庇古税，它是根据污染所造成的危害程度对排污者征税，用税收来弥补排污者生产的私人成本和社会成本之间的差距，使两者相等，征税目的在于控制环境污染这种负外部性行为。庇古税本质上是一种污染税，属于直接环境税，通过征税，污染者便将负的外部性内部化。实践中，庇古税缺乏可行性。自20世纪70年代开始，庇古的观点已经为西方发达国家普遍接受，美国、瑞典、荷兰、丹麦、芬兰等众多欧美国家利用税收治理因经济发展带来的环境污染问题，硫税、碳税、燃料税、噪音税等环境税种不断问世，由此，税的职能实现了再一次延展〔1〕。

随着1980年可持续发展理论首次提出，人类发展观发生了根本性改变。可持续发展理论强调的是社会—经济—生态三方协调发展，对生态系统的可持续性与经济发展的可持续性这一对矛盾予以特别的关注，与外部性理论侧重于某一具体国家经济的发展不同，在追求生态—经济—社会的可持续发展过程中，可持续发展理论对外部性理论在时间上、在空间上进行了拓展，着眼于整个人类社会（包括后代人）和宏观经济环境，要求从本质上消除向后代延伸的外部性，需要国家间的合作和一致，相应地，处理国际性、全球性的生态环境问题不应再奉行人类中心主义，而应将目光放到人们赖以生存的生态自然环境上来。〔2〕可持续发展以其深刻的思想，丰富的内涵，深远的立意为世人所认同，越来越多地国家采用生态税、绿色环保税等多种特指税种来维护生态环境，不再仅仅针对污水、废气、噪音和废弃物等突出的显性污染进行强制征税，对于环境的消费、资源的利用以不同税种进行征税越来越普遍，如美国对损害臭氧层的化学品征收的消费税、对自然资源的开采征收的开采税，荷兰对家庭征收的用于为收集和处理垃圾筹集资金的垃圾税，〔3〕英国、德国、瑞典、丹麦等国家向塑料宣战，对不可回收的瓶装饮料容器的课税，〔4〕等等。环境保护税的制度设计理念，在短短十几年间内实现了飞跃式发展，正在演变成为生态环境税，

---

〔1〕 税的职能的第一次延展是19世纪末期，随着社会改革学派兴起，税收参与社会，被运用来解决社会问题；税的职能的第二次延展是20世纪30年代，随着凯恩斯学派兴起，税收参与经济，被作为解决市场失灵的手段；20世纪70年代，英国新古典学派兴起，税收参与环境，被用以控制环境污染，矫正外部的不经济性，此乃税的职能的第三次延展。

〔2〕 姜涛："论环境税收制度"，载《环境资源法论丛》2003年第1期。

〔3〕 姜涛："论环境税收制度"，载《环境资源法论丛》2003年第1期。

〔4〕 刘溜菱："向塑料宣战！英国拟对瓶装饮料征税 鼓励回收空瓶"，载2018年3月29日中国新闻网，http//：www. chinanews. com，最后访问时间：2021年2月27日。

并由此产生了“绿色税制”的概念，进而引发了各国环境税种绿色化改革的浪潮。

我国现行的一些税种如消费税、资源税已经蕴含着生态环境保护的内容，但冠以“环境保护税”名称的税是一个全新的税种，它源于排污收费制度。1979年我国开始排污收费试点，通过收费倒逼企业将生态环境成本纳入产品成本核算，开发清洁生产技术，淘汰落后产能，此举促使企业加强环境治理、减少污染物排放，对防治污染、保护环境起到了重要作用，但实际执行中存在着执法刚性不足、收费范围狭窄、征收标准偏低、地方政府和部门干预等问题。为解决这些问题，中共中央第十八届三中、四中全会明确提出：“推动环境保护费改税”“用严格的法律制度保护生态环境”，2016年12月25日承载着落实绿色发展理念及促进生态环境保护历史重任的环境保护税孕育而生。2018年环境保护费改税后，排污单位不再缴纳排污费，改为缴纳环境保护税。我国的环境保护税主要针对污染破坏环境的特定行为征税，通过征税将环境污染排放外部性损害内部化，实行多排多缴、少排少缴、不排不缴的激励机制。如果说基于庇古的外部性理论征收的环境保护税是一种狭义环境税，而基于可持续发展理念的环境保护税是广义环境税的话，我国冠以“环境保护税”称谓的税基本上属于狭义的环境税，从全局、长远考虑，积极借鉴国际上的经验，进一步改进和完善我国环境保护税是不可回避的。

（二）环境保护税法的概念及其发展历程

环境保护税法是指国家制定的调整和确认环境保护税税务活动中征纳主体及相关主体之间形成的社会关系的法律规范的总称。

我国环境保护税的立法进程始于2015年，虽然此前依据环境保护法律制度征收了30多年的排污费，但是，排污费制度实施中存在许多问题，最为突出的是执法刚性不足，在严峻的环境污染背景下，2015年8月5日环境保护税法被补充进第十二届全国人大常委会立法规划。环境保护税的立法属于负重前行，是在刚性治理环境、保护生态的急迫任务需求下，因应实际需求而生，并肩负重大历史使命的立法。环境保护税法的立法进程推进极快，2016年12月25日第十二届全国人民代表大会常务委员会第二十五次会议通过《环境保护税法》，自2018年1月1日起施行。2017年12月25日国务院公布《中华人民共和国环境保护税法实施条例》，与《环境保护税法》同步实施。环境保护税法是我国2015年3月确立“税收法定”原则后制定的第一部单行税法，也是我国第一部专门体现“绿色税制”的单行税法，是用严格的法律制度保护生态环境要求的

重大举措。但是，《环境保护税法》也是饱受争议的一部立法，由法律选择与定位看，可以用5个字概括：排污费改税，而且是按照“税负平移”的原则进行环境保护费改税[1]。与国际上的环境税种相比，我国的环境保护税法并未呼应碳减排义务、触及二氧化碳议题，立法主要是因应征收了30多年的排污费状况，并未从长计议。在立法模式上，《环境保护税法》属于后端设计的税法，并未着眼于源头治理环境污染问题，即未选择前端立法模式进行税负的设计。从《环境保护税法》的制度内容看，《环境保护税法》在未来将是开放的体系，改进与完善还存在很大的空间，将来可能发生一些变化。

二、环境保护税法的基本内容

（一）纳税人

环境保护税的纳税人为在中国领域和中国管辖的其他海域直接向环境排放应税污染物的企业事业单位和其他生产经营者。

（二）征税范围

环境保护税的征税范围是《环境保护税法》所附《环境保护税税目税额表》《应税污染物和当量值表》规定的大气污染物、水污染物、固体废物和噪声。其中，应税大气污染物包括二氧化硫、氮氧化物等44种主要大气污染物；应税水污染物包括化学需氧量、氨氮等65种主要水污染物；应税固体废物包括煤矸石、尾矿、危险废物、冶炼渣、粉煤灰、炉渣以及其他固体废物，其他固体废物的具体范围授权各省、自治区、直辖市人民政府确定；应税噪声仅指工业噪声，是在工业生产中使用固定设备时，产生的超过国家规定噪声排放标准的声音，不包括建筑噪声等其他噪声。

有下列情形之一的，不属于直接向环境排放污染物，不缴纳相应污染物的环境保护税：①企业事业单位和其他生产经营者向依法设立的污水集中处理、生活垃圾集中处理场所排放应税污染物的；②企业事业单位和其他生产经营者在符合国家和地方环境保护标准的设施、场所贮存或者处置固体废物的。

第二编

但是，依法设立的城乡污水集中处理、生活垃圾集中处理场所超过国家和地方规定的排放标准向环境排放应税污染物的；企业事业单位和其他生产经营者贮存或者处置固体废物不符合国家和地方环境保护标准的，应当缴纳环境保

---

[1] 财政部部长楼继伟于2016年8月29日在第十二届全国人民代表大会常务委员会第二十二次会议上关于《中华人民共和国环境保护税法（草案）》的说明，载中国人大网，http//：www.npc.gov.cn，最后访问时间：2021年2月27日。

护税。

上述城乡污水集中处理场所是指为社会公众提供生活污水处理服务的场所，不包括为工业园区、开发区等工业聚集区域内的企业事业单位和其他生产经营者提供污水处理服务的场所，以及企业事业单位和其他生产经营者自建自用的污水处理场所。

达到省级人民政府确定的规模标准并且有污染物排放口的畜禽养殖场，应当依法缴纳环境保护税；依法对畜禽养殖废弃物进行综合利用和无害化处理的，不属于直接向环境排放污染物，不缴纳环境保护税。

（三）计税依据

应税污染物的计税依据为应税污染物的排放量，分别按照下列方法确定：①应税大气污染物按照污染物排放量折合的污染当量数确定；②应税水污染物按照污染物排放量折合的污染当量数确定；③应税固体废物按照固体废物的排放量确定；④应税噪声按照超过国家规定标准的分贝数确定。

上述应税大气污染物、水污染物的纳税人有下列情形之一的，以其当期应税大气污染物、水污染物的产生量作为污染物的排放量：①未依法安装使用污染物自动监测设备或者未将污染物自动监测设备与环境保护主管部门的监控设备联网；②损毁或者擅自移动、改变污染物自动监测设备；③篡改、伪造污染物监测数据；④通过暗管、渗井、渗坑、灌注或者稀释排放以及不正常运行防治污染设施等方式违法排放应税污染物；⑤进行虚假纳税申报。

从两个以上排放口排放应税污染物的，对每一排放口排放的应税污染物分别计算征收环境保护税；纳税人持有排污许可证的，其污染物排放口按照排污许可证载明的污染物排放口确定。

上述应税固体废物的排放量为当期应税固体废物的产生量减去当期应税固体废物的贮存量、处置量、综合利用量的余额。固体废物的贮存量、处置量是指在符合国家和地方环境保护标准的设施、场所贮存或者处置的固体废物数量；固体废物的综合利用量是指按照国务院发展改革、工业和信息化主管部门关于资源综合利用要求以及国家和地方环境保护标准进行综合利用的固体废物数量。纳税人有下列情形之一的，以其当期应税固体废物的产生量作为固体废物的排放量：①非法倾倒应税固体废物；②进行虚假纳税申报。

（四）税率

环境保护税采用定额税率，实行弹性税制。

应税大气污染物和水污染物实行浮动税额，大气污染物的税额幅度为每污染当量1.2元至12元，水污染物的税额幅度为每污染当量1.4元至14元。应税大气污染物和水污染物的具体适用税额的确定和调整，由省、自治区、直辖市人民政府统筹考虑本地区环境承载能力、污染物排放现状和经济社会生态发展目标要求，在《环境保护税税目税额表》规定的税额幅度内提出，报同级人民代表大会常务委员会决定，并报全国人民代表大会常务委员会和国务院备案。

固体废物和噪声实行固定税额。固体废物按不同种类，税额标准分别为每吨5元至1000元不等，具体为：煤矸石5元、尾矿15元、危险废物1000元、冶炼渣、粉煤灰、炉渣、其他固体废弃物（含半固态、液态废物）25元。噪声按超标分贝数实行分档税额，税额标准为每月350元至11200元不等，具体为：超标1~3分贝350元、超标4~6分贝700元、超标7~9分贝1400元、超标10~12分贝2800元、超标13~15分贝5600元、超标16分贝以上11200元。

（五）计税原理

根据排放的应税污染物类别不同，环境保护税税额的计算方法有所不同，具体为：

1. 应税大气污染物的应纳税额，为污染当量数乘以具体适用税额，计算公式为：

应税大气污染物的应纳税额＝污染当量数×具体适用税额

2. 应税水污染物的应纳税额，为污染当量数乘以具体适用税额，计算公式为：

应税水污染物的应纳税额＝污染当量数×具体适用税额

3. 应税固体废物的应纳税额，为固体废物的排放量乘以具体适用税额，计算公式为：

应税固体废物的应纳税额＝固体废物的排放量×具体适用税额

4. 应税噪声的应纳税额，为超过国家规定标准的分贝数对应的具体适用税额，计算公式为：

应税噪声的应纳税额＝超过国家规定标准的分贝数对应的具体适用税额

环境保护税应纳税额的计算，关键是应税污染物排放量、污染当量值、污染当量数和税额标准四项指标：

第一，应税污染物排放量。应税大气污染物、水污染物、固体废物的排放量和噪声的分贝数，按照下列方法和顺序计算：

（1）对安装使用符合国家规定和监测规范的污染物自动监测设备的，按自动监测数据计算。

（2）对未安装自动监测设备的，按监测机构出具的符合国家有关规定和监测规范的监测数据计算。为减轻监测负担，对当月无监测数据的，可沿用最近一次的监测数据。

（3）对不具备监测条件的，按照国务院生态环境主管部门公布的排污系数或者物料衡算方法计算。

（4）不能按照前3种方法计算的，按照省、自治区、直辖市生态环境主管部门公布的抽样测算方法核定计算。

上述（3）中排污系数是指在正常技术经济和管理条件下，生产单位产品所应排放的污染物量的统计平均值；物料衡算是指根据物质质量守恒原理对生产过程中使用的原料、生产的产品和产生的废物等进行测算的一种方法。以排污系数或是物料衡算方法计算应税污染物排放量，意味着税务机关在后端不掌握污染物排放量数据的情况下，采用到前端去估算的方法确定污染物排放量。

第二，污染当量值。污染当量是指根据污染物或者污染排放活动对环境的有害程度以及处理的技术经济性，衡量不同污染物对环境污染的综合性指标或者计量单位。同一介质相同污染当量的不同污染物，其污染程度基本相当。污染当量值是相当于1个污染当量的污染物排放数量，用于衡量大气污染物和水污染物对环境造成的危害和处理费用。以水污染物为例，将排放1千克的化学需氧量所造成的环境危害作为基准，设定为1个污染当量，将排放其他水污染物造成的环境危害与其进行比较，设定相当的量值。比如，氨氮的污染当量值为0.8千克，表示排放0.8千克的氨氮与排放1千克的化学需氧量的环境危害基本相等。再比如，总汞的污染当量值为0.0005千克，总铅的污染当量值为0.025千克，悬浮物的污染当量值为4千克等等。每种应税大气污染物和水污染物的具体污染当量值，依照《应税污染物和当量值表》执行。

第三，污染当量数。应税大气污染物、水污染物的污染当量数，以该污染物的排放量除以该污染物的污染当量值计算。

每一排放口或者没有排放口的应税大气污染物，按照污染当量数从大到小排序，对前3项污染物征收环境保护税。每一排放口的应税水污染物，按照《应税污染物和当量值表》，区分第一类水污染物和其他类水污染物，按照污染当量数从大到小排序，对总汞第一类水污染物按照前5项征收环境保护税，对悬浮物等其他类水污染物按照前3项征收环境保护税。省、自治区、直辖市人民政府根据本地区污染物减排的特殊需要，可以增加同一排放口征收环境保护税的应税污染物项目数，报同级人民代表大会常务委员会决定，并报全国人民代表大会常务委员会和国务院备案。

第四，税额标准。因应税大气污染物和水污染物实行浮动税额，具体适用税额，由各省、自治区、直辖市人民政府在法定税额幅度内确定，因而，处在不同身份的纳税人，应税大气污染物和水污染物的税额标准会不同。固体废物按不同种类，税额标准分别为每吨 5 元至 1000 元不等；噪声按超标分贝数实行分档税额，税额标准为每月 350 元至 11 200 元不等。

（六）减免税

环境保护税属于选择性征税收的税种，选择性征收的税种通常不设减免税等税收优惠。但是，环境保护税法规定了暂时性优惠，鼓励集中处理、鼓励资源利用、鼓励清洁生产。依据法律，下列情形，暂予免征环境保护税：

1. 农业生产（不包括规模化养殖）排放应税污染物的。

2. 机动车、铁路机车、非道路移动机械、船舶和航空器等流动污染源排放应税污染物的。

3. 依法设立的城乡污水集中处理、生活垃圾集中处理场所排放相应应税污染物，不超过国家和地方规定的排放标准的。

4. 纳税人综合利用的固体废物，符合国家和地方环境保护标准的。

5. 国务院批准免税的其他情形。此类免税情形，由国务院报全国人民代表大会常务委员会备案。

纳税人排放应税大气污染物或者水污染物的浓度值低于国家和地方规定的污染物排放标准 30% 的，减按 75% 征收环境保护税。纳税人排放应税大气污染物或者水污染物的浓度值低于国家和地方规定的污染物排放标准 50% 的，减按 50% 征收环境保护税。上述浓度值是指纳税人安装使用的污染物自动监测设备当月自动监测的应税大气污染物浓度值的小时平均值再平均所得数值或者应税水污染物浓度值的日平均值再平均所得数值，或者监测机构当月监测的应税大气污染物、水污染物浓度值的平均值。依法享受减税的，其应税大气污染物浓度值的小时平均值或者应税水污染物浓度值的日平均值，以及监测机构当月每次监测的应税大气污染物、水污染物的浓度值，均不得超过国家和地方规定的污染物排放标准。

减征环境保护税，应当对每一排放口排放的不同应税污染物分别计算。

（七）纳税义务发生时间与纳税申报期限

纳税义务发生时间为纳税人排放应税污染物的当日。

环境保护税由纳税人按月计算，按季申报缴纳。不能按固定期限计算缴纳的，可以按次申报缴纳。纳税人申报缴纳时，应当向税务机关报送所排放应税污染物的种类、数量，大气污染物、水污染物的浓度值，以及税务机关根据实际需要要求纳税人报送的其他纳税资料。纳税人应当依法如实办理纳税申报，对申报的真实性和完整性承担责任。

纳税人申报的污染物排放数据与环境保护主管部门交送的相关数据不一致的，按照环境保护主管部门交送的数据确定应税污染物的计税依据。

（八）纳税地点与纳税期限

纳税人应当向应税污染物排放地的税务机关申报缴纳环境保护税。具体是：排放应税大气污染物、水污染物的纳税地点为排放口的所在地；排放应税固体废物、应税噪声的纳税地点为固体废物或噪声的产生地。纳税人跨区域排放应税污染物，税务机关对税收征收管辖有争议的，由争议各方按照有利于征收管理的原则协商解决；不能协商一致的，报请共同的上级税务机关决定。

纳税人按季申报缴纳的，应当自季度终了之日起 15 日内，向税务机关办理纳税申报并缴纳税款。纳税人按次申报缴纳的，应当自纳税义务发生之日起 15 日内，向税务机关办理纳税申报并缴纳税款。

环境保护税申报时，纳税人要确保申报的真实性和完整性，并按照税务机关的要求，妥善保管应税污染物监测和管理的有关资料。符合减免税情形的纳税人，在填报纳税申报表时需提供相关信息，无需专门办理减免税手续，减免税相关资料由纳税人留存备查。

（九）其他部门的协税义务

环境保护税法专业性、技术性强，对于污染物排放数据，税务机关并不掌握，税的征收离不开生态环境主管部门的协作。生态环境主管部门负责依法对污染物的监测管理，并应当与税务机关建立涉税信息共享平台和机制，定期交换有关纳税信息资料。

■第六节　船舶吨税法

一、船舶吨税法概述

（一）船舶吨税的概念

船舶吨税（以下简称“吨税”）是一国船舶因使用了另一国家的助航设施而向该国缴纳的一种税。

吨税是一个非常古老的税种，具有使用费的性质，有的国家以灯塔税或码头费的名目征收。我国历史上很早就对国际航行船舶征税，唐朝时期对进入我国疆域的商船征收“船脚”，明清两代按船只大小征收“船钞”或“水饷”，1843年以后开始对外国商船改按吨位征收船舶吨税。新中国成立后至1951年9月，吨税划入财政部税务部门管理的车船使用牌照税范围，对于中国籍船舶，无论是否国际航行，均由税务机关改征车船使用牌照税，但对于外国籍船舶和外商租用的中国籍船舶，仍沿用船舶吨税名称，由海关代征。1951年10月1日，奉财政部通知，吨税不作代收，直接纳入海关“关税收入”项下。1951年10月至1986年9月，吨税作为关税收入的组成部分，由海关负责征收和管理，所征税款与关税一并缴入中央国库。1986年10月至2000年12月，吨税划归交通部管理，不作为关税收入，但仍由海关代征，所征税款缴入交通部专门账户，专项用于海上航标的维护、建设和管理。2001年1月1日起，吨税作为中央预算收入，全部上缴中央国库，不再作为预算外资金管理。吨税纳入预算管理后，收入由海关征收后就地办理缴库，仍专项用于海上航标的维护、建设和管理[1]。

（二）吨税法的概念及其发展历程

吨税法是国家制定的调整和确认在吨税税务活动中征纳主体及相关主体之间所形成的社会关系的法律规范的总称。

我国吨税法建立于1952年。1952年9月29日，经政务院财政经济委员会批准，海关总署发布了《中华人民共和国海关船舶吨税暂行办法》（以下简称《船舶吨税暂行办法》），该办法长期成为我国吨税征管的法律依据，其间有关部门于1954年、1974年、1991年和1994年仅对吨税税率等少数税收要素作了修改。由于《船舶吨税暂行办法》制定于建国初期，现代船舶的平均吨位远大于60年前的船舶，且暂行办法的法律层次过低，原定税率标准偏低，不能满足国家对航运标志、基础设施建设的投入，为了使我国海上航标能够获得更好的维护、建设与管理，2011年11月23日国务院通过了《船舶吨税暂行条例》，自2012年1月1日起施行，同时废止了实施近60年的《船舶吨税暂行办法》。按照落实税收法定原则的要求，船舶吨税法被纳入《全国人大常委会2017年立法工作计划》，2017年12月27日第十二届全国人民代表大会常务委员会第三十一次会议通过了《船舶吨税法》，自2018年7月1日起施行；2018年10月26日第十三届全国人民代表大会常务委员会第六次会议对《船舶吨税法》进行了第

〔1〕 钟昌元：“船舶吨税制的变化及其对国际航运船舶的影响”，载《对外经贸实务》2012年第11期。

一次修正，删除了办理船舶吨税的免税提供出入境检验检疫部门证明的规定。吨税由暂行条例上升为法律，保持了现行税制框架和税负水平不变，把吨税的基本制度用法律确定了下来，通过税制平移实现了税收法定。

二、吨税法的基本内容

（一）纳税人

吨税的纳税人为自中国境外港口进入境内港口的船舶（以下简称“应税船舶”）的负责人。

（二）税目与税率

吨税税目是按照船舶净吨位大小设置的，分为4个税目。净吨位是指由船籍国（地区）政府签发或者授权签发的船舶吨位证明书上标明的净吨位。

吨税采用定额税率，分为普通税率和优惠税率两类。中国国籍的应税船舶、船籍国（地区）与中国签订含有相互给予船舶税费最惠国待遇条款的条约或者协定的应税船舶，适用优惠税率；其他应税船舶，适用普通税率。两种税率均按照吨税执照期限（按照公历年、日计算的期间）1年、90天和30天设置3档不同的税率，具体为：

1. 不超过2000净吨的，普通税率分别为：12.6元/净吨、4.2元/净吨、2.1元/净吨；优惠税率分别为：9.0元/净吨、3.0元/净吨、1.5元/净吨。

2. 超过2000净吨，但不超过1万净吨的，普通税率分别为：24.0元/净吨、8.0元/净吨、4.0元/净吨；优惠税率分别为：17.4元/净吨、5.8元/净吨、2.9元/净吨。

3. 超过1万净吨，但不超过5万净吨的，普通税率分别为：27.6元/净吨、9.2元/净吨、4.6元/净吨；优惠税率分别为：19.8元/净吨、6.6元/净吨、3.3元/净吨。

4. 超过5万净吨的，普通税率分别为：31.8元/净吨、10.6元/净吨、5.3元/净吨；优惠税率分别为：22.8元/净吨、7.6元/净吨、3.8元/净吨。

拖船和非机动驳船分别按相同净吨位船舶税率的50%计征税款。拖船是指专门用于拖（推）动运输船舶的专业作业船舶。非机动驳船是指在船舶登记机关登记为驳船的非机动船舶，非机动船舶是指自身没有动力装置，依靠外力驱动的船舶。

（三）计税依据

吨税以船舶净吨位为计税依据。拖船按照发动机功率每千瓦折合净吨位

0.67 吨。无法提供净吨位证明文件的游艇按照发动机功率每千瓦折合净吨位 0.05 吨。

（四）计税原理

吨税的应纳税额按照船舶净吨位乘以适用税率计算。其计算公式为：

应纳税额 = 应税船舶净吨位 × 适用税率

海关根据船舶负责人的申报，审核其申报吨位与其提供的船舶吨位证明和船舶国籍证书或者海事部门签发的船舶国籍证书收存证明相符后，按其申报吨税执照的期限计征吨税，并填发交款凭证交船舶负责人缴纳税款。

（五）吨税执照的管理

1. 领取。应税船舶在进入港口办理入境手续时，应当向海关申报纳税领取吨税执照。应税船舶负责人申领吨税执照时，应当向海关提供下列文件：①船舶国籍证书或者海事部门签发的船舶国籍证书收存证明；②船舶吨位证明。

应税船舶因不可抗力在未设立海关地点停泊的，船舶负责人应当立即向附近海关报告，并在不可抗力原因消除后，依照规定向海关申报纳税。

2. 颁发。应税船舶负责人缴纳吨税或者提供担保后，海关按照其申领的执照期限填发吨税执照。

3. 交验。领取吨税执照后，应税船舶在进入港口办理入境手续时，应当向海关申报纳税，交验吨税执照（或者申请核验吨税执照电子信息）。应税船舶在离开港口办理出境手续时，应当交验吨税执照（或者申请核验吨税执照电子信息）。

4. 有效期内发生变化的处理。

（1）应税船舶在吨税执照期限内，因修理导致净吨位变化的，吨税执照继续有效。应税船舶办理出入境手续时，应当提供船舶经过修理的证明文件。

（2）应税船舶在吨税执照期限内，因税目税率调整或者船籍改变而导致适用税率变化的，吨税执照继续有效。因船籍改变而导致适用税率变化的，应税船舶在办理出入境手续时，应当提供船籍改变的证明文件。

（3）吨税执照在期满前毁损或者遗失的，应当向原发照海关书面申请核发吨税执照副本，不再补税。

（六）纳税义务发生时间

吨税纳税义务发生时间为应税船舶进入港口的当日。应税船舶在吨税执照期满后尚未离开港口的，应当申领新的吨税执照，自上一次执照期满的次日起续缴吨税。

（七）减免优惠

1. 下列船舶免征吨税：

（1）应纳税额在人民币50元以下的船舶；

（2）自境外以购买、受赠、继承等方式取得船舶所有权的初次进口到港的空载船舶；

（3）吨税执照期满后24小时内不上下客货的船舶；

（4）非机动船舶（不包括非机动驳船）；

（5）捕捞、养殖渔船；

（6）避难、防疫隔离、修理、改造、终止运营或者拆解，并不上下客货的船舶；

（7）军队、武装警察部队专用或者征用的船舶；

（8）警用船舶；

（9）依照法律规定应当予以免税的外国驻华使领馆、国际组织驻华代表机构及其有关人员的船舶；

（10）国务院规定的其他船舶。国务院对其他船舶免税的规定，由国务院报全国人民代表大会常务委员会备案。

2. 延长吨税执照期限。在吨税执照期限内，应税船舶发生下列情形之一的，海关可以按照实际发生的天数批注延长吨税执照期限：

（1）避难、防疫隔离、修理、改造，并不上下客货；

（2）军队、武装警察部队征用。

上述免税范围中的第5项至第9项和延长吨税执照期限的船舶，应当提供海事部门、渔业船舶管理部门等部门、机构出具的具有法律效力的证明文件或者使用关系证明文件，申明免税或者延长吨税执照期限的依据和理由。

（八）纳税期限

吨税由海关负责征收，海关征收吨税应当制发缴款凭证。应税船舶负责人应当自海关填发吨税缴款凭证之日起15日内缴清税款。未按期缴清税款的，自滞纳税款之日起至缴清税款之日止，按日加收滞纳税款0.05%的税款滞纳金。

应税船舶到达港口前，经海关核准先行申报并办结出入境手续的，应税船舶负责人应当向海关提供与其依法履行吨税缴纳义务相适应的担保；应税船舶到达港口后，依照规定向海关申报纳税。这里可以用于“担保”的权利和财产包括：①人民币、可自由兑换货币；②汇票、本票、支票、债券、存单；③银行、非银行金融机构的保函；④海关依法认可的其他财产、权利。

（九）税款少征与漏征、多征的处理

1. 税款少征与漏征的处理。海关发现少征或者漏征税款的，应当自应税船舶应当缴纳税款之日起 1 年内，补征税款。但因应税船舶违反规定造成少征或者漏征税款的，海关可以自应当缴纳税款之日起 3 年内追征税款，并自应当缴纳税款之日起按日加征少征或者漏征税款 0.05% 的税款滞纳金。

2. 税款多征的处理。海关发现多征税款的，应当在 24 小时内通知应税船舶办理退还手续，并加算银行同期活期存款利息。应税船舶发现多缴税款的，可以自缴纳税款之日起 3 年内以书面形式要求海关退还多缴的税款，并加算银行同期活期存款利息；海关应当自受理退税申请之日起 30 日内查实并通知应税船舶办理退还手续。

应税船舶应当自收到海关通知之日起 3 个月内办理有关退还手续。

（十）行政处罚

应税船舶有下列行为之一的，由海关责令限期改正，处 2000 元以上 3 万元以下罚款；不缴或者少缴应纳税款的，处不缴或者少缴税款 50% 以上 5 倍以下的罚款，但罚款不得低于 2000 元：①未按照规定申报纳税、领取吨税执照；②未按照规定交验吨税执照（或者申请核验吨税执照电子信息）及其他证明文件。

【思考与应用】

1. 行为税与目的税有何区别，现行哪些税是行为税？
2. 分别举例说明资源税与增值税、企业所得税之间的关系。
3. 土地增值税与契税、印花税之间的关系是什么？
4. 环境保护税以外，现行税种中还有哪些税种存在环境生态保护的内容？
5. 根据可持续发展理论，对我国环境税制进行评价，对如何完善提出自己的建议。
6. 考察欧美国家生态环境税的开征情况，对我国生态环境税制如何完善进行思考。
7. 何为碳税，碳税应予单独开征还是纳入环境保护税框架，阐述理由。
8. 考察环境保护税的征管实际状况，指出环境保护税法存在的具体问题，并探讨如何改进与完善。

第九章 所得税法

在本章你将——

- 了解企业所得税法
- 了解个人所得税法

■第一节　企业所得税法

一、企业所得税法概述

（一）企业所得税的概念

企业所得税是以企业的所得为课税对象的一种税。

基于投资人的责任不同，企业有独资企业、合伙企业和公司企业三种形态。各国一般不对独资企业、合伙企业征收企业所得税，对于公司企业则征收企业所得税[1]，因而，企业所得税在一些国家被称为公司所得税。在我国，市场上的企业划分并行存在三种标准：第一种是按照投资人责任不同，将企业划分为

---

[1] 各国对独资企业、合伙企业一般不征收企业所得税，只对投资人、合伙人征收所得税。而对公司企业在征收企业所得税以后，还要对股东从公司获取的股息、红利再一次征收所得税，两次征税的税源基础是同一的，因而对来自公司的所得存在重复征税的问题。基于此，有学者认为，同独资企业、合伙企业相比，征收公司企业的所得税是不合理的。事实上，各国对公司企业普遍征收所得税，对公司征收所得税的法理解释主要有两点：一是公司是独立的法人实体，独立于股东而存在，公司与股东应当各自承担纳税义务；二是在制度安排上，公司股东承担有限责任，而独资企业投资人承担无限责任，合伙企业的普通合伙人承担无限连带责任，显然，公司的制度安排比独资企业、合伙企业更占优势，因而应当承担更多的税收。

独资企业、合伙企业和公司企业；第二种是按照所有制不同，将企业划分为国有企业、集体企业和私营企业；第三种是按照资本金的来源与企业的国籍不同，将企业划分为内资企业、外商投资企业和外国企业。为更加准确地反映企业所得税涵盖的纳税主体范围，我国法律没有使用公司所得税的称谓，而是称之为企业所得税。

尽管在税种的称谓上存在不同，在理论上也长期存在征税合理性的争议，但是，对公司企业的所得征税具有普遍性，在开征的国家都是至为重要的主体税种。

（二）企业所得税法的概念及其发展历程

企业所得税法是指国家制定的调整和确认企业所得税税务活动中征税主体与纳税主体之间形成的社会关系的法律规范的总称。

我国企业所得税法有着曲折、复杂的发展历程。自 1949 年中华人民共和国成立到 1978 年实行改革开放近乎 30 年的期间里，我国没有专门、系统的企业所得税法。新中国成立后，废除了民国时期的所得税法，政务院于 1950 年 1 月 13 日发布了《全国税政实施要则》，将所得税并入了工商业税；1958 年 9 月 11 日国务院颁布试行《工商统一税条例（草案）》，将工商业税中的营业税并入工商统一税，对原工商业税中的所得继续征税，定名为“工商所得税”，对集体企业征收。1972 年 3 月财政部制定，同年 3 月 30 日国务院批转《中华人民共和国工商税条例（草案）》，从 1973 年 1 月起进一步合并税种、简化税制，在全国试行工商税，合并后，对国营企业只征一种工商税，不征所得税，工商所得税主要还是对集体企业征收。改革开放后，所得税法有了迅速发展，从 1980 年起，先后制定了《中外合资企业所得税法》《外国企业所得税法》《国营企业所得税条例（草案）》《国营企业调节税征收办法》《集体企业所得税暂行条例》《私营企业所得税暂行条例》，但所得税法不统一、不简明等弊端日渐突出。1991 年 4 月 9 日第七届全国人民代表大会第四次会议通过《外商投资企业和外国企业所得税法》，涉外企业所得税法不统一问题得以解决；1993 年 11 月 26 日国务院发布《企业所得税暂行条例》，实现了涉内企业所得税法的统一。经过 1994 年税制深层次、大面积改革后，所得税法的弊端很大程度上得到了革除，但是，对内资企业和外商投资企业仍然适用不同的法律征收所得税，这种分别征税使得内资企业和外商投资企业税负差异较大，既不利于市场的公平竞争，也有违 WTO 的规则。自 2001 年加入 WTO 后，我国不断创造条件，在 5 年的过渡期结束之际实现了两税的合并。目前，有关企业所得税的法律规范主要有 2007 年 3 月 16 日第十届全国人民代表大会第五次会议通过并于2017年2月24日、2018年12月29日两次修正的《企业所得税法》和2007年12月6日国务院发布、2019年4月23修订的《企业所得税法实施条例》。除此之外，国家财政、税务主管部门依据法律、法规的授权，制定发布了一系列部门规章和规范性文件，如《企业资产损失税前扣除管理办法》《特别纳税调整实施办法（试行）》《一般反避税管理办法（试行）》《特别纳税调查调整及相互协商程序管理办法》，等等，这些法律法规、部门规章及规范性文件构成了我国现行的企业所得法律制度。

二、企业所得税法的基本内容

（一）纳税人

企业所得税的纳税人为在中国境内，企业和其他取得收入的组织（以下统称企业），但不包括个人独资企业、合伙企业。

依据税收管辖权的原理，从法律地位角度，可以将企业所得税的纳税人分为居民企业和非居民企业。其中，居民企业是指依法在中国境内成立[1]，或者依照外国（地区）法律成立[2]但实际管理机构[3]在中国境内的企业；非居民企业是指依照外国（地区）法律成立且实际管理机构不在中国境内，但在中国境内设立机构、场所，[4]或者在中国境内未设立机构、场所，但有来源于中国境内所得的企业。通过我国企业所得税法关于居民企业与非居民企业的界分，可以看出我国认定居民企业的标准是登记注册地标准兼采管理中心所在地标准，摒弃了原来的总机构所在地标准。

（二）征税对象

笼统地讲，企业所得税的征税对象是企业的全部所得，包括生产经营所得和其他所得。但因纳税人法律地位不同，其征税对象范围也不同。居民企业应当就其来源于中国境内、境外的所得缴纳企业所得税。非居民企业分为两种情况：①在中国境内设立机构、场所的，应当就其所设机构、场所取得的来源于

---

〔1〕在中国境内成立的企业，包括依照中国法律、行政法规在中国境内成立的企业、事业单位、社会团体以及其他取得收入的组织。

〔2〕依照外国（地区）法律成立的企业，包括依照外国（地区）法律成立的企业和其他取得收入的组织。

〔3〕实际管理机构是指对企业的生产经营、人员、财物、财产等实施实质性全面管理和控制的机构。

〔4〕机构、场所是指在中国境内从事生产经营活动的机构、场所，包括：①管理机构、经营机构、办事机构；②工厂、农场、开采自然资源的场所；③提供劳务的场所；④从事建筑、安装、装配、修理、勘探等工程作业的场所；⑤其他从事经营活动的机构、场所。

中国境内的所得，以及发生在中国境外但与其所设机构、场所有实际联系[1]的所得，缴纳企业所得税；②在中国境内未设立机构、场所的，或者虽设立机构、场所但取得的所得与其所设机构、场所没有实际联系的，应当就其来源于中国境内的所得缴纳企业所得税。

来源于中国境内、境外的所得，按照以下原则确定：

1. 销售货物所得，按照交易活动发生地确定。

2. 提供劳务所得，按照劳务发生地确定。

3. 转让财产所得，不动产转让所得按照不动产所在地确定，动产转让所得按照转让动产的企业或者机构、场所所在地确定，权益性投资资产转让所得按照被投资企业所在地确定。

4. 股息、红利等权益性投资所得，按照分配所得的企业所在地确定。

5. 利息所得、租金所得、特许权使用费所得，按照负担、支付所得的企业或者机构、场所所在地确定，或者按照负担、支付所得的个人的住所地确定。

6. 其他所得，由国务院财政、税务主管部门确定。

（三）计税依据

企业所得税的计税依据是企业的应纳税所得额。应纳税所得额的确定因纳税人的不同而不同。具体分以下两种情况：

1. 居民企业和第一类非居民企业（即在中国境内设立有机构、场所，并且境内外所得与其境内机构、场所有实际联系的外国企业或者其他取得收入的组织）应纳税所得额的确定。

上述两类企业以每一纳税年度的收入总额减去不征税收入、免税收入、法律准许的各项扣除以及允许弥补的以前年度亏损后的余额为应纳税所得额。其计算公式为：

应纳税所得额 = 年度收入总额 − 不征税收入 − 免税收入 − 各项扣除 − 以前年度亏损

企业应纳税所得额的计算，以权责发生制为原则，属于当期的收入和费用，不论款项是否收付，均作为当期的收入和费用；不属于当期的收入和费用，即使款项已经在当期收付，均不作为当期的收入和费用。在计算应纳税所得额时，企业财务、会计处理办法与税收法律、行政法规的规定不一致的，应当依照税收法律、行政法规的规定计算。

---

[1] 实际联系是指非居民企业在中国境内设立的机构、场所拥有据以取得所得的股权、债权，以及拥有、管理、控制据以取得所得的财产等。

(1) 收入总额的确定。确定收入总额是计算应纳税所得额的首要步骤，企业收入总额按年度计算。纳税人年度收入总额是指纳税人以货币形式和非货币形式[1]从各种来源取得的收入。企业收入总额由下列项目构成：

①销售货物收入，指企业销售商品、产品、原材料、包装物、低值易耗品以及其他存货取得的收入。此类收入的确认，除法律法规另有规定外，必须遵循权责发生制原则和实质重于形式原则。

②提供劳务收入，指企业从事建筑安装、修理修配、交通运输、仓储租赁、金融保险、邮电通信、咨询经纪、文化体育、科学研究、技术服务、教育培训、餐饮住宿、中介代理、卫生保健、社区服务、旅游、娱乐、加工以及其他劳务服务活动取得的收入。此类收入总额按照从接受劳务方已收或应收的合同或协议价款确定收入总额，根据纳税期未提供劳务收入总额乘以完工进度扣除以前纳税年度累计已确认提供劳务收入后的金额，确认为当期劳务收入。

③转让财产收入，指企业转让固定资产、生物资产、无形资产、股权、债权等财产取得的收入。此类收入应当按照从财产受让方已收或应收的合同或协议价款确认。

④股息、红利等权益性投资收益，指企业因权益性投资从被投资方取得的收入。此类收入，除国务院财政、税务主管部门另有规定外，按照被投资方作出利润分配决定的日期确认收入的实现。

⑤利息收入，指企业将资金提供他人使用但不构成权益性投资，或者因他人占用本企业资金取得的收入，包括存款利息、贷款利息、债券利息、欠款利息等收入。此类收入按照合同约定的债务人应付利息的日期确认收入的实现。

⑥租金收入，指企业提供固定资产、包装物或者其他有形资产的使用权取得的收入。此类收入按照合同约定的承租人应付租金的日期确认收入的实现。

⑦特许权使用费收入，指企业提供专利权、非专利技术、商标权、著作权以及其他特许权的使用权取得的收入。此类收入按照合同约定的特许权使用人应付特许权使用费的日期确认收入的实现。

⑧接受捐赠收入，指企业接受的来自其他企业、组织或者个人无偿给予的货币性资产、非货币性资产。此类收入按照实际收到捐赠资产的日期确认收入

---

[1] 企业取得收入的货币形式，包括现金、存款、应收账款、应收票据、准备持有至到期的债券投资以及债务的豁免等。企业取得收入的非货币形式，包括固定资产、生物资产、无形资产、股权投资、存货、不准备持有至到期的债券投资、劳务以及有关权益等。企业以非货币形式取得的收入，应当按照公允价值确定收入额。公允价值，是指按照市场价格确定的价值。

的实现。

⑨其他收入，指企业取得的除上述收入外的其他收入，包括企业资产溢余收入、逾期未退包装物押金收入、确实无法偿付的应付款项、已作坏账损失处理后又收回的应收款项、债务重组收入、补贴收入、违约金收入、汇兑收益等。

（2）不征税收入。收入总额中的下列收入属于不征税收入：

①财政拨款，指各级人民政府对纳入预算管理的事业单位、社会团体等组织拨付的财政资金，但国务院和国务院财政、税务主管部门另有规定的除外。

②依法收取并纳入财政管理的行政事业性收费、政府性基金。行政事业性收费是指依照法律法规等有关规定，按照国务院规定程序批准，在实施社会公共管理，以及在向公民、法人或者其他组织提供特定公共服务过程中，向特定对象收取并纳入财政管理的费用；政府性基金是指企业依照法律、行政法规等有关规定，代政府收取的具有专项用途的财政资金。

③国务院规定的其他不征税收入，指企业取得的，由国务院财政、税务主管部门规定专项用途并经国务院批准的财政性资金。

（3）免税收入。免税收入属于税收优惠，当收入总额确定后应从中剔除免税收入。免税收入包括：国债利息收入；符合条件的居民企业之间的股息、红利等权益性投资收益；在中国境内设立机构、场所的非居民企业从居民企业取得与该机构、场所有实际联系的股息、红利等权益性投资收益；符合条件的非营利组织的收入。

（4）各项扣除。企业实际发生的，与取得收入有关的合理支出，包括成本、费用、税金、损失和其他支出，准予在计算应纳税所得额时扣除。有关的支出是指与取得收入直接相关的支出；合理的支出是指符合生产经营活动常规，应当计入当期损益或者有关资产成本的必要和正常的支出。企业发生的支出应当区分收益性支出和资本性支出。收益性支出在发生当期直接扣除；资本性支出应当分期扣除或者计入有关资产成本，不得在发生当期直接扣除。企业的不征税收入用于支出所形成的费用或者财产，不得扣除或者计算对应的折旧、摊销扣除。

①成本是指纳税人在生产经营活动中发生的销售成本、销货成本、业务支出以及其他耗费。

②费用是指纳税人在生产经营活动中发生的销售费用、管理费用和财务费用，但已经计入成本的有关费用除外。

③税金是指纳税人发生的除企业所得税和允许抵扣的增值税以外的各项税

金及其附加。

④损失是指纳税人在生产经营活动中发生的固定资产和存货的盘亏、毁损、报废损失，转让财产损失，呆账损失，坏账损失，自然灾害等不可抗力因素造成的损失以及其他损失。

⑤其他支出是指除成本、费用、税金、损失外，纳税人在生产经营活动中发生的与生产经营活动有关的合理支出。

上述准予扣除的项目需要加以具体化才便于操作。我国法律规定下列具体项目可以按照规定的范围、标准扣除：

第一，工资、薪金支出。企业发生的合理的工资薪金支出，准予扣除。工资薪金，是指企业每一纳税年度支付给在本企业任职或者受雇的员工的所有现金形式或者非现金形式的劳动报酬，包括基本工资、奖金、津贴、补贴、年终加薪、加班工资，以及与员工任职或者受雇有关的其他支出。

第二，社会保险费用和商业保险费用支出。企业依照国务院有关主管部门或者省级人民政府规定的范围和标准为职工缴纳的基本养老保险费、基本医疗保险费、失业保险费、工伤保险费、生育保险费等基本社会保险费和住房公积金，准予扣除。企业为投资者或者职工支付的补充养老保险费、补充医疗保险费，在国务院财政、税务主管部门规定的范围和标准内，准予扣除。企业参加财产保险，按照规定缴纳的保险费，准予扣除。除企业依照国家有关规定为特殊工种职工支付的人身安全保险费和国务院财政、税务主管部门规定可以扣除的其他商业保险费外，企业为投资者或者职工支付的商业保险费，不得扣除。

第三，借款费用和利息支出。企业在生产经营活动中发生的合理的不需要资本化的借款费用，准予扣除。企业为购置、建造固定资产、无形资产和经过12个月以上的建造才能达到预定可销售状态的存货发生借款的，在有关资产购置、建造期间发生的合理的借款费用，应当作为资本性支出计入有关资产的成本，并依照规定扣除。企业在生产经营活动中向金融企业借款的利息支出、金融企业的各项存款利息支出和同业拆借利息支出、企业经批准发行债券的利息支出，可以扣除；非金融企业向非金融企业借款的利息支出，不超过按照金融企业同期同类贷款利率计算的数额的部分，可以扣除。

第四，汇兑损失。企业在货币交易中，以及纳税年度终了时将人民币以外的货币性资产、负债按照期末即期人民币汇率中间价折算为人民币时产生的汇兑损失，除已经计入有关资产成本以及与向所有者进行利润分配相关的部分外，准予扣除。

第五，职工“三费”。企业发生的职工福利费，不超过工资薪金总额14%的部分，准予扣除。企业拨缴的工会经费，不超过工资薪金总额2%的部分，准予扣除。除国务院财政、税务主管部门另有规定外，企业发生的职工教育经费支出，不超过工资薪金总额2.5%的部分，准予扣除；超过部分，准予在以后纳税年度结转扣除。

第六，业务招待费、广告费和业务宣传费。企业发生的与生产经营活动有关的业务招待费支出，按照发生额的60%扣除，但最高不得超过当年销售（营业）收入的0.5%。企业发生的符合条件的广告费和业务宣传费支出，除国务院财政、税务主管部门另有规定外，不超过当年销售（营业）收入15%的部分，准予扣除；超过部分，准予在以后纳税年度结转扣除。

第七，环保、生态专项资金。企业依照法律、行政法规有关规定提取的用于环境保护、生态恢复等方面的专项资金，准予扣除。上述专项资金提取后改变用途的，不得扣除。

第八，租赁费用。以经营租赁方式租入固定资产发生的租赁费支出，应当按照租赁期限均匀扣除；以融资租赁方式租入固定资产发生的租赁费支出，按照规定构成融资租入固定资产价值的部分应当提取折旧费用，分期扣除。

第九，劳保支出。企业发生的合理的劳动保护支出，准予扣除。

第十，企业之间支付的费用。非居民企业在中国境内设立的机构、场所，就其中国境外总机构发生的与该机构、场所生产经营有关的费用，能够提供总机构出具的费用汇集范围、定额、分配依据和方法等证明文件，并合理分摊的，准予扣除。企业之间支付的管理费、企业内营业机构之间支付的租金和特许权使用费，以及非银行企业内营业机构之间支付的利息，不得扣除。

第十一，公益性捐赠支出。企业发生的公益性捐赠支出，在年度利润总额12%以内的部分，准予在计算应纳税所得额时扣除；超过年度利润总额12%的部分，准予结转以后3年内在计算应纳税所得额时扣除。公益性捐赠是指企业通过公益性社会团体或者县级以上人民政府及其部门，用于符合法律规定的慈善活动、公益事业的捐赠。年度利润总额是指企业依照国家统一会计制度的规定计算的年度会计利润。

在计算应纳税所得额时，下列支出不得扣除：①向投资者支付的股息、红利等权益性投资收益款项；②企业所得税税款；③税收滞纳金；④罚金、罚款和被没收财物的损失；⑤超过规定标准的捐赠支出；⑥赞助支出，即企业发生的与生产经营活动无关的各种非广告性质支出；⑦未经核定的准备金支出，即不符合国务院财政、税务主管部门规定的各项资产减值准备、风险准备等准备金支出；⑧与取得收入无关的其他支出。

(5) 亏损结转。亏损是指纳税人将每一纳税年度的收入总额减去不征税收入、免税收入和法律准许的各项扣除后小于零的数额。亏损结转实际上是给予纳税人的一种税收鼓励与优惠，亏损的税前弥补会影响应纳税所得额，《企业所得税法》在计税依据中对此作了规定。具体内容是："企业纳税年度发生的亏损，准予向以后年度结转，用以后年度的所得弥补，但结转年限最长不得超过5年。"

2. 第二类非居民企业（即在中国境内未设立机构、场所或者虽然设立机构、场所但取得的所得与其境内的机构、场所没有实际联系的外国企业或者取得收入的组织）应纳税所得额的确定。对于这类非居民企业，以其取得收入额为应纳税所得额。但是，财产转让所得应以收入全额减除财产净值后的余额为应纳税所得额。

（四）资产税务处理

资产是指企业拥有或者控制的、用于经营管理活动相关的资产。资产的税务处理是指对于纳税人的各类资产，在计算应纳税所得额时，依法进行的计价、提取折旧以及摊销等方面的处理。这种处理实际上是为了确定应纳税所得额而进行的所得税会计上的调整，这种调整须依企业所得税法的规定进行。

资产在税务处理方面可分为固定资产、生物资产、无形资产、长期待摊费用、投资资产、存货等几个主要类别，其中固定资产、生产性生物资产、无形资产、长期待摊费用不允许作为成本、费用从收入总额中一次性扣除，但可以采取分次计提折旧或者分期摊销的方式予以列支。《企业所得税法》及《企业所得税法实施条例》对固定资产计提折旧范围、计税基础、计提折旧的方法和计提年限；生产性生物资产的计税基础、计提折旧方法和计提年限；无形资产计提折旧范围、计税基础、计提折旧方法和计提折旧年限；长期待摊费用的范围、摊销年限；投资资产成本及存货成本的确定均有具体规定。对企业资产如何进行税务处理，直接影响着企业应纳税所得额和应纳税额的确定，只有掌握这些具体规定，才能准确确定应纳税所得额，并据以计算应纳税额。

另外，企业在生产发展过程中，难免会因为决策不当、市场环境影响以及其他主客观方面的因素而造成企业资产损失，企业资产损失扣除是企业所得税汇算的重要组成部分，影响最终的应纳税额，本部分对资产损失的确认、扣除等内容一并介绍。

1. 一般规定。企业的资产以历史成本为计税基础，历史成本是指企业取得该项资产时实际发生的支出。企业持有各项资产期间资产增值或者减值，除国务院财政、税务主管部门规定可以确认损益外，不得调整该资产的计税基础。

企业转让资产，该项资产的净值，准予在计算应纳税所得额时扣除。资产的净值是指有关资产的计税基础减除已经按照规定扣除的折旧、折耗、摊销、准备金等后的余额。企业发生重组，除国务院财政、税务主管部门另有规定外，应当在交易发生时确认有关资产的转让所得或者损失，相关资产应当按照交易价格重新确定计税基础。

2. 固定资产。固定资产是指企业为生产产品、提供劳务、出租或者经营管理而持有的、使用时间超过 12 个月的非货币性资产，包括房屋、建筑物、机器、机械、运输工具以及其他与生产经营活动有关的设备、器具、工具等。在计算应纳税所得额时，企业按照规定计算的固定资产折旧，准予扣除。但下列固定资产不得计算折旧扣除：①房屋、建筑物以外未投入使用的固定资产；②以经营租赁方式租入的固定资产；③以融资租赁方式租出的固定资产；④已足额提取折旧仍继续使用的固定资产；⑤与经营活动无关的固定资产；⑥单独估价作为固定资产入账的土地；⑦其他不得计算折旧扣除的固定资产。

固定资产按照以下方法确定计税基础：

（1）外购的固定资产，以购买价款和支付的相关税费以及直接归属于使该资产达到预定用途发生的其他支出为计税基础；

（2）自行建造的固定资产，以竣工结算前发生的支出为计税基础；

（3）融资租入的固定资产，以租赁合同约定的付款总额和承租人在签订租赁合同过程中发生的相关费用为计税基础，租赁合同未约定付款总额的，以该资产的公允价值和承租人在签订租赁合同过程中发生的相关费用为计税基础；

（4）盘盈的固定资产，以同类固定资产的重置完全价值为计税基础；

（5）通过捐赠、投资、非货币性资产交换、债务重组等方式取得的固定资产，以该资产的公允价值和支付的相关税费为计税基础；

（6）改建的固定资产，除法定的支出外，以改建过程中发生的改建支出增加计税基础。

固定资产按照直线法计算的折旧，准予扣除。直线法是按固定资产的使用年限平均计提折旧的方法。企业应当自固定资产投入使用月份的次月起计算折旧；停止使用的固定资产，应当自停止使用月份的次月起停止计算折旧。企业应当根据固定资产的性质和使用情况，合理确定固定资产的预计净残值。固定资产的预计净残值一经确定，不得变更。

除国务院财政、税务主管部门另有规定外，固定资产计算折旧的最低年限如下：①房屋、建筑物，为20年；②飞机、火车、轮船、机器、机械和其他生产设备，为10年；③与生产经营活动有关的器具、工具、家具等，为5年；④飞机、火车、轮船以外的运输工具，为4年；⑤电子设备，为3年。

从事开采石油、天然气等矿产资源的企业，在开始商业性生产前发生的费用和有关固定资产的折耗、折旧方法，由国务院财政、税务主管部门另行规定。

3. 生产性生物资产。生产性生物资产是指企业为生产农产品、提供劳务或者出租等而持有的生物资产，包括经济林、薪炭林、产畜和役畜等。生产性生物资产按照以下方法确定计税基础：

（1）外购的生产性生物资产，以购买价款和支付的相关税费为计税基础；

（2）通过捐赠、投资、非货币性资产交换、债务重组等方式取得的生产性生物资产，以该资产的公允价值和支付的相关税费为计税基础。

生产性生物资产按照直线法计算的折旧，准予扣除。企业应当自生产性生物资产投入使用月份的次月起计算折旧；停止使用的生产性生物资产，应当自停止使用月份的次月起停止计算折旧。企业应当根据生产性生物资产的性质和使用情况，合理确定生产性生物资产的预计净残值。生产性生物资产的预计净残值一经确定，不得变更。

生产性生物资产计算折旧的最低年限为：林木类生产性生物资产10年；畜类生产性生物资产3年。

4. 无形资产。无形资产是指企业为生产产品、提供劳务、出租或者经营管理而持有的、没有实物形态的非货币性长期资产，包括专利权、商标权、著作权、土地使用权、非专利技术、商誉等。在计算应纳税所得额时，企业按照规定计算的无形资产摊销费用，准予扣除。但是，下列无形资产不得计算摊销费用扣除：①自行开发的支出已在计算应纳税所得额时扣除的无形资产；②自创商誉；③与经营活动无关的无形资产；④其他不得计算摊销费用扣除的无形资产。

无形资产按照以下方法确定计税基础：

（1）外购的无形资产，以购买价款和支付的相关税费以及直接归属于使该资产达到预定用途发生的其他支出为计税基础；

（2）自行开发的无形资产，以开发过程中该资产符合资本化条件后至达到预定用途前发生的支出为计税基础；

（3）通过捐赠、投资、非货币性资产交换、债务重组等方式取得的无形资产，以该资产的公允价值和支付的相关税费为计税基础。

无形资产按照直线法计算的摊销费用，准予扣除。无形资产的摊销年限不得低于10年。作为投资或者受让的无形资产，有关法律规定或者合同约定了使用年限的，可以按照规定或者约定的使用年限分期摊销。外购商誉的支出，在企业整体转让或者清算时，准予扣除。

5. 长期待摊费用。长期待摊费用是指企业发生的应在1个年度以上或几个年度进行摊销的费用。在计算应纳税所得额时，企业发生的下列支出作为长期待摊费用，按照规定摊销的，准予扣除：①已足额提取折旧的固定资产的改建支出；②租入固定资产的改建支出；③固定资产的大修理支出；④其他应当作为长期待摊费用的支出。

上述固定资产的改建支出是指改变房屋或者建筑物结构、延长使用年限等发生的支出。改建的固定资产延长使用年限的，除已足额计提折旧与租入的固定资产外，应当适当延长折旧年限。

上述固定资产的大修理支出，是指同时符合下列条件的支出：①修理支出达到取得固定资产时的计税基础50%以上；②修理后固定资产的使用年限延长2年以上。固定资产的大修理支出按照固定资产尚可使用年限分期摊销。

其他应当作为长期待摊费用的支出，自支出发生月份的次月起，分期摊销，摊销年限不得低于3年。

6. 投资资产。投资资产是指企业对外进行权益性投资和债权性投资形成的资产。企业在转让或者处置投资资产时，投资资产的成本，准予扣除。企业对外投资期间，投资资产的成本在计算应纳税所得额时不得扣除。投资资产按照以下方法确定成本：

（1）通过支付现金方式取得的投资资产，以购买价款为成本；

（2）通过支付现金以外的方式取得的投资资产，以该资产的公允价值和支付的相关税费为成本。

7. 存货。存货是指企业持有以备出售的产品或者商品、处在生产过程中的在产品、在生产或者提供劳务过程中耗用的材料和物料等。企业使用或者销售存货，按照规定计算的存货成本，准予在计算应纳税所得额时扣除。存货按照以下方法确定成本：

（1）通过支付现金方式取得的存货，以购买价款和支付的相关税费为成本；

（2）通过支付现金以外的方式取得的存货，以该存货的公允价值和支付的相关税费为成本；

(3) 生产性生物资产收获的农产品，以产出或者采收过程中发生的材料费、人工费和分摊的间接费用等必要支出为成本。

企业使用或者销售的存货的成本计算方法，可以在先进先出法、加权平均法、个别计价法中选用一种。计价方法一经选用，不得随意变更。

8. 资产损失。资产损失是指企业在生产经营活动中实际发生的、与取得应税收入有关的资产损失，包括货币资产损失、非货币资产损失、投资损失、自然灾害等不可抗力损失、其他资产损失。企业资产损失以权责发生制为原则进行税前扣除，辅之以相关性原则、真实性原则、合理性原则、合法性原则、确定性原则等进行具体判断和确认。准予在企业所得税税前扣除的资产损失是指企业在实际处置、转让资产过程中发生的合理损失（以下简称实际资产损失），以及企业虽未实际处置、转让上述资产，但符合规定条件计算确认的损失（以下简称法定资产损失）。企业实际资产损失应当在其实际发生且会计上已作损失处理的年度申报扣除；法定资产损失应当在企业向主管税务机关提供证据资料证明该项资产已符合法定资产损失确认条件，且会计上已作损失处理的年度申报扣除。

企业发生的资产损失，应按规定的程序和要求向主管税务机关申报后方能在税前扣除。未经申报的损失，不得在税前扣除。企业以前年度发生的资产损失未能在当年税前扣除的，可以按照规定，向税务机关说明并进行专项申报扣除。其中，属于实际资产损失，准予追补至该项损失发生年度扣除，其追补确认期限一般不得超过5年。企业因以前年度实际资产损失未在税前扣除而多缴的企业所得税税款，可在追补确认年度企业所得税应纳税款中予以抵扣，不足抵扣的，向以后年度递延抵扣。

（五）税率

综观世界各国的企业所得税，税率形式有两种：比例税率和累进税率，但包括我国在内的多数国家采用的是比例税率。[1] 我们认为，采用比例税率和累

---

〔1〕 对此主要有两种解释：①企业所得税实质不是对人税，计税的依据也不是个人的综合负担能力，因此实行累进税率意义不大；②公司企业所得税实际上是由股东负担的，公司纯所得的多少与股东收入的多少并无确定关系，对公司所得适用累进税率征税，并不能真正起到调节股东个人收入分配差距的作用。当然也有少数国家的企业所得税实行累进税率，这主要是基于两方面的考虑：①财政的需要，适用累进税率可以使国家获得与企业纳税能力相当的财政收入，避免因比例税率定得过高或者过低而带来的弊端；②对社会分配进行调节，实行累进税率在一定程度上能对个人收入起到一定的调节作用。参见张守文：《税法原理》，北京大学出版社2004年版，第219页。

进税率各有利弊，在世界经济全球化的时代，采用比例税率更有利于投资者在投资时进行直观的比较。

我国企业所得税的基本税率为25%，[1]适用于居民企业和前述第一类非居民企业。之所以说是基本税率，是因为在该税率之外还有一些特殊税率，如对小型微利企业适用20%的税率；对国家需要重点扶持的高新技术企业实行15%的税率。

对于第二类非居民企业，采用预提的方式征收所得税，其税率为20%。[2]

（六）计税原理

由于包括我国在内的大多数国家采用比例税率，使得企业所得税的应纳税额的计算变得比较简单，即应纳税额为应纳税所得额乘以适用税率，减除税收优惠规定的减免和抵免的税额后的余额。其计算公式为：

应纳税额＝应纳税所得额×适用税率－减免税额－抵免税额

减免税额是典型的税收优惠，将在下面一部分具体介绍。抵免税额是由于税收抵免制度的确立导致的。所谓税收抵免制度，是指对于本国居民企业或者在本国的常设机构来源于境外的并且已经在所得来源地缴纳了税款的所得，在对该所得征税时允许从应纳税额中扣除在国外缴纳的税额的一种制度。确立税收抵免制度是为了避免一笔所得的重复征税，实行税额扣除是以承认所得来源国优先行使税收管辖权，但不排除行使居民管辖权为前提的。各国税法对企业境外所得已纳税款的扣除规定不同，概括起来有两种方式：全额抵扣和限额抵扣。包括我国在内的多数国家采用限额抵扣，即抵免额不得超过纳税人国外所得按照本国税法计算的应纳税额。

在我国，将税收抵免分为直接抵免和间接抵免。直接抵免是指居民企业来

---

[1] 25%的税率设计，就周边国家和地区的税率来看还是偏低的，如日本为37.5%、韩国为34%、新加坡为27%；就世界范围来看，25%的税率基本处于中等水平。制定《企业所得税法》时，相关数据显示，全世界159个国家（地区）的平均税率为28.6%，我国周边18个国家（地区）的平均税率为26.7%。世界范围内企业所得税税率呈下降趋势，据毕马威国际会计咨询公司统计报告，2010年世界114个国家（地区）平均税率为24.99%，其中美国为40%、日本为40.69%、英国为28%、法国为33.33%、法国为29.41%。

[2]《企业所得税法》第3条第3款规定："非居民企业在中国境内未设立机构、场所的，或者虽设立机构、场所但取得的所得与其所设机构、场所没有实际联系的，应当就其来源于中国境内的所得缴纳企业所得税。"《企业所得税法》第27条第5项规定，企业取得该法第3条第3款规定的所得，可以免征、减征企业所得税。《企业所得税法实施条例》第91条第1款规定："非居民企业取得《企业所得税法》第27条第5项规定的所得，减按10%的税率征收企业所得税。"因此，目前预提税的税率为10%。

源于中国境外的应税所得，或者非居民企业在中国境内设立机构、场所，取得发生在中国境外但与该机构、场所有实际联系的应税所得，已在境外缴纳的所得税税额，可以从其当期应纳税额中抵免，抵免限额为该项所得依照我国税法规定计算的应纳税额。超过抵免限额的部分，可以在以后5个年度[1]内，用每年度抵免限额抵免当年应抵税额后的余额进行抵补。该抵免限额可以分国（地区）不分项计算，也可以不分国（地区）不分项计算，但计算公式一经选择，5年内不能改变。分国（地区）不分项计算公式如下：

抵免限额＝中国境内、境外所得按照企业所得税法及其实施条例计算的应纳税总额×来源于某外国或地区的应纳税所得额÷中国境内、境外应纳税所得总额

间接抵免[2]只适用于居民企业，是指居民企业从其直接或者间接控制[3]的外国企业分得的来源于中国境外的股息、红利等权益性投资收益，外国企业在境外实际缴纳的所得税税额中属于该项所得负担的部分，可以作为该居民企业的可抵免境外所得税税额，在依据税法规定计算出的抵免限额内抵免。

（七）税收优惠

《企业所得税法》改变了过去以区域优惠为主、产业优惠为辅的思路，确立了以产业优惠为主、区域优惠为辅，兼顾社会进步的新的税收优惠格局。从优惠形式上看，不再是单一的直接优惠规定，包含了间接优惠的内容。

《企业所得税法》实行税收优惠的原则是：促进技术创新和科技进步，鼓励基础设施建设，鼓励农业发展及环境保护与节能，支持安全生产，统筹区域发展，促进公益事业和照顾弱势群体，进一步促进国民经济全面、协调、可持续发展和社会全面进步，有利于构建和谐社会。

1.《企业所得税法》关于税收优惠的一般规定。国家对重点扶持和鼓励发展的产业和项目，给予企业所得税优惠。

---

[1] 5个年度是指从企业取得的来源于中国境外的所得，已经在中国境外缴纳的企业所得税性质的税额超过抵免限额的当年的次年起连续5个纳税年度。

[2] 之所以叫间接抵免，是因为我国的居民企业在收到其直接或者间接控制的外国企业的股息等投资性收益时，首先要将该投资性收益还原为税前所得，然后再计算该税前所得需要在外国企业的居民国缴纳多少企业所得税，该笔所得税额就是我国的居民企业所收到的该笔股息所承担的外国所得税税额。我国居民企业同样应将该笔投资收益还原为税前所得，并且应将该笔所得计入企业当年年度的应纳税所得额，统一计算应纳税额，然后再从应纳税额中扣除该笔投资收益所承担的外国所得税税额，当然，该笔外国所得税税额不得超过按照税法规定计算的限额。

[3] 直接控制，是指居民企业直接持有外国企业20%以上股份。间接控制，是指居民企业以间接持股方式持有外国企业20%以上股份。具体认定办法由国务院财政、税务主管部门另行制定。

2.《企业所得税法》规定的直接税收优惠有：

（1）免税收入。企业的下列收入为免税收入：①国债利息收入，即企业持有国务院财政部门发行的国债取得的利息收入；②符合条件的居民企业之间的股息、红利等权益性投资收益；③在中国境内设立机构、场所的非居民企业从居民企业取得与该机构、场所有实际联系的股息、红利等权益性投资收益；④符合条件的非营利组织[1]的收入。

（2）减免企业所得税。企业的下列所得，可以免征、减征企业所得税：①从事农、林、牧、渔业项目的所得；②从事国家重点扶持的公共基础设施项目[2]投资经营的所得；③从事符合条件的环境保护、节能节水项目[3]的所得；④符合条件的技术转让所得[4]；⑤第二类非居民企业取得的来源于境内的所得[5]；⑥外国政府向中国政府提供贷款取得的利息所得；⑦国际金融组织向中国政府和居民企业提供优惠贷款取得的利息所得；⑧经国务院批准的其他所得免征企业所得税。

（3）低税率优惠。符合条件的小型微利企业，[6]减按20%的税率征收企业所

---

〔1〕 符合条件的非营利组织是指同时符合下列条件的组织：①依法履行非营利组织登记手续；②从事公益性或者非营利性活动；③取得的收入除用于与该组织有关的、合理的支出外，全部用于登记核定或者章程规定的公益性或者非营利性事业；④财产及其孳息不用于分配；⑤按照登记核定或者章程规定，该组织注销后的剩余财产用于公益性或者非营利性目的，或者由登记管理机关转赠给与该组织性质、宗旨相同的组织，并向社会公告；⑥投入人对投入该组织的财产不保留或者不享有任何财产权利；⑦工作人员工资福利开支控制在规定的比例内，不变相分配该组织的财产。

〔2〕 国家重点扶持的公共基础设施项目是指《公共基础设施项目企业所得税优惠目录》规定的港口码头、机场、铁路、公路、城市公共交通、电力、水利等项目。企业从事国家重点扶持的公共基础设施项目的投资经营的所得，自项目取得第一笔生产经营收入所属纳税年度起，第1～3年免征企业所得税，第4～6年减半征收企业所得税。

〔3〕 符合条件的环境保护、节能节水项目包括公共污水处理、公共垃圾处理、沼气综合开发利用、节能减排技术改造、海水淡化等。项目的具体条件和范围由国务院财政、税务主管部门商国务院有关部门制订，报国务院批准后公布施行。企业从事符合条件的环境保护、节能节水项目的所得，自项目取得第一笔生产经营收入所属纳税年度起，第1～3年免征企业所得税，第4～6年减半征收企业所得税。

〔4〕 符合条件的技术转让所得免征、减征企业所得税是指一个纳税年度内，居民企业技术转让所得不超过500万元的部分，免征企业所得税；超过500万元的部分，减半征收企业所得税。

〔5〕 第二类非居民企业来源于中国境内的所得减按10%的税率征收企业所得税。

〔6〕 符合条件的小型微利企业，是指从事国家非限制和禁止行业，并符合下列条件的企业：①工业企业，年度应纳税所得额不超过30万元，从业人数不超过100人，资产总额不超过3000万元；②其他企业，年度应纳税所得额不超过30万元，从业人数不超过80人，资产总额不超过1000万元。

得税；国家需要重点扶持的高新技术企业，[1]减按15%的税率征收企业所得税。

（4）民族自治地方[2]的减免税优惠。民族自治地方的自治机关对本民族自治地方的企业应缴纳的企业所得税中属于地方分享的部分，可以决定减征或者免征。自治州、自治县决定减征或者免征的，须报省、自治区、直辖市人民政府批准。

（5）抵扣应纳税所得额。创业投资企业从事国家需要重点扶持和鼓励的创业投资的，可以按投资额的一定比例抵扣应纳税所得额。该处所讲的抵扣应纳税所得额，是指创业投资企业采取股权投资方式投资于未上市的中小高新技术企业2年以上的，可以按照其投资额的70%在股权持有满2年的当年抵扣该创业投资企业的应纳税所得额；当年不足抵扣的，可以在以后纳税年度结转抵扣。

（6）税额抵免优惠。企业购置用于环境保护、节能节水、安全生产等专用设备的投资额，可以按一定比例实行税额抵免。该处所讲的税额抵免，是指企业购置并实际使用《环境保护专用设备企业所得税优惠目录》《节能节水专用设备企业所得税优惠目录》和《安全生产专用设备企业所得税优惠目录》规定的环境保护、节能节水、安全生产等专用设备的，该专用设备的投资额的10%可以从企业当年的应纳税额中抵免；当年不足抵免的，可以在以后5个纳税年度结转抵免。享受该优惠的企业，应当实际购置并自身实际投入使用上述专用设备；企业购置上述专用设备在5年内转让、出租的，应当停止享受企业所得税优惠，并补缴已经抵免的企业所得税税款。

3.《企业所得税法》规定的间接税收优惠有：

（1）加计扣除税收优惠。企业的下列支出，可以在计算应纳税所得额时加计扣除：①开发新技术、新产品、新工艺发生的研究开发费用；[3]②安置残疾

---

〔1〕 国家需要重点扶持的高新技术企业，是指拥有核心自主知识产权，并同时符合下列条件的企业：①产品（服务）属于《国家重点支持的高新技术领域》规定的范围；②研究开发费用占销售收入的比例不低于规定比例；③高新技术产品（服务）收入占企业总收入的比例不低于规定比例；④科技人员占企业职工总数的比例不低于规定比例；⑤《高新技术企业认定管理办法》规定的其他条件。《国家重点支持的高新技术领域》和《高新技术企业认定管理办法》由国务院科技、财政、税务主管部门商国务院有关部门制订，报国务院批准后公布施行。

〔2〕 民族自治地方是指依照《中华人民共和国民族区域自治法》的规定，实行民族区域自治的自治区、自治州、自治县。

〔3〕 该处所讲的研究开发费用的加计扣除，是指企业为开发新技术、新产品、新工艺发生的研究开发费用，未形成无形资产计入当期损益的，在按照规定据实扣除的基础上，按照研究开发费用的50%加计扣除；形成无形资产的，按照无形资产成本的150%摊销。

人员及国家鼓励安置的其他就业人员所支付的工资。[1]

（2）加速折旧税收优惠。企业的固定资产由于技术进步等原因，确需加速折旧的，可以缩短折旧年限或者采取加速折旧的方法。[2]

（3）减计收入税收优惠。企业综合利用资源，生产符合国家产业政策规定的产品所取得的收入，可以在计算应纳税所得额时减计收入。[3]

需要特别提及的是，《企业所得税法》对国务院进行了适当授权，允许国务院在特定情况下制定企业所得税的专项优惠政策。该项权力较大，其行使是有前提条件的，即“根据国民经济和社会发展的需要，或者由于突发事件等原因对企业经营活动产生重大影响的”。国务院行使该项权力时，须报全国人民代表大会常务委员会备案，这意味着要接受适当监督。

企业同时从事适用不同企业所得税待遇的项目的，其优惠项目应当单独计算所得，并合理分摊企业的期间费用；没有单独计算的，不得享受企业所得税优惠。

（八）源泉扣缴

源泉扣缴是指相关主体向纳税人支付款项时，从该款项中预先扣除该款项所应当承担的所得税款的制度。它是为了从源头上管理税收，防止税款的流失。

针对第二类非居民企业征收企业所得税实行源泉扣缴制度，以支付人为扣缴义务人。但对于非居民企业在境内取得工程作业和劳务所得应缴纳的所得税，税务机关可以指定工程价款或者劳务费的支付人为扣缴义务人。之所以对工程承包进行单独规定，是因为在双边税收协定中，工程作业一般要达到一定时间才能构成常设机构，才需在本国纳税。如果没有达到一定时间，就不构成常设机构。非居民企业在本国进行工程作业所取得的所得就不需要在本国纳税，当然也就不需要扣缴义务人。也就是说，没有税务机关的指定，工程价款或者劳务费的支付人不是扣缴义务人。

扣缴义务人未依法扣缴或者无法履行扣缴义务的，由纳税人在所得发生地

---

〔1〕该处所讲的企业安置残疾人员所支付的工资的加计扣除，是指企业安置残疾人员的，在按照支付给残疾职工工资据实扣除的基础上，按照支付给残疾职工工资的100%加计扣除。残疾人员的范围适用《中华人民共和国残疾人保障法》的有关规定。企业安置国家鼓励安置的其他就业人员所支付的工资的加计扣除办法，由国务院另行规定。

〔2〕该处所讲的可以采取缩短折旧年限或者采取加速折旧的方法的固定资产，包括：①由于技术进步，产品更新换代较快的固定资产；②常年处于强震动、高腐蚀状态的固定资产。采取缩短折旧年限方法的，最低折旧年限不得低于税法规定折旧年限的60%；采取加速折旧方法的，可以采取双倍余额递减法或者年数总和法。

〔3〕该处所讲减计收入，是指企业以《资源综合利用企业所得税优惠目录》规定的资源作为主要原材料，生产国家非限制和禁止并符合国家和行业相关标准的产品取得的收入，减按90%计入收入总额。

缴纳税款。纳税人未依法缴纳的，税务机关可以从该纳税人在境内的其他收入项目的支付人应付的款项中，追缴该纳税人的应纳税款。

（九）特别纳税调整

特别纳税调整是指税务机关出于实施反避税目的而对纳税人特定纳税事项所作的税务调整，包括针对纳税人转让定价、受控外国公司、资本弱化及其他避税情况所进行的税务调整。特别纳税调整不同于一般纳税调整，一般纳税调整，是指在计算应纳税所得额时，如果企业财务、会计处理办法与税收制度规定不一致，应当依照税收法律、行政法规的规定计算纳税所作的税务调整，并据此重新调整计算纳税。特别纳税调整主要是针对关联企业的，目的在于防止企业利用关联关系避税。[1]特别纳税调整的法理基础乃实质课税原则。

1. 转让定价税制。转让定价是指企业与其关联方[2]之间在转让货物、无形资产或提供劳务、资金信贷等活动中，为了一定目的所确定的不同于一般市场价格的内部价格。企业与其关联方之间具有不同于一般企业的特殊关系，它们之间的交易往来往往不按照公平原则来进行，容易利用转让定价[3]进行避税。转让定价税制是专门针对企业与其关联方之间的转让定价而采取的一系列税收措施。

（1）关联关系的认定。适用转让定价税制，首先应对有关主体进行关联关系的判定。凡与企业有下列关联关系之一的企业、其他组织或者个人应认定为该企业的关联方：①在资金、经营、购销等方面存在直接或者间接的控制关系；②直接或者间接地同为第三者控制；③在利益上具有相关联的其他关系。

企业与另一方具有下列关系之一的，认定为存在关联关系：

①一方直接或者间接持有另一方的股份总和达到25%以上；双方直接或者间接同为第三方所持有的股份达到25%以上。如果一方通过中间方对另一方间

---

〔1〕避税（Tax Avoidance）是指纳税义务人利用税法上的漏洞或不完善之处，通过对财务活动人为的安排，以达到规避或减轻缴纳税款目的的行为。避税的构成要件包括三个：①纳税义务尚未发生；②通过不为法律所明确禁止的行为对其交易进行安排；③导致纳税义务不发生或者减轻纳税义务。避税与偷税有本质区别。偷税是纳税人伪造、变造、隐匿、擅自销毁账簿、记账凭证，或者在账簿上多列支出或者不列、少列收入，或者经税务机关通知申报而拒不申报或者进行虚假的纳税申报，不缴或者少缴应纳税款的行为。偷税同样具有三个构成要件：①纳税义务已经产生；②实施了特定违法行为；③客观上造成了不缴或者少缴税款的结果。

〔2〕关联方包括企业、其他组织或者个人。

〔3〕在跨国经济活动中，利用关联关系通过转让定价进行避税已成为一种常见的避税方法。其一般做法是：高税国企业向其低税国关联企业销售货物、提供劳务、转让无形资产、资金信贷时制定低价；低税国企业向其高税国关联企业销售货物、提供劳务、转让无形资产、资金信贷时制定高价。这样，利润就从高税国转移到低税国，从而达到最大限度地减轻其税负的目的。

接持有股份，只要其对中间方持股比例达到25%以上，则其对另一方的持股比例按照中间方对另一方的持股比例计算。两个以上具有夫妻、直系血亲、兄弟姐妹以及其他抚养、赡养关系的自然人共同持股同一企业，在判定关联关系时持股比例合并计算。

②双方存在持股关系或者同为第三方持股，虽持股比例未达到上述①的规定，但双方之间借贷资金总额占任一方实收资本比例达到50%以上，或者一方全部借贷资金总额的10%以上由另一方担保（与独立金融机构之间的借贷或者担保除外)。

借贷资金总额占实收资本比例=年度加权平均借贷资金/年度加权平均实收资本，其中：

年度加权平均借贷资金=i笔借入或者贷出资金账面金额×i笔借入或者贷出资金年度实际占用天数/365

年度加权平均实收资本=i笔实收资本账面金额×i笔实收资本年度实际占用天数/365

③双方存在持股关系或者同为第三方持股，虽持股比例未达到上述①的规定，但一方的生产经营活动必须由另一方提供专利权、非专利技术、商标权、著作权等特许权才能正常进行。

④双方存在持股关系或者同为第三方持股，虽持股比例未达到上述①的规定，但一方的购买、销售、接受劳务、提供劳务等经营活动由另一方控制。这里的控制是指一方有权决定另一方的财务和经营政策，并能据以从另一方的经营活动中获取利益。

⑤一方半数以上董事或者半数以上高级管理人员（包括上市公司董事会秘书、经理、副经理、财务负责人和公司章程规定的其他人员）由另一方任命或者委派，或者同时担任另一方的董事或者高级管理人员；或者双方各自半数以上董事或者半数以上高级管理人员同为第三方任命或者委派。

⑥具有夫妻、直系血亲、兄弟姐妹以及其他抚养、赡养关系的两个自然人分别与双方具有上述①~④的关系之一。

⑦双方在实质上具有其他共同利益。

（2）适用转让定价税制调整的原则与调整方法。企业与其关联方之间存在关联关系，并非必然适用转让定价税制。对企业能否适用转让定价税制，其评断的标准是企业与其关联方之间的业务往来是否背离独立交易原则。所谓独立交易原则，是指没有关联关系的交易各方，按照公平成交价格和营业常规进行业务往来遵循的原则。企业与其关联方之间在购销、资金融通、提供劳务、转让财产等方面的业务往来，不符合独立交易原则而减少企业或者其关联方的应纳税收入或者所得额的，税务机关有权按照合理方法进行调整。合理方法包括：①可比非受控价格法，即按照没有关联关系的交易各方进行相同或者类似业务往来的价格进行定价的方法；②再销售价格法，即按照从关联方购进商品再销售给没有关联关系的交易方的价格，减除相同或者类似业务的销售毛利进行定价的方法；③成本加成法，即按照成本加合理的费用和利润进行定价的方法；④交易净利润法，即按照没有关联关系的交易各方进行相同或者类似业务往来取得的净利润水平确定利润的方法；⑤利润分割法，即将企业与其关联方的合并利润或者亏损在各方之间采用合理标准进行分配的方法；⑥其他符合独立交易原则的方法。

成本分摊是一个独立的关联交易类型，企业与其关联方之间如何进行成本分摊，对应纳税所得额会直接产生影响，故《企业所得税法》将其剥离出来进行了规定。企业与其关联企业之间共同开发、受让无形资产，或者共同提供、接受劳务发生的成本，在计算应纳税所得额时应当按照独立交易原则进行分摊。企业可以按照独立交易原则与其关联方分摊共同发生的成本，达成成本分摊协议。企业与其关联方分摊成本时，应当按照成本与预期收益相配比的原则进行分摊，并在税务机关规定的期限内，按照税务机关的要求报送有关资料。企业与其关联方分摊成本时，违反独立交易原则、成本与预期收益相配比原则的，其自行分配的成本不得在计算应纳税所得额时扣除。

（3）转让定价的调查与调整。适用转让定价税制，调整应纳税额，须经调查程序。转让定价调查与调整的大体程序是：

第一步：结合日常征管工作，开展案头审核，确定调查企业。转让定价调查重点关注具有以下风险特征的企业：①关联交易金额较大或者类型较多的企业；②存在长期亏损、微利或者跳跃性盈利的企业；③低于同行业利润水平的企业；④利润水平与其所承担的功能风险不相匹配，或者分享的收益与分摊的成本不相配比的企业；⑤与低税国家（地区）关联方发生关联交易的企业；⑥未按规定进行关联申报或准备同期资料的企业；⑦从其关联方接受的债权性投资与权益性投资的比例超过规定标准的企业；⑧其他明显违背独立交易原则的企业。税务机关通过关联申报审核、同期资料管理和利润水平监控等手段，对企业实施特别纳税调整监控管理，发现企业存在特别纳税调整风险的，可以向企业送达《税务事项通知书》，提示其存在的税收风险。企业收到特别纳税调整风险提示或者发现自身存在特别纳税调整风险的，可以自行调整补税。企业自行调整补税的，税务机关仍可按照规定实施特别纳税调查调整。企业要求税务机关确认关联交易定价原则和方法等特别纳税调整事项的，税务机关应当启动特别纳税调查程序。对于已确定立案调查的企业，税务机关应当向其送达《税务检查通知书（一）》；需要到被调查企业的关联方或者与调查有关的其他企业调查取证的，应当向该企业送达《税务检查通知书（二）》。

第二步：实施调查。税务机关实施特别纳税调查时，可以要求被调查企业及其关联方，或者与调查有关的其他企业（以下简称可比企业）提供相关资料。税务机关实施特别纳税调查时，应当按照法定权限和程序进行，可以采用实地调查、检查纸质或者电子数据资料、调取账簿、询问、查询存款账户或者储蓄存款、发函协查、国际税收信息交换、异地协查等方式，收集能够证明案件事实的证据材料。收集证据材料过程中，可以记录、录音、录像、照相和复制，录音、录像、照相前应当告知被取证方。记录内容应当由两名以上调查人员签字，并经被取证方核实签章确认。被取证方拒绝签章的，税务机关调查人员（两名以上）应当注明。税务机关实施转让定价调查时，应当进行可比性分析，在可比性分析的基础上，选择合理的转让定价方法，对企业关联交易进行分析评估。税务机关在进行可比性分析时，优先使用公开信息，也可以使用非公开信息。

第三步：作出转让定价调查结论，对于不符合独立交易原则的，进行纳税调整。经调查，未发现企业存在特别纳税调整问题的，应当作出特别纳税调查结论，并向企业送达《特别纳税调查结论通知书》。经调查，企业关联交易不符合独立交易原则的，税务机关应当按照以下程序实施转让定价纳税调整：①在测算、论证和可比性分析的基础上，拟定特别纳税调查初步调整方案。②根据初步调整方案与企业协商谈判；企业拒绝协商谈判的，向企业送达《特别纳税调查初步调整通知书》。③企业对初步调整方案有异议的，应在税务机关规定的期限内进一步提供相关资料，税务机关收到资料后，应认真审核，并作出审议结论，根据审议结论，需要进行特别纳税调整的，应当形成初步调整方案，向企业送达《特别纳税调查初步调整通知书》。④企业收到《特别纳税调查初步调整通知书》后有异议的，应自收到通知书之日起 7 日内书面提出，收到企业意见后，应再次协商、审议；根据审议结论，需要进行特别纳税调整，并形成最终调整方案的，向企业送达《特别纳税调查调整通知书》。企业收到《特别纳税调查初步调整通知书》后，在规定期限内未提出异议的，或者提出异议后又拒绝协商的，或者虽提出异议但经税务机关审议后不予采纳的，应当以初步调整方案作为最终调整方案，向企业送达《特别纳税调查调整通知书》。⑤企业可以在《特别纳税调查调整通知书》送达前自行缴纳税款。企业收到《特别纳税调查调整通知书》后有异议的，可以在依照《特别纳税调查调整通知书》缴纳或者解缴税款、利息、滞纳金或者提供相应的担保后，依法申请行政复议。对行政复议决定不服的，可以依法向人民法院提起行政诉讼。

（4）预约定价安排。预约定价安排（Advance Price Arrangement，简称为APA）是指企业就其未来年度关联交易的定价原则和计算方法，向税务机关提出申请，与税务机关按照独立交易原则协商、确认后达成的协议。预约定价安排本质上是一种行政契约，契约达成以后纳税人就按照该协议确定的原则和方法确定其与关联方之间的交易价格，税务机关也认可该价格，不能对纳税人的转让定价进行事后调整。

转让定价纳税调整是一种事后的调整，会给税务机关带来沉重负担，对企业产生纳税结果不确定的影响。为了解决转让定价事后调整的困境，日本于1987年率先提出了预约定价制度，即通过预约定价安排免除税务机关事后对纳税人与其关联方就关联交易的转移定价进行调整的制度。随后美国对该制度进行了完善并逐步推广到世界很多国家，我国于1998年引入了这一制度，此后经历了一个法律规范层次由低到高，内容由原则到具体，逐渐丰富和不断完善的历程，目前预约定价管理已成为我国反避税管理体系的重要组成部分。实践证明，预约定价安排作为一种事前的安排，对税务机关而言，能够降低税收征收管理成本，增加税收收入的可预见性；对企业而言，有利于规避特别纳税调整风险，避免转让定价事后调整所带来的罚息，税收环境的确定有利于使企业把主要精力放在经营上。

预约定价安排是一项非常复杂的制度，包括单边、双边和多边三种类型。[1]预约定价安排由负责特别纳税调整事项的主管税务机关受理，预约定价

---

〔1〕 企业与一国税务机关就其与关联方之间所涉及交易的转让定价原则和计算方法进行协商达成的协议为单边预约定价安排；两国税务主管机关就跨国集团所属企业之间关联交易的定价原则和方法达成的协议为双边预约定价安排；多国税务主管机关就跨国集团所属企业之间关联交易的定价原则和方法达成的协议为多边预约定价安排。在避免交易双方所在国税务机关的事后调查调整，防止跨国重复征税方面，双边预约定价安排的效果比单边预约定价安排更好，因为它得到了交易双方税务当局的认可，在约定的范围内不会再受到调查与调整征税。2005年4月19日，国家税务总局与日本国税厅在北京共同签署的《中日关于东芝复印机（深圳）有限公司与其日本关联公司关联交易的预约定价安排》是我国签署的首例双边预约定价安排，涉及的业务类型为商品购销，采用的是交易净利润法。自2010年以来中，中国国家税务总局每年公布《中国预约定价安排年度报告》。2020年10月29日，中国国家税务总局正式对外发布《中国预约定价安排年度报告（2019）》，该报告显示，自2005年1月1日至2019年12月31日，中国税务机关已累计签署177例预约定价安排（APA），包括101例单边、76例双边预约定价安排（APA），但至今尚未签署一例多边预约定价安排。

安排同时涉及两个或者两个以上省、自治区、直辖市和计划单列市税务机关的，由国家税务总局统一组织协调；企业申请上述单边预约定价安排的，应当同时向国家税务总局及其指定的税务机关提出谈签预约定价安排的相关申请；国家税务总局可以与企业统一签署单边预约定价安排，或者指定税务机关与企业统一签署单边预约定价安排，也可以由各主管税务机关与企业分别签署单边预约定价安排。单边预约定价安排涉及一个省、自治区、直辖市和计划单列市内两个或者两个以上主管税务机关的，由省、自治区、直辖市和计划单列市相应税务机关统一组织协调。

第一，适用条件。预约定价安排不具有普遍适用性，企业申请预约定价安排必须同时满足三个条件：一是税务机关向企业送达接收其谈签意向的《税务事项通知书》之日所属纳税年度前3个年度每年度发生的关联交易金额在4000万元人民币以上；二是依法履行关联申报义务；三是按规定准备、保存和提供同期资料。

第二，谈签与执行程序。预约定价安排有严格的程序，要经过预备会谈、谈签意向、分析评估、正式申请、协商签署和监控执行6个阶段：

①预备会谈。企业有谈签预约定价安排意向的，应当向税务机关书面提出预备会谈申请。税务机关可以与企业开展预备会谈。其中，申请单边预约定价安排的，应当向主管税务机关书面提出预备会谈申请，提交《预约定价安排预备会谈申请书》，主管税务机关组织与企业开展预备会谈；申请双边或者多边预约定价安排的，应当同时向国家税务总局和主管税务机关书面提出预备会谈申请，提交《预约定价安排预备会谈申请书》，国家税务总局统一组织与企业开展预备会谈。税务机关和企业在预备会谈期间达成一致意见的，主管税务机关向企业送达同意其提交谈签意向的《税务事项通知书》。

②谈签意向。企业收到《税务事项通知书》后向税务机关提出谈签意向。企业申请单边预约定价安排的，应当向主管税务机关提交《预约定价安排谈签意向书》，并附送单边预约定价安排申请草案；企业申请双边或者多边预约定价安排的，应当同时向国家税务总局和主管税务机关提交《预约定价安排谈签意向书》，并附送双边或者多边预约定价安排申请草案。税务机关已经对企业实施特别纳税调整立案调查或者其他涉税案件调查，且尚未结案的；未按照有关规定填报年度关联业务往来报告表的；未按照有关规定准备、保存和提供同期资料的；预备会谈阶段税务机关和企业无法达成一致意见的，税务机关可以拒绝企业提交谈签意向。

③分析评估。企业提交谈签意向后，税务机关应当分析预约定价安排申请草案内容，评估其是否符合独立交易原则。根据分析评估的具体情况可以要求企业补充提供有关资料。分析评估阶段，税务机关可以与企业就预约定价安排申请草案进行讨论；可以进行功能和风险实地访谈。税务机关认为预约定价安排申请草案不符合独立交易原则的，企业应当与税务机关协商，并进行调整；税务机关认为预约定价安排申请草案符合独立交易原则的，主管税务机关向企业送达同意其提交正式申请的《税务事项通知书》。

④正式申请。企业收到同意其提交正式申请的《税务事项通知书》通知后，可以向税务机关提交《预约定价安排正式申请书》，并附送预约定价安排正式申请报告。企业申请单边预约定价安排的，应当向主管税务机关提交资料；企业申请双边或者多边预约定价安排的，应当同时向国家税务总局和主管税务机关提交资料，并按照有关规定提交启动特别纳税调整相互协商程序的申请。预约定价安排申请草案拟采用的定价原则和计算方法不合理，且企业拒绝协商调整的；企业拒不提供有关资料或者提供的资料不符合税务机关要求，且不按时补正或者更正的；企业拒不配合税务机关进行功能和风险实地访谈的以及存在其他不适合谈签预约定价安排的情况，税务机关可以拒绝企业提交正式申请。

⑤协商签署。税务机关应当在分析评估的基础上形成协商方案，并据此开展协商工作。主管税务机关与企业开展单边预约定价安排协商，协商达成一致的，拟定单边预约定价安排文本；国家税务总局与税收协定缔约对方税务主管当局开展双边或者多边预约定价安排协商，协商达成一致的，拟定双边或者多边预约定价安排文本。主管税务机关与企业就单边预约定价安排文本达成一致后，双方的法定代表人或者法定代表人授权的代表签署单边预约定价安排；国家税务总局与税收协定缔约对方税务主管当局就双边或者多边预约定价安排文本达成一致后，双方或者多方税务主管当局授权的代表签署双边或者多边预约定价安排，国家税务总局应当将预约定价安排转发主管税务机关。主管税务机关应当向企业送达《税务事项通知书》，附送预约定价安排，并做好执行工作。预约定价安排涉及适用年度或者追溯年度补（退）税款的，税务机关应当按照纳税年度计算应补征或者退还的税款，并向企业送达《预约定价安排补（退）税款通知书》。

⑥监控执行。税务机关应当监控预约定价安排的执行情况。预约定价安排执行期间，企业应当完整保存与预约定价安排有关的文件和资料，包括账簿和有关记录等，不得丢失、销毁和转移。企业应当在纳税年度终了后 6 个月内，

向主管税务机关报送执行预约定价安排情况的纸质版和电子版年度报告，主管税务机关将电子版年度报告报送国家税务总局；涉及双边或者多边预约定价安排的，企业应当向主管税务机关报送执行预约定价安排情况的纸质版和电子版年度报告，同时将电子版年度报告报送国家税务总局。年度报告应当说明报告期内企业经营情况以及执行预约定价安排的情况。需要修订、终止预约定价安排，或者有未决问题或者预计将要发生问题的，应当作出说明。

预约定价安排执行期间，主管税务机关应当每年监控企业执行预约定价安排的情况。监控内容主要包括：企业是否遵守预约定价安排条款及要求；年度报告是否反映企业的实际经营情况；预约定价安排所描述的假设条件是否仍然有效等。

预约定价安排执行期间，企业发生影响预约定价安排的实质性变化，应当在发生变化之日起30日内书面报告主管税务机关，详细说明该变化对执行预约定价安排的影响，并附送相关资料。由于非主观原因而无法按期报告的，可以延期报告，但延长期限不得超过30日。税务机关应当在收到企业书面报告后，分析企业实质性变化情况，根据实质性变化对预约定价安排的影响程度，修订或者终止预约定价安排。签署的预约定价安排终止执行的，税务机关可以和企业按照规定的程序和要求，重新谈签预约定价安排。

预约定价安排执行期间，主管税务机关与企业发生分歧的，双方应当进行协商。协商不能解决的，可以报上一级税务机关协调；涉及双边或者多边预约定价安排的，必须层报国家税务总局协调。对上一级税务机关或者国家税务总局的决定，下一级税务机关应当予以执行。企业仍不能接受的，可以终止预约定价安排的执行。

第三，适用期限。预约定价安排适用于主管税务机关向企业送达接收其谈签意向的《税务事项通知书》之日所属纳税年度起3～5个年度的关联交易。企业以前年度的关联交易与预约定价安排适用年度相同或者类似的，经企业申请，税务机关可以将预约定价安排确定的定价原则和计算方法追溯适用于以前年度该关联交易的评估和调整。追溯期最长为10年。预约定价安排的谈签不影响税务机关对企业不适用预约定价安排的年度及关联交易的特别纳税调查调整和监控管理。

第四，企业可以通过预约定价安排的方式达成成本分摊协议。通过预约定价安排的方式达成成本分摊协议的，必须遵循两个原则：一是有预期的收益；二是成本和收益相配比。

（5）企业的资料报送义务与税务机关的核定权力。反避税管理的重要方面是加强税务行政管理，为解决反避税工作中所需的信息问题，企业所得税法规定了企业的资料报送义务。企业在向税务机关报送年度企业所得税纳税申报表时，应就其与关联方之间的业务往来，附送年度关联业务往来报告表。税务机关在进行关联业务调查时，企业及其关联方，以及与关联业务调查有关的其他企业，[1]应当按照规定提供相关资料。相关资料包括：①与关联业务往来有关的价格、费用的制定标准、计算方法和说明等同期资料；②关联业务往来所涉及的财产、财产使用权、劳务等的再销售（转让）价格或者最终销售（转让）价格的相关资料；③与关联业务调查有关的其他企业应当提供的与被调查企业可比的产品价格、定价方式以及利润水平等资料；④其他与关联业务往来有关的资料。

企业不提供与其关联方之间业务往来资料，或者提供虚假、不完整资料，未能真实反映其关联业务往来情况的，税务机关有权依法核定其应纳税所得额。税务机关核定企业的应纳税所得额时，可以采用下列方法：①参照同类或者类似企业的利润率水平核定；②按照企业成本加合理的费用和利润的方法核定；③按照关联企业集团整体利润的合理比例核定；④按照其他合理方法核定。企业对税务机关按照规定的方法核定的应纳税所得额有异议的，应当提供相关证据，经税务机关认定后，调整核定的应纳税所得额。

2. 受控外国公司税制。受控外国公司是跨国公司在全球范围内从事一体化经营活动背景下的产物，凡由本国居民直接或间接控制的外国公司或实体，即为受控外国公司。鉴于企业在各国税收负担的差异，受控外国公司往往成为跨国公司及其股东采取延迟纳税方式从事国际避税的工具。受控外国公司税制是用来防止本国居民利用受控外国公司进行延迟纳税的制度规则，旨在规制本国居民利用受控外国公司囤积利润的活动，防止它们延迟缴纳本国税收，侵蚀本国税基。

（1）受控外国公司的界定。根据法律，我国居民（包括居民企业和居民个人）直接或间接单一持有外国企业10%以上的有表决权股份，且共同持有该外国企业50%以上股份，或者虽未达到前述标准，但在股份、资金、经营、购销等方面对该外国企业构成实质控制的，即认定该外国企业为我国居民所“控制”。由此可见，我国对受控外国公司的界定采用的是以控股标准为主、实质控制标准为补充的模式。这种模式不仅有利于我国税务机关集中有限资源对付重

---

〔1〕 与关联业务调查有关的其他企业，是指与被调查企业在生产经营内容和方式上相类似的企业。

点避税问题，而且在一定程度上也能防止本国居民利用股权安排或非股权安排规避我国受控外国公司税制。

(2) 受控外国公司税制的适用地域。我国受控外国公司税制适用于那些低于我国所得税率50%的低税区。此规定表明，我国受控外国公司税制仅适用于特定区域，不同于有些国家适用于全球范围的受控外国公司。与那些采用名义税率比较法国家不同的是，我国采用将受控外国公司实际税负与我国所得税的名义税率相比较的方法来确定适用的地域范围。

(3) 受控外国公司的纳税主体。我国受控外国公司税制对纳税主体的最低持股比例和持股时间作出了规定，即只有那些在纳税年度任何一天单层直接或多层间接单一持有外国企业10%以上有表决权股份的中国居民股东，才需要对其对外投资所得进行归集，缴纳当期所得税。我国将难以对公司施加影响的小股东排除在纳税主体范围之外，有利于鼓励我国居民海外投资的积极性。

(4) 受控外国公司税制适用的所得范围。对于受控外国公司税制适用的所得范围，我国没有采用交易法，[1]而是适用实体法。[2]对于主要取得积极经营活动所得的外国公司，只要中国居民企业能够提供证明材料，将免于将外国企业不作分配或减少分配的利润视同股息分配额计入中国居民企业股东的当期所得，即全部所得将免于适用受控外国公司税制。这种规定既能降低我国税务机关的行政成本，减少税收争议的可能，又不妨碍受控外国公司的正常经营活动，保证其世界竞争力。

(5) 受控外国公司所得的计算、归并与重复征税的处理。适用受控外国公司税制，计入中国居民企业股东当期的视同受控外国企业股息分配的所得，应按以下公式计算：

中国居民企业股东当期所得＝视同股息分配额×实际持股天数÷受控外国企业纳税年度天数×股东持股比例

中国居民股东多层间接持有股份的，股东持股比例按各层持股比例相乘计算。其中，中国居民股东中间层持有股份超过50%的，按100%计算。

我国受控外国公司税制在受控外国公司所得的归并上与其他国家的规定基

---

〔1〕 交易法只将本国受控外国公司规则适用于受控外国公司取得的“瑕疵所得”而非全部所得，那些通过真实的生产性业务活动而产生的积极所得，通常免于适用受控外国公司规则。

〔2〕 实体法是指受控外国公司作为一个实体，如果符合适用受控外国公司规则的条件，那么其全部收入将整体性地划归其股东的居住国征税，相反，如果受控外国公司不符合适用受控外国公司规则的条件，则其全部所得均免于适用受控外国公司规则。

本相同。受控外国企业与中国居民企业股东纳税年度存在差异的，应将视同股息分配所得计入受控外国企业纳税年度终止日所属的中国居民企业股东的纳税年度。为避免重复征税，计入中国居民企业股东当期所得已在境外缴纳的企业所得税税款，可按照我国《企业所得税法》或税收协定的有关规定抵免；受控外国企业实际分配的利润已根据《企业所得税法》的规定征税的，不再计入中国居民企业股东的当期所得。但是，对于受控外国公司未分配的所得计入中国居民企业的所得纳税时，其是否有权要求抵免该受控外国公司为实现该部分所得而负担的外国税收，目前的规定尚不明确。

（6）受控外国公司税制适用的例外。受控外国公司税制并非绝对适用于中国居民企业在境外设立的所有受控外国公司，而是存在着一定的适用例外。这些例外主要是积极活动所得例外、小额例外、特定国家例外。我国没有规定行业例外。具体而言，中国居民企业股东能够提供资料证明其控制的外国企业满足以下条件之一的，可免于将外国企业不作分配或减少分配的利润视同股息分配额，计入中国居民企业股东的当期所得：①设立在国家税务总局指定的非低税率国家（地区）；②主要取得积极经营活动所得；③年度利润总额低于500万元人民币。

目前，国家税务总局指定的非低税率国家包括美国、英国、法国、德国、日本、意大利、加拿大、澳大利亚、印度、南非、新西兰、挪威。对于主要取得积极经营活动所得的受控外国公司的全部所得都将免于适用受控外国公司税制，但是对于“主要”是什么含义，或者说取得积极经营活动的所得在受控外国公司的所得中需占多大的比重，则尚不明确。

3. 资本弱化税制。资本弱化，形式上是指企业的资产结构中负债资本远远大于权益资本的资本结构安排，实质上是企业通过加大债权性投资、减少权益性投资比例的方式增加税前扣除，以降低企业税负的一种行为。资本弱化已成为跨国公司乃至国内公司避税的一种重要手段，并且具有多方面的危害性，资本弱化税制是用来对资本弱化这种避税行为进行规制的措施。

资本弱化税制的核心是确定企业与其关联方之间债权性投资与权益性投资的比例标准，对超过标准的利息的税前扣除进行限定。债权性投资是指企业直接或者间接从关联方获得的，需要偿还本金和支付利息或者需要以其他具有支付利息性质的方式予以补偿的融资。企业间接从关联方获得的债权性投资包括：①关联方通过无关联第三方提供的债权性投资；②无关联第三方提供的、由关联方担保且负有连带责任的债权性投资；③其他间接从关联方获得的具有负债实质的债权性投资。权益性投资是指企业接受的不需要偿还本金和支付利息，投资人对企业净资产拥有所有权的投资。企业与其关联方之间的债权性投资与权益性投资比例标准（即关联债资比例标准）由国务院财政、税务主管部门确定。依据2008年财政部、国家税务总局《关于企业关联方利息支出税前扣除标准有关税收政策问题的通知》，关联债资比例标准为：①金融企业为5∶1；②其他企业为2∶1。在计算应纳税所得额时，企业实际支付给关联方的利息支出，不超过规定比例和《企业所得税法》及其实施条例有关规定计算的部分，准予扣除，超过的部分不得在发生当期和以后年度扣除。由此可知，我国防止资本弱化，主要采用简便易行的固定比例法，凡是在比例内的皆进入"安全港"，这种方法能有效减少实务中的不确定因素和税务纠纷。但是，该方法存在不够灵活、过于僵化的弊端。为防止僵化的弊端，我国法律将独立交易原则（即正常交易法）作为补充进行了规定，但是，企业主张采用正常交易法进行利息的税前扣除的，要承担一定义务，即企业关联债资比例超过标准比例的利息支出，如要在计算应纳税所得额时扣除，企业需要按照规定准备、保存、提供相关资料，并证明关联债权投资金额、利率、期限、融资条件以及债资比例等均符合独立交易原则。

总而言之，企业从其关联方接受的债权性投资与权益性投资的比例超过规定标准而发生的利息支出，或者企业关联债资比例超过规定标准，又不符合独立交易的利息支出的，均属于资本弱化行为，不得在计算应纳税所得额时扣除。这里的利息支出包括直接或间接关联债权投资实际支付的利息、担保费、抵押费和其他具有利息性质的费用。

4. 一般反避税条款。一般反避税条款，是相对于上述特别反避税条款而言的。它并不针对某一特定的行为类型，而是以法律规定的形式，通过要件描述，涵盖违反立法意图的所有避税行为。一般反避税条款是一种法律漏洞的补充，是为了弥补各种已列举特别反避税条款不能穷尽避税行为的不足而设置的。如果不设置一般反避税条款，对法律列举的避税行为以外的行为将没有遏制的法律依据，会影响纳税人之间的税负公平，也会造成国家税收收入的大量流失。

一般反避税条款的适用关键是"不具有合理商业目的的安排"的判定，判定的主体是主管税务机关。一般情况下，税务机关对于以减少、免除或者推迟缴纳税款为主要目的一些商业安排可以认定为"不具有合理商业目的的安排"。具体而言，税务机关应按照实质重于形式的原则，并综合考虑安排的以下内容，来审核企业是否存在避税安排：①安排的形式和实质；②安排订立的时间和执行期间；③安排实现的方式；④安排各个步骤或组成部分之间的联系；⑤安排涉及各方财务状况的变化；⑥安排的税收结果。

一般反避税条款的适用，将导致税务机关对不具有合理商业目的的安排进行纳税调整，取消企业从避税安排获得的税收利益。为防止一般反避税条款的滥用，法律对税务机关一般反避税调查的对象与程序进行了规定，税务机关可以对滥用税收优惠、滥用税收协定、滥用公司组织形式、利用避税港[1]避税等不具有合理商业目的的安排的企业，启动一般反避税调查。税务机关启动一般反避税调查时，应按照规定向企业送达《税务检查通知书》，企业应自收到通知书之日起60日内提供资料证明其安排具有合理的商业目的，企业未在规定期限内提供资料，或提供资料不能证明安排具有合理商业目的的，税务机关可根据已掌握的信息实施纳税调整，并向企业送达《特别纳税调查调整通知书》。为提高办案的质量，一般反避税调查及调整须层报国家税务总局批准。

5. 特别纳税调整的加收利息。纳税人实施避税行为的，税务机关有权依法进行纳税调整，调整的结果将增加纳税人的应纳税额，即需要补征税款。对于避税行为应否加收利息和进行处罚，世界各国立法不同，大部分国家没有加收利息和进行处罚的规定。也有一些国家为加大企业避税成本，打击各种避税行为，维护国家税收利益，明确规定加收利息，但不进行处罚。少数国家对于避税行为，不仅要加收利息，还要进行罚款，严重的还将追究刑事责任，如美国。考虑到我国避税行为的普遍性，如果不对避税行为加收利息，避税就会演化成纳税人延缓纳税的一种手段，因此，法律设置了加收利息的条款。加收的利息按照税款所属纳税年度中国人民银行公布的与补税期间同期的人民币贷款基准利率加5个百分点计算，实行按日加收，计算加收利息的期间为税款所属年份的次年6月1日起至补缴税款之日止的期间。

由于特别纳税调整均是事后的调整，因此，应当允许税务机关向以前年度追溯。企业与其关联方之间的业务往来，不符合独立交易原则，或者企业实施其他不具有合理商业目的的安排的，税务机关有权在该业务发生的纳税年度起

---

〔1〕 避税港是专门为规避纳税提供便利条件的国家和地区。认定一个国家或地区是否为避税港，一般应综合考虑以下因素：①不征税或者税率很低，特别是资本利得税和所得税；②实行僵硬的银行或商务保密法，为当事人保密，不得通融；③不存在外汇管制，资金来去自由；④拒绝与外国税务机构进行任何合作；⑤一般不签订税收协定或者只有很少的税收协定；⑥是非常便利的金融、交通和信息中心。参见翟继光：《新企业所得税法及实施条例实务操作与筹划指南》，中国法制出版社2008年版，第275页。

10年内，进行纳税调整。

（十）纳税期限、申报期限和纳税地点

企业所得税按年度计算，分月或者分季预缴，由税务机关具体核定。纳税人应在月份或者季度终了之日起15日内预缴，在年度终了后5个月内汇算清缴，多退少补。

纳税人在一个纳税年度中间开业，或者终止业务活动的，以实际经营期为一个纳税年度；纳税人依法清算时，以清算期间作为一个纳税年度。纳税人在年度中间终止业务活动的，自实际经营活动终止之日起60日内办理汇算清缴。

居民企业以企业登记注册地为纳税地点；但登记注册地在境外的，以实际管理机构所在地为纳税地点。居民企业在境内设立不具有法人资格的营业机构的，应汇总计算并缴纳企业所得税。第一类非居民企业以其机构、场所所在地为纳税地点，该类非居民企业在境内设立两个或者两个以上机构、场所的，符合国务院税务主管部门规定条件的，可以选择由其主要机构、场所汇总缴纳企业所得税；第二类非居民企业由扣缴义务人源泉扣缴税款，以扣缴义务人所在地为纳税地点。纳税人在纳税年度无论盈利或者亏损，都应依法定期限向税务机关报送预缴企业所得税纳税申报表、年度企业所得税纳税申报表、财务会计报告和税务机关规定应当报送的其他有关资料。

企业之间一般不得合并缴纳企业所得税，但国务院另有规定的除外。

■第二节 个人所得税法

一、个人所得税法概述

（一）个人所得税的概念

个人所得税是以个人所得为课税对象的一种税。

个人所得税的开征历史并不长，于1799年首创于英国。当时是为了满足英法战争对军费的需求，其后几经废立，直到1842年才成为了一个经常性的税种。此后，个人所得税在美国（1862年）、日本（1887年）、法国（1914年）先后开征，其开征的历史过程几乎与英国并无二致，均与军费或是战争有关，均首先以临时税的身份出现。但经历了第一次世界大战和第二次世界大战后，个人所得税得以规范和推广。在第二次世界大战结束时，全世界已有近50个国家制定了个人所得税法。[1]目前，个人所得税已是世界各国普遍征收的一种税，在发达国家，个人所得税在整个税制中占据着重要地位，在发展中国家，个人所得税也逐渐得到了重视。从20世纪来看，个人所得税已在很多国家成为经济学家的"宠儿"，其功能定位在由当初的单一财政职能向着财政职能、调节职能等多功能方向发展，在西方国家甚至有"罗宾汉税种"的别称，还具有"社会稳定器"的功能。进入21世纪，伴随着经济全球化的是资本、技术、人员的跨境流动，一些国家因时而动，对个人所得税进行了以"宽税基、低税率"为特征的改革，其调节收入分配的职能在一定程度上被淡化，出现了公平原则让位于国际竞争力原则的变化趋势。

中国的个人所得税始于20世纪初的清朝末年，历经晚清、民国和新中国三个历史时期，走过了一条曲折的发展道路。1911年由度支部起草的《所得税章程》规定对工薪所得征税，这是近代中国历史上第一次针对个人所得提出征税。[2]1914年北洋政府在未获实施的清末《所得税章程》基础上，通过对日本所得税制度的借鉴，制定发布了《所得税条例》，其中明确规定对个人所得按照累进税率征收所得税，这是中国第一部涉及个人所得征税的法规，[3]但时局动荡、未能实施。直到1936年，当时的中华民国政府颁行《所得税暂行条例》，对个人的薪给报酬和证券存款所得才首次正式开征所得税[4]。新中国成立后，从1949年始议个人所得征税，到1952年再议开征个人所得税，再到1956年个人所得税开征前"叫停"[5]，开征个人所得税在新中国成立之初遭遇了出师不利。改革开放后，财政部税务总局从1978年底开始研究建立个人所得税制度，随着1980年9月10日第五届全国人民代表大会第三次会议通过《个人所得税法》，以"个人所得税"冠名的独立税种正式进入中国税制体系。此后40年间，虽然对个人所得税法进行了数次修订，但是，我国个人所得税的开征历史较短，个人所得税制度还存在诸多问题，仍有待进一步完善。

（二）个人所得税法的概念及其发展历程

个人所得税法是国家制定的调整和确认在个人所得税的税务活动中征税主

---

〔1〕李永贵主编：《个人所得税改革与比较》，中国税务出版社1999年版，第1~9页。

〔2〕赵仁平："近现代中国个人所得税功能的历史变迁"，载《现代财经》2010年第10期。

〔3〕刘佐："中国个人所得税制度发展的回顾与展望——纪念《中华人民共和国个人所得税法》公布30周年"，载《税务研究》2010年第9期。

〔4〕张守文著：《税法原理》，北京大学出版社1999年版，第215页。

〔5〕刘佐："新中国个人所得税制度的创建——纪念《中华人民共和国个人所得税法》公布40周年"，载《中国财政》2020年第18期。

体与纳税主体之间形成的社会关系的法律规范的总称。

我国个人所得税法的起步较晚，第一个涉及个人所得征税的规范是1950年1月13日政务院发布的《全国税政实施要则》，其中涉及对个人所得征税的主要是薪给报酬所得税和存款利息所得税，但由于种种原因，薪给报酬所得税一直没有开征，存款利息所得税1959年停征。此后近20年的时间，由于没有个人所得税存在的基础和条件，自然也就不会有针对个人所得税的法律规范。1978年实施改革开放政策以后，经济增长加快，对外联系频繁，为维护国家税收权益，1980年9月10日第五届全国人民代表大会第三次会议通过了《个人所得税法》，并于同日公布实施。这是新中国成立后制定的第一部个人所得税法，该法规定个人所得税工薪收入的月费用扣除额为800元，由于当时绝大多数国人薪酬水平远达不到该标准，其纳税人主要是来华工作的外国人和在内地、大陆工作的港澳台同胞，1980年公布实施的《个人所得税法》实际上是一部涉外税法。进入20世纪80年代中期，居民收入水平普遍提高，其中一部分人已先富了起来，个人收入差距也明显拉大，为此，国务院于1986年1月7日、9月25日先后制定发布了《城乡个体工商业户所得税暂行条例》《个人收入调节税暂行条例》，分别对城乡个体工商业户和个人收入达到应税标准的中国公民征收所得税或是调节税，缴纳这两种税以后，不再缴纳个人所得税。由此，开启了个人所得领域三个税种并存的局面。三个税种的并存，造成了税制和税法的不统一，使不同税种纳税主体之间的税负差距加大，在个人所得税、个人收入调节税的课税要素方面也存在一些不科学、不合理之处，为公平税负、简化税制、统一税法，1993年10月31日，第八届人民代表大会第四次会议通过了《个人所得税法》修正案，自1994年1月1日起实行，《城乡个体工商业户所得税暂行条例》和《个人收入调节税暂行条例》同时废止。1994年1月28日国务院制定发布了《个人所得税法实施条例》，自发布之日起施行。个人所得领域里三个税种并存的局面至此结束，统一为个人所得税后，不仅实现了个人所得税法适用上的内外同一，而且确立了我国个人所得税法的制度框架。

《个人所得税法》自1980年公布以来，先后于1993年10月31日[1]、1999

〔1〕 此次修正主要是统一税法、公平税负、简化税制。

年8月30日〔1〕、2005年10月27日〔2〕、2007年6月29日〔3〕、2007年12月29日〔4〕、2011年6月30日〔5〕和2018年8月31日〔6〕进行了七次修正，其中1993年、2018年的改动比较大，前者统一了内外不同的个人所得征税制度，后者改变了税制模式与征收模式。与《个人所得税法》修订相适应，《个人所得税法实施条例》先后于2005年12月19日、2008年2月18日、2011年7月19日和2018年12月18日进行了四次修订。为实施2018年8月31日新修订的《个人所得税法》，2018年12月13日，国务院制定、发布了《个人所得税专项附加扣除暂行办法》。除《个人所得税法》《个人所得税法实施条例》《个人所得税专项附加扣除暂行办法》外，现行个人所得税的法律规范还有国家财政、税务主管部门制定发布的规章和规范性文件，如《个人所得税扣缴申报管理办法（试行）》《个体工商户个人所得税计税办法》《关于个人独资企业和合伙企业投资者征收个人所得税的规定》，等等，我国的个人所得税法较过去已大为完善。

二、个人所得税法的基本内容

（一）纳税人

1. 个人所得税纳税人的范围。一般来讲，个人所得税的纳税人为自然人。我国个人所得税的纳税人，除自然人外，还包括个体工商户、个人独资企业投资人和合伙企业的自然人合伙人。

2. 个人所得税纳税人的组成单位。综观各国的个人所得税法，目前，国际上关于个人所得税的纳税人是以个人和家庭为纳税单位的。

通常，发达国家更侧重采用以家庭为纳税单位。以家庭为纳税单位是指对

---

〔1〕 此次修正主要是取消了关于储蓄存款利息免税的规定，并将存款利息税的税率调整为20%。

〔2〕 此次修正主要是将工资薪金所得月费用扣除额由800元调整为1600元，2006年1月1日起施行。

〔3〕 此次修正主要是将储蓄存款利息所得个人所得税的适用税率由20%调减为5%，自2007年8月15日起施行。

〔4〕 此次修正主要是两项内容：一是将工资薪金所得月费用扣除额由1600元提高到2000元，自2008年3月1日起施行；二是对储蓄存款利息所得开征、减征、停征个人所得税授权国务院规定。

〔5〕 此次修正主要是将工资薪金所得月费用扣除额由2000元提高到3500元，同时，将个人所得税工资薪金所得第1级税率由5%修改为3%，9级超额累进税率修改为7级，取消15%和40%两档税率，扩大3%和10%两个低档税率的适用范围。

〔6〕 此次修正主要是调整税制模式与征收模式，对工资薪金、劳务报酬、稿酬和特许权使用费等四项劳动性所得首次实行综合征税；工资薪金所得费用扣除额由每月3500元提高至5000元（每年6万元）；首次增加子女教育支出、继续教育支出、大病医疗支出、住房贷款利息和住房租金等专项附加扣除；并优化调整综合所得税率结构，扩大较低档税率级距。

某一家庭成员的全部收入予以合并统一纳税。这样做的理由主要是，以家庭为个人所得税的纳税单位，更能体现税收的“合理负担”原则，可以使收入比较全面地纳入征税范围，必要的家庭成员的开支也可以合理地得以扣除。

有关国家的实践表明，采用以家庭为单位的纳税方式，更能客观地反映纳税人的税收负担能力，有效地避免因家庭人口数量不同、获得收入的人数不同，以及家庭必要的生活费用不同等因素给纳税人造成的税收负担上的差异，充分体现税收的合理性和公平性。但是，以家庭为纳税单位的税制客观上也给人们的生活方式、投资决策以及税收征收管理造成了相当的负面影响：①由于夫妇合并申报纳税与分别申报纳税在费用扣除方法上不同，适用于单身申报纳税和夫妇合并或分别申报纳税的最高税率的应纳税所得额不同，导致家庭状况的变化会直接引起税收负担的变动，因而影响到人们在婚姻方面的选择。②由于对纳税人的综合收入全部征税，部分所得项目的税率差异（如对资本利得的高税率），必然会驱使高收入者对长期的前景叫好的增值股票感兴趣，而拒绝投资到短期派发股息的股票。同样，纳税人往往将资金投入到免税的地方政府债券等。③由于以家庭为纳税单位，对幼儿以及抚养费的扣除规定十分复杂，纳税人可以通过雇用无须纳税的子女并合理支付其工资等手法将收入转移给家庭其他成员而达到减少纳税的目的；甚至有些人为了少缴税而不结婚。因此，从个人所得税法规定的纳税单位或扣除标准上，可以看出一个国家从税收的角度是鼓励结婚还是鼓励独身。由于税法在这一方面的规定为纳税人创造了避税的条件，造成税收流失；同时也给各国税务部门的税收征收管理带来了很大的难题。鉴于此，有些国家将以家庭为纳税单位进行了改革，如英国于1995年通过修改税法将以家庭为纳税单位改为以个人为纳税单位。〔1〕实施个人所得税法时间不是很长的发展中国家，多以个人为纳税单位。采用以个人为纳税单位主要是基于征收管理水平方面的考虑，但缺点是，对于抚养、赡养人口多的个人无法进行必要费用扣除，违背了税收公平的原则。

3. 个人所得税纳税人的分类。按照国际惯例，从法律地位上讲，个人所得税的纳税人可以分为两种：居民与非居民。关于居民和非居民的通用概念，我们在第一章已经阐释清楚，这里不再赘述。

我国《个人所得税法》也按照国际惯例，将个人所得税的纳税人分为居民个人与非居民个人。我国界定居民个人、非居民个人的身份采用住所和居住时

---

〔1〕　杨萍等：《财政法新论》，法律出版社2000年版，第162页。

间两个标准。其中，居民个人是指在中国境内有住所，或者无住所而一个纳税年度内在境内居住累计满 183 天的个人；非居民个人是指在中国境内无住所又不居住，或者无住所而一个纳税年度内在境内居住累计不满 183 天的个人。这里的“在中国境内有住所”，是指因户籍、家庭、经济利益关系而在中国境内习惯性居住。纳税年度，自公历 1 月 1 日起至 12 月 31 日止。

我国《个人所得税法》在将纳税人区分为居民个人与非居民个人的同时，又在《个人所得税法实施条例》中进行了宽松规定，从居民个人与非居民个人中分离出了短期居民个人与短期非居民个人。短期居民个人是指在中国境内无住所，但是在中国境内居住累计满 183 天的年度连续不满 6 年的个人。在中国境内居住累计满 183 天的任一年度中有一次离境超过 30 天的，其在中国境内居住累计满 183 天的年度的连续年限重新起算。短期非居民个人是指在中国境内无住所，但是在一个纳税年度内在中国境内居住累计不超过 90 天的个人。

（二）征税对象

1. 笼统地讲，个人所得税的征税对象为个人取得的所得。不同法律地位的纳税人其征税对象不同，居民个人的征税对象为其来源于中国境内外的全部所得；非居民个人的征税对象为其来源于中国境内的全部所得。

与一般居民个人承担无限的纳税义务不同，短期居民个人来源于中国境外的所得，经主管税务机关备案，其来源于中国境外且由境外单位或者个人支付的所得，免予缴纳个人所得税。与一般非居民个人通常应就收入中来源于中国境内的所得负有限的纳税义务不同，短期非居民个人来源于中国境内的所得，对于由境外雇主支付并且不由该雇主在中国境内的机构、场所负担的部分，免予缴纳个人所得税。

除国务院财政、税务主管部门另有规定外，下列所得，不论支付地点是否在中国境内，均为来源于中国境内的所得：

（1）因任职、受雇、履约等在中国境内提供劳务取得的所得；

（2）将财产出租给承租人在中国境内使用而取得的所得；

（3）许可各种特许权在中国境内使用而取得的所得；

（4）转让中国境内的不动产等财产或者在中国境内转让其他财产取得的所得；

（5）从中国境内企业、事业单位、其他组织以及居民个人取得的利息、股息、红利所得。

2. 具体地讲，个人所得税的征税对象为个人取得的应税所得。关于个人的应税所得，世界各国税法规定不尽一致，有些国家采用“列举法”，即对税法中所列举的所得征税；有些国家采用“排除法”，即在税法中明确“免税项目”后，其余所得均为征税对象。我国采用的是列举法。

《个人所得税法》列举了下列应税项目：

（1）工资、薪金所得。工资、薪金所得是指个人因任职或者受雇取得的工资、薪金、奖金、年终加薪、劳动分红、津贴、补贴以及与任职或者受雇有关的其他所得。

（2）劳务报酬所得。劳务报酬所得是指个人从事劳务取得的所得，包括从事设计、装潢、安装、制图、化验、测试、医疗、法律、会计、咨询、讲学、翻译、审稿、书画、雕刻、影视、录音、录像、演出、表演、广告、展览、技术服务、介绍服务、经纪服务、代办服务以及其他劳务取得的所得。

劳务报酬所得与工资、薪金所得，区分的关键主要是看是否存在雇佣与被雇佣的关系。工资、薪金所得是个人从事非独立劳动，从所在单位领取的报酬，存在雇佣与被雇佣的关系；劳务报酬所得是指个人独立从事某种技艺、独立提供某种劳务而取得的报酬，一般不存在雇佣关系。

（3）稿酬所得。稿酬所得是指个人因其作品以图书、报刊等形式出版、发表而取得的所得。

（4）特许权使用费所得。特许权使用费所得是指个人提供专利权、商标权、著作权、非专利技术以及其他特许权的使用权取得的所得；提供著作权的使用权取得的所得，不包括稿酬所得。

（5）经营所得。经营所得是指：①个体工商户从事生产、经营活动取得的所得，个人独资企业投资人、合伙企业的个人合伙人来源于境内注册的个人独资企业、合伙企业生产、经营的所得；②个人依法从事办学、医疗、咨询以及其他有偿服务活动取得的所得；③个人对企业、事业单位承包经营、承租经营以及转包、转租取得的所得；④个人从事其他生产、经营活动取得的所得。

（6）利息、股息、红利所得。利息、股息、红利所得是指个人拥有债权、股权等而取得的利息、股息、红利所得。其中，对储蓄存款利息所得开征、减征、停征个人所得税及其具体办法，由国务院规定，并报全国人民代表大会常务委员会备案。

（7）财产租赁所得。财产租赁所得是指个人出租不动产、机器设备、车船以及其他财产取得的所得。

（8）财产转让所得。财产转让所得是指个人转让有价证券[1]、股权、合伙企业中的财产份额、不动产、机器设备、车船以及其他财产取得的所得。

（9）偶然所得。偶然所得是指个人得奖、中奖、中彩以及其他偶然性质的所得。

上述个人所得的形式，包括现金、实物、有价证券和其他形式的经济利益；个人取得的所得，难以界定应纳税所得项目的，由国务院税务主管部门确定。

上述第1～4项所得称为综合所得。居民个人取得第1～4项所得，按纳税年度合并计算个人所得税；非居民个人取得第1～4项所得，按月或者按次分项计算个人所得税。纳税人取得上述第5～9项所得，依照法律规定分别计算个人所得税。

（三）税制模式

透过个人所得税200余年的历史，综观世界各国的个人所得税，可以将个人所得税分为三种模式：分类所得税制、综合所得税制、分类综合所得税制。

1. 分类所得税制。分类所得税制，是将所得按性质划分为若干类别，对不同性质的所得设计不同的税率和费用扣除标准，分别计算征收所得税的制度。分类所得税制首创于英国，其优点主要是：可以对不同性质、不同来源的所得分别适用不同的税率；可以进行源泉征税，从而控制税源，节省征税成本。分类所得税制也有缺点，主要是：①随着社会的发展，一些新的收入类型出现后，基于税收法定原则，无法对其征税；②分类所得税制对不同类别的所得都规定有必要的扣除标准，一方面，可能出现重复扣除；另一方面，对于一些必要扣除不能做到充分扣除，造成税负过重。因此，这种税制模式不能体现所得税“多得多征、少得少征、公平税负”的精神。

2. 综合所得税制。综合所得税制，是将纳税人全年各种不同性质所得汇总起来，统一扣除，按照统一的税率计算、征收所得税的制度。实行综合所得税制的国家一般采用累进税率，以最大限度地发挥综合所得税制的优势。综合所得税制首创于德国，也有学者认为是美国于1927年率先实行的[2]，其后被法国、比利时等许多国家所采用。确立综合所得税制的根据在于：个人所得税是对人税，应充分体现公平原则和量能负担原则，而只有综合个人一定时期的各项所得并减去各项法定宽免额和扣除项目后得出的余额，才最能体现纳税人的实际负担水平，据此课税，才最符合上述原则的精神，这也是综合所得税制的优点所在。综合所得税制的缺点在于：对不同性质的所得不能区别对待，征税

---

[1] 对股票转让所得征收个人所得税的办法，由国务院另行规定，并报全国人民代表大会常务委员会备案。

[2] 张培森、李本贵：《“罗宾汉”税种：国外个人所得税掠影》，人民出版社1992年版，第77页。

时不能很好地体现政府的调节意图；课征手续比较繁杂，征收成本高，容易产生偷税、避税等问题。这种税制模式要求纳税人有较高的纳税意识，税务部门有健全的征收管理制度和较高的稽查水平。

3. 分类综合所得税制。分类综合所得税制，又称混合所得税制，是指将分类所得税制与综合所得税制的优点兼收并蓄，实行分类课征和综合课征相结合、比例税率与累进税率并用的所得税制度。这种模式摒弃了分类所得税制与综合所得税制的缺点并吸收了它们的优点，因而该模式成为当今世界各国普遍采用的一种模式。在这种制度下，宜合则合，宜分则分。其主要优点在于：对纳税人相同性质的所得实行综合计税；对不同性质的所得，实行分项计税。

我国的个人所得税法在2018年修正之前采用的是分类所得税制，修正以后调整为了分类综合所得税制。

（四）计税依据

个人所得税的计税依据为应纳税所得额，其计算因各国税制模式的不同而不同。我国个人所得税法采用的是分类综合所得税制，需要区分居民个人与非居民个人、综合所得与其他所得计算其应纳税所得额。具体规定如下：

1. 居民个人的综合所得，以每一纳税年度的收入额减除费用60 000元以及专项扣除、专项附加扣除和依法确定的其他扣除后的余额，为应纳税所得额。

综合所得包括工资、薪金所得、劳务报酬所得、稿酬所得、特许权使用费所得四项。其中，劳务报酬所得、稿酬所得、特许权使用费所得以收入减除20%的费用后的余额为收入额，稿酬所得的收入额减按70%计算。

专项扣除包括居民个人按照国家规定的范围和标准缴纳的基本养老保险、基本医疗保险、失业保险等社会保险费和住房公积金等；专项附加扣除，包括子女教育、继续教育、大病医疗、住房贷款利息或者住房租金、赡养老人等支出，具体范围、标准和实施步骤由国务院确定，并报全国人民代表大会常务委员会备案；依法确定的其他扣除，包括个人缴付符合国家规定的企业年金、职业年金，个人购买符合国家规定的商业健康保险、税收递延型商业养老保险〔1〕的支出，以及国务院规定可以扣除的其他项目。专项扣除、专项附加扣除和依法确定的其他扣除，以居民个人一个纳税年度的应纳税所得额为限额；一个纳税年度扣除不完的，不结转以后年度扣除。

---

〔1〕税收递延型商业养老保险是指投保人在税前列支保费，在领取保险金时再缴纳税款，它实质上是国家在政策上给予购买养老保险产品个人的税收优惠。

根据 2018 年 12 月 13 日国务院发布的《个人所得税专项附加扣除暂行办法》，专项附加扣除的范围、具体标准与扣除办法见下图 9 –1：

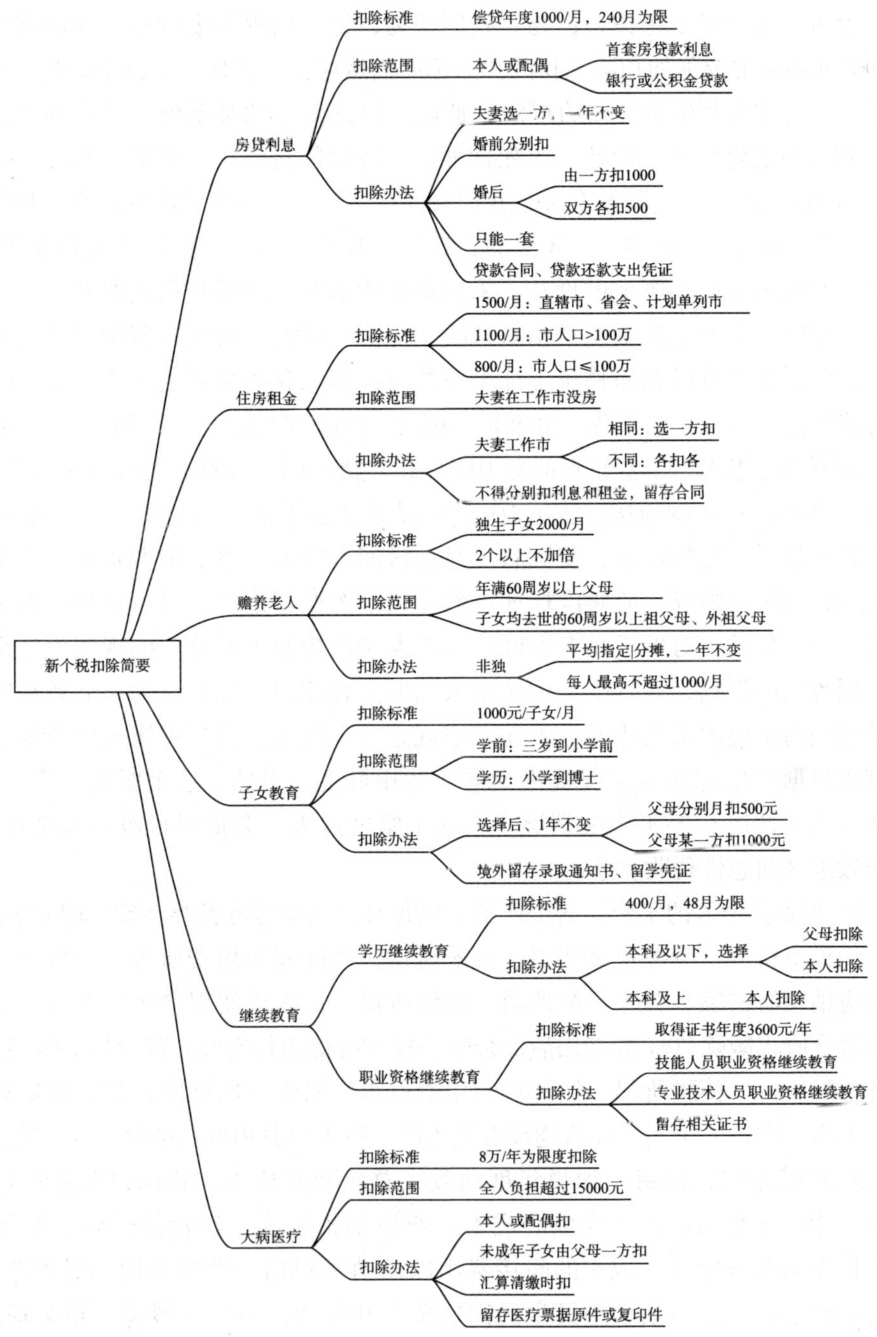

图 9 –1　个人所得税专项附加扣除内容

《个人所得税法》对居民个人劳动性质的所得实行了综合计税，在法律设计费用扣除项目与标准时，与大部分国家一样，对纳税人自身生存需要、抚养因素、赡养因素予以了考虑，但是，我们认为，每一纳税年度的收入额减除费用60 000元的标准及附加扣除项目的扣除标准仍然存在不合理、不科学之处。理由如下：①减除费用60 000元的规定太僵硬，缺乏一定的灵活性。经济在快速发展，物价在发生变化，设计一个死标准，一段时间过后，又要面临修正。如果《个人所得税法》其他条款合理，我们会因这一数字而不断地修订《个人所得税法》，这将加大立法成本，破坏法的稳定性。在这一点上，我们不妨借鉴美国、英国、加拿大等诸多国家的做法，采用税收指数化。所谓税收指数化，是指根据上一年零售物价上涨幅度的指数调整扣除数，确定应税所得额应该适用的税率和级距，这样可以剔除物价上涨带来的对纳税人税收负担的影响，使纳税人实际可支配的收入不致下降。②规定全国统一的60 000元费用扣除额，以及不加区别的对赡养老人与子女教育的专项附加扣除执行同一标准，与社会现状脱节，也与《劳动法》欠缺衔接。我国地区间经济发展不平衡，《劳动法》是以省为单位实行省最低工资标准的，实际状况是地区间在收入水平、消费水平等方面相差悬殊，规定全国统一的额度标准虽然在缩小东西部地区差异方面能够发挥一定的作用，但是，对生活在大中城市的绝大多数普通工薪阶层的现实生活会产生不同程度的影响，并打击大中城市人们的生育意愿。我们认为应兼顾税收的调节作用与市民的现实生活，不妨考虑规定一个幅度，授权省级人民政府在此幅度内根据当地的实际情况提出具体的适用额度。当然，这个幅度不宜过大，因为在其他情况相差不大的情况下，这个幅度过大，会抵消税收的调节作用，并导致地区间恶性税收竞争。

2. 非居民个人的工资、薪金所得，以每月收入额减除费用 5000 元后的余额为应纳税所得额；劳务报酬所得、稿酬所得、特许权使用费所得，以每次收入额为应纳税所得额。劳务报酬所得、稿酬所得、特许权使用费所得的每次收入额为每次收入减除 20% 的费用后的余额，稿酬所得的每次收入额减按 70% 计算。劳务报酬所得、稿酬所得、特许权使用费所得，属于一次性收入的，以取得该项收入为一次；属于同一项目连续性收入的，以 1 个月内取得的收入为一次。

3. 经营所得，以每一纳税年度的收入总额减除成本、费用以及损失后的余额，为应纳税所得额。这里的成本、费用是指生产、经营活动中发生的各项直接支出和分配计入成本的间接费用以及销售费用、管理费用、财务费用；损失是指生产、经营活动中发生的固定资产和存货的盘亏、毁损、报废损失，转让财产损失，坏账损失，自然灾害等不可抗力因素造成的损失以及其他损失。

取得经营所得的个人，没有综合所得的，计算其每一纳税年度的应纳税所得额时，应当减除费用60 000元、专项扣除、专项附加扣除以及依法确定的其他扣除，其中的专项附加扣除在办理汇算清缴时减除。从事生产、经营活动，未提供完整、准确的纳税资料，不能正确计算应纳税所得额的，由主管税务机关核定应纳税所得额或者应纳税额。

个体工商户的生产、经营所得以每一纳税年度的收入总额，减除成本、费用、税金、损失、其他支出以及允许弥补的以前年度亏损后的余额为应纳税所得额。这里的成本是指个体工商户在生产经营活动中发生的销售成本、销货成本、业务支出以及其他耗费；费用是指个体工商户在生产经营活动中发生的销售费用、管理费用和财务费用，已经计入成本的有关费用除外；税金是指个体工商户在生产经营活动中发生的除个人所得税和允许抵扣的增值税以外的各项税金及其附加；损失是指个体工商户在生产经营活动中发生的固定资产和存货的盘亏、毁损、报废损失，转让财产损失，坏账损失，自然灾害等不可抗力因素造成的损失以及其他损失；其他支出是指除成本、费用、税金、损失外，个体工商户在生产经营活动中发生的与生产经营活动有关的、合理的支出；亏损是指个体工商户依照规定计算的应纳税所得额小于零的数额，个体工商户纳税年度发生的亏损，准予向以后年度结转，用以后年度的生产经营所得弥补，但结转年限最长不得超过5年。

个人独资企业和合伙企业以每一纳税年度的收入总额减除成本、费用以及损失后的余额，作为投资者个人的生产经营所得。个人独资企业的投资者以全部生产经营所得为应纳税所得额。合伙企业的投资者按照下列原则确定应纳税所得额：①合伙企业的合伙人以合伙企业的生产经营所得和其他所得，按照合伙协议约定的分配比例确定应纳税所得额；②合伙协议未约定或者约定不明确的，以全部生产经营所得和其他所得，按照合伙人协商决定的分配比例确定应纳税所得额；③协商不成的，以全部生产经营所得和其他所得，按照合伙人实缴出资比例确定应纳税所得额；④无法确定出资比例的，以全部生产经营所得和其他所得，按照合伙人数量平均计算每个合伙人的应纳税所得额。个人独资企业和合伙企业的年度亏损，允许用本企业下一年度的生产经营所得弥补，下一年度所得不足弥补的，允许逐年延续弥补，但最长不得超过5年，但投资者兴办两个或两个以上企业的，企业的年度经营亏损不能跨企业弥补。

4. 财产租赁所得，每次收入不超过4000元的，减除费用800元；4000元以上的，减除20%的费用，其余额为应纳税所得额。财产租赁所得，以1个月内取得的收入为一次。

5. 财产转让所得，以转让财产的收入额减除财产原值和合理费用后的余额，为应纳税所得额。这里的财产原值，按照下列方法确定：①有价证券，为买入价以及买入时按照规定交纳的有关费用；②建筑物，为建造费或者购进价格以及其他有关费用；③土地使用权，为取得土地使用权所支付的金额、开发土地的费用以及其他有关费用；④机器设备、车船，为购进价格、运输费、安装费以及其他有关费用。其他财产，参照上述方法确定财产原值。纳税人未提供完整、准确的财产原值凭证，不能按照规定的方法确定财产原值的，由主管税务机关核定财产原值。合理费用是指卖出财产时按照规定支付的有关税费。

6. 利息、股息、红利所得和偶然所得，以每次收入额为应纳税所得额。利息、股息、红利所得，以支付利息、股息、红利时取得的收入为一次；偶然所得，以每次取得该项收入为一次。

个人将其所得对教育、扶贫、济困等公益慈善事业进行捐赠，捐赠额未超过纳税人申报的应纳税所得额30%的部分，可以从其应纳税所得额中扣除；国务院规定对公益慈善事业捐赠实行全额税前扣除的，从其规定。这里个人将其所得对教育、扶贫、济困等公益慈善事业进行捐赠是指个人将其所得通过中国境内的公益性社会组织、国家机关向教育、扶贫、济困等公益慈善事业的捐赠；应纳税所得额是指计算扣除捐赠额之前的应纳税所得额。

纳税人的所得为实物的，应当按照取得的凭证上所注明的价格计算应纳税所得额，无凭证的实物或者凭证上所注明的价格明显偏低的，参照市场价格核定应纳税所得额；所得为有价证券的，根据票面价格和市场价格核定应纳税所得额；所得为其他形式的经济利益的，参照市场价格核定应纳税所得额。纳税人各项所得的计算，以人民币为单位；所得为人民币以外的货币的，按照办理纳税申报或者扣缴申报的上一月最后一日人民币汇率中间价，折合成人民币计算应纳税所得额。

（五）税率

我国个人所得税采用超额累进税率与比例税率两种形式。具体为：

1. 综合所得，适用七级超额累进税率，税率为3%～45%。具体税率见下表9-1：

表9－1　个人所得税税率表（综合所得适用）

级数	全年应纳税所得额	税率（%）
1	不超过36 000元的	3
2	超过36 000元至144 000元的部分	10
3	超过144 000元至300 000元的部分	20
4	超过300 000元至420 000元的部分	25
5	超过420 000元至660 000元的部分	30
6	超过660 000元至960 000元的部分	35
7	超过960 000元的部分	45

非居民个人取得工资、薪金所得，劳务报酬所得、稿酬所得和特许权使用费所得，依照本表按月换算后计算应纳税额，具体见计税原理部分的表9－5。

2. 经营所得，适用五级超额累进税率，税率为5%～35%。具体税率见下表9－2：

表9－2　个人所得税税率表（经营所得适用）

级数	全年应纳税所得额	税率（%）
1	不超过30 000元的	5
2	超过30 000元至90 000元的部分	10
3	超过90 000元至300 000元的部分	20
4	超过300 000元至500 000元的部分	30
5	超过500 000元的部分	35

3. 利息、股息、红利所得，财产租赁所得，财产转让所得和偶然所得，适用比例税率，税率为20%。

（六）计税原理

1. 计税基本原理。

（1）适用累进税率所得项目的计税原理。适用累进税率所得项目的计税基本原理有两种：

第一，将应税所得按照累进税率表分为若干等级，每个级距部分按相应税率分别计算税额，然后将各部分税额相加即为应纳税额。其计算公式为：

$$应纳税额 = \sum（每级距应税所得额 \times 税率）$$

第二，采用速算方法，其计算公式为：

应纳税额＝应纳税所得额×本级税率－本级速算扣除数

速算扣除数是指为解决超额累进税率分级计算税额的复杂技术问题，而预先计算出的一个数据。实际上，速算扣除数是在级距与税率不变的情况下，全额累进税率的应纳税额比超额累进税率的应纳税额多纳的一个常数。其计算公式为：

直接计算法：本级速算扣除数＝本级全额累进税额－本级超额累进税额

间接计算法：本级速算扣除数＝上一级征税对象最高限额×（本级税率－上一级税率）＋上一级速算扣除数

（2）适用比例税率的各项所得的计税原理。适用比例税率的各项所得，直接以其应纳税所得额乘以税率计算应纳税额，其计算公式为：

应纳税额＝应纳税所得额×税率

2. 应纳税额的具体计算。

（1）居民个人综合所得应纳税额的计算。居民个人综合所得实行年度综合计税，其应纳税额的计算公式为：

应纳税额＝年度应纳税所得额×适用税率－速算扣除数
＝（每一纳税年度的收入额－费用6万元－专项扣除－专项附加扣除－依法确定的其他扣除）×适用税率－速算扣除数

个人所得税以支付所得的单位或者个人为扣缴义务人，扣缴义务人对居民个人工资、薪金所得、劳务报酬所得、稿酬所得、特许权使用费所得分项预扣预缴个人所得税的计算：

第一，工资、薪金所得预扣预缴税额的计算。扣缴义务人在向居民个人支付工资、薪金所得时，应当按照累计预扣法计算预扣税款，并按月办理全员全额扣缴申报。累计预扣法是指扣缴义务人在一个纳税年度内预扣预缴税款时，以纳税人在本单位截至当前月份工资、薪金所得累计收入减除累计免税收入、累计减除费用、累计专项扣除、累计专项附加扣除和累计依法确定的其他扣除后的余额为累计预扣预缴应纳税所得额，计算累计应预扣预缴税额，再减除累计减免税额和累计已预扣预缴税额，其余额为本期应预扣预缴税额。余额为负值时，暂不退税。纳税年度终了后余额仍为负值时，由纳税人通过办理综合所得税年度汇算清缴，税款多退少补。其计算公式为：

本期应预扣预缴税额＝（累计预扣预缴应纳税所得额×预扣率－速算扣除数）－累计减免税额－累计已预扣预缴税额

累计预扣预缴应纳税所得额＝累计收入－累计免税收入－累计减除费用－累计专项扣除－累计专项附加扣除－累计依法确定的其他扣除

其中，累计减除费用，按照每月5000元乘以纳税人当年截至本月在本单位的任职受雇月份数计算。

以上公式中，计算居民个人工资、薪金所得预扣预缴税额的预扣率、速算扣除数，按照《个人所得税预扣率表一》（见表9－3）执行。

表9－3　个人所得税预扣率表一

（居民个人工资、薪金所得预扣预缴适用）

级数	累计预扣预缴应纳税所得额	预扣率（%）	速算扣除数
1	不超过36 000元的	3	0
2	超过36 000元至144 000元的部分	10	2520
3	超过144 000元至300 000元的部分	20	16 920
4	超过300 000元至420 000元的部分	25	31 920
5	超过420 000元至660 000元的部分	30	52 920
6	超过660 000元至960 000元的部分	35	85 920
7	超过960 000元的部分	45	181 920

第二，劳务报酬所得、稿酬所得、特许权使用费所得预扣预缴税额的计算。扣缴义务人向居民个人支付劳务报酬所得、稿酬所得、特许权使用费所得，按次或者按月预扣预缴个人所得税。劳务报酬所得、稿酬所得、特许权使用费所得属于一次性收入的，以取得该项收入为一次；属于同一项目连续性收入的，以一个月内取得的收入为一次。

劳务报酬所得、稿酬所得、特许权使用费所得以收入减除费用后的余额为收入额；其中，稿酬所得的收入额减按70%计算。预扣预缴税款时，劳务报酬所得、稿酬所得、特许权使用费所得每次收入不超过4000元的，减除费用按800元计算；每次收入4000元以上的，减除费用按收入的20%计算。

劳务报酬所得、稿酬所得、特许权使用费所得，以每次收入额为预扣预缴应纳税所得额，劳务报酬所得适用个人所得税预扣率表二（见表9－4）20%～40%的预扣率计算应预扣预缴税额；稿酬所得、特许权使用费所得适用20%的比例预扣率计算应预扣预缴税额。其计算公式为：

劳务报酬所得应预扣预缴税款＝预扣预缴应纳税所得额×预扣率－速算扣除数

稿酬所得、特许权使用费所得应预扣预缴税款＝预扣预缴应纳税所得额×20%

表9－4 个人所得税预扣率表二

（居民个人劳务报酬所得预扣预缴适用）

级数	预扣预缴应纳税所得额	预扣率（%）	速算扣除数
1	不超过20 000元的部分	20%	0
2	超过20 000元至50 000元的部分	30%	2000
3	超过50 000元的部分	40%	7000

由于居民个人收入来源渠道不同，可能存在预扣率高于或低于综合所得应当适用税率的情况。为此，居民个人办理年度综合所得汇算清缴时，应当依法计算劳务报酬所得、稿酬所得、特许权使用费所得的收入额，并入年度综合所得计算应纳税额，年度预扣预缴税额与年度应纳税额不一致的，由居民个人于次年3月1日至6月30日向主管税务机关办理综合所得年度汇算清缴，税款多退少补。

（2）非居民个人工资、薪金所得、劳务报酬所得、稿酬所得、特许权使用费所得应纳税额的计算。非居民个人的工资、薪金所得按月计算纳税，劳务报酬所得、稿酬所得、特许权使用费所得按次分项计算纳税。非居民个人的以上四项所得以应纳税所得额乘以按月换算后的月度税率表（见表9－5）对应税率计算应纳税额。其计算公式为：

应纳税额＝应纳税所得额×税率－速算扣除数

表9－5 个人所得税税率表

（非居民个人工资、薪金所得、劳务报酬所得、稿酬所得、特许权使用费所得适用）

级数	应纳税所得额	税率（%）	速算扣除数
1	不超过3000元的部分	3	0
2	超过3000元至12 000元的部分	10	210
3	超过12 000元至25 000元的部分	20	1410
4	超过25 000元至35 000元的部分	25	2660
5	超过35000元至55000元的部分	30	4410
6	超过55 000元至8 0000元的部分	35	7160
7	超过80 000元的部分	45	15 160

扣缴义务人向非居民个人支付以上四项所得时，按月或者按次代扣代缴个人所得税。

（3）经营所得应纳税额的计算。经营所得按年计税，以每一纳税年度的收入总额减除成本、费用以及损失后的余额计算纳税。其计算公式为：

应纳税额 = 年应纳税所得额 × 适用税率 − 速算扣除数
= (全年收入总额 − 成本 − 费用 − 损失) × 适用税率 − 速算扣除数

个体工商户应纳税额 = (全年收入总额 − 成本 − 费用 − 税金 − 损失 − 其他支出 − 以前年度亏损) × 适用税率 − 速算扣除数

个人独资企业投资者、合伙企业个人合伙人应纳税额 = 年应纳税所得额 × 适用税率 − 速算扣除数

（4）利息、股息、红利所得应纳税额的计算。利息、股息、红利所得按次计税，应纳税额为每次收入额乘以适用税率。其计算公式为：

应纳税额 = 每次收入额 × 税率

（5）财产租赁所得应纳税额的计算。财产租赁按次计税，以一个月内取得的收入为一次。每次收入不超过 4000 元的，以减除费用 800 元后的余额乘以适用税率计算应纳税额；每次收入 4000 元以上的，以减除 20% 的费用后的余额乘以适用税率计算应纳税额。其计算公式为：

①每次（月）收入不足 4000 元的

应纳税额 = （每次收入额 − 800） × 税率

②每次（月）收入 4000 元以上的

应纳税额 = 每次收入额 × （1 − 20%） × 税率

个人财产出租的收入额应当减除租赁过程中缴纳的税费，以及由纳税人负担的租赁财产实际开支的修缮费用（每次 800 元为限）。个人出租房屋的个人所得税应税收入不含增值税，计算房屋所得可扣除的税费不包括本次出租缴纳的增值税。个人转租房屋的，其向房屋出租方支付的租金及增值税额，在计算转租所得时予以扣除。

（6）财产转让所得应纳税额的计算。财产转让所得按照一次转让财产的收入额减除财产原值和合理费用后的余额乘以适用税率计算纳税。其计算公式为：

应纳税额 = （转让收入额 − 财产原值 − 合理费用） × 税率

个人转让房屋的个人所得税应税收入不含增值税，其取得房屋时所支付价款中包含的增值税计入财产原值，计算转让所得时可扣除的税费不包括本次转让缴纳的增值税。

受赠人转让受赠房屋的，以其转让受赠房屋的收入减除原捐赠人取得该房

屋的实际购置成本以及赠与和转让过程中受赠人支付的相关税费后的余额，为受赠人的应纳税所得额，依法计征个人所得税。

（7）偶然所得应纳税额的计算。偶然所得以每次收入额乘以适用税率计算纳税。其计算公式为：

应纳税额 = 每次收入额 × 税率

居民个人从中国境内和境外取得的综合所得、经营所得，应当分别合并计算应纳税额；从中国境内和境外取得的其他所得，应当分别单独计算应纳税额。

各项所得的计算，以人民币为单位；所得为人民币以外的货币的，按照人民币汇率中间价折合成人民币缴纳税款。

（七）居民个人境外所得税款的抵免

居民个人从中国境外取得的所得，可以从其应纳税额中抵免已在境外缴纳的个人所得税税额，但抵免额不得超过该纳税人境外所得依照我国税法规定计算的应纳税额。

我国采取分国分项限额扣除。居民个人已在境外缴纳的个人所得税税额是指居民个人来源于中国境外的所得，依照该所得来源国家（地区）的法律应当缴纳并且实际已经缴纳的所得税税额。纳税人境外所得依照我国税法规定计算的应纳税额，是居民个人抵免已在境外缴纳的综合所得、经营所得以及其他所得的所得税税额的限额（以下简称抵免限额）。除国务院财政、税务主管部门另有规定外，来源于中国境外一个国家（地区）的综合所得抵免限额、经营所得抵免限额以及其他所得抵免限额之和，为来源于该国家（地区）所得的抵免限额。

居民个人在中国境外一个国家（地区）实际已经缴纳的个人所得税税额，低于依照我国税法规定计算出的来源于该国家（地区）所得的抵免限额的，应当在中国缴纳差额部分的税款；超过来源于该国家（地区）所得的抵免限额的，其超过部分不得在本纳税年度的应纳税额中抵免，但是可以在以后纳税年度来源于该国家（地区）所得的抵免限额的余额中补扣，但是，补扣期限最长不得超过5年。

居民个人申请抵免已在境外缴纳的个人所得税税额，应当提供境外税务机关出具的税款所属年度的有关纳税凭证。

（八）免税、减税

1. 免税。个人所得税的减免有直接减免和间接减免两种方式，下列各项所得直接免征个人所得税：

（1）省级人民政府、国务院部委和中国人民解放军军以上单位，以及外国组织、国际组织颁发的科学、教育、技术、文化、卫生、体育、环境保护等方面的奖金。

（2）国债和国家发行的金融债券利息。这里的国债利息是指个人持有中华人民共和国财政部发行的债券而取得的利息；国家发行的金融债券利息是指个人持有经国务院批准发行的金融债券而取得的利息。

（3）按照国家统一规定发给的补贴、津贴。这里的补贴、津贴是指按照国务院规定发给的政府特殊津贴、院士津贴，以及国务院规定免予缴纳个人所得税的其他补贴、津贴。

（4）福利费、抚恤金、救济金。这里的福利费是指根据国家有关规定，从企业、事业单位、国家机关、社会组织提留的福利费或者工会经费中支付给个人的生活补助费；救济金是指各级人民政府民政部门支付给个人的生活困难补助费。

（5）保险赔款。

（6）军人的转业费、复员费、退役金。

（7）按照国家规定发给干部、职工的安家费、退职费、基本养老金或者退休费、离休工资、离休生活补助费。

（8）依照有关法律规定应予免税的各国驻华使馆、领事馆的外交代表、领事官员和其他人员的所得。该项所得是指依照《中华人民共和国外交特权与豁免条例》和《中华人民共和国领事特权与豁免条例》规定免税的所得。

（9）中国政府参加的国际公约、签订的协议中规定免税的所得。

（10）国务院规定的其他免税所得。此项免税规定，由国务院报全国人民代表大会常务委员会备案。

2. 减税。有下列情形之一的，可以减征个人所得税，具体幅度和期限，由省、自治区、直辖市人民政府规定，并报同级人民代表大会常务委员会备案：

（1）残疾、孤老人员和烈属的所得；

（2）因自然灾害遭受重大损失的。

国务院可以规定其他减税情形，报全国人民代表大会常务委员会备案。

（九）特别纳税调整

个人出于利益最大化的驱动，利用税法中的漏洞以及税法滞后于经济社会发展的特点，运用各种手段逃避缴纳个人所得税的行为时有发生，如个人之间不按独立交易原则转让财产、在境外避税地避税、关联企业对股东故意不分红或少分红、实施不合理商业安排获取不当税收利益等避税行为。为维护国家税收权益，税法赋予了税务机关按合理方法进行个人所得税纳税调整的权力。

有下列情形之一的，税务机关有权按照合理方法进行纳税调整：

1. 个人与其关联方之间的业务往来不符合独立交易原则而减少本人或者其关联方应纳税额，且无正当理由。

2. 居民个人控制的，或者居民个人和居民企业共同控制的设立在实际税负明显偏低的国家（地区）的企业，无合理经营需要，对应当归属于居民个人的利润不作分配或者减少分配。

3. 个人实施其他不具有合理商业目的的安排而获取不当税收利益。

税务机关依照规定作出纳税调整，需要补征税款的，应当补征税款，并依法加收利息。这里的利息，应当按照税款所属纳税申报期最后一日中国人民银行公布的与补税期间同期的人民币贷款基准利率计算，自税款纳税申报期满次日起至补缴税款期限届满之日止按日加收。纳税人在补缴税款期限届满前补缴税款的，利息加收至补缴税款之日。

（十）税款征收模式与申报缴纳

个人所得税的征收模式一般分为两种：自行申报和源泉扣缴。多数国家两种方式并用，少数国家只用其中的一种方式，如英国采用源泉扣缴的方式，韩国采用自行申报的方式。我国自行申报和源泉扣缴两种模式并用，对居民个人综合所得实行“代扣代缴、自行申报，汇算清缴、多退少补，优化服务、事后抽查”的征管模式，对经营所得采用自行申报模式，对其他所得实行以源泉扣缴为主、自行申报为辅的征收模式。

1. 税款扣缴与扣缴申报。个人所得税以所得人为纳税人，以支付所得的单位或者个人为扣缴义务人。扣缴义务人向个人支付应税款项时，应当依法预扣或者代扣税款，按时缴库，并专项记载备查。这里的支付，包括现金支付、汇拨支付、转账支付和以有价证券、实物以及其他形式的支付。

居民个人取得综合所得，有扣缴义务人的，由扣缴义务人按月或者按次预扣预缴税款，居民个人向扣缴义务人提供专项附加扣除信息的，扣缴义务人按月预扣预缴税款时应当按照规定予以扣除，不得拒绝；非居民个人取得工资、薪金所得，劳务报酬所得，稿酬所得和特许权使用费所得，有扣缴义务人的，由扣缴义务人按月或者按次代扣代缴税款；纳税人取得利息、股息、红利所得，财产租赁所得，财产转让所得和偶然所得，有扣缴义务人的，由扣缴义务人按月或者按次代扣代缴税款。

扣缴义务人扣缴税款时，纳税人应当向扣缴义务人提供纳税人识别号。纳税人有中国公民身份号码的，以中国公民身份号码为纳税人识别号；纳税人没有中国公民身份号码的，由税务机关赋予其纳税人识别号。

扣缴义务人应当按照国家规定办理全员全额扣缴申报，并向纳税人提供其个人所得和已扣缴税款等信息。这里的全员全额扣缴申报，是指扣缴义务人在代扣税款的次月 15 日内，向主管税务机关报送其支付所得的所有个人的有关信息、支付所得数额、扣除事项和数额、扣缴税款的具体数额和总额以及其他相关涉税信息资料。

2. 自行纳税申报。纳税人取得经营所得，实行自行申报纳税。有下列情形之一的，纳税人也应当依法办理纳税申报：

（1）取得综合所得需要办理汇算清缴；

（2）取得应税所得没有扣缴义务人；

（3）取得应税所得，扣缴义务人未扣缴税款；

（4）取得境外所得；

（5）因移居境外注销中国户籍；

（6）非居民个人在中国境内从两处以上取得工资、薪金所得；

（7）国务院规定的其他情形。

3. 纳税期限。个人所得税法规定的纳税期限如下：

（1）居民个人取得综合所得，按月或者按次预扣预缴税款后，需要办理汇算清缴的，应当在取得所得的次年 3 月 1 日至 6 月 30 日内办理汇算清缴，多退少补。

（2）纳税人取得经营所得，在月度或者季度终了后 15 日内向税务机关报送纳税申报表，并预缴税款。

（3）纳税人取得应税所得没有扣缴义务人的，应当在取得所得的次月 15 日内向税务机关报送纳税申报表，并缴纳税款。

（4）纳税人取得应税所得，扣缴义务人未扣缴税款的，纳税人应当在取得所得的次年 6 月 30 日前，缴纳税款；税务机关通知限期缴纳的，纳税人应当按照期限缴纳税款。

（5）居民个人从中国境外取得所得的，应当在取得所得的次年 3 月 1 日至 6 月 30 日内申报纳税。

（6）非居民个人在中国境内从两处以上取得工资、薪金所得的，应当在取得所得的次月 15 日内申报纳税。

（7）纳税人因移居境外注销中国户籍的，应当在注销中国户籍前办理税款清算。

扣缴义务人每月或者每次预扣、代扣的税款，应当在次月15日内缴入国库，并向税务机关报送扣缴个人所得税申报表。对扣缴义务人按照所扣缴的税款，付给2%的手续费。

4. 汇算清缴。汇算清缴是指所得税和某些其他实行预缴税款办法的税种，在年度终了后的税款汇总结算清缴工作。个人所得税对居民个人的综合所得、经营所得均采用按年计税，预缴税款，年度终了后，取得综合所得的居民个人，有经营所得的个人，需要办理汇算清缴。纳税人可以自行办理汇算清缴，也可以委托扣缴义务人或者其他单位和个人办理汇算清缴。

我国个人所得税的纳税人群体数量大，为减轻征纳双方的负担，提升征管效率，《个人所得税法》并不要求所有取得综合所得的居民个人办理汇算清缴，《个人所得税法实施条例》对需要办理汇算清缴的情形进行了列举规定，具体包括：

（1）从两处以上取得综合所得，且综合所得年收入额减除专项扣除的余额超过60 000元；

（2）取得劳务报酬所得、稿酬所得、特许权使用费所得中一项或者多项所得，且综合所得年收入额减除专项扣除的余额超过60 000元；

（3）纳税年度内预缴税额低于应纳税额；

（4）纳税人申请退税。

取得综合所得的居民个人，需要办理汇算清缴的，应当在取得所得的次年3月1日至6月30日内办理。纳税人申请退税的，应当提供其在中国境内开设的银行账户，并在汇算清缴地就地办理税款退库。汇算清缴的具体办法由国务院税务主管部门制定。

取得经营所得的纳税人，在取得所得的次年3月31日前办理汇算清缴。

非居民个人取得工资、薪金所得，劳务报酬所得，稿酬所得和特许权使用费所得，有扣缴义务人的，由扣缴义务人按月或者按次代扣代缴税款，不办理汇算清缴。非居民个人在一个纳税年度内税款扣缴方法保持不变，但是，非居民个人达到居民个人条件时，应当告知扣缴义务人基础信息变化情况，年度终了后按照居民个人有关规定办理汇算清缴。

纳税人办理汇算清缴退税或者扣缴义务人为纳税人办理汇算清缴退税的，税务机关审核后，按照国库管理的有关规定办理退税。

纳税人的所得为人民币以外货币的，年度终了后办理汇算清缴时，对已经按月、按季或者按次预缴税款的人民币以外货币所得，不再重新折算；对应当补缴税款的所得部分，按照上一纳税年度最后一日人民币汇率中间价，折合成人民币计算应纳税所得额。

5. 纳税申报地点。一般情况下，纳税人应当在取得所得当地的主管税务机关申报纳税。其中：

（1）在中国境内有两处或者两处以上任职、受雇单位的，选择并固定向其中一处单位所在地主管税务机关申报。

（2）在中国境内无任职、受雇单位，年所得项目中有个体工商户的生产、经营所得或者对企事业单位的承包经营、承租经营所得的，向其中一处实际经营所在地主管税务机关申报。

（3）在中国境内无任职、受雇单位，年所得项目中无生产、经营所得的，向户籍所在地主管税务机关申报。在中国境内有户籍，但户籍所在地与中国境内经常居住地不一致的，选择并固定向其中一地主管税务机关申报。在中国境内没有户籍的，向中国境内经常居住地主管税务机关申报。

（4）从中国境外取得所得的，向中国境内户籍所在地主管税务机关申报。在中国境内有户籍，但户籍所在地与中国境内经常居住地不一致的，选择并固定向其中一地主管税务机关申报。在中国境内没有户籍的，向中国境内经常居住地主管税务机关申报。

（5）个体工商户向实际经营所在地主管税务机关申报；有两处以上经营机构的，选择并固定向其中一处机构所在地主管税务机关申报。

（6）个人独资企业和合伙企业投资者应向企业实际经营管理所在地主管税务机关申报。个人独资、合伙企业投资者兴办两个或两个以上企业的，应分别向企业实际经营管理所在地主管税务机关预缴税款，年度终了后办理汇算清缴时，区别不同情况确定纳税申报地点：①兴办的企业全部是个人独资性质的，分别向各企业的实际经营管理所在地主管税务机关申报。②兴办的企业中含有合伙性质的，向经常居住地主管税务机关申报。个人投资者经常居住地与其兴办企业的经营管理所在地不一致的，选择并固定向其参与兴办的某一合伙企业的经营管理所在地主管税务机关申报，并在5年以内不得变更。

以上所讲的经常居住地，是指纳税人离开户籍所在地最后连续居住一年以上的地方。纳税人办理纳税申报的地点是由国务院税务主管部门制定的具体办法确定的，纳税人不得随意变更纳税申报地点，因特殊情况变更纳税申报地点的，须报原主管税务机关备案。

实行代扣代缴方式纳税的，纳税人应向扣缴义务人所在地的主管税务机关纳税。

（十一）其他部门的协同治税义务

个人所得税的征收涉及居民身份认定、个人收入数据汇总、专项附加扣除的减除除等一系列税务机关本身并不掌握的信息，离不开相关部门的协助；个人所得税的治税，有赖在全社会推广个人所得税纳税证明和纳税信用的应用，建立个人税收信用管理体系，并通过合理的信用激励和惩戒措施，全面提高纳税遵从度。为此，个人所得税法规定了相关部门的协同治税义务。具体是：

1. 确认纳税人身份和账户信息的义务。公安、人民银行、金融监督管理等相关部门应当协助税务机关确认纳税人的身份、金融账户信息。

2. 提供专项附加扣除信息的义务。教育、卫生、医疗保障、民政、人力资源社会保障、住房城乡建设、公安、人民银行、金融监督管理等相关部门应当向税务机关提供纳税人子女教育、继续教育、大病医疗、住房贷款利息、住房租金、赡养老人等专项附加扣除信息。

3. 重要财产转让查验完税凭证的义务。个人转让不动产的，税务机关应当根据不动产登记等相关信息核验应缴的个人所得税，登记机构办理转移登记时，应当查验与该不动产转让相关的个人所得税的完税凭证。个人转让股权办理变更登记的，市场主体登记机关应当查验与该股权交易相关的个人所得税的完税凭证。

4. 纳税信息纳入信用系统、实施联合惩戒的义务。纳税信用体系一直是世界各国税务管理的重要手段，在推进个人纳税信用管理上，各国不遗余力并有各自特色。在我国，个人所得税的治税，是一个体系性问题，有关部门应当依法将纳税人、扣缴义务人遵守个人所得税法的情况纳入信用信息系统，并实施联合激励或者惩戒。

【思考与应用】

1. 解释政府对收入高的人实行高个人所得税率的动机。
2. 我国自1999年11月开始对储蓄存款利息征收个人所得税，之后又将储蓄存款利息开征、减征、停征权力授权国务院，考察立法者的动机，并阐明你对立法者此举的看法。

3. 格里格·雷蒙德是美国的一位成功但工作得很累的医务工作者。他讲道："我一个星期干 80～100 个小时，交的税比日常的开支还多。"后来当他读了《你的金钱或你的生活》一书之后，他决定过较俭朴的生活，而不再像以前那样拼命工作。你对雷蒙德的做法有何看法？如果是你呢？
4. 你认为我国个人所得税法还存在哪些问题？并针对这些问题提出完善的建议。
5. 对个人的非法所得应否征税？为什么？
6. 企业所得税法不再排斥企业之间的合并纳税，查阅相关资料分析企业之间合并纳税的利与弊。
7. 企业所得税法的税收优惠格局发生了很大变化，分析其对社会经济活动产生的影响。
8. 企业所得税法在反避税措施中确立了预约定价安排制度，查找相关案例，明了需要解决的问题，探讨预约定价安排制度的具体操作问题。
9. 我国《企业所得税法》第 47 条为一般反避税条款，对于该条款的相关内容，有的国家法律中有规定，如德国、瑞士、澳大利亚；有的国家法律中没有规定，如美国、英国、法国、日本等，分析形成这种差异的原因。
10. 画出我国实体税法体系图，并说明不同税法类别之间的关系。
11. 按照自己所学的知识，下列企业应纳哪些税？

（1）生产彩电的企业；
（2）生产烟的企业；
（3）邮局；
（4）房地产开发公司；
（5）盐场；
（6）大型百货商场；
（7）合伙制律师事务所；
（8）生产水泥的企业；
（9）银行；
（10）矿山企业。

第三编

税收程序法

在上一部分，我们已领略了丰富、具体的实体税法，但如果没有程序税法，再科学的实体税法也只是一纸空文。可以说，程序税法是实体税法的实现法。

在本编你将了解——

第十章　税收征收管理法

第十一章　税收救济法

第十章

税收征收管理法

在本章你将——

- 了解税务管理
- 了解税款征收
- 了解税务检查
- 了解税收征收管理法的法律责任

■第一节　税收征收管理法概述

一、税收征收管理法的概念

（一）税收征收管理的概念

所谓税收征收管理是国家在行使其征税权的过程中，依法所实施的税务管理、税款征收、税务检查以及违法处罚等一系列活动的总称。

（二）税收征收管理法的概念

税收征收管理法的概念有广义与狭义之分。广义上的税收征收管理法，是指国家制定的调整与确认在税收征收与管理过程中国家与纳税人及相关主体之间形成的社会关系的法律规范的总称。狭义上的税收征收管理法，仅指 1992 年 9 月 4 日第七届全国人大常委会第二十七次会议通过的、经过 1995 年 2 月 28 日第八届全国人大常委会第十二次会议第一次修正、2001 年 4 月 28 日第九届全国人大常委会第二十一次会议修订、2013 年 6 月 29 日第十二届全国人民代表大会常务委员会第三次会议第二次修正、2015 年 4 月 24 日第十二届全国人民代表大会常务委员会第十四次会议第三次修正的《税收征收管理法》。[1]广义上的税收征收管理法包括以下几类：①狭义上的《税收征收管理法》；②为实现狭义上的《税收征收管理法》所作的解释性规定，如《税收征收管理法实施细则》；③一些实体税法中税收征收管理方面的规定。前面在讲历史部分时，尽管已讲过自1986年颁布《税收征收管理暂行条例》起已基本实现了程序税法的独立，但由于每个税种自身的特点，将每个税种的程序方面的规定从其实体规定中完全、彻底地脱离出来是不可能的。因此，有了专门的税收程序法律法规，一些实体税法中依然有程序方面的规定，如增值税、消费税、关税、车船税、船舶吨税、企业所得税等法律法规当中程序方面的规定：纳税期限、纳税申报期限、纳税地点、违法处罚等。这些规定，应属于广义上税收征收管理法范畴；④为某一税种某些问题的实现所作的专门的程序管理方面的规定。如为了更好地实施与操作《企业所得税法》所规定的特别纳税调整内容，国家税务总局根据《企业所得税法》及其《实施条例》、《税收征收管理法》及其《实施细则》以及我国政府与有关国家（地区）政府签署的避免双重征税协定（安排）的有关规定，专门制定了《特别纳税调整实施办法（试行）》；⑤其他部门法当中关于税收征收管理程序方面的法律规范，主要包括《刑法》、《行政复议法》与《行政复议实施条例》、《税务行政复议规则》、《行政诉讼法》与《最高人民法院关于〈行政诉讼法〉若干问题的解释》（以下简称《行政诉讼法若干问题解释》）、《国家赔偿法》与《国家赔偿费用管理条例》等。总之，广义上的税收征收管理法，是指包括税收征收管理方面的法律、行政法规、规章等在内的法律规范体系。

二、狭义税收征收管理法的适用范围

现行《税收征收管理法》第2条规定："凡依法由税务机关征收的各种税收的征收管理，均适用本法。"第90条规定："耕地占用税、契税、农业税、牧业税征收管理的具体办法，由国务院另行制定。关税及海关代征税收的征收管理，依照法律、行政法规的有关规定执行。"从上述两条规定可以看出，除了耕地占用税、契税、农业税、牧业税和关税及海关代征税收外，其余税种皆适用于狭

---

[1] 修订、修正后的《税收征收管理法》在实施过程中一些不足已经显现：在税收优先权、税收代位权和撤销权等方面的规定存在可操作性不强的问题；在一些基本概念方面，如"税务管理"等，存在着没有准确解释的问题；有些条款与其他法律不衔接，如《刑法》已将偷税的概念、偷税罪的量刑等都进行了修改，而《税收征收管理法》并没有作相应的修改，致使对逃税但不构成犯罪的行为的处罚失去了法律依据等。因此，新一轮的大修订已经势在必行。

义的税收征收管理法。

但众所周知，现行狭义的《税收征收管理法》是1992年制定、经历了1995年、2013年、2015年三次修正和2001年的修订而成的。2001年修订后实施的新《税收征收管理法》距今已有20余多年了，在这期间，实体税法中发生了废止、新立、由规升法等情形与变化。如2005年第十届全国人大常委会第十九次会议废除了《农业税条例》；2006年国务院废除了《屠宰税暂行条例》；2008年国务院在公布的《关于废止部分行政法规的决定》中，将《筵席税暂行条例》列入其中；2006年国务院颁布了《烟叶税暂行条例》；2008年国务院废止了《城市房地产税暂行条例》；2011年制定了《车船税法》；2016年制定了《环境保护税法》；2017年制定了《烟叶税法》；2018年制定了《耕地占用税法》《车辆购置税法》《城市维护建设税法》；2019年制定了《资源税法》；2020年制定了《契税法》。在税种的征收权属方面，也做了一些改变。如2009年财政部、国家税务总局发布了《关于加快落实地方财政耕地占用税和契税征管职能划转工作的通知》，此规定要求，我国各地方应于2009年底，将耕地占用税和契税由财政部门征收改为由税务部门征收，并且2019年9月1日实施的《耕地占用税法》、2021年9月1日实施的《契税法》均在第15条规定："纳税人、税务机关及其工作人员违反本法规定的，依照《中华人民共和国税收征收管理法》和有关法律法规的规定追究法律责任。"

20余年的实体税法变化，使现行的《税收征收管理法》第2条规定的内容发生了变化，即由税务机关负责征收的税种已改为：增值税、消费税、城市维护建设税、烟叶税、契税、房产税、城镇土地使用税、车辆购置税、车船税、印花税、耕地占用税、环境保护税、资源税、土地增值税、企业所得税和个人所得税。第90条规定的"耕地占用税、契税、农业税、牧业税征收管理的具体办法，由国务院另行制定"已过时了。2008年第十一届全国人大常委会正式启动了《税收征收管理法》的再次修订，2013年6月和2015年1月原国务院法制办先后两次就修订草案向社会公开征求意见，按照全国人民代表大会的既定时间表，原本应当在2018年提交审议的《税收征收管理法》，一再延期，《税收征收管理法》需要完成一次颠覆性的重大修订，修法路艰。

三、税收征管法上的纳税人权利与义务

税收作为国之血脉，是国家运转的根本保障，然税收之取得，欠缺对价给付，与纳税人财产权利天然紧张，注重税收所侵犯财产权人利益的保护是税收

法治的基本价值[1]。故此，明确纳税人履行税款缴纳义务与保障纳税人权利是程序税法不可或缺的内容。现行《税收征收管理法》在第4条规定纳税人、扣缴义务人必须依照法律、行政法规履行缴纳税款、代扣代缴、代收代缴税款义务的同时，在第8条列举规定了纳税人的权利，具体是：纳税人、扣缴义务人有权向税务机关了解国家税收法律、行政法规的规定以及与纳税程序有关的情况；纳税人、扣缴义务人有权要求税务机关为纳税人、扣缴义务人的情况保密；纳税人依法享有申请减税、免税、退税的权利；纳税人、扣缴义务人对税务机关所作出的决定，享有陈述权、申辩权；依法享有申请行政复议、提起行政诉讼、请求国家赔偿等权利；纳税人、扣缴义务人有权控告和检举税务机关、税务人员的违法违纪行为。

依据《税收征收管理法》，2009年11月6日，国家税务总局发布了《关于纳税人权利与义务的公告》，公告将纳税人权利概括为以下14项：知情权；保密权；税收监督权；纳税申报方式选择权；申请延期申报权；申请延期缴纳税款权；申请退还多缴税款权；依法享受税收优惠权；委托税务代理权；陈述与申辩权；对未出示税务检查证和税务检查通知书的拒绝检查权；税收法律救济权；依法要求听证的权利；索取有关税收凭证的权利。除上述权利外，根据《税收征收管理法》以及相关法律的规定，纳税人实际还享有申请回避权、接受奖励权、拒绝违法征税权、时效利益权、获得合理合法制裁权。[2]

与纳税人在实体税法中的义务主要是缴纳税款不同，纳税人在程序税法中的义务可以概括为协力义务，《关于纳税人权利与义务的公告》将纳税人的协力义务总结为以下10项：依法进行税务登记的义务；依法设置账簿、保管账簿和有关资料以及依法开具、使用、取得和保管发票的义务；财务会计制度和会计核算软件备案的义务；按照规定安装、使用税控装置的义务；按时、如实申报的义务；按时缴纳税款的义务；代扣、代收税款的义务；接受依法检查的义务；及时提供信息的义务；报告其他涉税信息的义务。除此之外，根据《税收征收管理法》的规定，纳税人还应当承担接受合理调整的义务、接受税收保障措施的义务、承担时效损失的义务。[3]

纳税人在程序税法中的权利与义务的具体内容将在下面各节中具体加以介绍。

---

〔1〕郭名宏："税收法治的纳税人权利保护逻辑与实践"，载《长江大学学报（社会科学版）》，2016年第5期。

〔2〕翟继光著：《税法学原理：税法理论的反思与重构》，立信会计出版社2011年版，第132页。

〔3〕翟继光著：《税法学原理：税法理论的反思与重构》，立信会计出版社2011年版，第135页。

第二节　税务管理

一、税务管理的概念

税务管理是一个不甚严谨的用语。广义上，税务管理是国家税务机关依据税收法律、行政法规对税务活动所进行的决策、组织、协调和监督检查等一系列活动的总称，包括税务决策管理、税源管理、征收管理、稽查管理等具体内容；由《税收征收管理法》“税务管理”章节的内容来看，税务管理是国家税务机关为了税款征收，协调征纳关系而对纳税人、扣缴义务人实施的基础性的管理制度和管理行为，是税款征收的基础和前提，主要包括税务登记、账簿与凭证管理和纳税申报三个方面。本节采用《税收征收管理法》划定的内容范围。

二、税务登记

（一）税务登记的概念及意义

1. 概念。税务登记是税务机关对纳税人的基本情况及生产经营项目进行登记管理的一项基本制度。税务登记是整个税收征收管理的始端，是纳税人与税务机关建立税务联系的开始。

2. 意义。税务登记的意义主要有：其一，税务登记是税务机关与纳税人之间产生税收法律关系的基础：①税务登记确认了税收法律关系的主体资格。税务登记一方面明确了纳税人被管辖的税务机关；另一方面确认了纳税人的主体资格，限定了纳税人的权利能力和行为能力。②税务登记确认了征纳主体的权利（力）与义务的内容。通过税务登记和税务登记的证件的领取，确认了征纳双方各自的权利（力）与义务。③税务登记初步确认了征纳双方的税收法律关系的客体。纳税人登记时，经营范围已基本确定，在不发生变化的情况下，一般应缴纳的税种也相应明确。其二，税务登记是整个税收征收管理的首要环节，尤其是纳税人通过税务登记，取得的税务登记的证件，既是纳税人的税务许可证件和权利证明，又是税务机关抽象的征税通知：①对于纳税人来讲，税务登记的证件既是许可证，又是其权利证明。许可证是指税务机关颁发给符合法定条件的纳税人，允许其从事生产、经营的法律文书。权利证明，是指纳税人凭借税务登记的证件，依法办理下列税务事项：申报办理减税、免税、退税和延期申报纳税；购买发票；申报办理外出经营事项；在银行或者其他金融机构开立基本存款账户和其他存款账户，并将其全部账号向税务机关报告等。②对于税务机关来讲，税务登记的证件是向纳税人发出的抽象的纳税通知。纳税人领取了税务登记的证件后，明确了自己在纳税方面的义务。但在纳税人产生纳税义务的行为发生之前，纳税人还不能据此履行纳税义务，因此，将它看作抽象性的征税通知。

（二）税务登记形式

税务登记一般分为设立登记、变更登记、停业复业登记和注销登记。设立登记也称纳税登记，是纳税人在开业时向税务机关办理登记的法定手续；变更登记纳税人税务登记内容发生变化的，向原税务登记机关申报办理变更税务登记的法定手续；停业、复业登记是实行定期定额征收方式的个体工商户需要停业、复业时，向其主管税务机关办理登记的法定手续；注销登记是当纳税人发生解散、破产、撤销以及其他情形时，向其主管税务机关申报办理登记的法定手续。

（三）税务登记申请人与主管机关

1. 税务登记申请人。企业，企业在外地设立的分支机构和从事生产、经营的场所，个体工商户和从事生产、经营的事业单位（以下统称从事生产、经营的纳税人），应当办理税务登记。

从事生产、经营的纳税人以外的纳税人，除国家机关、个人和无固定生产经营场所的流动性农村小商贩外，也应当办理税务登记（以下统称非从事生产经营但依照规定负有纳税义务的单位和个人）。

负有扣缴税款义务的扣缴义务人（国家机关除外），应当办理扣缴税款登记。

2. 税务登记主管机关。县级以上税务机关是税务登记的主管机关，负责税务登记的设立登记、变更登记、注销登记以及非正常户处理、报验登记等有关事项。县级以上税务机关按照国务院规定的税收征收管理范围，实施属地管理，办理税务登记。有条件的城市可以按照“各区分散受理、全市集中处理”的原则办理税务登记。

（四）“多证合一”登记制度改革

为提升政府行政服务效率，降低市场主体创设的制度性交易成本，自 2015 年 10 月 1 日起，登记制度改革在全国推行。随着国务院简政放权、放管结合、优化服务的“放管服”改革不断深化，登记制度改革从“三证合一”推进为“五证合一”，又进一步推进为“多证合一、一照一码”。即在全面实施企业、农民专业合作社工商营业执照、组织机构代码证、税务登记证、社会保险登记证、统计登记证“五证合一、一照一码”登记制度改革和个体工商户工商营业执照、税务登记证“两证整合”的基础上，将涉及企业、个体工商户和农民专业合作社（统称企业）登记、备案等有关事项和各类证照进一步整合到营业执照上，实现“多证合一、一照一码”。使“一照一码”营业执照成为企业唯一的“身份证”，使统一社会信用代码成为企业唯一的身份代码，实现企业“一照一码”走天下。

三、账簿、凭证管理

（一）账簿、凭证的概念

1. 账簿的概念。账簿又称账册，是由具有一定格式而又联结在一起的若干账页组成的用于全面、连续、系统地记录纳税人生产经营活动的簿籍，是编制会计报表的依据，也是保存会计资料的重要工具。账簿按其作用可分为总账、明细账、日记账和其他辅助性账簿。总账是按会计上的总分类账户设置并分类总括记录纳税人生产经营情况的账簿。纳税人一般按资产、负债、所有者权益、收入、费用、利润等分类设置账户。总账分类项目较粗，记录的会计资料不够细致，因此，纳税人必须按明细账户进一步分类，系统地记录其生产经营情况。总账与明细账所记载的内容完全相同，各自从不同角度全面、仔细地反映纳税人的生产经营情况。日记账又称流水账，是纳税人按时间顺序逐笔记录其现金、银行存款等业务情况的账簿。分类账与日记账两者的记录方式不同，前者是分类记录，后者是序时记录。一般情况下，税务机关需要通过全面检查纳税人的总账、明细账和日记账，才能较全面地了解纳税人的经营状况和纳税情况。

2. 凭证的概念。凭证又称会计凭证，是指纳税人记载生产经营业务，明确经济责任的书面证明。会计凭证按其用途和填制的程序不同，分为原始凭证和记账凭证。原始凭证，是指在生产经营业务发生时取得或填制的凭证，如增值税专用发票、普通发票、收据、工资结算单、材料入库单、完税凭证、车船票等。原始凭证是进行会计核算的原始资料和重要依据。记账凭证，是指由会计人员根据审核无误的原始凭证填制，按内容加以归类整理、明确会计分录并作为登记账簿依据的凭证。通过凭证的填制和审核，不仅可以保证账簿记录的真实性，而且可以检查纳税人各项经济业务的合法性。

可以说，账簿、凭证是一种“特殊语言”。纳税人通过该语言反映其生产经营情况及应税情况，税务机关通过该语言了解纳税人的经营情况和纳税情况。

（二）账簿、凭证管理

账簿和凭证是纳税人进行生产经营活动和核算收支的重要资料，也是税务机关对纳税人进行征税、管理、核查的重要依据。纳税人所使用的凭证、登记的账簿、编制的报表及其所反映的内容是否真实可靠，直接关系到计征税款依据的真实性，从而影响到应纳税款及时足额入库。账簿、凭证管理是税收管理的基础性工作。账簿、凭证管理的内容主要包括：账簿设置、财务会计制度及其处理办法、账簿凭证等涉税资料保存、税控装置和发票五个方面。鉴于发票管理的内容繁多，且其在账簿、凭证管理中占据着重要地位，在《税收征收管理法》之下制定了专门的管理办法，我们将其专门作为一个问题予以讲述。

1. 账簿设置。在账簿设置方面，现行《税收征收管理法》及其《实施细则》规定，纳税人、扣缴义务人应按照有关法律、行政法规和国务院财政、税务主管部门的规定设置账簿，根据合法、有效凭证记账，进行核算。具体为：①从事生产经营的纳税人应从领取营业执照或发生纳税义务之日起 15 日内设置账簿。纳税人使用计算机计账的，应当在使用前将会计电算化系统的会计核算软件、使用说明书及有关资料报送主管税务机关备案。②生产、经营规模小又确无建账能力的纳税人，可以聘请经批准从事会计代理记账业务的专业机构或者经税务机关认可的财会人员代为建账和办理账务；聘请上述机构或者人员有实际困难的，经县级以上税务机关批准，可以按照税务机关的规定，建立收支凭证粘贴簿、进货销货登记簿或者使用税控装置。③扣缴义务人应当自税收法律、行政法规规定的扣缴义务发生之日起 10 日内，按照所代扣、代收的税种，分别设置代扣代缴、代收代缴税款账簿。④纳税人、扣缴义务人会计制度健全，能够通过计算机正确、完整地计算其收入和所得或者代扣代缴、代收代缴税款情况的，其计算机输出的完整的书面会计记录，可视同会计账簿。纳税人、扣缴义务人会计制度不健全，不能通过计算机正确、完整地计算其收入和所得或者代扣代缴、代收代缴税款情况的，应当建立总账及与纳税或者代扣代缴、代收代缴税款有关的其他账簿。

2. 财务会计制度及其处理办法。纳税人的财务会计制度及其处理办法，是其进行会计核算的依据，直接关系到计税依据是否真实合理。在财务会计制度及其处理办法。现行《税收征收管理法》及其《实施细则》规定，从事生产、经营的纳税人的财务、会计制度或者财务、会计处理办法和会计核算软件，应当报送税务机关备案；纳税人使用计算机记账的，建立的会计电算化系统应当符合国家有关规定，并能正确、完整核算其收入或者所得；纳税人、扣缴义务人的财务、会计制度或者财务、会计处理办法与国务院或者国务院财政、税务主管部门有关税收的规定抵触的，依照国务院或者国务院财政、税务主管部门有关税收的规定计算应纳税款、代扣代缴和代收代缴税款。

3. 账簿、凭证等涉税资料保存。在账簿、凭证等涉税资料的保存方面，现行《税收征收管理法》及其《实施细则》规定，除法律、行政法规另有规定外，从事生产、经营的纳税人、扣缴义务人必须按照国务院财政、税务主管部门规定，将其账簿、记账凭证、报表、完税凭证、发票、出口凭证以及其他有关涉税资料保存10年；账簿、记账凭证、完税证明和其他有关资料不得伪造、变造或擅自销毁。

4. 税控装置。在税控装置方面，现行《税收征收管理法》及其《实施细则》规定，纳税人应当按照税务机关的要求安装、使用税控装置，并按照税务机关的规定报送有关数据和资料，不得损毁或者擅自改动税控装置。

（三）发票管理

发票管理对于控制税源、防止和杜绝逃税、保障税款征收等均具有重要意义，我国向来十分重视发票管理，现行发票管理的专门法律规范是1993年12月12日经国务院批准，财政部于1993年12月23日发布、并于2010年12月20日、2019年3月2日两次修订的《中华人民共和国发票管理办法》（以下简称《发票管理办法》），该办法对发票的印制、领用、开具、取得、保管、缴销等方面进行了明确规定，从而确立了我国的发票管理法律制度。[1]

1. 发票的概念。发票，是指在购销商品、提供或者接受服务以及从事其他经营活动中，开具、收取的收付款凭证，包括纸质发票和电子发票。它是确定经济收支行为发生的法定凭证，是会计核算的原始依据，也是征税机关进行税款征收和税务检查的重要依据。

2. 发票的种类。发票的种类由国务院税务主管部门规定，“营改增”以后主要有增值税专用发票、增值税普通发票和其他专业发票。

（1）增值税专用发票。增值税专用发票是由国家税务总局监制设计印制的，只限于增值税一般纳税人领购使用的，既作为纳税人反映经济活动中的重要会

---

〔1〕现行《发票管理办法》主要是以纸质发票为基础制定的，发票电子化改革后，发票形态、领用、开具、交付、入账、保管等发生了一些变化，2021年启动了《发票管理办法》的修订，国家税务总局于2021年1月8日公布了《中华人民共和国发票管理办法（修改草案征求意见稿）》，本部分基于《发票管理办法》与电子发票使用现状，结合发票管理的变动趋势进行编写。

计凭证又是兼记销货方纳税义务和购货方进项税额的合法证明；是增值税计算和管理中重要的决定性的合法的专用发票。

（2）增值税普通发票。增值税普通发票是在购销商品、提供或接受服务以及其他经营活动中所开具和收取的收付款凭证，包括增值税普通发票（折叠票）、增值税电子普通发票和增值税普通发票（卷票）。增值税普通发票可以由从事生产经营活动并办理了税务登记的各种纳税人领购使用，未办理税务登记的纳税人也可以向税务机关申请领购增值税普通发票。纳入增值税防伪税控一机多票系统的增值税一般纳税人销售货物或者提供应税劳务时可以使用该系统开具带有税控信息的机打普通发票。增值税普通发票只是购销双方的收付款凭证，不作扣税凭证。

（3）其他发票。其他发票实际上是增值税普通发票的特殊类别，包括农产品收购发票、农产品销售发票、过路（过桥）费发票、门票、客运发票等。

3. 发票管理的内容。发票管理与账簿、凭证管理密切相关，并具有相对独立性。根据《发票管理办法》，发票管理主要包括以下几个方面：

（1）发票管理总则。发票管理总则的内容主要包括：①发票主管机关。发票主管机关为税务机关，税务机关负责发票印制、领购、开具、取得、保管、缴销的管理和监督。发票的种类、联次、内容、赋码规则以及使用范围由国务院税务主管部门规定。②发票式样的确定权。在全国范围内统一式样的发票，由国家税务总局确定。在省、自治区、直辖市范围内统一式样的发票，由省、自治区、直辖市国家税务局（以下简称省税务机关）确定。③发票联次。发票的基本联次包括存根联、发票联、记账联。存根联由收款方或开票方留存备查；发票联由付款方或受票方作为付款原始凭证；记账联由收款方或开票方作为记账原始凭证。省以上税务机关可根据发票管理情况以及纳税人经营业务需要，增减除发票联以外的其他联次，并确定其用途。④发票的基本内容。发票的基本内容包括：发票的名称、发票代码和号码、联次及用途、客户名称、开户银行及账号、商品名称或经营项目、计量单位、数量、单价、大小写金额、开票人、开票日期、开票单位（个人）名称（章）等。省以上税务机关可根据经济活动以及发票管理需要，确定发票的具体内容。

（2）发票的印制管理。发票印制管理的内容主要包括：①印制主体的确定权。增值税专用发票由国务院税务主管部门确定的企业印制；其他发票，按照国务院税务主管部门的规定，由省税务机关确定的企业印制。禁止私自印制、伪造、变造发票。②印制主体。印制发票的企业应当具备下列条件：取得印刷经营许可证和营业执照；设备、技术水平能够满足印制发票的需要；有健全的财务制度和严格的质量监督、安全管理、保密制度。税务机关应当以招标方式确定印制发票的企业，并发给发票印制通知书。③印制区域。各省、自治区、直辖市内的单位和个人使用的发票，除增值税专用发票外，应当在本省、自治区、直辖市内印制；确有必要到外省、自治区、直辖市印制的，应当由省、自治区、直辖市税务机关商议，印制地省、自治区、直辖市税务机关同意，由印制地省、自治区、直辖市税务机关确定的企业印制。禁止在境外印制发票。④防伪专用品与监制章。印制发票应当使用国务院税务主管部门确定的全国统一的发票防伪专用品。禁止非法制造发票防伪专用品。发票应当套印全国统一发票监制章。全国统一发票监制章的式样和发票版面印刷的要求，由国务院税务主管部门规定。发票监制章由省、自治区、直辖市税务机关制作。禁止伪造发票监制章。发票实行不定期换版制度。发票监制章和发票防伪专用品的使用和管理实行专人负责制度。⑤印制式样和数量。印制发票的企业必须按照税务机关确定的式样和数量印制发票。⑥印制文字。发票应当使用中文印制。民族自治地方的发票，可以加印当地一种通用的民族文字。有实际需要的，也可以同时使用中外两种文字印制。

（3）发票领用管理。依法办理税务登记的单位和个人，需要临时使用发票的单位和个人，有权向税务机关领用发票。发票领用手续区分不同情况，具体是：①依法办理税务登记的单位和个人需要领用发票的，应当持设立登记证件或税务登记证件、经办人身份证明、按照国务院税务主管部门规定式样制作的发票专用章的印模，向主管税务机关办理身份验证和发票领用手续。主管税务机关根据领用单位和个人的经营范围、规模和风险级别，在5个工作日内确认领用发票的种类、数量以及领用方式，并告知领用发票的单位和个人。单位和个人领用发票时，应当按照税务机关的规定报告发票使用情况，税务机关应当按照规定进行查验。②需要临时使用发票的单位和个人，可以凭购销商品、提供或者接受服务以及从事其他经营活动的书面证明、经办人身份证明，直接向经营地税务机关申请代开发票。依照税收法律、行政法规规定应当缴纳税款的，税务机关应当先征收税款，再开具发票。税务机关根据发票管理的需要，可以按照国务院税务主管部门的规定委托其他单位代开发票。税务机关代开发票时应进行身份验证。禁止非法代开发票。③临时到本省、自治区、直辖市以外从事经营活动的单位或者个人，应当凭所在地税务机关的证明，向经营地税务机关领用经营地的发票。临时在本省、自治区、直辖市以内跨市、县从事经营活动领用发票的办法，由省、自治区、直辖市税务机关规定。

（4）发票的开具和保管。发票的开具对于能否真实、准确地反映经济活动有着直接的影响，因而，对整个税收征管至关重要。发票的开具与保管的内容主要包括：①开具主体。销售商品、提供服务以及从事其他经营活动的单位和个人，对外发生经营业务收取款项，收款方应当向付款方开具发票；特殊情况下，由付款方向收款方开具发票。安装税控装置的单位和个人，应当按照规定使用税控装置开具发票，并按期向主管税务机关报送开具发票的数据。使用非税控电子器具开具发票的，应当将非税控电子器具使用的软件程序说明资料报主管税务机关备案，并按照规定保存、报送开具发票的数据。②取得主体。所有单位和从事生产、经营活动的个人在购买商品、接受服务以及从事其他经营活动时支付款项，应当向收款方取得发票。取得发票时，不得要求变更品名和金额。不符合规定的发票，不得作为财务报销凭证，任何单位和个人有权拒收。开具纸质发票后，如需作废发票，应当收回原发票并注明“作废”字样；如需开具红字发票，应当收回原发票注明“作废”字样或取得对方有效证明。开具电子发票后，如需开具红字发票，应当取得对方有效证明。③开具要求。开具发票应当按照规定时限、顺序、逐栏全部联次一次性如实开具，开具纸质发票应加盖发票专用章。任何单位和个人不得有下列虚开发票行为：为他人、为自己开具与实际经营业务情况不符的发票；让他人为自己开具与实际经营业务情况不符的发票；介绍他人开具与实际经营业务情况不符的发票。④使用发票禁止行为。任何单位和个人应当按照发票管理规定使用发票，不得有下列行为：转借，转让，介绍他人转让发票、发票监制章和发票防伪专用品；知道或者应当知道是私自印制、伪造、变造、非法取得或者废止的发票而受让、开具、存放、携带、邮寄、运输；拆本使用发票；扩大发票使用范围；以其他凭证代替发票使用；窃取、截留、篡改、出售、泄露发票数据。税务机关应当提供查询发票真伪的便捷渠道。⑤开具区域。除国务院税务主管部门规定的特殊情形外，发票限于领购单位和个人在本省、自治区、直辖市内开具。除国务院税务主管部门规定的特殊情形外，任何单位和个人不得跨规定的使用区域携带、邮寄、运输空白发票。禁止携带、邮寄或者运输空白发票出入境。⑥开具登记要求。开具发票的单位和个人应当建立发票使用登记制度，并定期向主管税务机关报告发票使用情况。开具发票的单位和个人应当在办理变更或者注销税务登记的同时，办理发票核定信息变更、缴销手续。⑦开具发票的存放与保管。开具发票的单位和个人应当按照税务机关的规定存放和保管发票，不得擅自损毁。已经开具的发票存根联，应当保存5年。

（5）发票检查。发票检查是税务机关对相关单位和个人执行发票管理规定情况予以监督、核查的活动。发票检查内容主要包括：①检查范围。税务机关在发票管理中有权进行下列检查：检查印制、领购、开具、取得和保管发票的情况；调出发票查验；查阅、复制与发票有关的凭证、资料；向当事各方询问与发票有关问题和情况；查处发票案件时，对与案件有关的情况和资料，可以记录、录音、录像、照相和复制。②税务机关与被检查者在下列检查中的权力（利）与义务。一是印制、使用发票的单位和个人，必须接受税务机关依法检查，如实反映情况，提供有关资料，不得拒绝、隐瞒。税务人员进行检查时，应当出示税务检查证。二是税务机关需要将已开具的发票调出查验时，应当向被查验的单位和个人开具发票换票证。发票换票证与所调出查验的发票有同等的效力。被调出查验发票的单位和个人不得拒绝接受。税务机关需要将空白发票调出查验时，应当开具收据；经查无问题的，应当及时返还。三是单位和个人从中国境外取得的与纳税有关的发票或者凭证，税务机关在纳税审查时有疑义的，可以要求其提供境外公证机构或者注册会计师的确认证明，经税务机关审核认可后，方可作为记账核算的凭证。四是税务机关在发票检查中需要核对发票存根联与发票联填写情况时，可以向持有发票或者发票存根联的单位发出发票填写情况核对卡，有关单位应当如实填写，按期报回。

四、纳税申报

（一）概念

纳税申报，是指纳税人在规定的时间内向税务机关办理报送纳税申报表、财务会计报表及其他有关资料，以及扣缴义务人报送代扣代缴、代收代缴税款报告表及其他有关资料的法定手续。纳税申报是确定纳税人、扣缴义务人是否履行纳税义务、扣缴义务，界定法律责任的主要依据。

（二）纳税申报方面的基本内容

纳税申报方面的基本内容主要包括：纳税申报时间、纳税申报内容和纳税申报方式等。

1. 纳税申报时间。纳税申报时间方面的内容主要包括：①纳税人必须依照法律、行政法规规定或者税务机关依照法律、行政法规的规定确定的申报期限如实办理纳税申报，报送纳税申报表、财务会计报表以及税务机关根据实际需要要求纳税人报送的其他纳税资料。扣缴义务人必须依照法律、行政法规规定或者税务机关依照法律、行政法规的规定确定的申报期限如实报送代扣代缴、代收代缴税款报告表以及税务机关根据实际需要要求扣缴义务人报送的其他有关资料。这里的“申报期限”因税种不同而不同，主要见于具体的实体税法之中。②纳税人未按照规定的期限缴纳税款、扣缴义务人未按照规定期限解缴税款的，税务机关除责令限期缴纳外，从滞纳税款之日起，按日加收0.05%的滞纳金。③纳税人、扣缴义务人不能按期办理纳税申报或者报送代扣代缴、代收代缴税款报告表的，应当在规定的缴纳期限内，向主管税务机关提出书面申请，并经县级以上税务局（分局）局长批准后，可延期缴纳税款。但是，经核准延期办理纳税申报或报送事项的纳税人、扣缴义务人，应当在纳税期内按照上期实际缴纳的税额或者税务机关核定的税额预缴税款，并在核准的延期内办理税款结算。延期缴纳税款的时间最长不得超过3个月。④享受减税、免税的纳税人，在减免税期间，也应当办理纳税申报，并按照税务机关的规定报送减免税款的统计报告。

2. 纳税申报内容。纳税人、扣缴义务人的纳税申报或者代扣代缴、代收代缴税款报告表的主要内容包括：税种，税目，应纳税项目或者代扣代缴、代收代缴税款项目，适用税率或者单位税额，计税依据，扣除项目及标准，应纳税额或者应代扣代缴、代收代缴税额，税款所属期限等。

3. 纳税申报方式。纳税人、扣缴义务人可以直接到税务机关办理纳税申报或者报送代扣代缴、代收代缴税款报告表，也可以按照规定采取邮寄、数据电文或者其他方式办理上述申报、报送事项。

■第三节　税款征收

一、税款征收的概念

税款征收是税务机关依照税法的规定，将纳税人依法应当缴纳的税款组织入库的一系列活动的总称，它是税收征收管理工作的中心环节，是全部税收征管工作的目的与归宿。

税务管理为税款征收提供了基础和前提，税款征收是现行《税收征收管理法》的核心部分，在税款征收制度中包含着税收程序法中的一些重要制度，这些制度对于征纳双方至关重要。

二、税款征收方式

税款征收方式，是税务机关根据各税种的不同特点和纳税人的具体情况，对纳税人的应纳税款组织入库的具体方式。税务机关主要采取下列方式征收税款：查账征收、查定征收、查验征收、定期定额征收等。

（一）查账征收

查账征收，是指纳税人自行计算应纳税额，并按规定期限向税务机关申报，经税务机关审查核实填写缴款书后，由纳税人向国库或国库经收处缴纳税款的一种方式。这种方式适用于财务会计制度比较健全、能够做到正确计算应纳税额和依法纳税的纳税人。

（二）查定征收

查定征收，是指由税务机关查实纳税人的生产经营状况，并据此核定其应纳税额的一种征收方式。这种征收方式，适用于经营规模较小，财务制度不够健全、凭证不够完备的小型企业。

（三）查验征收

查验征收，是指税务机关对某些税源难以控制的征税对象，通过查验证照和实物，据以征税的一种方式。该方式一般适用于车站、码头、机场、口岸等场所的征税。

（四）定期定额征收

定期定额征收，是指税务机关根据纳税人的生产经营情况，核定其应纳税额或征收率，并定期进行相关税种合并征收的一种征收方式。这种方式适用于一些经营范围小、账证不健全或无条件进行记账的个体工商户。

三、在税款征收中征纳主体及相关主体的权力（利）与义务

税收征收管理法律、行政法规赋予征税主体在税款征收过程中一定的权力，但同时对这些权力又作了限制性规定。这些限制性规定，一方面构成征税主体的义务，另一方面也构成纳税主体及相关主体的权利。换句话讲，税收征收管理法律、法规赋予征税主体在税款征收过程中的权力，实际上是集征纳主体及相关当事人的权力（利）与义务于一体的。

（一）税款征收中征纳主体及相关主体的一般权力（利）与义务

1. 征税主体的一般权力与义务。根据税收征收管理法律、行政法规规定，税务机关在税款征收中的基本权利与义务包括：①依照法律、行政法规的规定

征收税款，不得违反法律、行政法规的规定开征、停征、多征、少征、提前征收、延缓征收或者摊派税款。②税务机关征收税款时，必须给纳税人开具完税凭证。扣缴义务人代扣、代收税款时，纳税人要求扣缴义务人开具代扣、代收税款凭证的，扣缴义务人应当开具。③除税务机关、税务人员以及经税务机关依照法律、行政法规委托的单位和人员外，任何单位和个人不得进行税款征收活动。

2. 纳税人与扣缴义务人的基本权利与义务。根据税收征收管理法律、法规规定，纳税人与扣缴义务人在税款征收中的基本权利与义务包括：①纳税人、扣缴义务人按照法律、行政法规规定或者税务机关依照法律、行政法规的规定确定的期限，缴纳或者解缴税款。②纳税人因有特殊困难，不能按期缴纳税款的，经省、自治区、直辖市税务机关批准，可以延期缴纳税款，但是最长不得超过3个月。③纳税人未按照规定期限缴纳税款的，扣缴义务人未按照规定期限解缴税款的，税务机关除责令限期缴纳外，从滞纳税款之日起，按日加收滞纳税款0.05%的滞纳金。④纳税人可以依照法律、行政法规的规定书面申请减税、免税。减税、免税的申请须经法律、行政法规规定的减税、免税审查批准机关审批。地方各级人民政府、各级人民政府主管部门、单位和个人违反法律、行政法规规定，擅自作出的减税、免税决定无效，税务机关不得执行，并应向上级税务机关报告。⑤扣缴义务人依照法律、行政法规的规定履行代扣、代收税款的义务。对法律、行政法规没有规定负有代扣、代收税款义务的单位和个人，税务机关不得要求其履行代扣、代收税款义务。扣缴义务人依法履行代扣、代收税款义务时，纳税人不得拒绝。纳税人拒绝的，扣缴义务人应当及时报告税务机关处理。税务机关按照规定付给扣缴义务人代扣、代收手续费。

（二）核定税款方面的权力（利）与义务

按照税收征收管理法律、法规规定，当纳税人有下列情形之一的，税务机关有权核定其应纳税额：①依照法律、行政法规的规定可以不设置账簿的；②依照法律、行政法规的规定应当设置账簿但未设置的；③擅自销毁账簿或者拒不提供纳税资料的；④虽设置账簿，但账目混乱或者成本资料、收入凭证、费用凭证残缺不全，难以查账的；⑤发生纳税义务，未按照规定的期限办理纳税申报，经税务机关责令限期申报，逾期仍不申报的；⑥纳税人申报的计税依据明显偏低，又无正当理由的。

税务机关在核定时，必须严格按照法律、行政法规规定程序和方法进行核定。具体讲，税务机关可以采取下列任何一种或同时采用两种以上的方法核定纳税人的应纳税额：①参照当地同类行业中经营规模和收入水平相近的纳税人收入额和利润率核定；②按照成本加合理的费用和利润核定；③按照耗用的原材料、燃料、动力等推算或者测算核定；④按照其他合理的方法核定。对于依照规定可以不设置账簿的纳税人，税务机关可以核定其下期应纳税额，即采取定期定额的方法征收税款。

（三）对关联企业调整应纳税额方面的权力（利）与义务

1. 关联企业的概念。根据《税收征收管理法》及其《实施细则》，关联企业，是指有下列关系之一的公司、企业、其他经济组织：在资金、经营、购销等方面，存在直接或者间接的拥有或者控制关系；直接或者间接地同为第三者所拥有或者控制；在其他利益上具有相关联的关系。

关于“关联企业”的称谓、“关联对象”及“关联关系的界定标准”在税收征收管理法律法规和企业所得税法律法规中，规定不尽一致。根据《税收征收管理法》及其《实施细则》的规定，在称谓上叫作“关联企业”，在关联对象上限定于“公司、企业和其他经济组织”，在关联关系的界定标准上，界定为关联企业之间在法律规定方面存在着“拥有或者控制关系”。《税收征收管理法实施细则》第51条根据《企业所得税法》及其《实施条例》和《特别纳税调整实施办法（试行）》的规定，在称谓上叫作“企业与其关联方”，在关联对象上则限定于“企业、其他组织或者个人”，在关联关系的界定标准上，界定为企业与其关联方之间在法律规定方面存在着“控制关系”。《企业所得税法》第41条及其《实施条例》第109条，以及《特别纳税调整实施办法（试行）》第9条。可以看出，按照企业所得税法律法规的规定，关联关系的范畴不论从主体看，还是从标准看，比税收征收管理法律法规规定的范畴扩大了。也就是说，按照税收征收管理法律法规规定不属于关联关系的范畴；按照企业所得税法律法规的规定则属于关联关系的范畴。按照“新法优于旧法”的原则，应依据企业所得税法法律法规的规定。因为《企业所得税法》是2017年公布的，《税收征收管理法》则是2015年公布的。

2. 关联企业之间违反独立交易原则的情形。有些纳税人利用企业间的关联关系采取不正当的手段转移利润，以达到少纳税的目的。为了保护国家的税收利益，税收征收管理法律、法规规定，纳税人与其关联企业之间的业务往来有下列情形之一的，税务机关可以调整其应纳税额：①购销业务未按照独立企业之间的业务往来作价；②融通资金所支付或者收取的利息超过或者低于没有关联关系的企业之间所能同意的数额，或者利率超过或者低于同类业务的正常利率；③提供劳务，未按照独立企业之间业务往来收取或者支付劳务费用；④转让财产、提供财产使用权等业务往来中，未按照独立企业之间业务往来作价或者收取、支付费用；⑤未按照独立企业之间业务往来作价的其他情形。

3. 税务机关调整方法。纳税人发生上述违反独立交易原则情形之一的，税务机关可以按照下列方法调整计税收入额或者所得额：①按照独立企业之间进行的相同或者类似业务活动的价格；②按照再销售给无关联关系的第三者的价格所应取得的收入和利润水平；③按照成本加合理的费用和利润；④按照其他合理的方法。

4. 税务机关调整期限。纳税人与其关联企业未按照独立企业之间的业务往来支付价款、费用的，税务机关自该业务往来发生的纳税年度起3年内进行调整；有特殊情况的，可以自该业务往来发生的纳税年度起10年内进行调整。

（四）税收保全方面的权力（利）与义务

税收保全是税务机关对可能由于纳税人的行为或者某种客观原因，致使以后税款的征收不能保证或难以保证的案件，采取限制纳税人处理和转移商品、货物或其他财产的措施，目的是预防纳税人逃避税款缴纳义务，防止以后税款的征收不能保证或难以保证，以保证国家税款的及时、足额入库。税收保全措施是法律赋予税务机关的一种强制权力。税收保全可分为简易税收保全和一般税收保全。

1. 简易税收保全的权力（利）与义务。简易税收保全适用于未按照规定办理税务登记的从事生产、经营的纳税人，到外县（市）从事生产、经营而未向营业地税务机关报检登记的纳税人，以及临时从事经营的纳税人。这些纳税人具有隐蔽性和流动性，税务机关对其监管有一定难度。因此，税收征收管理法律、法规对上述纳税人的税收征收管理作出了专门性规定：由税务机关核定其应纳税额，责令其缴纳；不缴纳的，税务机关可以扣押其价值相当于应纳税款的商品、货物。扣押后缴纳应纳税款的，税务机关必须立即解除扣押，并归还所扣押的商品、货物；扣押后仍不缴纳应纳税款的，经县级以上税务局（分局）局长的批准，依法拍卖或变卖所扣押的商品、货物，以拍卖或者变卖所得抵缴税款。

2. 一般税收保全的权力（利）与义务。一般税收保全适用于按规定办理税务登记的从事生产、经营的纳税人。根据税收征收管理法律、法规的规定，税务机关有根据认为从事生产、经营的纳税人有逃避纳税义务行为的，可以在规定的纳税期之前，责令纳税人限期缴纳应纳税款；在期限内发现纳税人有明显的转移、隐匿其应纳税的商品、货物以及其他财产或者应纳税收入的迹象的，税务机关可以责成纳税人提供纳税担保。如果纳税人不能提供纳税担保，经县级以上税务局（分局）局长的批准，税务机关可以采取下列保全措施：①书面通知纳税人的开户银行或者其他金融机构冻结纳税人的金额相当于应纳税款的存款；②扣押、查封纳税人的价值相当于应纳税款的商品、货物或者其他财产。

一般税收保全措施的实施直接关系到纳税人的生产、经营及其经济利益，因此，税务机关在采取该措施时，应注意下列几点：①满足实施该措施的前提条件，即有根据认为从事生产、经营的纳税人有逃避纳税义务的行为，不能主观臆断，在有根据的情况下，在规定的纳税期之前，需责令纳税人限期缴纳应纳税款，在限期内又发现纳税人有明显的转移、隐匿其应纳税的商品、货物以及其他财物或应纳税收入的迹象，应责成纳税人提供纳税担保，纳税人却不能提供担保。②执行主体必须合法，不得由法定的税务机关以外的单位和个人执行。③严格按照法律程序执行，采取该措施须经县以上税务局（分局）局长批准。④税务机关扣押商品、货物或者其他财产时，必须开付收据；查封商品、货物或者其他财产时，必须开付清单。⑤执行范围，个人及其所抚养家属维持生活必需的住房和用品，不在税收保全措施范围之内。⑥必须及时解除税收保全措施，即纳税人在限期内缴纳税款的，税务机关应在收到税款或银行转回的完税凭证之日起1日内解除税收保全措施；限期期满仍未纳税的，经县级以上税务局（分局）局长的批准，税务机关可以对其采取强制执行措施。⑦不能滥用此权力。如果税务机关滥用职权违法采取税收保全，或者采取税收保全措施不当，使纳税人或者纳税担保人的合法权益遭受损失的，税务机关应当承担赔偿责任。

在简易税收保全与一般税收保全之外，还存在特殊税收保全。特殊税收保全是税务机关在税务检查阶段对以前纳税期的税款所采取的强制性措施，在税款征收部分对此不加介绍。

（五）在欠税方面的权力（利）与义务

欠税是指纳税人、扣缴义务人超过征收法律、行政法规规定或税务机关依照税收法律、行政法规确定的纳税期限，未缴或少缴税款的行为。欠税直接影响到国家财政资金的正常运转，为保证国家财政资金及时入库，当纳税人欠税时，税收征收管理法律、法规赋予税务机关多种权力并对这些权力作了相应的限制性规定，如税收强制执行、离境清税、税收优先权、税收代位权和撤销权等。同时，对于欠税的特殊情形也进行了规定，以保证对欠税人所欠税款的及时追征。

1. 在税收强制执行方面的权力（利）与义务。税收强制执行适用于从事生产、经营的纳税人、扣缴义务人和纳税担保人。根据税收征收管理法律、法规的规定，从事生产、经营的纳税人、扣缴义务人未按照规定的期限缴纳或者解缴税款，纳税担保人未按照规定的期限缴纳所担保的税款的，由税务机关责令限期（最长不超过15日）缴纳，逾期仍未缴纳的，经县级以上税务局（分局）局长批准，税务机关可以采取下列强制执行措施：①书面通知其开户银行或者其他金融机构从其存款中扣缴税款；②扣押、查封、拍卖或者变卖其价值相当于应纳税款的商品、货物或者其他财产，以拍卖或者变卖所得抵缴税款。税务机关采取强制执行措施时，对纳税人、扣缴义务人、纳税担保人未缴纳的滞纳金同时强制执行。

税务机关采取强制执行的正确与否，直接影响到纳税人的生产经营能否正常进行，因此，税务机关在采取该措施时，应注意下列几点：①满足实施该措施的前提条件，即从事生产、经营的纳税人、扣缴义务人未按照规定的期限解缴税款，纳税担保人未按照规定的期限缴纳所担保的税款，经税务机关责令限期缴纳，逾期仍未缴纳；②执行主体必须合法，该措施不得由法定的税务机关以外的单位和个人执行；③严格按照法律程序执行，采取该措施须经县级以上税务局（分局）局长批准；④执行范围，个人及其所抚养家属维持生活必需的住房和用品，不在税收强制执行措施范围之内；⑤不能滥用此权力，如果税务机关滥用职权违法采取税收强制执行措施，或者采取税收强制执行措施不当，使纳税人或者纳税担保人的合法权益遭受损失的，税务机关应当承担赔偿责任。

2. 在离境清税方面的权力（利）与义务。离境清税适用于欠税人出境情形。根据税收征收管理法规定，欠缴税款的纳税人或者他的法定代表人需要出境的，应当在出境前向税务机关结清应纳税款、滞纳金或者提供担保。未结清税款、滞纳金，又未提供担保的，税务机关可以通知出境管理机关阻止其出境。

3. 在税收优先权方面的权力（利）与义务。

（1）税收优先权的概念及性质。“优先权是指特定债权人直接基于法律的规定而享有的就债务人的总财产或特定财产的价值优先受偿的权利。”[1]基于保障个人的生存权、维护社会公共利益、实现实质正义等的需要，应破除债权平等原则，设立优先权，即赋予特殊债权人优先于其他债权人受清偿的权利。“优先权制度产生于罗马法，其最初设立的优先权是妻之嫁资返还优先权和受监护人

〔1〕 徐孟洲、谭立：《税法教程》，首都经济贸易大学出版社2002年版，第85页。

优先权。其后，为法国和日本等许多国家所接受。我国民法对优先权未作统一规定，仅在特别法中规定了个别具体优先权，如船舶优先权、民用航空器优先权等。优先权通常可分为一般优先权和特别优先权。一般优先权，是指就债务人不特定的总财产上存在的优先权，如诉讼费用优先权、工资和劳动报酬优先权、丧葬费用优先权、医疗费用优先权、税收优先权等。特别优先权，是指就债务人的特定财产上存在的优先权，如动产出卖人优先权、不动产修建人优先权、不动产保存人优先权等。"〔1〕"税收优先权属于一般优先权，是指税务机关征收税款与其他债权的实现发生冲突时，税款的征收原则上优先于其他债权的实现。关于税收优先权，各个国家有不同的规定。有的国家规定国家税收具有绝对的优先权，即只要纳税人欠缴税款，无论其财产是否设定担保，都要首先保证国家税款的征收。有的国家规定国家税款具有相对优先权，即税收优先于无担保债权。"〔2〕我国于2001年修订《税收征收管理法》时确立了税收优先权制度，本质上，税收优先权是一种特种债权。

（2）税收优先权法律规范的内容。根据现行税收征收管理法律法规和刑法的规定，税收优先权主要体现在以下四个方面：①税款优先于无担保债权，法律另有规定的除外。这里的"无担保债权"是指未设定担保的债权，即债权人没有要求债务人以其财产设定抵押、质押等担保方式保证其债权的实现。根据上述规定，如果纳税人既没有缴纳税款，又没有偿还对他人的未设定担保的债务，在这种情况下，国家税款的征收要优先于未设定担保的第三人的债权。但国家税款优先于无担保债权的原则并非是绝对的，有的法律作了特殊规定。如《中华人民共和国海商法》对船舶的优先权作了特别规定；《中华人民共和国民事诉讼法》关于破产财产清偿顺序的规定，虽然将国家税款规定在破产债权之前，但将国家税款规定在破产企业所欠职工工资和劳动保险费用之后；《公司法》在规定公司解散清算后清偿公司债务时，也将国家税款规定在职工工资和劳动保险费用之后，以更好地保护职工的利益。②纳税人欠缴的税款发生在纳税人以其财产设定抵押、质押或者纳税人的财产被留置之前的，税收应当先于抵押权、质权、留置权执行。③纳税人欠缴税款，同时又被行政机关决定处以罚款、没收违法所得的，税收优先于罚款、没收违法所得。④根据《刑法》规定，违反《刑法》第201～205条规定之罪，被判处罚金、没收财产的，在执行

〔1〕徐孟洲、谭立：《税法教程》，首都经济贸易大学出版社2002年版，第85页。

〔2〕全国人大常委会法制工作委员会经济法室编：《中华人民共和国税收征收管理法释解》，中国税务出版社2001年版，第99～100页。

前，应当先由税务机关追缴税款和所骗取的出口退税款。

（3）税收优先权在实践中遇到的问题。由于税收优先权制度在我国尚属于尝试，且规定较为原则化，导致诸多方面在税法实践操作上无所适从，主要表现在：①关于税收优先权行使的范围问题。关于该问题，国家税务总局征收管理司编写的《新征管法学习读本》中提出“税收执行额度以纳税人的欠税款和滞纳金价值为标准”，但基层操作人员希望税收优先权行使的额度包括税款、滞纳金和罚款。②关于税款与滞纳金之间的先后顺序没有明确规定。国家税务总局就广东省国家税务局《关于税收优先权是否包括滞纳金的请示》作出国税函〔2008〕1084号批复意见，明确规定税收优先权包括滞纳金。但此批复没有回答当纳税人同时归还欠税款和滞纳金有困难时，税款与滞纳金孰优先的问题。现实中一些税务机关往往将纳税人所还金额认定为滞纳金，而非所欠税款。税务机关如此认定，对纳税人极其不利。因为，当纳税人所欠税款的标的较大时，税务机关如此处理，纳税人可能会被沉重的滞纳金所压垮。③关于税收优先权内部各税种之间关系问题。依据财政管理体制规定，我国税种分别中央税、地方税与共享税，且按照税法规定，同一纳税人不同税种的纳税地点不同，需要向不同地区的税务机关申报纳税。由此引起在行使税收优先权时，不同税务机关、不同税种的税款受偿顺序应如何确定的问题。④关于对第三人的权利保护问题。税收优先权的行使直接影响到第三人的利益，即潜在的担保物权人与债权人的利益，而且这种影响是剧烈的，需要在税收法律中有所反映。继而就引发了税务机关与第三人之间的法律关系性质如何确定的问题。⑤关于税收优先权行使的程序问题。《税收征收管理法》没有明确规定行使税收优先权的程序，致使税务机关和法院不知如何行使此权力。如税收优先权是否必须由权利人向法院提出申请并由法院执行？如果通过法院执行，具体应向谁提出，民事庭、行政庭还是执行庭？等等。如果这些问题无法可依，税收优先权就等于纸上谈兵。⑥关于税收优先权的行使期限问题。税收优先权不宜无限期存在。⑦关于税收优先权的法律规定与法理相悖，也与《民法典》《企业破产法》《民事诉讼法》规定的税收债权与担保物权的先后受偿顺序相矛盾。事实上，《税收征收管理法》仅仅是规定了税收优先，[1]并未使用“税收优先权”一词，我国税务主

〔1〕《税收征收管理法》第45条规定：税务机关征收税款，税收优先于无担保债权，法律另有规定的除外；纳税人欠缴的税款发生在纳税人以其财产设定抵押、质押或者纳税人的财产被留置之前的，税收应当先于抵押权、质权、留置权执行。纳税人欠缴税款，同时又被行政机关决定处以罚款、没收违法所得的，税收优先于罚款、没收违法所得。税务机关应当对纳税人欠缴税款的情况定期予以公告。

管机关创设使用了“税收优先权”的概念。前已述及，税收优先权只不过是一种特种债权，而“纳税人欠缴的税款发生在纳税人以其财产设定抵押、质押或者纳税人的财产被留置之前的，税收应当先于抵押权、质权、留置权执行”的规定，违背了物权优先于债权之法理，更何况留置权是《民法典》规定的法定的担保物权，在欠税的财产被留置的情况下，税务机关不能通过侵害私权追回税收债权，税收优先权实际上已被留置权的效力所排斥，税收优先权没有实现的可能性。在欠税纳税人破产的情况下，根据《企业破产法》《民事诉讼法》，设有抵押权、质权、留置权等担保物权的财产不属于破产财产，不进入破产清算程序，担保物权人享有别除权而优先受偿，债务人所欠税款，只能在破产财产中受偿，即担保物权人所担保的债权具有绝对优先于税收债权受偿的地位，此种境况下，税收优先权也无从实现。在破产法上，通常认为，公益不比私益在法理上更具天然的正当性甚至是合法性，尽管世界许多国家在破产清算中都规定了税收优先，但从发展趋势看有愈来愈淡化的倾向。税收为一国之本，以优先制度予以保障，确有必要，但是，制度本身还存在很多问题，有待进一步完善。

4. 在税收代位权与撤销权方面的权力（利）与义务。由于欠税现象越来越多，且欠缴税款的纳税人置所欠缴税款于不顾，有的纳税人不积极行使自己的到期债权；有的以无偿转让财产或低价转让财产的方式，逃避所欠缴税款。对于这种不主动缴纳所欠税款，又怠于行使其到期债权或使其财产减少的，税务机关实施税收保全措施和税收强制执行措施就失去了对象，国家税款面临着无法实现的危险。因此，2001 年修订《税收征收管理法》时赋予了税务机关代位权和撤销权。

（1）税收代位权与撤销权的概念。税收代位权，是指当欠缴税款的纳税人因怠于行使到期债权，或者放弃到期债权，对国家税款造成损害时，税务机关作为代表国家的“债权人”享有代位权。税收撤销权，是指当欠缴税款的纳税人因放弃到期债权或者无偿转让财产，或者以明显不合理的低价转让财产而受让人知道该情形，对国家税款造成损害时，税务机关作为代表国家的“债权人”享有撤销权。税务机关依法行使代位权、撤销权时，不免除欠缴税款的纳税人尚未履行的纳税义务和应承担的法律责任。

（2）税务机关行使税收代位权与撤销权时应遵从的要件。税务机关行使代位权的要件有二：①欠缴税款的纳税人因怠于行使到期债权，或者放弃到期债权。也就是说，纳税人的债权必须是到期债权，如果不是到期债权，税务机关就不能证明纳税人怠于行使或放弃债权，当然也就不能行使代位权；②纳税人的上述行为必须给国家税收造成了损害的后果，如果没有造成损害，同样谈不上行使代位权。税务机关行使撤销权的两种情形是：①欠缴税款的纳税人无偿转让财产的行为已经成立，且造成了损害国家税款的后果；②欠缴税款的纳税人以明显不合理的低价转让财产的行为已经成立，而受让人明知会损害国家税收，且造成了损害国家税款的后果。另外，二者应共同遵从一个要件，即税务机关在行使上述两种权力时，必须向人民法院提出，其行使的范围以纳税人欠缴税款的数额为限。

5. 纳税人在欠税情形下的义务。

（1）欠税人以其财产设定抵押、质押时的说明义务。当欠税人以其财产设定抵押、质押时，有向抵押权人、质权人说明其欠税情况的义务。抵押权人、质权人有请求税务机关提供欠税人有关欠税情况的权利。税务机关应当对纳税人欠缴税款的情况定期予以公告。

随着各种经济行为的不断增加，各种融资业务不断涌现，许多纳税人财产大量地设置了抵押、质押，其中有些是在欠税的情况下用其财产进行抵押和质押的。在经济交往中，抵押权人、质权人可能因不了解纳税人存在欠税情况而增加交易风险。因此，当欠税人以其财产设定抵押、质押时，为了维护当事人合法权益和经济交易安全，法律要求其承担向抵押权人、质权人说明其欠税情况的义务，作为抵押权人和质权人，有权利通过自身调查、要求纳税人说明和请求税务机关提供等途径了解纳税人的资信情况。

欠税说明和定期公告的方式公示欠税情况有三大缺陷：其一，纳税人的欠税说明对抵押权人、质权人的保护非常有限。很难避免纳税人对欠税情况进行隐瞒，甚至弄虚作假或者变相欺诈抵押权人、质权人。其二，法律规定了税务机关定期欠税公告制度，但却缺乏相关程序性规定。欠税公告应在什么期间发布，由哪一级税务机关公告全然不知，使得第三人不知向哪个税务机关询问纳税人的欠税情况，也不知道自己的等待期限会有多长。真正弄清纳税人的欠税情况很难，即使可以查清，其成本会非常高。其三，税务机关未及时公告纳税人的欠税信息以及纳税人未告知欠税情况，立法没有明确相应的法律责任。这种公示制度徒有虚名，无任何实际意义。我们认为，法律不应向欠税人施加说明义务，而是应当由税务机关以定期公告的方式公示纳税人的欠税情况，并对欠税公告的税务机关、公告的时间、公告的形式、公告的场所、公告的具体内容、公告的效力以及税务机关不予公告、迟延公告或公告错误应承担的法律责任等作出明确的规定。

（2）纳税人合并、分立情形时的义务。纳税人有合并、分立情形的，应当向税务机关报告，并依法缴清税款。纳税人合并时未缴清税款的，应当由合并后的纳税人继续履行未履行的纳税义务；纳税人分立时未缴清税款的，分立后的纳税人对未履行的纳税义务应当承担连带责任。

企业或公司的改制重组是市场经济竞争优胜劣汰的现象，但许多纳税人假借改制重组以逃避纳税义务。如一些大中型国有企业在改制重组时，不缴纳所欠缴的税款，却已在市场监管机关办理了注销登记，并以改制重组后的新企业或新公司形式进行工商注册登记，实践中称为“脱壳”。由于税务机关对企业改制重组不知情，对原企业在法律上已无权向其征税，而改制重组后的企业又拒绝承担改制重组前企业所欠缴的税款，致使国家税款大量流失。因此，“税收征收管理法”对纳税人合并、分立情形时的义务予以上述规定。

（3）纳税人欠缴税款数额较大时的报告义务。欠缴税款数额较大的纳税人在处分其不动产或大额资产之前，负有向税务机关报告的义务。在税法实践活动中，有些欠缴税款的纳税人故意不缴纳其所欠缴的税款，待税务机关查核后准备采取措施时，或是人去楼空，或是将其不动产或大额资产处分掉，导致税款流失。因此，《税收征收管理法》对纳税人欠缴税款数额较大的情形增加了上述法律义务。该制度只作了原则性规定，对欠缴税款数额较大的纳税人的标准以及处分大额资产的数量等都未作具体规定，可操作性还有待于立法机关在上述几个方面予以细化。

四、税款退还与追征

（一）税款退还

税款的征收和缴纳是一项专业性很强的工作，在征纳的过程中，由于对税法理解有误、计算错误等原因，会导致多征或多纳情况，为了保护纳税人的利益，税收征收管理法律、法规规定了税款退还法律规范，具体为：

1. 纳税人超过应纳税款多纳的税款，税务机关发现后应当自发现之日起 10 日内办理退还手续。

2. 纳税人自结清税款之日起 3 年内发现多缴税款的，可以向税务机关要求退还多缴的税款并加算银行同期存款利息，税务机关应当自接到纳税人退还申请之日起 30 日内查实并办理退还手续。

3. 对于已经入库的多征多纳税款，退还程序必须依照国库管理规定，一般是由纳税人提出书面申请，并填写退税申请书，申述差错的原因和多缴税款的数额，同时提出原纳税凭证的号码、税款金额、缴库日期，报经上级税务机关审核批准后，向代理金库的银行办转账手续，将退税转入纳税人开户银行存款账户内。

（二）税款追征

纳税人和扣缴义务人在缴纳税款的过程中，由于各种原因，出现应缴未缴或少缴税款的情况，为了维护国家税收利益，《税收征收管理法》及其《实施细则》规定了税款的追征法律规范，具体为：

1. 因税务机关的责任，致使纳税人、扣缴义务人未缴或者少缴税款的，税务机关可以自应纳税款或结算之日起3年内要求纳税人、扣缴义务人补缴税款，但是不得加收滞纳金。

2. 因纳税人、扣缴义务人计算等失误，未缴或者少缴的，税务机关在3年内可以追征税款、滞纳金；有特殊情况的，即纳税人或者扣缴义务人因计算错误等失误，未缴或者少缴、未扣或少扣、未收或少收税款累计数额在10万元以上的，追征期可以延长到5年。

3. 对于欠税[1]、偷税、抗税、骗税的，税务机关追征其未缴或者少缴的税款、滞纳金或者所骗取的税款，不受期限的限制，这是国际上通行的做法。

■第四节　税务检查

一、税务检查的概念

税务检查是指税务机关依据税收法律、法规和财务会计制度等，对纳税人、扣缴义务人履行纳税义务和代扣代缴、代收代缴税款义务的情况进行核查和监督的活动。税务检查对于加强依法治税、保证国家财政收入具有重要的意义。

二、征纳主体及相关主体在税务检查中的权力（利）与义务

（一）税务机关在税务检查中的权力（利）与义务

税务机关在税务检查中的权力与义务在税收征收管理法律、法规中是融合

---

〔1〕《税收征收管理法》实施以来，一些纳税人对欠税追缴期限的理解出现歧义，认为欠缴的税款时间超过3年以上就可以逃避掉欠税；一些税务机关由于对税法的认识和理解有偏差，在追缴欠税过程中，特别是在清理追缴3年以上的陈欠税款问题上出现误差，没有对欠税进行无限期追缴，导致企业长时间欠缴的国家税款最终流失掉。于是，2005年8月16日，国家税务总局发布了《关于欠税追缴期限有关问题的批复》，规定税务机关要对欠税进行无限期追缴，任何单位和个人不得豁免。

在一起的，即法律、法规在赋予税务机关一项检查权的同时，对该项权力的行使又作了一定的限制，这种限制就构成其法定义务。因而，在此将税务机关在税务检查中的权力与义务作为一个问题进行阐述。

1. 检查纳税人的账簿、记账凭证、报表和有关资料，检查扣缴义务人代扣代缴、代收代缴税款账簿、记账凭证和有关资料。税务机关在进行该项检查时，可以在纳税人、扣缴义务人的业务场所进行此项检查；必要时，经县级以上税务局（分局）局长批准，可以将纳税人、扣缴义务人以前会计年度的账簿、记账凭证、报表和其他有关资料调回税务机关检查，但税务机关必须向纳税人、扣缴义务人开付清单，并在 3 个月内完整退还；有特殊情况的，经设区的市、自治州以上税务局局长批准，税务机关可以将纳税人、扣缴义务人当年的账簿、记账凭证、报表和其他有关资料调回检查，但税务机关必须在 30 日内退还。

2. 到纳税人的生产、经营场所和货物存放地检查纳税人应纳税的商品、货物或者其他财产，检查扣缴义务人与代扣代缴、代收代缴税款有关的经营情况。

3. 责成纳税人、扣缴义务人提供与纳税或者代扣代缴、代收代缴税款有关的文件、证明材料和有关资料。

4. 询问纳税人、扣缴义务人与纳税或者代扣代缴、代收代缴税款有关的问题和情况。

5. 到车站、码头、机场、邮政企业及其分支机构检查纳税人托运、邮寄应纳税商品、货物或者其他财产的有关单据、凭证和有关资料。

6. 经县级以上税务局（分局）局长批准，指定专人负责，凭全国统一格式的检查存款账户许可证明，查询从事生产、经营的纳税人、扣缴义务人在银行或者其他金融机构的存款账户。税务机关在调查税收违法案件时，经设区的市、自治州以上税务局（分局）局长批准，可以查询案件涉嫌人员的储蓄存款。税务机关查询所获得的资料，不得用于税收以外的用途，并且有责任为被检查人保守秘密。

7. 税务机关对从事生产、经营的纳税人以前纳税期的纳税情况依法进行税务检查时，纳税人有逃避纳税义务行为，并有明显的转移、隐匿其应纳税的商品、货物以及其他财产或应税收入的迹象的，可以根据法律所赋予的权限采取税收保全措施或强制执行措施。

8. 税务机关在进行税务检查时，有权向有关的单位和个人调查纳税人、扣缴义务人和其他当事人与纳税或代扣代缴、代收代缴税款有关的情况。这里“有关单位和个人”，是指与税务机关依法进行税务检查有密切关系的单位和个人。如工商行政管理、计划、物价、邮电、交通部门和金融机构，以及与被检查人有来往的第三方当事人。

9. 税务机关调查税务违法案件时，对与案件有关的情况和资料，可以记录、录音、录像、照相和复制。

10. 税务机关派出的人员进行税务检查时，应当出示税务检查证和税务检查通知书，并有责任为被检查人保守秘密。

（二）纳税人、扣缴义务人在税务检查中的权利与义务

关于纳税人、扣缴义务人在税务检查中的权利，笔者认为，上述关于税务机关在税务检查中的义务，即税收征收管理法律、法规对税务机关的限制性规定，就构成纳税人、扣缴义务人的权利，这是一个问题的两个方面。另外，纳税人、扣缴义务人有权要求税务人员出示税务检查证和税务检查通知书；税务人员没有税务检查证和税务检查通知书的，纳税人、扣缴义务人有权拒绝检查。

纳税人、扣缴义务人在税务检查中的义务，是必须接受税务机关依法进行的税务检查，如实反映情况，提供有关资料，不得拒绝、隐瞒。

（三）相关主体在税务检查中的权利与义务

税务机关在向相关主体调查纳税人、扣缴义务人纳税或代扣代缴、代收代缴税款情况时，相关主体有权要求税务人员出示税务检查证和税务检查通知书；税务人员没有税务检查证和税务检查通知书的，相关主体有权拒绝检查。相关主体在税务机关调查纳税人、扣缴义务人纳税或代扣代缴、代收代缴情况时，有义务向税务机关如实提供有关资料和证明材料。

三、税务稽查

（一）税务稽查的概念

税务稽查是税务机关的稽查部门依法对纳税人、扣缴义务人和其他涉税的当事人履行纳税义务、扣缴义务情况和涉税事项进行检查处理，以及围绕检查处理开展的其他相关工作，包括日常稽查、专项稽查和专案稽查。税务稽查的基本任务是依法查处税收违法行为，保障税收收入，维护税收秩序。税务稽查必须以事实为依据，以法律为准绳，坚持公平、公开、公正、效率原则，依靠人民群众，加强与有关部门、单位的联系与配合。

有些学者将税务检查与税务稽查混为一谈，因而，有必要弄清检查与稽查

的区别。“检查”是指为了发现问题而用心查看。[1]“稽查有两个含义：①检查走私、偷税、违禁等活动；②担任检查工作的人。”[2]从中可以看出，检查的外延更为广阔，它包含着稽查。依此推理，税务检查包含着税务稽查，所不同的是，税务检查针对所有纳税人、扣缴义务人的纳税或代扣、代收税款情况；税务稽查针对税务检查中存在问题的情况。

我国自1992年通过《税收征收管理法》之后，为了规范税务稽查的执法行为，各地税务机关将业已普遍建立的稽查大队组建为稽查局，以强化内部监督制约机制，并为外部监督制约疏通渠道。在立法方面，国家税务总局1995年12月1日印发了《税务稽查工作规程》（已失效），1998年印发了《税务违法案件举报管理办法》《税务违法案件举报奖励办法》和《税务违法案件公告办法》；2001年印发了《税务稽查业务公开制度（试行）》；2009年12月24对《税务稽查工作规程》修订后重新发布；2017年1月4日印发了《全国税务稽查规范（1.0版）》等。这一系列稽查规章制度，使我国的稽查执法行为规范化，也标志着我国开始建立、健全税务稽查制度。

（二）税务稽查机构及其职责

税务稽查由税务局稽查局依法实施。稽查局主要职责是依法对纳税人、扣缴义务人和其他涉税当事人履行纳税义务、扣缴义务情况及涉税事项进行检查处理，以及围绕检查处理开展的其他相关工作。

我国税务稽查组织机构体系可以分为：国家级稽查局；省、自治区、直辖市级稽查局；市（地）、县（市）级稽查局。在大城市或城区较大、交通不便的城市，市稽查局可以适当设立少数分支机构或派出机构。上级稽查局对下级稽查局的稽查业务进行管理、指导、考核和监督，对执法办案进行指挥和协调。

稽查局内设选案、检查、审理和执行四个机构，分别实施选案、检查、审理、执行工作。国家税务总局稽查局和省、自治区、直辖市稽查局以系统业务管理为主兼具直接办案职能；省以下稽查局以实施稽查、办案为主兼具系统业务管理职能。稽查局在主管税务局直接领导下进行工作，贯彻落实同级税务局和上级税务局的工作部署。上级税务局有权监督检查下级税务局的稽查工作。

（三）税务稽查的管辖

稽查局在所属税务局的征收管理范围内实施税务稽查。上述规定以外的税

---

〔1〕 中国社会科学院语言研究所词典编辑室编：《现代汉语词典》，商务印书馆1980年版，第541页。
〔2〕 中国社会科学院语言研究所词典编辑室编：《现代汉语词典》，商务印书馆1980年版，第513页。

收违法行为，由违法行为发生地或者发现地的稽查局查处。税收法律、行政法规和国家税务总局对税务稽查管辖另有规定的，从其规定。

税务稽查管辖有争议的，由争议各方本着有利于案件查处的原则逐级协商解决；不能协商一致的，报请共同的上级税务机关协调或者决定。上级稽查局可以根据税收违法案件性质、复杂程度、查处难度以及社会影响等情况，组织查处或者直接查处管辖区域内发生的税收违法案件。下级稽查局查处有困难的重大税收违法案件，可以报请上级稽查局查处。

（四）税务稽查程序

根据《税务稽查工作规程》等行政规章制度的规定，我国税务稽查程序包括制定税务稽查计划；税务稽查对象的确定与立案；税务稽查的实施；税务稽查的审理和税务处理决定的执行五个步骤。

1. 制订税务稽查计划。制订税务稽查计划是税务稽查的首要步骤。稽查局必须有计划地实施稽查，严格控制对纳税人、扣缴义务人的税务检查次数。稽查局应当在年度终了前制订下一年度的稽查工作计划，经所属税务局领导批准后实施，并报上一级稽查局备案。年度稽查工作计划中的税收专项检查内容，应当根据上级税务机关税收专项检查安排，结合工作实际确定。经所属税务局领导批准，年度稽查工作计划可以适当调整。

2. 税务稽查对象的确定与立案。稽查局通过多种渠道获取案源信息，集体研究，合理、准确地选择和确定稽查对象。稽查对象的确定一般采用下列方法：通过电子计算机选案分析系统筛选；根据稽查计划，按照征管户数的一定比例筛选或者随机抽样选择；根据公民举报、有关部门转办、上级交办、情报交换资料确定。通过上述方式确定稽查对象，既能全面了解纳税人、扣缴义务人履行税法义务的情况，又能突出重点，及时查处大案要案。

选案部门应当建立案源信息档案，对所获取的案源信息实行分类管理。选案部门对案源信息采取计算机分析、人工分析、人机结合分析等方法进行筛选，发现有税收违法嫌疑的，应当确定为待查对象。待查对象确定后，选案部门填制《税务稽查立案审批表》，附有关资料，经稽查局局长批准后立案检查。

税务局相关部门移交的税收违法信息，稽查局经筛选未立案检查的，应当及时告知移交信息的部门；移交信息的部门仍然认为需要立案检查的，经所属税务局领导批准后，由稽查局立案检查。对上级税务机关指定和税收专项检查安排的检查对象，应当立案检查。经批准立案检查的，由选案部门制作《税务稽查任务通知书》，连同有关资料一并移交检查部门。选案部门应当建立案件管理台账，跟踪案件查处进展情况，并及时报告稽查局局长。

3. 税务稽查的实施。检查部门接到《税务稽查任务通知书》后，应当及时安排人员实施检查。检查人员实施检查前，应当查阅被查对象纳税档案，了解被查对象的生产经营情况、所属行业特点、财务会计制度、财务会计处理办法和会计核算软件，熟悉相关税收政策，确定相应的检查方法。检查前，应当告知被查对象检查时间、需要准备的资料等，但预先通知有碍检查的除外。检查应当由两名以上检查人员共同实施，并向被查对象出示税务检查证和《税务检查通知书》。检查应当自实施检查之日起 60 日内完成；确需延长检查时间的，应当经稽查局局长批准。

实施检查时，依照法定权限和程序，可以采取实地检查、调取账簿资料、询问、查询存款账户或者储蓄存款、异地协查等方法。对采用电子信息系统进行管理和核算的被查对象，可以要求其打开该电子信息系统，或者提供与原始电子数据、电子信息系统技术资料一致的复制件。被查对象拒不打开或者拒不提供的，经稽查局局长批准，可以采用适当的技术手段对该电子信息系统进行直接检查，或者提取、复制电子数据进行检查，但所采用的技术手段不得破坏该电子信息系统原始电子数据，或者影响该电子信息系统正常运行。实施检查时，应当依照法定权限和程序，收集能够证明案件事实的证据材料。收集的证据材料应当真实，并与所证明的事项相关联。调查取证时，不得违反法定程序收集证据材料；不得以偷拍、偷录、窃听等手段获取侵害他人合法权益的证据材料；不得以利诱、欺诈、胁迫、暴力等不正当手段获取证据材料。

检查从事生产、经营的纳税人以前纳税期的纳税情况时，发现纳税人有逃避纳税义务行为，并有明显的转移、隐匿其应纳税的商品、货物以及其他财产或者应纳税收入迹象的，经所属税务局局长批准，可以依法采取税收保全措施。采取税收保全措施的期限一般不得超过 6 个月；查处重大税收违法案件，需要延长税收保全期限的，应当逐级报请国家税务总局批准。

检查过程中，检查人员应当制作《税务稽查工作底稿》，记录案件事实，归集相关证据材料，并签字、注明日期。检查结束前，检查人员可以将发现的税收违法事实和依据告知被查对象；必要时，可以向被查对象发出《税务事项通知书》，要求其在限期内书面说明，并提供有关资料；被查对象口头说明的，检查人员应当制作笔录，由当事人签章。

检查结束时，应当根据《税务稽查工作底稿》及有关资料，制作《税务稽查报告》，由检查部门负责人审核。经检查发现有税收违法事实的，《税务稽查报告》应当包括以下主要内容：案件来源；被查对象基本情况；检查时间和检查所属期间；检查方式、方法以及检查过程中采取的措施；查明的税收违法事实及性质、手段；被查对象是否有拒绝、阻挠检查的情形；被查对象对调查事实的意见；税务处理、处罚建议及依据；其他应当说明的事项；检查人员签名和报告时间。经检查没有发现税收违法事实的，应当在《税务稽查报告》中说明检查内容、过程、事实情况。

检查完毕，检查部门应当将《税务稽查报告》《税务稽查工作底稿》及相关证据材料，在5个工作日内移交审理部门审理，并办理交接手续。

4. 税务稽查的审理。审理部门接到检查部门移交的《税务稽查报告》及有关资料后，应当及时安排人员进行审理。审理人员应当依据法律、行政法规、规章及其他规范性文件，对检查部门移交的《税务稽查报告》及相关材料进行逐项审核，提出书面审理意见，由审理部门负责人审核。案情复杂的，稽查局应当集体审理；案情重大的，稽查局应当依照国家税务总局有关规定报请所属税务局集体审理。

《税务稽查报告》认定的税收违法事实清楚、证据充分，但适用法律、行政法规、规章及其他规范性文件错误，或者提出的税务处理、处罚建议错误或者不当的，审理部门应当另行提出税务处理、处罚意见。审理部门接到检查部门移交的《税务稽查报告》及有关资料后，应当在15日内提出审理意见。但下列时间不计算在内：①检查人员补充调查的时间；②向上级机关请示或者向相关部门征询政策问题的时间。案情复杂确需延长审理时限的，经稽查局局长批准，可以适当延长。

审理完毕，审理人员应当制作《税务稽查审理报告》，由审理部门负责人审核。《税务稽查审理报告》应当包括以下主要内容：审理基本情况；检查人员查明的事实及相关证据；被查对象或者其他涉税当事人的陈述、申辩情况；经审理认定的事实及相关证据；税务处理、处罚意见及依据；审理人员、审理日期。

审理部门区分下列情形分别作出处理：①认为有税收违法行为，应当进行税务处理的，拟制《税务处理决定书》；②认为有税收违法行为，应当进行税务行政处罚的，拟制《税务行政处罚决定书》；③认为税收违法行为轻微，依法可以不予税务行政处罚的，拟制《不予税务行政处罚决定书》；④认为没有税收违法行为的，拟制《税务稽查结论》。

《税务处理决定书》应当包括以下主要内容：被查对象姓名或者名称及地址；检查范围和内容；税收违法事实及所属期间；处理决定及依据；税款金额、

缴纳期限及地点；税款滞纳时间、滞纳金计算方法、缴纳期限及地点；告知被查对象不按期履行处理决定应当承担的责任；申请行政复议或者提起行政诉讼的途径和期限；处理决定的文号、制作日期、税务机关名称及印章。

《税务行政处罚决定书》应当包括以下主要内容：被查对象或者其他涉税当事人姓名或者名称及地址；检查范围和内容；税收违法事实及所属期间；行政处罚种类和依据；行政处罚履行方式、期限和地点；告知当事人不按期履行行政处罚决定应当承担的责任；申请行政复议或者提起行政诉讼的途径和期限；行政处罚决定的文号、制作日期、税务机关名称及印章。

《不予税务行政处罚决定书》应当包括以下主要内容：被查对象或者其他涉税当事人姓名或者名称及地址；检查范围和内容；税收违法事实及所属期间；不予税务行政处罚的理由及依据；申请行政复议或者提起行政诉讼的途径和期限；不予行政处罚决定的文号、制作日期、税务机关名称及印章。

《税务稽查结论》应当包括以下主要内容：被查对象姓名或者名称及地址；检查范围和内容；检查时间和检查所属期间；检查结论；结论的文号、制作日期、税务机关名称及印章。

《税务处理决定书》《税务行政处罚决定书》《不予税务行政处罚决定书》《税务稽查结论》经稽查局局长或者所属税务局领导批准后由执行部门送达执行。

税收违法行为涉嫌犯罪的，填制《涉嫌犯罪案件移送书》，经所属税务局局长批准后，依法移送公安机关。

5. 税务处理决定的执行。执行部门接到《税务处理决定书》《税务行政处罚决定书》《不予税务行政处罚决定书》《税务稽查结论》等税务文书后，应当依法及时将税务文书送达被执行人。执行部门在送达相关税务文书时，应当及时通过税收征管信息系统将税收违法案件查处情况通报税源管理部门。被执行人未按照《税务处理决定书》确定的期限缴纳或者解缴税款的，稽查局经所属税务局局长批准，可以依法采取强制执行措施，或者依法申请人民法院强制执行。经稽查局确认的纳税担保人未按照确定的期限缴纳所担保的税款、滞纳金的，责令其限期缴纳；逾期仍未缴纳的，经所属税务局局长批准，可以依法采取强制执行措施。被执行人对《税务行政处罚决定书》确定的行政处罚事项，逾期不申请行政复议也不向人民法院起诉、又不履行的，稽查局经所属税务局局长批准，可以依法采取强制执行措施，或者依法申请人民法院强制执行。

被执行人在限期内缴清税款、滞纳金、罚款或者稽查局依法采取强制执行措施追缴税款、滞纳金、罚款后，执行部门应当制作《税务稽查执行报告》，记明执行过程、结果、采取的执行措施以及使用的税务文书等内容，由执行人员签名并注明日期，连同执行环节的其他税务文书、资料一并移交审理部门整理归档。

执行过程中发现涉嫌犯罪的，执行部门应当及时将执行情况通知审理部门，并提出向公安机关移送的建议。对执行部门的移送建议，审理部门负责填制《涉嫌犯罪案件移送书》，经所属税务局局长批准后，依法移送公安机关。

■第五节　法律责任

"税收征收管理法"的法律责任，是指征纳税主体及相关主体违反现行"税收征收管理法"应当承担的法律后果。"税收征收管理法"的法律责任可以分为行政责任和刑事责任。行政责任，是指违反税收征收管理法律、法规但未构成犯罪而应承担的法律后果。行政责任包括行政处罚和行政处分。刑事责任，是指违反税收征收管理法律法规构成犯罪而应承担的法律后果。刑事责任主要包括罚金、拘役、有期徒刑、无期徒刑等。鉴于税收征收管理法律责任内容繁多，为读者阅读方便，本书按不同主体所涉及的违反税收征收管理法律法规的行为及其法律责任进行阐述。由于发票管理具有相对独立性，发票违法行为还具有普遍性，本节将发票违法行为及其法律责任单列。

一、纳税人、扣缴义务人违反《税收征收管理法》的行为及其法律责任

（一）违反税务管理的法律责任

违反税务管理的法律责任，是指纳税人、扣缴义务人违反税务登记、账簿凭证管理和纳税申报方面规定应当承担的法律责任。违反税务管理的行为及其法律责任如下：

1. 未按规定期限申报办理税务登记、变更或注销登记的；未按照规定设置、保管账簿或保管记账凭证和有关资料的；未按照规定将财务、会计制度或财务、会计处理办法和会计核算软件报送税务机关备查的；未按照规定将其全部银行账号向税务机关报告的；未按照规定安装、使用税控装置，或者损毁或者擅自改动税控装置的。按照税收征收管理法律、法规的规定，纳税人有上述行为之一的，由税务机关责令限期改正，可处以 2000 元以下的罚款；情节严重的，处以 2000 元以上 10 000 元以下的罚款。

扣缴义务人未按规定设置、保管代扣代缴、代收代缴税款账簿或未按规定保管代扣代缴、代收代缴税款记账凭证和有关资料的，由税务机关责令限期改正，可以处以 2000 元以下的罚款；情节严重的，处以 2000 元以上 5000 元以下的罚款。

2. 纳税人未按规定期限办理纳税申报和报送纳税资料的，或者扣缴义务人未按规定期限向税务机关报送代扣代缴、代收代缴税款报告表和有关资料的，由税务机关责令限期改正，可处以 2000 元以下的罚款；情节严重的，处以 2000 元以上 10 000 元以下的罚款。

纳税人不进行纳税申报，不缴或者少缴应纳税款的，由税务机关追缴其不缴或者少缴的税款、滞纳金，并处不缴或者少缴税款 50% 以上 5 倍以下的罚款。

（二）逃避缴纳税款及其法律责任

1. 逃避缴纳税款（以下简称逃税）的概念。逃税是指纳税人采取欺骗、隐瞒手段进行虚假纳税申报或者不申报的行为，或者扣缴义务人采取欺骗、隐瞒手段，不缴或者少缴已扣、已收税款的行为。

2. 逃税的行政责任。纳税人伪造、变造、隐匿、擅自销毁账簿、记账凭证，或者在账簿上多列支出或者不列、少列收入，或者经税务机关通知申报而拒不申报或者进行虚假的纳税申报，不缴或者少缴应纳税款的，由税务机关追缴其不缴或者少缴的税款、滞纳金，并处不缴或者少缴的税款 50% 以上 5 倍以下的罚款。

扣缴义务人采取上述手段，不缴或者少缴已扣、已收税款，由税务机关追缴其不缴或者少缴的税款、滞纳金，并处不缴或者少缴的税款 50% 以上 5 倍以下的罚款。

3. 逃税的刑事责任。逃税构成犯罪的，依法追究刑事责任。根据现行《刑法》规定，逃税的刑事责任为：

（1）纳税人采取欺骗、隐瞒手段进行虚假纳税申报或者不申报，逃避缴纳税款数额较大并且占应纳税额 10% 以上的，处 3 年以下有期徒刑或者拘役，并处罚金；数额巨大并且占应纳税额 30% 以上的，处 3 年以上 7 年以下有期徒刑，并处罚金。

（2）扣缴义务人逃税的法律责任。扣缴义务人采取上述所列手段，不缴或者少缴已扣、已收税款，数额较大的，依照上述的规定处罚。

（3）对纳税人、扣缴义务人多次实施逃税行为，未经处理的，按照累计数额计算。纳税人逃税，经税务机关依法下达追缴通知后，补缴应纳税款，缴纳滞纳金，已受过行政处罚的，不予追究刑事责任；但是，5 年内因逃避缴纳税款受过刑事处罚或者被税务机关给予 2 次以上行政处罚的除外。

4. 单位逃税并构成犯罪的，对单位判处罚金，并对其直接负责的主管人员和其他直接责任人员，根据个人犯此罪的处罚规定予以处罚。

（三）骗取国家出口退税及其法律责任

1. 骗取国家出口退税的概念。骗取国家出口退税，是指以假报出口或者其他欺骗手段骗取国家出口退税款的行为。

2. 骗取国家出口退税的法律责任。骗取国家出口退税款的，由税务机关追缴其骗取的税款，并处骗取税款 1 倍以上 5 倍以下的罚款；构成犯罪的，依据《刑法》，追究刑事责任，具体为：①数额较大的，处 5 年以下有期徒刑或者拘役，并处骗取税款 1 倍以上 5 倍以下罚金；②数额巨大或者有其他严重情节的，处 5 年以上 10 年以下有期徒刑，并处骗取税款 1 倍以上 5 倍以下罚金；③数额特别巨大或者有其他特别严重情节的，处 10 年以上有期徒刑或者无期徒刑，并处骗取税款 1 倍以上 5 倍以下的罚金或者没收财产。对骗取国家出口退税款的，税务机关可以在规定期间内停止为其办理出口退税

3. 纳税人缴纳税款后，以假报出口或者其他欺骗手段，骗取所缴纳的税款构成犯罪的，按照“逃税罪”论处；骗取税款超过所缴纳的税款部分，对超过的部分以“骗取出口退税罪”论处。

4. 单位骗取国家出口退税并构成犯罪的，对单位判处罚金，并对其直接负责的主管人员和其他直接责任人员，根据个人犯此罪规定的处罚予以处罚。

（四）抗税及其法律责任

1. 抗税的概念。抗税是指纳税人、扣缴义务人以暴力、威胁方法拒不缴纳税款的行为。

2. 抗税的法律责任。纳税人、扣缴义务人抗税情节轻微未构成犯罪的，由税务机关追缴其拒缴的税款、滞纳金，并处拒缴纳税款 1 倍以上 5 倍以下的罚款。抗税构成犯罪的，除了由税务机关追缴其拒缴的税款、滞纳金外，依据《刑法》第 202 条规定，具体处罚如下：处 3 年以下有期徒刑或拘役，并处拒缴税款 1 倍以上 5 倍以下的罚金；情节严重的，处 3 年以上 7 年以下有期徒刑，并处拒缴税款 1 倍以上 5 倍以下的罚金。

（五）逃避追缴欠税及其法律责任

1. 逃避追缴欠税的概念。逃避追缴欠税是指纳税人欠缴应纳税款，采取转移或者隐匿财产的手段，妨碍税务机关追缴欠缴的税款的行为。这里的“转移

财产”，是指纳税人为逃避税务机关追查和控制，而改变财产的存放场所。“隐匿财产”，是指纳税人为了逃避税务机关的追查和控制，而将财产隐蔽和隐藏起来。

2. 逃避追缴欠税的法律责任。纳税人逃避追缴欠税未构成犯罪的，由税务机关追缴欠缴的税款、滞纳金，并处欠缴税款 50% 以上 5 倍以下的罚款。构成犯罪的，具体规定如下：逃避追缴欠缴税款数额 1 万元以上不满 10 万元的，处 3 年以下有期徒刑或拘役，并处或单处欠缴税款 1 倍以上 5 倍以下的罚金；逃避追缴欠缴税款数额在 10 万元以上的，处 3 年以上 7 年以下有期徒刑，并处欠缴税款 1 倍以上 5 倍以下的罚金。

3. 单位逃避追缴欠税并构成犯罪的，对单位判处罚金，并对其直接负责的主管人员和其他直接责任人员，根据个人犯此罪处罚规定予以处罚。

（六）拖欠税款及其法律责任

从事生产、经营的纳税人、扣缴义务人在规定的期限内不缴或少缴应纳或解缴的税款，经税务机关责令限期缴纳，逾期仍未缴纳的，税务机关除了依法对其采取税收强制执行措施外，可以处不缴或少缴税款 50% 以上 5 倍以下的罚款。

（七）阻挠税务机关检查及其法律责任

纳税人、扣缴义务人有下列行为之一的，由税务机关责令改正，可以处 1 万元以下的罚款；情节严重的，处 1 万元以上 5 万元以下的罚款：

1. 逃避、拒绝或者以其他方式阻挠税务机关检查的；
2. 提供虚假资料，不如实反映情况，或者拒绝提供有关资料的；
3. 拒绝或者阻止税务记录、照相和复制与案件有关的情况和资料的；
4. 在检查期间，纳税人、扣缴义务人转移、隐匿、销毁有关资料的；
5. 有不依法接受税务机关检查的其他情形的。

（八）有违法行为，拒不接受税务机关处理及其法律责任

从事生产、经营的纳税人、扣缴义务人有税收征收管理法所规定的税收违法行为，拒不接受税务机关处理的，税务机关可以收缴其发票或者停止向其发售发票。

（九）扣缴义务人应扣未扣、应收而不收税款的行为及其法律责任

扣缴义务人应扣未扣、应收而不收税款的，由税务机关向纳税人追缴税款，对扣缴义务人处应扣未扣、应收未收税款 50% 以上 3 倍以下的罚款。

二、税务行政主体违反《税收征收管理法》的行为及其法律责任

（一）渎职行为的法律责任

1. 税务人员徇私舞弊，对依法应当移交司法机关追究刑事责任的不移交，情节严重的，依法追究刑事责任。

2. 税务人员发售发票、抵扣税款、出口退税工作中玩忽职守，致使国家利益遭受重大损失的，处5年以下有期徒刑或拘役；致使国家利益遭受特别重大损失的，处5年以上有期徒刑。

3. 税务人员利用职务上的便利，收受或者索取纳税人、扣缴义务人财物或者谋取其他不正当利益，构成犯罪的，依法追究刑事责任；尚不构成犯罪的，依法给予行政处分。

4. 税务人员徇私舞弊或者玩忽职守，不征或者少征应纳税款，致使国家税收遭受重大损失，构成犯罪的，依法追究刑事责任；尚不构成犯罪的，依法给予行政处分。

5. 税务人员滥用职权，故意刁难纳税人、扣缴义务人的，调离税收工作岗位，并依法给予行政处分。

6. 税务人员对控告、检举税收违法违纪行为的纳税人、扣缴义务人以及其他检举人进行打击报复的，依法给予行政处分；构成犯罪的，依法追究刑事责任。

7. 违反法律、行政法规的规定提前征收、延缓征收或者摊派税款的，由其上级机关或者行政监察机关责令改正，对直接负责的主管人员和其他直接责任人员依法给予行政处分。

8. 违反法律、行政法规的规定，擅自作出税收的开征、停征或者减税、免税、退税、补税以及其他同税收法律、行政法规相抵触的决定的，除依照《税收征收管理法》规定撤销其擅自作出的决定外，补征应征未征税款，退还不应征收而征收的税款，并由上级机关追究直接负责的主管人员和其他直接责任人员的行政责任；构成犯罪的，依法追究刑事责任。

（二）其他违法行为的法律责任

1. 税务人员与纳税人、扣缴义务人勾结，唆使或者协助纳税人、扣缴义务人实施偷税、逃避追缴欠税、骗取国家出口退税及抗税的行为，构成犯罪的，依法追究刑事责任；尚不构成犯罪的，依法给予行政处分。

2. 税务机关、税务人员查封、扣押纳税人个人及其所抚养家属维持生活必需的住房和用品的，责令退还，依法给予行政处分；构成犯罪的，依法追究刑事责任。

3. 税务人员私分扣押、查封的商品、货物或者其他财产，情节严重，构成犯罪的，依法追究刑事责任；尚不构成犯罪的，依法给予行政处分。

4. 税务人员在征收税款或者查处税收违法案件时，未按照《税收征收管理法》规定进行回避的，对直接负责的主管人员和其他直接责任人员，依法给予行政处分。

5. 未按照《税收征收管理法》规定为纳税人、扣缴义务人、检举人保密的，对直接负责的主管人员和其他直接责任人员，由所在单位或者有关单位依法给予行政处分。

三、其他主体违反《税收征收管理法》的行为及其法律责任

（一）非法提供银行账户、发票、证明或者其他方便，导致未缴、少缴税款或骗取国家出口退税款的法律责任

为纳税人、扣缴义务人非法提供银行账户、发票、证明或者其他方便，导致未缴、少缴税款或骗取国家出口退税款的，税务机关除没收违法所得外，可以处未缴、少缴或者骗取的税款1倍以下的罚款。

（二）拒绝配合税务检查的行为及其法律责任

纳税人、扣缴义务人的开户银行或者其他金融机构拒绝接受税务机关依法检查纳税人、扣缴义务人存款账户，或者拒绝执行税务机关作出冻结存款或者扣缴税款的决定，或者在接到税务机关的书面通知后帮助纳税人、扣缴义务人转移存款，造成税款流失的，处10万元以上50万元以下的罚款，对直接负责的主管人员和其他直接责任人员处1000元以上1万元以下的罚款。

税务机关到车站、码头、机场、邮政企业及其分支机构检查纳税人有关情况时，有关单位拒绝的，由税务机关责令改正，可以处1万元以下的罚款；情节严重的，处1万元以上5万元以下的罚款。

（三）税务代理人违法造成未缴少缴税款的行为及其法律责任

税务代理人违反税收法律、行政法规，造成纳税人未缴或者少缴税款的，除由纳税人缴纳或者补缴应纳税款、滞纳金外，对税务代理人处纳税人未缴或者少缴税款50%以上3倍以下的罚款。

四、发票违法行为及其法律责任

（一）发票违法行为及其法律责任

根据《税收征收管理法》及其《实施细则》，以及《发票管理办法》的规

定，发票违法行为及其法律责任具体包括以下方面：

1. 有下列违反《发票管理办法》行为之一的单位和个人，由税务机关责令改正，可以处1万元以下的罚款；有违法所得的，予以没收。违反《发票管理办法》行为包括：应当开具而未开具发票，或者未按照规定的时限、顺序、栏目，全部联次一次性开具发票，或者未加盖发票专用章的；使用税控装置开具发票，未按期向主管税务机关报送开具发票的数据的；使用非税控电子器具开具发票，未将非税控电子器具使用的软件程序说明资料报主管税务机关备案，或者未按照规定保存、报送开具发票的数据的；拆本使用发票的；扩大发票使用范围的；以其他凭证代替发票使用的；跨规定区域开具发票的；未按照规定缴销发票的；未按照规定存放和保管发票的。

2. 跨规定的使用区域携带、邮寄、运输空白发票，以及携带、邮寄或者运输空白发票出入境的；丢失发票或者擅自损毁发票的，由税务机关责令改正，可以处1万元以下的罚款；情节严重的，处1万元以上3万元以下的罚款；有违法所得的，予以没收。

3. 违反规定虚开发票的；非法代开发票的，由税务机关没收违法所得；虚开金额、非法代开金额在1万元以下的，可以并处5万元以下的罚款；虚开金额、非法代开金额超过1万元的，并处5万元以上50万元以下的罚款；构成犯罪的，依法追究刑事责任。

4. 私自印制、伪造、变造发票，非法制造发票防伪专用品，伪造发票监制章的，由税务机关没收违法所得，没收、销毁作案工具和非法物品，并处1万元以上5万元以下的罚款；情节严重的，并处5万元以上50万元以下的罚款；构成犯罪的，依法追究刑事责任。

5. 转借、转让、介绍他人转让发票、发票监制章和发票防伪专用品的；知道或者应当知道是私自印制、伪造、变造、非法取得或者废止的发票而受让、开具、存放、携带、邮寄、运输的，由税务机关处1万元以上5万元以下的罚款；情节严重的，处5万元以上50万元以下的罚款；有违法所得的予以没收。

6. 违反发票管理法规，导致其他单位或者个人未缴、少缴或者骗取税款的，税务机关没收其非法所得，可以并处未缴、少缴或骗取的税款1倍以下的罚款。

7. 税务人员利用职权之便，故意刁难印制、使用发票的单位和个人，或者有违反发票管理法规行为的，依照国家有关规定给予处分；构成犯罪的，依法追究刑事责任。

（二）发票违法犯罪的刑事责任

1. 虚开发票行为的刑事责任。

（1）虚开增值税专用发票或者虚开用于骗取出口退税、抵扣税款的其他发票的刑事责任。虚开增值税专用发票或者虚开用于骗取出口退税、抵扣税款的其他发票，是指有为他人虚开、为自己虚开、让他人为自己虚开、介绍他人虚开发票的行为。虚开增值税专用发票或者虚开用于骗取出口退税、抵扣税款的其他发票的，处3年以下有期徒刑或者拘役，并处2万元以上20万元以下罚金；虚开的税款数额较大或者有其他严重情节的，处3年以上10年以下有期徒刑，并处5万元以上50万元以下罚金；虚开的税款数额巨大或者有其他特别严重情节的，处10年以上有期徒刑或者无期徒刑，并处5万元以上50万元以下罚金或者没收财产。单位犯此罪的，对单位判处罚金，并对其直接负责的主管人员和其他直接责任人员，按照个人犯此罪规定的处罚予以处罚。

（2）虚开用于骗取出口退税、抵扣税款以外的其他发票的刑事责任。虚开用于骗取出口退税、抵扣税款以外的其他发票，情节严重的，处2年以下有期徒刑、拘役或者管制，并处罚金；情节特别严重的，处2年以上7年以下有期徒刑，并处罚金。单位犯此罪的，对单位判处罚金，并对其直接负责的主管人员和其他直接责任人员，依照个人犯此罪规定的处罚予以处罚。

2. 伪造或者出售伪造的增值税专用发票的刑事责任。伪造或者出售伪造的增值税专用发票的，处3年以下有期徒刑、拘役或者管制，并处2万元以上20万元以下罚金；数量较大或者有其他严重情节的，处3年以上10年以下有期徒刑，并处5万元以上50万元以下罚金；数量巨大或者有其他特别严重情节的，处10年以上有期徒刑或者无期徒刑，并处5万元以上50万元以下罚金或者没收财产。

单位犯此罪的，对单位判处罚金，并对其直接负责的主管人员和其他直接责任人员，按照个人犯此罪的处罚规定予以处罚。

3. 非法出售增值税专用发票的刑事责任。非法出售增值税专用发票的，处3年以下有期徒刑、拘役或者管制，并处2万元以上20万元以下罚金；数量较大的，处3年以上10年以下有期徒刑，并处5万元以上50万元以下罚金；数量巨大的，处10年以上有期徒刑或者无期徒刑，并处5万元以上50万元以下罚金或者没收财产。

单位犯此罪的，对单位判处罚金，并对其直接负责的主管人员和其他直接责任人员，按照个人犯此罪的处罚规定予以处罚。

4. 非法购买增值税专用发票或者购买伪造的增值税专用发票、非法购买增值税专用发票或者购买伪造的增值税专用发票又虚开或者出售的刑事责任。

（1）非法购买增值税专用发票或者购买伪造的增值税专用发票的，处 5 年以下有期徒刑或者拘役，并处或者单处 2 万元以上 20 万元以下罚金。

（2）非法购买增值税专用发票或者购买伪造的增值税专用发票又虚开或者出售的刑事责任，分别依照虚开增值税专用发票或者虚开用于骗取出口退税、抵扣税款的其他发票的法律责任、伪造或者出售伪造的增值税专用发票的法律责任、非法出售增值税专用发票罪的刑事责任予以处罚。

单位有上述两种犯罪行为的，对单位判处罚金，并对其直接负责的主管人员和其他直接责任人员，按照个人有相同犯罪行为时的处罚规定予以处罚。

5. 伪造、擅自制造或者出售伪造、擅自制造用于骗取出口退税、抵扣税款的其他发票，伪造、擅自制造或者出售伪造、擅自制造非用于骗取出口退税、抵扣税款的其他发票的，非法出售用于骗取出口退税、抵扣税款其他发票的，以及非法出售其他发票的刑事责任。

（1）伪造、擅自制造或者出售伪造、擅自制造用于骗取出口退税、抵扣税款的其他发票的，处 3 年以下有期徒刑、拘役或者管制，并处 2 万元以上 20 万元以下罚金；数量巨大的，处 3 年以上 7 年以下有期徒刑，并处 5 万元以上 50 万元以下罚金；数量特别巨大的，处 7 年以上有期徒刑，并处 5 万元以上 50 万元以下罚金或者没收财产。

（2）伪造、擅自制造或者出售伪造、擅自制造的除了用于骗取出口退税、抵扣税款以外的其他发票的，处 2 年以下有期徒刑、拘役或者管制，并处或者单处 1 万元以上 5 万元以下罚金；情节严重的，处 2 年以上 7 年以下有期徒刑，并处 5 万元以上 50 万元以下罚金。

（3）非法出售用于骗取出口退税、抵扣税款的其他发票的，依照伪造、擅自制造或者出售伪造、擅自制造用于骗取出口退税、抵扣税款的其他发票方面的处罚规定予以处罚。

（4）非法出售除了用于骗取出口退税、抵扣税款以外的其他发票的，依照伪造、擅自制造或者出售伪造、擅自制造的除了用于骗取出口退税、抵扣税款以外的其他发票方面的处罚规定予以处罚。

单位有以上四种犯罪行为的，对单位判处罚金，并对其直接负责的主管人员和其他直接责任人员，按照个人有相同犯罪行为时的处罚规定予以处罚。

6. 盗窃、使用欺骗手段骗取增值税专用发票或者可以用于骗取出口退税、抵扣税款的其他发票的刑事责任。

（1）盗窃增值税专用发票或者可以用于骗取出口退税、抵扣税款的其他发票的，依照《刑法》第 264 条的规定予以处罚。即盗窃公私财物，数额较大的，或者多次盗窃、入户盗窃、携带凶器盗窃、扒窃的，处 3 年以下有期徒刑、拘役或者管制，并处或者单处罚金；数额巨大或者有其他严重情节的，处 3 年以上 10 年以下有期徒刑，并处罚金；数额特别巨大或者有其他特别严重情节的，处 10 年以上有期徒刑或者无期徒刑，并处罚金或者没收财产。

（2）使用欺骗手段骗取增值税专用发票或者可以用于骗取出口退税、抵扣税款的其他发票的，依照《刑法》第 266 条的规定予以处罚。即诈骗公私财物，数额较大的，处 3 年以下有期徒刑、拘役或者管制，并处或者单处罚金；数额巨大或者有其他严重情节的，处 3 年以上 10 年以下有期徒刑，并处罚金；数额特别巨大或者有其他特别严重情节的，处 10 年以上有期徒刑或者无期徒刑，并处罚金或者没收财产。但《刑法》另有规定的除外。

7. 明知是伪造的发票而持有的刑事责任。明知是伪造的发票而持有，数量较大的，处 2 年以下有期徒刑、拘役或者管制，并处罚金；数量巨大的，处 2 年以上 7 年以下有期徒刑，并处罚金。

单位犯此罪的，对单位判处罚金，并对其直接负责的主管人员和其他直接责任人员，依照个人有相同犯罪行为时的处罚规定予以处罚。

【思考与应用】

1. 我国在纳税人权利保护上存在哪些问题，应当如何完善？
2. 税收法治视阈下对《税收征收管理法》的修订进行思考。
3. 税控装置能否真正解决逃税？
4. 如何使我国的账簿、凭证管理制度在立法环节、执法环节得以改善？
5. 如何完善发票管理制度？
6. 考察我国税款征收方式在实践中的运用情况。
7. 讨论假发票是否存在“善意取得”。
8. 讨论倒卖假发票为何难以定罪。
9. 调查我国关联企业之间转让定价问题在税法理论和实践中的情况。
10. 考察税收保全措施的由来及其在实践中的应用情况。
11. 用你身边的例子说明并分析税收强制执行措施。
12. 什么是税收优先权？税收优先权的理论依据是什么？

13. 什么是税收代位权与撤销权？税收代位权与撤销权的理论依据是什么？
14. 税款的退还和追征背后的理论支撑是什么？
15. 如何完善我国的税务检查制度？
16. 从泛美卫星公司涉税案了解税务稽查局的职能。
17. 德发税案引发了哪些法律问题，对这些问题进行深入思考。

第十一章

税收救济法

在本章你将——

- 掌握税收救济法的概念
- 了解税收救济的法律途径

■第一节　税收救济法概述

税收救济法属于广义上税收征收管理法的范畴，因其内容较多，且自身具有一定的独立性，在此，将其从税收征收管理法中摘出来，单独作为一章讲述。

一、税收救济法的概念

税收救济法是国家为了解决税务争议而制定的关于防止和纠正征税主体违法或不当的具体的行政行为、保护纳税人及相关主体的合法权益、保障和监督税务机关依法行使职权方面的法律规范的总称。

二、税收救济法法律规范构成

目前，税收救济法法律规范主要散见于下列法律规范之中：《税收征收管理法》及其《实施细则》《行政复议法》及其《实施条例》《税务行政复议规则》《行政诉讼法》《最高人民法院关于适用〈中华人民共和国行政诉讼法〉若干问题的解释》《国家赔偿法》等。可以说，税收征收管理法律法规、行政复议法律法规及规章、行政诉讼法及其司法解释、国家赔偿法律法规，共同构成了税收救济法法律规范体系。

■第二节 税务行政复议法

一、税务行政复议法概述

（一）税务行政复议法的概念

税务行政复议法是国家为了解决纳税人及相关主体因不服税务机关的具体行政行为发生的争议，制定的关于税务行政复议方面的法律规范的总称。

我国的税务行政复议法主要是国家税务总局根据《行政复议法》《税收征收管理法》和《行政复议法实施条例》于2010年2月10日公布、2015年12月28日和2018年6月5日两次修正的《税务行政复议规则》。

（二）税务行政复议原则与观念

1. 税务行政复议应当遵循合法、公正、公开、及时和便民的原则。

2. 税务行政复议机关应当树立依法行政观念，强化责任意识和服务意识，认真履行行政复议职责，坚持有错必纠，确保法律正确实施。

（三）申请人与税务行政复议机关的权利（力）与义务

1. 申请人的权利与义务。

（1）申请人的权利。申请人有下列权利：①申请人认为税务机关的具体行政行为侵犯其合法权益时，有权向税务行政复议机关申请行政复议。②申请人对行政复议决定不服的，可以依法向人民法院提起行政诉讼。

（2）申请人的义务。申请人有下列义务：①申请人向复议机关申请行政复议，复议机关已经受理的，在法定行政复议期限内申请人不得再向人民法院提起行政诉讼；申请人向人民法院提起行政诉讼，人民法院已经依法受理的，不得申请行政复议。②申请人申请时需按规定填写申请材料。

2. 税务行政复议机关的权力与义务。

（1）税务行政复议机关的权力。税务行政复议机关的权力包括：①受理行政复议申请。②向有关组织和人员调查取证，查阅文件和资料。③审查申请行政复议的具体行政行为是否合法和适当，起草行政复议决定。④处理或者转送有关规定的审查申请。⑤对被申请人违反《行政复议法》及其《实施条例》和《税务行政复议规则》规定的行为，依照规定的权限和程序向相关部门提出处理建议。⑥研究行政复议工作中发现的问题，及时向有关机关或者部门提出改进建议，对于重大问题应及时向行政复议机关报告。⑦指导和监督下级税务机关的行政复议工作。⑧办理或者组织办理行政诉讼案件应诉事项。⑨办理行政复议案件的赔偿事项。⑩办理行政复议、诉讼、赔偿等案件的统计、报告、归档工作和重大行政复议决定备案事项。其他与行政复议工作有关的事项。各级行政复议机关可以成立行政复议委员会，研究重大、疑难案件，提出处理建议。

（2）税务行政复议机关的义务。税务行政复议机关的义务包括：①行政复议机关在申请人的行政复议请求范围内，不得作出对申请人更为不利的行政复议决定。②行政复议机关受理行政复议申请，不得向申请人收取任何费用。③行政复议机关应当为申请人和第三人查阅案卷资料、接受询问、调解、听证等提供专门场所和其他必要条件。④各级税务机关应当加大对行政复议工作的基础投入，推进行政复议工作信息化建设，配备调查取证所需的照相、录音、录像和办案所需的电脑、扫描、投影、传真、复印等设备，保障办案交通工具和相应经费。⑤行政复议工作人员应当具备与履行行政复议职责相适应的品行、专业知识和业务能力，税务机关中初次从事行政复议的人员，应当通过国家统一法律职业资格考试取得法律职业资格。

二、税务行政复议法的基本内容

（一）税务行政复议范围

税务行政复议范围主要包括税务机关作出的下列行为：

1. 征税行为。征税行为包括确认纳税主体、征税对象、征税范围、减税、免税、退税、抵扣税款、适用税率、计税依据、纳税环节、纳税期限、纳税地点和税款征收方式等具体行政行为，征收税款、加收滞纳金，扣缴义务人、受税务机关委托的单位和个人作出的代扣代缴、代收代缴、代征行为等。

2. 行政许可、行政审批行为。

3. 发票管理行为，包括发售、收缴、代开发票等。

4. 税收保全措施、强制执行措施。

5. 行政处罚行为：罚款；没收财物和违法所得；停止出口退税权。

6. 不依法履行下列职责的行为：颁发税务登记；开具、出具完税凭证、外出经营活动税收管理证明；行政赔偿；行政奖励；其他不依法履行职责的行为。

7. 资格认定行为。

8. 不依法确认纳税担保行为。

9. 政府信息公开工作中的具体行政行为。

10. 纳税信用等级评定行为。

11. 通知出入境管理机关阻止出境行为。

12. 其他具体行政行为。

（二）税务行政复议管辖

1. 复议管辖的一般规定。

（1）对各级国家税务局的具体行政行为不服的，向其上一级国家税务局申请行政复议。

（2）对计划单列市税务局的具体行政行为不服的，向国家税务总局申请行政复议。

（3）对税务所（分局）、各级税务局的稽查局的具体行政行为不服的，向其所属税务局申请行政复议。

（4）对国家税务总局的具体行政行为不服的，向国家税务总局申请行政复议。对行政复议决定不服的，申请人可以向人民法院提起行政诉讼，也可以向国务院申请裁决。国务院的裁决为最终裁决。

2. 复议管辖的特别规定。

（1）对两个以上税务机关共同作出的具体行政行为不服的，向共同上一级税务机关申请行政复议；对税务机关与其他行政机关共同作出的具体行政行为不服的，向其共同上一级行政机关申请行政复议。

（2）对被撤销的税务机关在撤销以前所作出的具体行政行为不服的，向继续行使其职权的税务机关的上一级税务机关申请行政复议。

（3）对税务机关作出逾期不缴纳罚款加处罚款的决定不服的，向作出行政处罚决定的税务机关申请行政复议。但是对已处罚款和加处罚款都不服的，一并向作出行政处罚决定的税务机关的上一级税务机关申请行政复议。

申请人向具体行政行为发生地的县级地方人民政府提交行政复议申请的，由接受申请的县级地方人民政府依法转送。

（三）税务行政复议申请人与被申请人

1. 税务行政复议申请人。税务行政复议申请人主要包括：

（1）合伙企业申请行政复议的，应当以核准登记的企业为申请人，由执行合伙事务的合伙人代表该企业参加行政复议；其他合伙组织申请行政复议的，由合伙人共同申请行政复议。上述规定以外的不具备法人资格的其他组织申请行政复议的，由该组织的主要负责人代表该组织参加行政复议；没有主要负责人的，由共同推选的其他成员代表该组织参加行政复议。

(2) 股份制企业的股东大会、股东代表大会、董事会认为税务具体行政行为侵犯企业合法权益的，可以以企业的名义申请行政复议。

(3) 有权申请行政复议的公民死亡的，其近亲属可以申请行政复议；有权申请行政复议的公民为无行为能力人或者限制行为能力人的，其法定代理人可以代理申请行政复议。有权申请行政复议的法人或者其他组织发生合并、分立或终止的，承受其权利义务的法人或者其他组织可以申请行政复议。

(4) 行政复议期间，行政复议机关认为申请人以外的公民、法人或者其他组织与被审查的具体行政行为有利害关系的，可以通知其作为第三人参加行政复议。行政复议期间，申请人以外的公民、法人或者其他组织与被审查的税务具体行政行为有利害关系的，可以向行政复议机关申请作为第三人参加行政复议。第三人不参加行政复议，不影响行政复议案件的审理。

(5) 非具体行政行为的行政管理相对人，但其权利直接被该具体行政行为所剥夺、限制或者被赋予义务的公民、法人或其他组织，在行政管理相对人没有申请行政复议时，可以单独申请行政复议。

同一行政复议案件申请人超过5人的，应当推选1～5名代表参加行政复议。上述申请人、第三人可以委托1～2名代理人参加行政复议。申请人、第三人委托代理人的，应当向行政复议机关提交授权委托书。授权委托书应当载明委托事项、权限和期限。公民在特殊情况下无法书面委托的，可以口头委托。口头委托的，行政复议机关应当核实并记录在卷。申请人、第三人解除或者变更委托的，应当书面告知行政复议机关。

2. 税务行政复议被申请人。税务行政复议被申请人主要包括：

(1) 申请人对具体行政行为不服申请行政复议的，作出该具体行政行为的税务机关为被申请人。

(2) 申请人对扣缴义务人的扣缴税款行为不服的，主管该扣缴义务人的税务机关为被申请人；对税务机关委托的单位和个人的代征行为不服的，委托税务机关为被申请人。

(3) 税务机关与法律、法规授权的组织以共同的名义作出具体行政行为的，税务机关和法律、法规授权的组织为共同被申请人。税务机关与其他组织以共同名义作出具体行政行为的，税务机关为被申请人。

(4) 税务机关依照法律、法规和规章规定，经上级税务机关批准作出具体行政行为的，批准机关为被申请人。申请人对经重大税务案件审理程序作出的决定不服的，审理委员会所在税务机关为被申请人。

（5）税务机关设立的派出机构、内设机构或者其他组织，未经法律、法规授权，以自己名义对外作出具体行政行为的，税务机关为被申请人。

上述被申请人不得委托本机关以外的人员参加行政复议。

（四）税务行政复议程序

税务行政复议程序包括申请、受理、证据、审查、决定、和解与调解、法律责任等内容。

1. 税务行政复议申请。税务行政复议申请是指申请人认为税务机关所作出的具体行政行为侵犯其合法权益，依法向税务行政复议机关提出对该具体税务行政行为的合法性、适当性进行审查的意思表示。税务行政复议申请主要包括以下内容：

（1）申请复议期限。申请人可以在知道税务机关作出具体行政行为之日起60日内提出行政复议申请。税务机关作出具体行政行为，依法应当向申请人送达法律文书而未送达的，视为该申请人不知道该具体行政行为。因不可抗力或者被申请人设置障碍等原因耽误法定申请期限的，申请期限的计算应当扣除被耽误时间。行政复议申请期限的计算，依照下列规定办理：①当场作出具体行政行为的，自具体行政行为作出之日起计算。②载明具体行政行为的法律文书直接送达的，自受送达人签收之日起计算。③载明具体行政行为的法律文书邮寄送达的，自受送达人在邮件签收单上签收之日起计算；没有邮件签收单的，自受送达人在送达回执上签名之日起计算。④具体行政行为依法通过公告形式告知受送达人的，自公告规定的期限届满之日起计算。⑤税务机关作出具体行政行为时未告知申请人，事后补充告知的，自该申请人收到税务机关补充告知的通知之日起计算。⑥被申请人能够证明申请人知道具体行政行为的，自证据材料证明其知道具体行政行为之日起计算。⑦申请人依照《行政复议法》第6条第8~10项的规定（《行政复议法》第6条第8项规定：认为符合法定条件，申请行政机关颁发许可证、执照、资质证、资格证等证书，或者申请行政机关审批、登记有关事项，行政机关没有依法办理的；第9项规定：申请行政机关履行保护人身权利、财产权利、受教育权利的法定职责，行政机关没有依法履行的；第10项规定：申请行政机关依法发放抚恤金、社会保险金或者最低生活保障费，行政机关没有依法发放的）申请税务机关履行法定职责，税务机关未履行的，行政复议申请期限依照下列规定计算：有履行期限规定的，自履行期限届满之日起计算。没有履行期限规定的，自税务机关收到申请满60日起计算。

（2）申请复议程序。申请复议的程序因争议类型的不同而不同：①申请人对税务机关的征税行为不服的，应当先向行政复议机关申请行政复议；对行政复议决定不服的，可以向人民法院提起行政诉讼。申请人按照上述规定申请行政复议的，必须依照税务机关根据法律、法规确定的税额、期限，先行缴纳或者解缴税款和滞纳金，或者提供相应的担保，才可以在缴清税款和滞纳金以后或者所提供的担保得到作出具体行政行为的税务机关确认之日起60日内提出行政复议申请。申请人提供担保的方式包括保证、抵押和质押。作出具体行政行为的税务机关应当对保证人的资格、资信进行审查，对不具备法律规定资格或者没有能力保证的，有权拒绝。作出具体行政行为的税务机关应当对抵押人、出质人提供的抵押担保、质押担保进行审查，对不符合法律规定的抵押担保、质押担保，不予确认。②申请人对税务机关征税行为以外的其他具体行政行为不服的，可以申请行政复议，也可以直接向人民法院提起行政诉讼。但申请人对税务机关作出逾期不缴纳罚款加处罚款的决定不服的，应当先缴纳罚款和加处罚款，再申请行政复议。

（3）申请复议形式。申请人书面申请行政复议的，可以采取当面递交、邮寄或者传真等方式提出行政复议申请。有条件的行政复议机关可以接受以电子邮件形式提出的行政复议申请。对以传真、电子邮件形式提出行政复议申请的，行政复议机关应当审核确认申请人的身份、复议事项。

申请人书面申请行政复议的，应当在行政复议申请书中载明下列事项：①申请人的基本情况，包括公民的姓名、性别、出生年月、身份证件号码、工作单位、住所、邮政编码、联系电话；法人或者其他组织的名称、住所、邮政编码、联系电话和法定代表人或者主要负责人的姓名、职务。②被申请人的名称。③行政复议请求、申请行政复议的主要事实和理由。④申请人的签名或者盖章。⑤申请行政复议的日期。

申请人口头申请行政复议的，行政复议机关应当依照书面申请规定的事项，当场制作行政复议申请笔录，交申请人核对或者向申请人宣读，并由申请人确认。

（4）申请人应当提供的证明材料。有下列情形之一的，申请人应当提供证明材料：①认为被申请人不履行法定职责的，提供要求被申请人履行法定职责而被申请人未履行的证明材料。②申请行政复议时一并提出行政赔偿请求的，提供受具体行政行为侵害而造成损害的证明材料。③法律、法规规定需要申请人提供证据材料的其他情形。

2. 税务行政复议受理。税务行政复议受理，是指税务行政复议机关在规定的期限内对申请人的复议申请进行审查，对符合复议条件的案件进行立案的过程。税务行政复议受理主要包括以下内容：

（1）受理与不受理的范围。税务行政复议机关受理范围包括：①属于税务行政复议规则规定的行政复议范围。②在法定申请期限内提出。③有明确的申请人和符合规定的被申请人。④申请人与具体行政行为有利害关系。⑤有具体的行政复议请求和理由。⑥符合征税争议与征税争议以外争议规定的复议条件。⑦属于收到行政复议申请的行政复议机关的职责范围。⑧其他行政复议机关尚未受理同一行政复议申请，人民法院尚未受理同一主体就同一事实提起的行政诉讼。

不受理的范围包括：①对不符合税务行政复议规则规定的行政复议申请，不予受理。但不受理的应书面告知申请人。②不属于本机关受理的。但对不属于本机关受理的行政复议申请，应当告知申请人向有关行政复议机关提出。③经行政复议机关准许和解终止行政复议的，申请人不得以同一事实和理由再次申请行政复议。

（2）受理期限。①行政复议机关收到行政复议申请以后，应当在5日内审查，决定是否受理。对不符合规定的行政复议申请，决定不予受理，并书面告知申请人。对不属于本机关受理的行政复议申请，应当告知申请人向有关行政复议机关提出。行政复议机关收到行政复议申请以后未按照上述规定期限审查并作出不予受理决定的，视为受理。②对符合规定的行政复议申请，自行政复议机关收到之日起即为受理；受理行政复议申请，应当书面告知申请人。③行政复议申请材料不齐全、表述不清楚的，行政复议机关可以自收到该行政复议申请之日起5日内书面通知申请人补正。补正通知应当载明需要补正的事项和合理的补正期限。无正当理由逾期不补正的，视为申请人放弃行政复议申请。补正申请材料所用时间不计入行政复议审理期限。

（3）上级税务机关在税务行政复议受理方面的权力：①上级税务机关认为行政复议机关不予受理行政复议申请的理由不成立的，可以督促其受理；经督促仍然不受理的，责令其限期受理。上级税务机关认为行政复议申请不符合法定受理条件的，应当告知申请人。②上级税务机关认为有必要的，可以直接受理或者提审由下级税务机关管辖的行政复议案件。

（4）对应当先向行政复议机关申请行政复议，对行政复议决定不服再向人民法院提起行政诉讼的具体行政行为，行政复议机关决定不予受理或者受理以后超过行政复议期限不作答复的，申请人可以自收到不予受理决定书之日起或者行政复议期满之日起15日内，依法向人民法院提起行政诉讼。依照《税务行政复议规则》第83条规定延长行政复议期限的，以延长以后的时间为行政复议期满时间。

(5) 税务行政复议期间可以停止执行的情形。行政复议期间具体行政行为不停止执行；但是有下列情形之一的，可以停止执行：①被申请人认为需要停止执行的。②行政复议机关认为需要停止执行的。③申请人申请停止执行，行政复议机关认为其要求合理，决定停止执行的。④法律规定停止执行的。

3. 税务行政复议证据。税务行政复议证据，是指在税务行政复议案件审理中所依据的证明材料。税务行政复议证据主要包括以下内容：

(1) 行政复议证据包括以下类别：书证；物证；视听资料；电子数据；证人证言；当事人的陈述；鉴定意见；勘验笔录、现场笔录。

(2) 举证责任的承担者。在税务行政复议中，被申请人对其作出的具体行政行为负有举证责任。

(3) 证据的合法性、真实性和关联性。行政复议机关应当依法全面审查相关证据。行政复议机关审查行政复议案件，应当以证据证明的案件事实为依据。定案证据应当具有合法性、真实性和关联性。①合法性从以下方面审查：证据是否符合法定形式；证据的取得是否符合法律、法规、规章和司法解释的规定；是否有影响证据效力的其他违法情形。②真实性从以下方面审查：证据形成的原因；发现证据时的环境；证据是否为原件、原物，复制件、复制品与原件、原物是否相符；提供证据的人或者证人与行政复议参加人是否具有利害关系；影响证据真实性的其他因素。③关联性从以下方面审查：证据与待证事实是否具有证明关系；证据与待证事实的关联程度；影响证据关联性的其他因素。

(4) 不得作为定案依据的证据：违反法定程序收集的证据材料；以偷拍、偷录和窃听等手段获取的侵害他人合法权益的证据材料；以利诱、欺诈、胁迫和暴力等不正当手段获取的证据材料；无正当事由超出举证期限提供的证据材料；无正当理由拒不提供原件、原物，又无其他证据印证，且对方不予认可的证据的复制件、复制品；无法辨明真伪的证据材料；不能正确表达意志的证人提供的证言；不具备合法性、真实性的其他证据材料。行政复议机关向有关组织和人员调查取证，查阅的文件和资料，不得作为支持被申请人具体行政行为的证据。

(5) 取证者。被申请人在行政复议过程中不得自行向申请人和其他有关组织或者个人收集证据。行政复议机关认为必要时，可以调查取证。

行政复议工作人员向有关组织和人员调查取证时，可以查阅、复制和调取有关文件和资料，可以向有关人员询问。调查取证时，行政复议工作人员不得少于2人，并应当向当事人和有关人员出示证件。被调查单位和人员应当配合行政复议工作人员的工作，不得拒绝、阻挠。需要现场勘验的，现场勘验所用时间不计入行政复议审理期限。

（6）申请人和第三人对涉案材料查阅的权利。申请人和第三人可以查阅被申请人提出的书面答复，作出具体行政行为的证据、依据和其他有关材料，除涉及国家秘密、商业秘密或者个人隐私外，行政复议机关不得拒绝。

4. 税务行政复议审查。税务行政复议审查，是指税务行政复议机关在规定的期限内对复议案件的合法性、适当性依法进行审查的过程。税务行政复议审查主要包括以下内容：

（1）审查期限。审查期限包括以下两个方面：一是审理案件相关材料的送达期限。行政复议机关应当自受理行政复议申请之日起7日内，将行政复议申请书副本或者行政复议申请笔录复印件送达被申请人。被申请人应当自收到申请书副本或者申请笔录复印件之日起10日内提出书面答复，并提交当初作出具体行政行为的证据、依据和其他有关材料。对国家税务总局的具体行政行为不服申请行政复议的案件，由原承办具体行政行为的相关机构向行政复议机关给出书面答复，并提交当初作出具体行政行为的证据、依据和其他有关材料。二是审理期限：①申请人在申请行政复议时，依据《税务行政复议规则》规定，一并提出对有关规定的审查申请的，行政复议机关对该规定有权处理的，应当在30日内依法处理；无权处理的，应当在7日内按照法定程序逐级转送有权处理的行政机关依法处理，有权处理的行政机关应当在60日内依法处理。处理期间，中止对具体行政行为的审查。②行政复议机关审查被申请人的具体行政行为时，认为其依据不合法，本机关有权处理的，应当在30日内依法处理；无权处理的，应当在7日内按照法定程序逐级转送有权处理的国家机关依法处理。在处理期间内，中止对具体行政行为的审查。

（2）审查参加人员。行政复议机关审理行政复议案件，应当由2名以上行政复议工作人员参加。

（3）审查办法与方式。行政复议原则上采用书面审查的办法，但是申请人提出要求或者行政复议机关认为有必要时，应当听取申请人、被申请人和第三人的意见，并可以向有关组织和人员调查了解情况。对重大、复杂的案件，申请人提出要求或者行政复议机关认为必要时，可以采取听证的方式审理。

（4）审查内容。行政复议机关应当全面审查被申请人的具体行政行为所依据的事实证据、法律程序、法律依据和设定的权利义务内容的合法性、适当性。

（5）复议申请撤回。申请人在行政复议决定作出以前撤回行政复议申请的，经行政复议机关同意，可以撤回。申请人撤回行政复议申请的，不得再以同一事实和理由提出行政复议申请。但是，申请人能够证明撤回行政复议申请违背其真实意思表示的除外。行政复议期间被申请人改变原具体行政行为的，不影响行政复议案件的审理。但是，申请人依法撤回行政复议申请的除外。

5. 税务行政复议决定。税务行政复议决定，是指税务行政复议机关在规定的期限内对复议案件进行审查后所作出的决定。税务行政复议决定主要包括以下内容：

（1）税务行政复议决定方式。行政复议机关应当对被申请人的具体行政行为提出审查意见，经行政复议机关负责人批准，按照下列规定作出行政复议决定：①具体行政行为认定事实清楚，证据确凿，适用依据正确，程序合法，内容适当的，决定维持。②被申请人不履行法定职责的，决定其在一定期限内履行。③具体行政行为有下列情形之一的，决定撤销、变更或者确认该具体行政行为违法；决定撤销或者确认该具体行政行为违法的，可以责令被申请人在一定期限内重新作出具体行政行为：主要事实不清、证据不足的；适用依据错误的；违反法定程序的；超越职权或者滥用职权的；具体行政行为明显不当的。行政复议机关责令被申请人重新作出具体行政行为的，被申请人不得以同一事实和理由作出与原具体行政行为相同或者基本相同的具体行政行为；但是行政复议机关以原具体行政行为违反法定程序决定撤销的，被申请人重新作出具体行政行为的除外。④被申请人没有自收到申请书副本或者申请笔录复印件之日起 10 日内提出书面答复，提交当初作出具体行政行为的证据、依据和其他有关材料的，视为该具体行政行为没有证据、依据，决定撤销该具体行政行为。⑤有下列情形之一的，行政复议机关可以决定变更：认定事实清楚，证据确凿，程序合法，但是明显不当或者适用依据错误的；认定事实不清，证据不足，但是经行政复议机关审理查明事实清楚，证据确凿的。⑥有下列情形之一的，行政复议机关应当决定驳回行政复议申请：申请人认为税务机关不履行法定职责申请行政复议，行政复议机关受理以后发现该税务机关没有相应法定职责或者在受理以前已经履行法定职责的；受理行政复议申请后，发现该行政复议申请不符合规定的受理条件的。上级税务机关认为行政复议机关驳回行政复议申请的理由不成立的，应当责令限期恢复受理。行政复议机关审理行政复议申请期限的计算应当扣除因驳回而耽误的时间。

申请人在申请行政复议时可以一并提出行政赔偿请求，行政复议机关对符合《国家赔偿法》的规定应当赔偿的，在决定撤销、变更具体行政行为或者确认具体行政行为违法时，应当同时决定被申请人依法赔偿。申请人在申请行政复议时没有提出行政赔偿请求的，行政复议机关在依法决定撤销、变更原具体行政行为确定的税款、滞纳金、罚款和对财产的扣押、查封等强制措施时，应当同时责令被申请人退还税款、滞纳金和罚款，解除对财产的扣押、查封等强制措施，或者赔偿相应的价款。

（2）税务行政复议中止。行政复议期间，有下列情形之一的，行政复议中止：①作为申请人的公民死亡，其近亲属尚未确定是否参加行政复议的。②作为申请人的公民丧失参加行政复议的能力，尚未确定法定代理人参加行政复议的。③作为申请人的法人或者其他组织终止，尚未确定权利义务承受人的。④作为申请人的公民下落不明或者被宣告失踪的。⑤申请人、被申请人因不可抗力，不能参加行政复议的。⑥行政复议机关因不可抗力原因暂时不能履行工作职责的。⑦案件涉及法律适用问题，需要有权机关作出解释或者确认的。⑧案件审理需要以其他案件的审理结果为依据，而其他案件尚未审结的。⑨其他需要中止行政复议的情形。

行政复议中止的原因消除以后，应当及时恢复对行政复议案件的审理。行政复议机关恢复行政复议案件的审理，应当告知申请人、被申请人、第三人。

（3）税务行政复议终止。行政复议期间，有下列情形之一的，行政复议终止：①申请人要求撤回行政复议申请，行政复议机关准予撤回的。②作为申请人的公民死亡，没有近亲属，或者其近亲属放弃行政复议权利的。③作为申请人的法人或者其他组织终止，其权利义务的承受人放弃行政复议权利的。④申请人与被申请人达成和解，经行政复议机关准许达成和解的。⑤行政复议申请受理以后，发现其他行政复议机关已经先于本机关受理，或者人民法院已经受理的。⑥上述①～③项的中止情形满60日，中止的原因未消除的。

（4）税务行政复议决定延期情形。税务行政复议决定延期的情形包括：①行政复议机关责令被申请人重新作出具体行政行为的，被申请人应当在60日内重新作出具体行政行为；情况复杂，不能在规定期限内重新作出具体行政行为的，经行政复议机关批准，可以适当延期，但是延长期限不得超过30日。公民、法人或者其他组织对被申请人重新作出的具体行政行为不服，可以依法申请行政复议，或者提起行政诉讼。②行政复议机关应当自受理申请之日起60日内作出行政复议决定。情况复杂，不能在规定期限内作出行政复议决定的，经行政复议机关负责人批准，可以适当延期，并告知申请人和被申请人；但是延长期限不得超过30日。

（5）税务行政复议决定的效力。行政复议机关作出行政复议决定，应当制作行政复议决定书，并加盖行政复议机关印章。行政复议决定书一经送达，即发生以下法律效力：①被申请人应当履行行政复议决定。被申请人不履行、无正当理由拖延履行行政复议决定的，行政复议机关或者有关上级税务机关应当责令其限期履行。②申请人、第三人逾期不起诉又不履行行政复议决定的，或者不履行最终裁决的行政复议决定的，按照下列规定分别处理：维持具体行政行为的行政复议决定，由作出具体行政行为的税务机关依法强制执行，或者申请人民法院强制执行；变更具体行政行为的行政复议决定，由行政复议机关依法强制执行，或者申请人民法院强制执行。

6. 税务行政复议和解与调解。税务行政复议和解与调解，是指税务行政复议机关通过和解与调解的方式或手段，来解决申请人与被申请人之间所发生的争议。

（1）和解与调解的范围。对下列行政复议事项，按照自愿、合法的原则，申请人和被申请人在行政复议机关作出行政复议决定以前可以达成和解，行政复议机关也可以调解：①行使自由裁量权作出的具体行政行为，如行政处罚、核定税额、确定应税所得率等；②行政赔偿；③行政奖励；④存在其他合理性问题的具体行政行为。行政复议审理期限在和解、调解期间中止计算。

（2）和解方式。申请人和被申请人达成和解的，应当向行政复议机关提交书面和解协议。和解内容不损害社会公共利益和他人合法权益的，行政复议机关应当准许。

（3）调解要求。调解应当符合下列要求：①尊重申请人和被申请人的意愿；②在查明案件事实的基础上进行；③遵循客观、公正和合理原则；④不得损害社会公共利益和他人合法权益。

（4）调解程序。行政复议机关按照下列程序调解：①征得申请人和被申请人同意；②听取申请人和被申请人的意见；③提出调解方案；④达成调解协议；⑤制作行政复议调解书。

（5）和解与调解的效力。行政复议调解书应当载明行政复议请求、事实、理由和调解结果，并加盖行政复议机关印章。行政复议调解书经双方当事人签字，即具有法律效力。申请人不履行行政复议调解书的，由被申请人依法强制执行，或者申请人民法院强制执行。调解未达成协议，或者行政复议调解书不生效的，行政复议机关应当及时作出行政复议决定。

■第三节 税务行政诉讼法

一、税务行政诉讼法概述

（一）税务行政诉讼法的概念

税务行政诉讼法是行政诉讼法在税务方面的应用。行政诉讼法是国家为了保证人民法院正确、及时审理行政案件，保护公民、法人和其他组织的合法权益，维护和监督行政机关依法行使行政职权而制定的法律规范的总称。

（二）审判原则

人民法院在审理行政案件时，应遵循以下原则：

1. 人民法院依法对行政案件独立行使审判权，不受行政机关、社会团体和个人的干涉。人民法院设行政审判庭，审理行政案件。

2. 人民法院审理行政案件，以事实为根据，以法律为准绳。

3. 人民法院审理行政案件，对行政行为是否合法进行审查。

4. 人民法院审理行政案件，依法实行合议、回避、公开审判和两审终审制度。

5. 当事人在行政诉讼中的法律地位平等。

（三）当事人在行政诉讼中的权利

1. 各民族公民都有用本民族语言、文字进行行政诉讼的权利。

2. 当事人在行政诉讼中有权进行辩论。

（四）对行政诉讼的监督

人民检察院有权对行政诉讼实行法律监督。

二、税务行政诉讼法的基本内容

（一）税务行政诉讼受案范围

1. 受理范围。人民法院受理公民、法人和其他组织对下列具体税务行政行为不服提起的诉讼：

（1）对拘留、罚款、吊销许可证和执照、责令停产停业、没收财物等行政处罚不服的；

（2）对限制人身自由或者对财产的查封、扣押、冻结等行政强制措施不服的；

（3）认为行政机关侵犯法律规定的经营自主权的；

（4）认为符合法定条件申请行政机关颁发许可证和执照，行政机关拒绝颁发或者不予答复的；

（5）申请行政机关履行保护人身权、财产权的法定职责，行政机关拒绝履行或者不予答复的；

（6）认为行政机关没有依法发给抚恤金的；

（7）认为行政机关违法要求履行义务的；

（8）认为行政机关侵犯其他人身权、财产权的；

（9）其他行政案件。

2. 不受理范围。人民法院不受理公民、法人或者其他组织对下列事项提起的诉讼：

（1）国防、外交等国家行为；

（2）行政法规、规章或者行政机关制定、发布的具有普遍约束力的决定、命令；

（3）行政机关对行政机关工作人员的奖惩、任免等决定；

（4）法律规定由行政机关最终裁决的具体行政行为。

（二）税务行政诉讼管辖

税务行政诉讼管辖，是指在人民法院系统内部受理第一审税务行政案件的分工和权限。税务行政诉讼管辖可以分为级别管辖、地域管辖和裁定管辖。

1. 级别管辖，是指划分上下级人民法院之间受理一审行政案件的分工和权限。级别管辖的主要内容包括：基层人民法院管辖一般的行政诉讼案件；中级人民法院和高级人民法院管辖本辖区内重大、复杂的行政诉讼案件；最高人民法院管辖全国范围内重大、复杂的行政诉讼案件。

2. 地域管辖，是指同级人民法院之间受理第一审行政案件的分工和权限。它包括一般地域管辖、特殊地域管辖、选择管辖和顺序管辖。

（1）一般地域管辖，是指按照最初作出具体行政行为的税务机关所在地确定管辖法院。凡是没有经过税务行政复议直接向人民法院提起税务行政诉讼的；或经过税务行政复议，裁决维持原具体行政行为，当事人不服，向人民法院提起税务行政诉讼的，均按照最初作出具体行政行为的税务机关所在地确定管辖法院。

（2）特殊地域管辖，是指根据特殊行政法律关系或特殊行政法律关系所指的对象确定管辖法院。主要包括两种情况：①经过税务行政复议的案件，复议机关改变原具体行政行为的，可以由复议机关所在地的人民法院管辖；②因不动产而提起的税务行政诉讼，由不动产所在地人民法院管辖。

（3）选择管辖，是指对两个以上的人民法院都有管辖权的税务行政诉讼案件，可由原告选择确定管辖法院。

（4）顺序管辖，是指原告向两个以上有管辖权的人民法院提起的税务行政诉讼，由最先收到起诉状的人民法院管辖。

3. 裁定管辖，是指人民法院依法自行裁定的管辖，包括移送管辖、指定管辖和管辖权的转移。

（1）移送管辖，是指人民法院发现受理的税务行政案件不属于自己管辖时，应当将其移送有管辖权的人民法院。

（2）指定管辖，是指有税务行政诉讼管辖权的人民法院，由于特殊原因不能行使管辖权的，由其上级人民法院指定管辖。人民法院对管辖权发生争议的，由争议双方协商解决；协商不成，报其共同上级人民法院指定管辖。

（3）管辖权的转移，是指上级人民法院有权审理下级人民法院管辖的第一审税务行政案件，下级人民法院对其管辖的第一审税务行政案件，认为需要由上级人法院审判的，可以报请上级人民法院决定。

（三）税务行政诉讼程序

税务行政诉讼程序，是指税务行政诉讼的步骤。税务行政诉讼程序适用行政诉讼的一般程序：一审、二审、再审和执行。

1. 一审程序。一审程序包括起诉、受理、审理和判决。

（1）起诉。起诉是指纳税人、扣缴义务人、纳税担保人等当事人及其他行政相对人认为税务具体行政行为侵犯了其合法权益，依法向人民法院提起税务行政诉讼请求的行为。

税务行政诉讼的起诉必须具备如下基本条件：①原告认为税务机关及其工作人员的具体行政行为侵犯了其合法权益；②有明确的被告；③有具体的诉讼请求和事实根据；④属于人民法院受案范围和受诉法院管辖。除了上述基本条件外，还应具备下列条件：①诉讼程序合法；②必须在法定的期限内起诉。根据相关法律、法规的规定，对于经过税务行政复议的案件，应自收到行政复议决定书之日起15日内向人民法院提起诉讼；对于直接起诉的案件，应当自接到通知书之日起15日内或者自知道或应当知道作出行政行为之日起6个月内向人民法院提起诉讼。

纳税人、扣缴义务人、纳税担保人等当事人及其他行政相对人认为税务行政行为所依据的国务院部门和地方人民政府及其部门制定的规范性文件不合法，在对税务行政行为提起诉讼时，可以一并请求对该规范性文件进行审查。这里的规范性文件不含规章。

（2）受理。受理是指人民法院对税务行政诉讼请求进行审查后，对符合法定起诉条件的予以立案的行为。

人民法院在接到起诉状时对符合起诉条件的，应当登记立案。对当场不能判定是否符合起诉条件的，应当在七日内决定是否立案。对不符合起诉条件的，作出不予立案的裁定。原告对不予立案的裁定不服的，可以提起上诉。

（3）审理。

第一，审理原则。税务行政诉讼案件在审理时应遵循下列原则：①诉讼期间不停止执行。诉讼期间不停止执行原则，是指一般情况下，诉讼期间税务具体行政行为不停止执行。但下列情形除外：被告认为需要停止执行的；原告申请停止执行，人民法院裁定停止执行的；法律、法规规定停止执行的。②不适用调解。但是，行政赔偿以及税务行政机关行使法律、法规规定的自由裁量权的案件可以调解。③被告负举证责任。

第二，审理程序。税务行政诉讼案件的审理包括审理前的准备和开庭审理两大步骤。审理前的准备包括下列步骤：依法组成合议庭；审查当事人的资格；向被告送达起诉状和向原告送达答辩状；决定是否停止被告具体税务行政行为的执行；审阅诉讼材料，熟悉案情；确定是否公开审理。开庭审理包括下列步骤：开庭前的准备；审理开始；法庭调查；法庭辩论；合议庭评议和宣判。

第三，审理期限。人民法院应当自立案之日起6个月内作出判决。有特殊情况需要延长的，由高级人民法院批准；高级人民法院审理一审案件需要延长的，由最高人民法院批准。

（4）判决。人民法院对税务行政诉讼案件，经审理后，根据不同情况，分别作出如下判决：①维持判决，是指人民法院对于证据确凿，适用法律、法规正确，符合法定程序的税务具体行政行为所作出的判决。②撤销或部分撤销判决，是指人民法院对于主要证据不足，或者适用法律、法规错误，或者违反法定程序、超越职权、滥用职权的税务具体行政行为所作出的判决，并可以判决被告重新作出具体行政行为。③履行判决，是指人民法院对于被告不履行或者拖延履行法定职责的，作出要求被告在一定期限内履行的判决。④无效判决，是指人民法院对于税务行政的实施主体不具有行政主体资格或者没有依据等重大且明显违法情形的，作出被告行为无效的判决。此类判决，可以同时判决责令被告采取补救措施，给原告造成损失的，依法判决被告承担赔偿责任。⑤变更判决，是指人民法院对于显失公正的税务行政处罚，或者其他行政行为涉及对款额的确定、认定确有错误的所作出的判决。

2. 二审程序。

（1）概念。二审又称上诉审程序、终审程序，是指上级人民法院对下级人民法院的第一审判决、裁定，在其发生法律效力之前，基于当事人的上诉，对案件进行重新审理的程序。

（2）二审条件。二审必须具备下列条件：①上诉人合法。②被上诉人合法。③上诉对象合法，即指上诉对象须是地方各级人民法院第一审未发生法律效力的判决和裁定。④上诉期限合法，即上诉案件必须在法定的期限内提起。根据法律、法规规定，税务行政案件的当事人对人民法院的一审判决不服的，有权从判决书送达之日起15日内向上一级人民法院提起上诉；对人民法院的一审裁定不服的，有权从裁定书送达之日起10日内向上一级人民法院提起上诉。逾期不提起上诉的，就失去了上诉权。⑤必须提交上诉状。

（3）二审审理期限。人民法院审理上诉案件，应当自收到上诉状之日起3个月内作出终审判决。有特殊情况需要延长的，由高级人民法院批准；高级人民法院审理二审案件需要延长的，由最高人民法院批准。

（4）判决。人民法院审理上诉案件，根据不同情况，作出下列判决：①维持原判，是指人民法院对于原判认定事实清楚，适用法律、法规正确的，所作出的驳回上诉，维持原判决结果的判决。②改判，是指人民法院对于原判认定事实清楚，适用法律、法规错误的，所作出的判决。③撤销原判，是指人民法院对于原判认定事实不清楚，证据不足，或者违反法定程序，可能影响案件正确判决的，裁定撤销原判，发回原审人民法院重审，也可以查清事实后改判。当事人对于重审案件的判决、裁定不服的，仍然可以上诉。

3. 再审程序。

（1）概念。再审程序又称审判监督程序，是指人民法院或人民检察院对已发生法律效力的判决、裁定发现违反法律、法规规定的，依法提出再次审理的程序。它是对违反法律、法规的判决、裁定的一种补救措施，不是行政诉讼的必经程序。

（2）再审条件。提起再审应具备下列条件：①必须由有审判监督权的机关或有权提出再审的公职人员依照法定程序提出；②必须是发现了已发生法律效力的判决、裁定违反了法律、法规规定。

（3）再审管辖。各级人民法院院长对本院已发生法律效力的判决、裁定发现违反法律、法规规定或者发现调解违反自愿原则或调解书内容违法需要再审的，应当提交本院审判委员会决定是否再审；最高人民法院对地方各级人民法院已经发生法律效力的判决、裁定，上级人民法院对下级人民法院已经发生法律效力的判决、裁定，发现违反法律、法规规定或者发现调解违反自愿原则或调解书内容违法的，有权提审或者指令下级人民法院再审；最高人民检察院对各级人民法院已经发生法律效力的判决、裁定，人民检察院对人民法院已经发生法律效力的判决、裁定，发现违反法律、法规规定的或者发现调解违反自愿原则或调解书内容违法的，有权按照审判监督程序提出抗诉。

（4）再审程序。再审案件是由第一审人民法院提起的，按照第一审程序审理，当事人对所作的判决、裁定不服的仍可上诉；再审案件是由第二审人民法院提起的，按照第二审程序处理，所作的判决、裁定是终审的判决、裁定，当事人不得上诉；再审案件是由上级人民法院提审的，按照第二审程序进行审理，所作的判决、裁定，当事人不得上诉。

4. 执行程序。

（1）概念。执行程序是指人民法院作出的判决、裁定发生法律效力后，一方当事人拒不履行人民法院的裁定、判决，由人民法院根据另一方当事人的申请，将法律文书的内容加以实现的次序、方式和手续。

（2）执行措施。原告拒绝履行判决、裁定的，作为被告的行政机关可以向第一审人民法院申请强制执行，或者由税务机关依法强制执行。作为被告的税务机关拒绝履行判决、裁定的，第一审人民法院可以采取下列措施：①对应当归还的罚款或者应给付的赔偿金，通知银行从该税务机关的账户内划拨；②在规定的期限内不履行的，从期满之日起，对该税务机关负责人按日处50元～100元的罚款，直到该税务机关执行判决或裁定为止，以督促其履行义务；③将税务机关拒绝履行的情况予以公告；④向该税务机关的上一级税务机关或者监察机关提出司法建议，接受司法建议的机关，根据有关规定进行处理，并将处理情况告知人民法院；⑤拒不执行判决、裁定、调解书，社会影响恶劣的，可以对该行政机关直接负责的主管人员和其他直接责任人员予以拘留；情节严重，构成犯罪的，依法追究刑事责任。

■第四节 税务国家赔偿法

一、税务国家赔偿法概述

（一）税务国家赔偿法的概念

税务国家赔偿法，是国家赔偿法在税务活动中的应用。国家赔偿法是为了保障公民、法人和其他组织的合法权益，促进国家机关依法行使职权，制定的关于国家机关和国家机关工作人员行使职权有侵犯公民、法人和其他组织合法权益的情形并造成损害的，受害人有取得国家赔偿的权利方面的法律规范的总称。

（二）税务国家赔偿的分类

依据《国家赔偿法》的规定，税务国家赔偿可以分为两类：税务行政赔偿与税务刑事赔偿。

1. 税务行政赔偿。税务行政赔偿是指代表国家的税务机关及其工作人员在行使税务职权时，有侵犯公民、法人或者其他组织合法权益并造成损害的，国家所给予的赔偿。

2. 税务刑事赔偿。税务刑事赔偿是指代表国家行使侦查、检察、审判职权的机关以及看守所、监狱管理机关及其工作人员在行使职权时，有侵犯公民、法人或者其他组织合法权益并造成损害的，国家所给予的赔偿。

二、税务行政赔偿

（一）税务行政赔偿的范围

1. 侵犯人身权的行政赔偿范围。税务行政机关及其工作人员在行使行政职权时有下列侵犯人身权情形之一的，受害人有取得赔偿的权利：

（1）违法拘留或者违法采取限制公民人身自由的行政强制措施的；

（2）非法拘禁或者以其他方法非法剥夺公民人身自由的；

（3）以殴打、虐待等行为或者唆使、放纵他人以殴打、虐待等行为造成公民身体伤害或者死亡的；

（4）违法使用武器、警械造成公民身体伤害或者死亡的；

（5）造成公民身体伤害或者死亡的其他违法行为。

2. 侵犯财产权的赔偿范围。税务行政机关及其工作人员在行使行政职权时有下列侵犯财产权情形之一的，受害人有取得赔偿的权利：

（1）违法实施罚款、吊销许可证和执照、责令停产停业、没收财物等行政处罚的；

（2）违法对财产采取查封、扣押、冻结等行政强制措施的；

（3）违法征收、征用财产的；

（4）造成财产损害的其他违法行为。

3. 不赔偿的范围。属于下列情形之一的，国家不承担赔偿责任：

（1）行政机关工作人员实施的与行使职权无关的个人行为；

（2）因公民、法人和其他组织自己的行为致使损害发生的；

（3）法律规定的其他情形。

（二）税务行政赔偿请求人和赔偿义务机关

1. 税务行政赔偿请求人。税务行政赔偿请求人具体为：①受害的公民、法人和其他组织有权要求赔偿；②受害的公民死亡，其继承人和其他与其有扶养关系的亲属有权要求赔偿；③受害的法人或者其他组织终止的，其权利承受人有权要求赔偿。

2. 税务行政赔偿义务机关。税务行政赔偿义务机关具体为：①行使税务职权侵犯公民、法人和其他组织的合法权益造成损害的税务机关。②两个以上税务机关共同行使行政职权侵犯公民、法人和其他组织的合法权益造成损害的，共同行使行政职权的行政机关为共同赔偿义务机关。③法律、法规授权的组织在行使被授予的税务行政职权侵犯公民、法人和其他组织的合法权益造成损害的，被授权的组织为赔偿义务机关。④受税务行政机关委托的组织或者个人在行使受委托的税务行政职权侵犯公民、法人和其他组织的合法权益造成损害的，委托的税务行政机关为赔偿义务机关。⑤赔偿义务税务机关被撤销的，继续行使其职权的行政机关为赔偿义务机关；没有继续行使其职权的行政机关的，撤销该赔偿义务机关的行政机关为赔偿义务机关。⑥经税务复议机关复议的，最初造成侵权行为的税务行政机关为赔偿义务机关，但税务复议机关的复议决定加重损害的，税务复议机关对加重的部分履行赔偿义务。

（三）税务行政赔偿程序

凡是有税务行政赔偿范围情形之一的，应当给予赔偿。税务行政赔偿按照下列程序进行：

1. 税务行政赔偿的提出。

（1）提出对象。税务赔偿请求人要求赔偿的，应当先向税务赔偿义务机关提出，也可以在申请税务行政复议或者提起税务行政诉讼时一并提出。如果税务赔偿请求人受到两个以上税务机关共同侵犯的，税务赔偿请求人可以向共同赔偿义务机关中的任何一个赔偿义务机关要求赔偿，该赔偿义务机关应当先予赔偿。

（2）遭受不同损害时提出的赔偿。税务赔偿请求人根据受到的不同损害，可以同时提出数项赔偿要求。

（3）税务行政赔偿请求提出的方式及内容。要求税务行政赔偿应当递交申请书，申请书应当载明下列事项：①受害人的姓名、性别、年龄、工作单位和住所，法人或者其他组织的名称、住所和法定代表人或者主要负责人的姓名、职务；②具体的要求、事实根据和理由；③申请的年、月、日。

税务行政赔偿请求人书写申请书确有困难的，可以委托他人代书；也可以口头申请，由税务赔偿义务机关记入笔录。税务行政赔偿请求人不是受害人本人的，应当说明与受害人的关系，并提供相应证明。

税务行政赔偿请求人当面递交申请书的，税务行政赔偿义务机关应当当场出具加盖本行政机关专用印章并注明收讫日期的书面凭证。申请材料不齐全的，税务行政赔偿义务机关应当当场或者在5日内一次性告知税务赔偿请求人需要补正的全部内容。

2. 税务行政赔偿期限。税务行政赔偿期限的具体规定如下：①税务行政赔偿义务机关应当自收到申请之日起2个月内，作出是否赔偿的决定。赔偿义务机关作出赔偿决定，应当充分听取赔偿请求人的意见，并可以与赔偿请求人就赔偿方式、赔偿项目和赔偿数额依规定进行协商。税务行政赔偿义务机关决定赔偿的，应当制作赔偿决定书，并自作出决定之日起10日内送达赔偿请求人。②税务行政赔偿义务机关决定不予赔偿的，应当自作出决定之日起10日内书面通知赔偿请求人，并说明不予赔偿的理由。③税务行政赔偿义务机关在规定期限内未作出是否赔偿的决定的，税务行政赔偿请求人可以自期限届满之日起3个月内，向人民法院提起诉讼。

3. 对赔偿有异议和不予赔偿决定的处理。税务行政赔偿请求人对赔偿的方式、项目、数额有异议的，或者税务行政赔偿义务机关作出不予赔偿决定的，税务行政赔偿请求人可以自税务行政赔偿义务机关作出赔偿或者不予赔偿决定之日起3个月内，向人民法院提起诉讼。

人民法院审理税务行政赔偿案件，税务赔偿请求人和税务赔偿义务机关对自己提出的主张，应当提供证据。税务赔偿义务机关采取行政拘留或者限制人身自由的强制措施期间，被限制人身自由的人死亡或者丧失行为能力的，对于税务赔偿义务机关的行为与被限制人身自由的人的死亡或者丧失行为能力是否存在因果关系，税务赔偿义务机关应当提供证据。

4. 税务行政赔偿责任的最终承担。税务赔偿义务机关赔偿损失后，应当责令有故意或者重大过失的工作人员或者受委托的组织或者个人承担部分或者全部赔偿费用。对有故意或者重大过失的责任人员，有关机关应当依法给予处分；构成犯罪的，应当依法追究刑事责任。

三、税务刑事赔偿

（一）税务刑事赔偿范围

1. 侵犯人身权的赔偿范围。行使侦查、检察、审判职权的机关以及看守所、监狱管理机关及其工作人员在行使职权时有下列侵犯人身权情形之一的，受害人有取得赔偿的权利：

（1）违反《刑事诉讼法》的规定对公民采取拘留措施的，或者依照《刑事诉讼法》规定的条件和程序对公民采取拘留措施，但是拘留时间超过《刑事诉讼法》规定的时限，其后决定撤销案件、不起诉或者判决宣告无罪终止追究刑事责任的；

（2）对公民采取逮捕措施后，决定撤销案件、不起诉或者判决宣告无罪终止追究刑事责任的；

（3）依照审判监督程序再审改判无罪，原判刑罚已经执行的；

（4）刑讯逼供或者以殴打、虐待等行为或者唆使、放纵他人以殴打、虐待等行为造成公民身体伤害或者死亡的；

（5）违法使用武器、警械造成公民身体伤害或者死亡的。

2. 侵犯财产权的赔偿范围。行使侦查、检察、审判职权的机关以及看守所、监狱管理机关及其工作人员在行使职权时有下列侵犯财产权情形之一的，受害人有取得赔偿的权利：

（1）违法对财产采取查封、扣押、冻结、追缴等措施的；

（2）依照审判监督程序再审改判无罪，原判罚金、没收财产已经执行的。

3. 不赔偿的范围。属于下列情形之一的，国家不承担赔偿责任：

（1）因公民自己故意作虚伪供述，或者伪造其他有罪证据被羁押或者被判处刑罚的；

(2) 依照《刑法》规定《刑法》第17条、第18条，不负刑事责任的人被羁押的；

(3) 依照《刑事诉讼法》规定《刑事诉讼法》第15条、第142条第2款，不追究刑事责任的人被羁押的；

(4) 行使侦查、检察、审判职权的机关以及看守所、监狱管理机关的工作人员实施的与行使职权无关的个人行为；

(5) 因公民自伤、自残等故意行为致使损害发生的；

(6) 法律规定的其他情形。

（二）税务刑事赔偿请求人和赔偿义务机关

1. 税务刑事赔偿请求人。具体为：①受害的公民、法人和其他组织有权要求赔偿；②受害的公民死亡，其继承人和其他与其有扶养关系的亲属有权要求赔偿；③受害的法人或者其他组织终止的，其权利承受人有权要求赔偿。

2. 税务刑事赔偿义务机关。具体为：①行使职权侵犯公民、法人和其他组织的合法权益造成损害的侦查、检察、审判机关，以及看守所、监狱管理机关，为赔偿义务机关。②对公民采取拘留措施，依规定应当给予国家赔偿的，作出拘留决定的机关为赔偿义务机关。③对公民采取逮捕措施后决定撤销案件、不起诉或者判决宣告无罪的，作出逮捕决定的机关为赔偿义务机关。④再审改判无罪的，作出原生效判决的人民法院为赔偿义务机关。二审改判无罪，以及二审发回重审后作无罪处理的，作出一审有罪判决的人民法院为赔偿义务机关。

（三）税务刑事赔偿程序

凡是侦查、检察、审判机关，以及看守所、监狱管理机关及其工作人员有税务刑事赔偿范围情形之一的，应当给予赔偿。税务刑事赔偿按照下列程序进行：

1. 税务刑事赔偿的提出。

(1) 提出对象。税务赔偿请求人要求赔偿，应当先向赔偿义务机关提出。

(2) 遭受不同损害赔偿的提出。税务赔偿请求人根据受到的不同损害，可以同时提出数项赔偿要求。

(3) 税务刑事赔偿请求提出的方式及内容。要求税务刑事赔偿应当递交申请书，申请书应当载明下列事项：①受害人的姓名、性别、年龄、工作单位和住所，法人或者其他组织的名称、住所和法定代表人或者主要负责人的姓名、职务；②具体的要求、事实根据和理由；③申请的年、月、日。

税务刑事赔偿请求人书写申请书确有困难的，可以委托他人代书；也可以口头申请，由赔偿义务机关记入笔录。税务刑事赔偿请求人不是受害人本人的，应当说明与受害人的关系，并提供相应证明。

税务刑事赔偿请求人当面递交申请书的，税务赔偿义务机关应当当场出具加盖本行政机关专用印章并注明收讫日期的书面凭证。申请材料不齐全的，税务刑事赔偿义务机关应当当场或者在5日内一次性告知税务赔偿请求人需要补正的全部内容。

2. 税务刑事赔偿期限。

（1）赔偿义务机关应当自收到申请之日起2个月内，作出是否赔偿的决定。赔偿义务机关作出赔偿决定，应当充分听取赔偿请求人的意见，并可以与赔偿请求人就赔偿方式、赔偿项目和赔偿数额依照《国家赔偿法》第四章的规定进行协商。赔偿义务机关决定赔偿的，应当制作赔偿决定书，并自作出决定之日起10日内送达赔偿请求人。

（2）赔偿义务机关决定不予赔偿的，应当自作出决定之日起10日内书面通知赔偿请求人，并说明不予赔偿的理由。

（3）赔偿义务机关在规定期限内未作出是否赔偿的决定的，赔偿请求人可以自期限届满之日起30日内向赔偿义务机关的上一级机关申请复议。

3. 对赔偿有异议和不予赔偿决定的处理。

（1）赔偿请求人对赔偿的方式、项目、数额有异议的，或者赔偿义务机关作出不予赔偿决定的，赔偿请求人可以自赔偿义务机关作出赔偿或者不予赔偿决定之日起30日内，向赔偿义务机关的上一级机关申请复议。赔偿义务机关是人民法院的，赔偿请求人可以依照规定向其上一级人民法院赔偿委员会申请作出赔偿决定。

（2）复议机关应当自收到申请之日起2个月内作出决定。赔偿请求人不服复议决定的，可以在收到复议决定之日起30日内向复议机关所在地的同级人民法院赔偿委员会申请作出赔偿决定；复议机关逾期不作决定的，赔偿请求人可以自期限届满之日起30日内向复议机关所在地的同级人民法院赔偿委员会申请作出赔偿决定。

（3）人民法院赔偿委员会处理赔偿请求时，赔偿请求人和赔偿义务机关对自己提出的主张，应当提供证据。被羁押人在羁押期间死亡或者丧失行为能力的，关于赔偿义务机关的行为与被羁押人的死亡或者丧失行为能力是否存在因果关系，赔偿义务机关应当提供证据。

人民法院赔偿委员会处理赔偿请求，采取书面审查的办法。必要时，可以向有关单位和人员调查情况、收集证据。赔偿请求人与赔偿义务机关对损害事实及因果关系有争议的，赔偿委员会可以听取赔偿请求人和赔偿义务机关的陈述和申辩，并可以进行质证。

人民法院赔偿委员会应当自收到赔偿申请之日起3个月内作出决定；属于疑难、复杂、重大案件的，经本院院长批准，可以延长3个月。

中级以上的人民法院设立赔偿委员会，由人民法院3名以上审判员组成，组成人员的人数应当为单数。

赔偿委员会作出赔偿决定，实行少数服从多数的原则。

赔偿委员会作出的赔偿决定是发生法律效力的决定，必须执行。

（4）赔偿请求人或者赔偿义务机关对赔偿委员会作出的决定，认为确有错误的，可以向上一级人民法院赔偿委员会提出申诉。

赔偿委员会作出的赔偿决定生效后，如发现赔偿决定违反《国家赔偿法》规定的，经本院院长决定或者上级人民法院指令，赔偿委员会应当在2个月内重新审查并依法作出决定，上一级人民法院赔偿委员会也可以直接审查并作出决定。

最高人民检察院对各级人民法院赔偿委员会作出的决定，上级人民检察院对下级人民法院赔偿委员会作出的决定，发现违反国家赔偿法的，应当向同级人民法院赔偿委员会提出意见，同级人民法院赔偿委员会应当在2个月内重新审查并依法作出决定。

4. 对刑事赔偿的追偿。赔偿义务机关赔偿后，应当向有下列情形之一的工作人员追偿部分或者全部赔偿费用：

（1）有《国家赔偿法》所规定的刑讯逼供或者以殴打、虐待等行为或者唆使、放纵他人以殴打、虐待等行为造成公民身体伤害或者死亡的；或违法使用武器、警械造成公民身体伤害或者死亡的。

（2）在处理案件中有贪污受贿，徇私舞弊，枉法裁判行为的。

对有上述两种情形的责任人员，有关机关应当依法给予处分；构成犯罪的，应当依法追究刑事责任。

四、赔偿方式和计算标准

（一）赔偿方式

1. 支付赔偿金。

2. 返还财产或者恢复原状。

（二）计算标准

赔偿计算标准因侵犯性质、程度的不同而不同。

1. 侵犯人身权赔偿的计算标准。

（1）侵犯公民人身自由的计算标准。侵犯公民人身自由的，每日赔偿金按照国家上年度职工日平均工资计算。

（2）侵犯公民生命健康权的计算标准。侵犯公民生命健康权的，赔偿金按照下列规定计算：①造成身体伤害的，应当支付医疗费、护理费，以及赔偿因误工减少的收入。减少的收入每日的赔偿金按照国家上年度职工日平均工资计算，最高额为国家上年度职工年平均工资的5倍；②造成部分或者全部丧失劳动能力的，应当支付医疗费、护理费、残疾生活辅助具费、康复费等因残疾而增加的必要支出和继续治疗所必需的费用，以及残疾赔偿金。残疾赔偿金根据丧失劳动能力的程度，按照国家规定的伤残等级确定，最高不超过国家上年度职工年平均工资的20倍。造成全部丧失劳动能力的，对其扶养的无劳动能力的人，还应当支付生活费；③造成死亡的，应当支付死亡赔偿金、丧葬费，总额为国家上年度职工年平均工资的20倍。对死者生前扶养的无劳动能力的人，还应当支付生活费。

上述后两项所提及的生活费的发放标准，参照当地最低生活保障标准执行。被扶养的人是未成年人的，生活费给付至18周岁止；其他无劳动能力的人，生活费给付至死亡时止。

（3）有税务行政与刑事人身侵权情形之一，致人精神损害的赔偿标准。税务行政机关行使职权，或侦查、检察、审判机关，以及看守所、监狱管理机关行使职权，有侵犯人身权情形之一，致人精神损害的，应当在侵权行为影响的范围内，为受害人消除影响，恢复名誉，赔礼道歉；造成严重后果的，应当支付相应的精神损害抚慰金。

2. 侵犯财产权赔偿计算标准。侵犯公民、法人和其他组织的财产权造成损害的，按照下列规定处理：

（1）处罚款、罚金，追缴、没收财产，或者违法征收、征用财产的，返还财产；

（2）查封、扣押、冻结财产的，解除对财产的查封、扣押、冻结，造成财产损坏或者灭失的，依照规定应当返还的财产损坏的，能够恢复原状的恢复原状，不能恢复原状的，按照损害程度给付相应的赔偿金；应当返还的财产灭失的，给付相应的赔偿金；

（3）应当返还的财产损坏的，能够恢复原状的恢复原状，不能恢复原状的，按照损害程度给付相应的赔偿金；

（4）应当返还的财产灭失的，给付相应的赔偿金；

（5）财产已经拍卖或者变卖的，给付拍卖或者变卖所得的价款；变卖的价款明显低于财产价值的，应当支付相应的赔偿金；

（6）吊销许可证和执照、责令停产停业的，赔偿停产停业期间必要的经常性费用开支；

（7）返还执行的罚款或者罚金、追缴或者没收的金钱，解除冻结的存款或者汇款的，应当支付银行同期存款利息；

（8）对财产权造成其他损害的，按照直接损失给予赔偿。

五、国家赔偿费用管理

（一）国家赔偿费用的分担、管理与监督

1. 国家赔偿费用的分担。国家赔偿费用由各级人民政府按照财政管理体制分级负担。各级人民政府应当根据实际情况，安排一定数额的国家赔偿费用，列入本级年度财政预算。当年需要支付的国家赔偿费用超过本级年度财政预算安排的，应当按照规定及时安排资金。

2. 国家赔偿费用的管理与监督。国家赔偿费用由各级人民政府财政部门统一管理。对国家赔偿费用的管理应当依法接受监督。

（二）国家赔偿费用支付程序

1. 赔偿义务机关提出申请。赔偿义务机关应当自受理赔偿请求人支付申请之日起7日内，依照预算管理权限向有关财政部门提出书面支付申请，并提交下列材料：

（1）赔偿请求人请求支付国家赔偿费用的申请；

（2）生效的判决书、复议决定书、赔偿决定书或者调解书；

（3）赔偿请求人的身份证明。

2. 财政部门审核并处理。财政部门收到赔偿义务机关的申请材料后，应当根据下列情况分别作出处理：

（1）申请的国家赔偿费用依照预算管理权限不属于本财政部门支付的，应当在3个工作日内退回申请材料，并书面通知赔偿义务机关向有管理权限的财政部门申请；

（2）申请材料符合要求的，收到申请即为受理，并书面通知赔偿义务机关；

（3）申请材料不符合要求的，应当在 3 个工作日内一次性告知赔偿义务机关需要补正的全部材料。赔偿义务机关应当在 5 个工作日内按照要求提交全部补正材料，财政部门收到补正材料即为受理。

3. 国家赔偿费用支付与告知期限。

（1）支付期限。财政部门应当自受理申请之日起 15 日内，按照预算和财政国库管理的有关规定支付国家赔偿费用。

（2）告知期限。财政部门自支付国家赔偿费用之日起 3 个工作日内告知赔偿义务机关、赔偿请求人。

4. 财政部门发现赔偿项目、计算标准违法的处理。财政部门发现赔偿项目、计算标准违反《国家赔偿法》规定的，应当提交作出赔偿决定的机关或者其上级机关依法处理，追究有关人员的责任。

5. 赔偿义务机关、财政部门及其工作人员的违法行为及法律责任。赔偿义务机关、财政部门及其工作人员有下列行为之一，根据《财政违法行为处罚处分条例》的规定处理、处分；构成犯罪的，依法追究刑事责任：

（1）以虚报、冒领等手段骗取国家赔偿费用的；

（2）违反国家赔偿法规定的范围和计算标准实施国家赔偿造成财政资金损失的；

（3）不依法支付国家赔偿费用的；

（4）截留、滞留、挪用、侵占国家赔偿费用的；

（5）未依照规定责令有关工作人员、受委托的组织或者个人承担国家赔偿费用或者向有关工作人员追偿国家赔偿费用的；

（6）未依照规定将应当承担或者被追偿的国家赔偿费用及时上缴财政的。

【思考与应用】

1. 税务赔偿法的理论依据是什么？
2. 应如何解决税务行政复议前置附加条件使申请人，尤其是纳税困难者丧失税务救济权利的问题？
3. 纳税上的争议如何解决？
4. 税收处罚、税收保全措施和税收强制执行措施上的争议如何解决？
5. 你认为税务争议还可以用什么方法解决？为什么？
6. 税务行政赔偿与民事赔偿的区别是什么？